# 里根与撒切尔夫人

## 政治姻缘

Ronald Reagan and Margaret Thatcher: A Political Marriage

〔美〕尼古拉斯·韦普肖特（Nicholas Wapshott）著
陈 冰 译

上海社会科学院出版社
Shanghai Academy of Social Sciences Press

# 前　言



玛格丽特·撒切尔和罗纳德·里根总统是政治上的忠诚盟友，私下里也是关系亲密的好友。撒切尔夫人最后一次访问白宫和里根总统会面，并庆祝两人8年间的友好合作时，那些再平常不过的外交辞令中弥漫着告别和哀伤的氛围。曾经在许多重大问题上保持了一致行动和团结的两位领袖，在白宫南草坪上轮流向对方致以敬意。后来很多人将他们这次最后的会面视为保守主义黄金时代的高潮。

尽管最初有不少人对里根和撒切尔夫人的观念持怀疑或嘲弄的态度，但是8年中，他们的政策不仅改变了各自国家的政治氛围，而且改变了整个世界的格局。在两届总统任期内，里根和撒切尔夫人所推崇的那些价值观念鼓舞了从苏联镣铐中解放出来的人们。

西方赢得了冷战。面对里根在军事上的惊人花费和声称要建设导弹防御系统的威胁，苏联领导人全面撤退。他们不情愿地放弃了对东欧卫星国的控制，放弃了对美国的敌视。正如里根早就预言的那样，苏联共产主义不复存在，成为“人类历史上一段离奇的插曲”[1]。

里根与撒切尔夫人在许多国内问题上也看法一致。他们提倡稳健货币，这个观念现在已经取代了高公共开支和高借贷的凯

 恩斯主义，成为新的正统经济思想。他们致力于减少国家对个人生活的干预，鼓励发展自力更生的社会文化。他们成功抑制了那些没能有效担负责任的工会领导的权力。他们在美国和英国失去方向的时候为其各自的国家重建了民族自豪感。他们在政治领导长久的虚弱和踌躇之后再次向人民展现了一种明确而坚定的领导风格。

里根离开白宫20年后，他与撒切尔夫人的亲密合作关系依然有着惊人的影响力。在共和党人看来，2008年美国总统大选显示了对里根的记忆是多么重要。每一次竞选辩论会的现场，拥挤的人群中总能看到满头白发的共和党人，他们宣称自己是里根忠实的信徒。一位通讯社记者报道说，在一次辩论中，里根的名字至少被提了46次。里根的遗产也同样对民主党人产生了影响，当时参议员奥巴马就说自己想成为里根那样深刻改变美国的总统。

和里根相比，撒切尔夫人在英国人心中的形象就没有那么好。在她的时代，撒切尔夫人不仅在英国是伟大的人物，而且在美国和东欧的许多国家都非常受欢迎。但她却突然被自己的政党逼迫下台，1984年至1985年间矿工大罢工的暴力场景和伦敦街头那些反对她的“人头税”政策的抗议活动，这些事件使人们对她产生了不同的看法。有很多英国人感激撒切尔夫人将国家从极端衰落中拯救出来，但也有相当多的人认为她心胸狭隘，解雇政治敌人的时候过于残酷无情，这些都损害了她的形象。

时间治愈一切，包括政治上的伤痕。随着时间流逝，英国人开始逐渐原谅她。撒切尔夫人晚年的身体状况日益恶化，不时发生轻微中风，这让她失去了说话的能力。恰恰在这时，她在英国人心中的地位开始上升，成为相当重要的老夫人（政治元老）。这个形象存在却又遥不可及。公众对她日益恶化的健康状况普遍表示关心。撒切尔夫人在医院度过了一个难熬的夜晚后，一位记者报道说，作为元老级的政治家，撒切尔夫人为这个国家留下了一笔政治财富。这句话抓住了英国公众的情绪。

里根与撒切尔夫人的遗产为何在20年后依然有如此强大的 vii
影响，并不难理解。他们那时的世界比较简单，如今的世界更加复杂，更难以捕捉。里根与撒切尔夫人用坚决果断、鼓舞人心的领导力，完成了一系列微小却十分关键的目标。这种领导力属于当时那个危险的世界，而将来也未必不再需要。

“9·11”事件后，世界局势更加复杂，之前的原则不再适用。乔治·W.布什和其他领导人面对的是没有国家的恐怖分子，这些恐怖分子使用野蛮的方法袭击平民，完全不顾忌《日内瓦公约》。2001年9月11日的恐怖袭击第一次为美国敲响了警钟，之后，又发生了世界性的经济危机。美国政府不再继续平衡联邦财政和稳健货币的政策，反而开始大举借贷以避免恐怖主义可能带来的经济衰退。面对可能发生的袭击和冷战的可能性，我们当然能够理解，在这种情况下，美国人民发现自己渴望着里根和撒切尔夫人那样具有魄力的领袖。

尼古拉斯·维普肖特

纽约

2008年7月

# 目　录

前言／I
绪论／1
第一章　住在店铺楼上／1
第二章　职场生涯／27
第三章　权力的滋味／57
第四章　通往顶端之路／85
第五章　选举获胜／120
第六章　蜜月中的情侣／148
第七章　恋人间的摩擦／166
第八章　岛上的流浪汉／186
第九章　冷战分子／217
第十章　罢工狂魔／245

第十一章　来自俄罗斯的爱 / 266
第十二章　胜利者 / 295
第十三章　快乐的寡妇 / 320
后记 / 342
致谢 / 350
注释 / 353
参考文献 / 373
索引 / 378

# 绪　论



“在华盛顿，如果你想找个朋友，那还不如去买条狗。”哈里·杜鲁门（Harry Truman）总统用这句话来嘲讽首都华盛顿和自己身在白宫非比寻常的孤独感。美国人民赋予了总统神圣的职责，也让他们深感高处不胜寒。当和蔼可亲的罗纳德·里根（Ronald Reagan）当选总统后，他也常常觉得白宫是一个异常孤独的地方。

只有当得知到第一夫人还在楼上的私人生活区时，他才能够安心。但是，一旦挚爱的妻子离开，剩下自己一个人孤零零地待在白宫里，他便开始思念：思念她的支持，她的安慰，或者仅仅是她的陪伴。每次她离开——去照看生病的父母，看望自己的孩子，或者到海外进行一段长途旅行——里根都觉得自己像被抛弃了一样。正如有次她去参加威尔士亲王（the Prince of Wales）和戴安娜·斯宾塞（Diana Spencer）的婚礼，里根在日记里这样写道：“我看到‘亲爱的’离开，去伦敦参加皇室婚礼。她刚刚离开6分钟，我就感到焦虑。那这六天我要怎么度过啊。没有她，灯光似乎都不那么温暖明亮了。”[1]

里根是个充满矛盾的人。父亲嗜酒如命，穷困潦倒。四处漂泊的生活让年幼的里根倍感孤独。这种感觉也因他长久以来的深度近视而变得更加强烈。最终，他学会了自我满足，并开始在

自己的世界里尽情享受生活。虽然仍渴望别人的陪伴，但他将自己作为局外人的敏锐感觉转化为优势。孤独感最终成为他成功
xii 的因素，带给他追求目标的雄心壮志和特立独行的勇气。这是他成为一个纯粹的人和一位好莱坞明星的重要因素。当然，这也给了他决心同美国演员工会中的共产主义者展开较量①，并特立独行地从西海岸开始扩大共和党的势力范围。

里根入主白宫时，他集合了忠诚的追随者，构建了一支紧密团队。对这些人来说，里根毫无疑问就是领导者。他的身材——191 厘米的身高，英俊的面庞，以及真实的人性化的表现，还包括他的年龄②，都让里根和其他的内阁成员相比显得格外特别。他比这些人足足大 30 岁。他们尊称里根为老前辈。南希总是在他的身边照顾他。在气氛通常非常激烈的白宫里，南希小心地留意着里根。她是里根利益最狂热的守护者。正如里根的新闻发言人马林·费茨沃特（Marlin Fitzwater）所说："没有任何工作人员希望接听第一夫人的电话，因为根本就没人希望进入她的视线。"[2] 那些但凡敢逾越第一夫人设定的界限的人，例如白宫办公厅主任唐纳德·里根（Donald Regan）③，很快就发现自己变成了一个局外人。但是第一夫人也有自己的缺陷。虽然她十分擅长

---

① 里根在政治上最先担任的角色是美国演员协会的主席，他暗中调查演员中的共产主义者。——译者注

② 里根 69 岁当选总统，是美国历史上当选时年龄最大的总统。——译者注

③ 唐纳德·里根因不满第一夫人寻求占星师帮助为总统制定日程，而被迫辞职。——译者注

控制白宫的工作人员，一旦涉及国家大事，对于总统，她却爱莫能助。

扮演里根首席顾问和红颜知己的是另外一位女性——玛格丽特·撒切尔(Margaret Thatcher)。1975 年，她在伦敦见到了里根。那算是一次“盲目的约会”。两个完全不认识的人经过第三者——里根在加利福尼亚的一位电影投资人——的介绍相识。当时撒切尔夫人刚刚当选保守党党魁，而里根在加州州长的第二届任期，即最后一届任期也才刚刚结束。双方第一次交换观点后，他们发现彼此竟然志同道合，都持保守主义政见。当天，他们自然而然地建立了终生的私人友谊和政治联盟。而且，毫无迹象表明里根将会成为总统，同时英国是否将出现一位女首相也值得怀疑。他们都站在了权力的门槛上，只能给予对方支持。但是，他们发现彼此不但是政治上的灵魂伴侣，更是在工作场合中唯一能够相互信赖的伙伴。

同样，撒切尔夫人也是一个孤独者。她来自荒凉的英格兰中
部地区，不过是个卑微的拿奖学金的女孩。她发现自己和牛津大 xiii
学的上流社交圈格格不入，被男性占主导地位的保守党拒之门外。随着在党内一步步晋升，她发现自己一直是唯一的女性。男性之间的友谊是政党运行的润滑剂。撒切尔夫人的性别无疑成了她的劣势。当她成为保守党党魁时，这种劣势又转变成优势。作为一名女性领导人，她决定首先率领大多数不愿接纳自己的同事走上保守主义的道路，却始终觉得自己孤立无援。然而在里根身上，她找到了激发自己前进的动力和一把保护伞。这把保护伞能够保证她在未来绝对不用放弃自己的观点，不用妥协退让。

里根和撒切尔夫人都是富有魅力的人物，在世界舞台上阔步前行。他们看上去永远志同道合。许多美满的婚姻中，夫妻双方都在性格上形成互补。里根乐观、阳光、外向，他滔滔不绝的讲话总是掩盖了他内心强烈的情感。在政府工作中，他只是给出大致的指示，然后便置身事外，让其他内阁成员进行具体实践。撒切尔夫人则完全相反。她是个不折不扣的实干家，积极寻求话语权，务实高效，事必躬亲。有一次，她甚至提醒自己的财政大臣奈杰尔·劳森（Nigel Lawson）去理个发——以掩饰他的自信心不足。里根和撒切尔夫人之间的感情是显而易见的。那些曾经一起共事的人都可以为他们对彼此的忠诚作证。这种亲密关系造就了总统和首相之间史无前例的坦诚。就连撒切尔夫人不善观察的新闻秘书伯纳德·英厄姆（Bernard Ingham）也注意到了："撒切尔夫人不相信虚假的友谊，她对待自己的同盟都非常上心。她觉得自己有义务给朋友们提供最好的建议，不管有多逆耳。"[3]

作为撒切尔夫人早期的传记作家，以及长期驻伦敦的政治记者，我曾经亲眼见证了他们的友谊。我认为这份友谊是史无前例、异常高效的，极大地提升了两人政治生命的价值。他们构建了近代史上最有力的国际联盟。但是，我没有预料到的是，国家档案馆里大量的事实资料有力地证明了"政治婚姻"这个概念被
xiv 人们严重地低估了。最近才刚刚解密了他们共事 8 年中的几百封机密信件和私人电话记录。这些资料反复印证了一个事实——里根和撒切尔夫人的的确确是灵魂上的伴侣。

但是，这只是开始。就像任何一对夫妻一样，他们在公共场合相敬如宾，琴瑟和鸣，然而这一切的背后时常是两人激烈的争

吵。里根通常表现得像个绅士,他不会责怪撒切尔夫人的固执和刻薄的言辞,因为这是撒切尔夫人无法控制的。

里根乐于接受撒切尔夫人的建议。从本质上说,她对美国政策的干预是史无前例的。在里根的两届任期内,撒切尔夫人就是美国政府的特别内阁成员。虽然她是非官方、非政府委任的,但其建议却非常有效。撒切尔夫人的目标都是基于和美国总统共同的愿景,因此,她成功地改变了英国发展的道路。而自从温斯顿·丘吉尔(Winston Churchill)在第二次世界大战期间与富兰克林·罗斯福(Franklin Roosevelt)进行了通力合作之后,没有一位英国首相尝试过这样的改变。但是,这里有个重要的差别。丘吉尔一直是个乞求者。因为英国迫切需要加强防御,所以即使丘吉尔知道不恰当,但也不得不屈服于罗斯福的命令。简言之,在英国独立的紧要关头,请求美国军事援助的代价就是让丘吉尔不得不褪去大英帝国骄傲的外衣。

里根和撒切尔夫人则恰好相反。撒切尔夫人是提出要求的一方——在未争取美国同意的情况下,出兵福克兰,平衡财政预算,最重要的是劝阻里根不要向米哈伊尔·戈尔巴乔夫(Mikhail Gorbachev)提出放弃美国的核盾牌。里根则欣然妥协。但是,就像现实的婚姻一样,主动权不总是掌握在一方手中。总统善于倾听,但却不受撒切尔夫人意见的干扰。在雷克雅未克谈判开始前的几个月里,撒切尔夫人不停地建议里根不要仓促做决定。里根并未理会,依然去做自己认为应当做的事情。他决定入侵格林纳达,阻止马克思主义者的政变时,表现得像个丈夫一样,对撒切尔夫人的要求从不反驳——你总是可以听到他说:“是的,亲爱的。

是的，亲爱的。”——但是，紧接着，他又故意误导撒切尔夫人，按自己的计划行动。总之，像任何一对婚姻美满的夫妇一样，他们 xv 不会让任何事阻碍婚姻的和谐。激烈的争吵过后，他们又会和好如初。他们确信，没有什么能够动摇彼此的关系。

一天，撒切尔夫人的紧急电话打断了白宫的会议。里根用唇语告诉在座的同事，这是撒切尔夫人的电话。当里根静静地聆听电话另一端撒切尔夫人强硬的话语时，同事们都在耐心地等待。最后，里根捂住话筒，笑容满面地向所有人夸赞道：“她是不是很了不起？”[4]

# 第一章　住在店铺楼上



虽然罗纳德·里根和玛格丽特·撒切尔年龄相差15岁，分住在大西洋两岸，但事实证明，两人早年的生活经历是他们形成共同政治观点的重要基础。然而，乍看便知，第一次世界大战到大萧条这段时期内的伊利诺伊州（Illinois）的迪克森（Dixon），与三四十年代的英格兰林肯郡（Lincolnshire）的格兰瑟姆（Grantham）相比，毫无相似之处。这两座小镇，前者以水泥生产为支柱，后者以铁路带动发展。

熙熙攘攘的格林瑟姆，拥有3万人口，面积是死气沉沉的迪克森的3倍。但是，对于里根和撒切尔夫人而言，两座城市的共性比差异更加重要。相似的经历，无论是愉快的还是痛苦的，都是构建两人世界观的共同基础。共有的经历和信仰最终造就了美英历史上最坚固，也最有效的政治同盟。

罗纳德·里根生活在伊利诺伊州一个普通家庭里。父亲约翰·爱德华·里根（John Edward Reagan），通常也被称为杰克，因

为酗酒而使这个家四分五裂。玛格丽特·罗伯茨(Margaret Ro-
berts)的父亲阿尔弗雷德(Alfred)为人正直，且十分冷静理智。
玛格丽特还是一个小女孩的时候，在父亲的照料下，过着非常稳
定但并不富裕的生活。里根的妈妈告诉自己的儿子："你爸爸有
个缺点——就是无法控制自己的酒瘾。"[1] 撒切尔夫人则回忆道：
"我家里没有酒。战争结束后，直到父亲当上市长，家里也只有雪
2 利酒和樱桃白兰地。"[2] 杰克·里根一次又一次负债累累，家里只
能勉强度日。而撒切尔夫人一本正经地回忆道："在我家，什么都
不会被浪费。我们总是靠自己的能力生活。对于一个家庭，你能
想到的最糟糕的事情就是大家不得不'想方设法地活下来'。"[3]

虽然两人成长的环境不同，但是里根和撒切尔夫人很快都得出了相同的结论：家庭是最基本的社会单位。婚姻是人类创造的最重要的社会制度。最简单的社会单位由一对夫妇和他们共同抚育的子女构成，所有其他的社会单位都必须与家庭的力量和价值进行对比。

毫无疑问，两人的政治信仰都受到家庭基督教信仰的影响。但是，两个家庭对宗教的看法却完全不同。年轻时的罗纳德·里根笃信基督，在某种程度上也信仰天主教。这是受到爱尔兰移民的父亲残存的天主教信仰的影响。然而，里根的母亲，妮尔·威尔逊·里根(Nelle Wilson Reagan)是一名坚忍的基督教徒。里根的信仰更多受到了母亲的影响。

受到敬畏上帝的父母影响，玛格丽特·罗伯茨在格兰瑟姆当地的卫斯理宗小教堂接受了洗礼。卫斯理宗是一种世俗的宗教，对当地社区有着广泛的影响。至于里根，如果不是因为父亲对次

子的精神世界漠不关心，他小时候也许会成为一名天主教徒。虽然里根的哥哥尼尔（Neil）在伊利诺伊州坦皮科（Tampico）的圣玛丽天主教堂接受了洗礼，但里根直到12岁才加入母亲所在的基督教会。然而，是什么原因让里根和撒切尔夫人接受了基督教并不重要，重要的是基督信仰是两人童年时代的重要元素。两人均发现，孩提时代浸润在基督教信仰中使他们拥有了坚定的原则，并在以后的岁月里以此原则作为道德评判的标准。

除了坚定的宗教信仰外，他们的童年还有另一个非常重要的共性。这在他们的政治信仰中留下了不可磨灭的一笔。他们的父亲都从事过零售业，甚至里根和撒切尔夫人本人也在这一行业中 3
短暂地工作过。可以说，两位政治明星都是从杂货铺走出来的。

通过银行贷款，阿尔弗雷德·罗伯茨在格兰瑟姆的主干道上拥有了自己的一家街角小店。随着生意日渐兴隆，他又在铁路沿线的小镇上开了第二家店。杰克·里根先后在一连串的商店中担任店员，主要是卖鞋子。只有一家店的店主直接答应给他商店利润分红。但是，对于两个孩子来说最重要的是，两位父亲都理解并体会到了自由市场的方便快捷。商店是市场交易的最前线。在这里，私人客户和私营店主面对面，直接进行现金交易。

对两个孩子而言，零售业的优点是显而易见且毫无疑问的。它提供了日常所需的食物，也点燃了他们心中的火焰。在父亲的影响下，两个孩子从单调乏味的销售员的角度，了解到零售业的艰苦和不利条件。销售员要向口味善变、来去不定且通常都很贫穷的顾客推销商品。撒切尔夫人回忆道：“作为食品杂货商，有时我们需要了解顾客的一些情况。”[4] 因此，在他们最早的记忆里，自由市场可以提供他们所需要的，还能创造出有价值的方便的生活。

每个人都亏欠自己的父母。就里根和撒切尔夫人来说，这点很明显。在20世纪80年代，杰克·里根时而亲切、时而固执的个性无意间影响着美国政府；而在英国政府中，也可以找到阿尔弗雷德·罗伯茨的正直和诚实。两位父亲都没有看到自己的孩子成为国家的领导者，但他们的精神却深深影响着子女——他们迎难而上的勇气铸就了里根和撒切尔夫人今日的成功。

杰克·里根在58岁时去世。罗纳德·里根认为他并非死于过度饮酒而导致的肝脏疾病，而是死于心脏病——这是他长期吸烟导致的。虽然从许多方面来看，杰克都是一个糟糕的丈夫和父亲，但他晚年的时候和自己的儿子里根终于和解了。最终，杰克
4 戒了酒，在洛杉矶的家里过着安稳的生活。那是他的好莱坞明星儿子买给他们夫妇的。他靠帮儿子回复大量的粉丝来信赚取生活来源。事实证明，罗纳德·里根大多数方面都和自己的父亲截然不同，但从父亲身上继承的友善和极具说服力的特点，使他成了一个成功的好莱坞明星、加州州长，以及美国第40任总统。罗纳德·里根，伟大的沟通者，与生俱来地继承了父亲的亲和力和讲故事的天赋。里根曾骄傲地回忆道："我想无论什么商品，杰克应该都能卖得出去。"[5]

阿尔弗雷德·罗伯茨，这位正直坦率的小店经营者是英国首位女首相的父亲，他于1970年去世。9年后，他的女儿入主唐宁街。虽然他骄傲地看到自己的女儿成了一名国会议员，但是却并不知道在自己去世的那年她将成为部长，5年后还将成为保守党

党魁,1979 年担任英国首相。

妮尔·里根迅速地收拾行李,跟随不停折腾而又不计后果的丈夫四处搬家。而比阿特丽斯·罗伯茨(Beatrice Roberts)像妮尔一样,不过是家里的免费女佣而已。但是两位母亲都没有把孩子的成功归于自己。然而,两位领袖都应该深深地感谢自己沉默的母亲。撒切尔夫人也许还应该感谢自己的外祖母菲比·斯蒂芬斯(Phoebe Stephenson)。她是严厉的维多利亚式的女家长,和玛格丽特一家生活在一起。她严谨的态度深深地影响了玛格丽特。

很肯定的是,在这个饱受战争折磨,工人大量失业,随时遭受贫困威胁的世界里,比阿特丽斯和妮尔是家庭中爱、依赖和安全的港湾。总之,里根和撒切尔都应该感谢自己的母亲对婚姻家庭的奉献和牺牲。以妮尔·里根为例,她为了家庭总是不畏艰辛。

1911 年 2 月 6 日,罗纳德·里根出生在一间有家具的廉价出租房内。这套出租房在坦皮科小镇的一家银行楼上。整个小镇仅有 1000 人。玛格丽特·撒切尔出生在店铺楼上。下面是父亲在格兰瑟姆的街角小店。虽然两位父亲在很多方面都截然不同, 5
但是他们都有着对销售的热情。正如里根所说:“我认为父亲是天生的销售员。”[6] 里根出生时,杰克正在坦皮科的 H. C. 皮特尼(H. C. Pitney)百货商店卖鞋子。父亲给胖嘟嘟的罗纳德起了个小名,叫做“荷兰人”。里根 2 岁时,杰克带着全家搬到了芝加哥。因为他在芝加哥最重要的百货商店马歇尔·菲尔德(Marshall Feild)获得了一份销售鞋子的工作。

不到 2 年,杰克·里根又换了另外一份工作,在芝加哥西面位于盖尔斯堡（Galesburg）的O. T. 约翰逊（O. T. Johnson）百货公司卖鞋子。没过多久，他又跳槽到伊利诺伊州蒙茅斯（Monmouth）附近的百货商店。最后，他又回到了坦皮科，成了皮特尼时尚鞋店的合伙人。他和妮尔在商店的楼上租了一间小公寓。里根和撒切尔夫人从来都没有觉得“做生意”比从事专业工作要卑微。这让他们对待生活有一种实事求是的态度，绝没有势利的想法。

1925年10月13日，玛格丽特在一间狭小的公寓里出生。楼下是父亲在格兰瑟姆北街的商店。这里距英格兰北部140英里。她比姐姐缪里尔·罗伯茨（Muriel）小4岁。虽然和镇上的许多家庭相比，罗伯茨家的生活还算宽裕，但他们依然过得很简朴。他们在小厨房里把水烧开用来洗衣服，然后再将这些水倒入顶楼两间卧室内的瓷制大水罐和大碗里。洗澡用的浴盆是镀锡的。每张床下面都放着一个瓷制的尿壶。这样在寒冷、漆黑的深夜就可以不用下楼到院子末端的木制茅房中去方便了。家里也没有花园。这间小店和奢侈无关，但对阿尔弗雷德·罗伯茨而言，这是他的财产。他最初的工作是替别人经营商店。与那时相比，他的事业已经有了相当大的进步。虽然12岁以后他就再没接受过教育，但凭着自己的勤奋、坚韧和相当高的悟性，他成了家族里第一个脱离工薪阶层的人。

从很多方面来看，玛格丽特·撒切尔和罗纳德·里根在童年时代有着相同的生活方式，看店就是他们的生活。此外，零售业
6 的生活经历让他们体会到了同样的优势和不足。“住在‘店铺楼上’绝不仅仅是个词组，”撒切尔夫人日后解释道，“只有曾经这样生活过的人才知道它的独特之处。”[7]

对里根一家而言,住在店铺楼上意味着他们不得不时刻提醒自己,只有杰克挣到了钱,他们才有地方住。一旦杰克没有卖出足够的鞋子,或是冒犯了经理或店主,结果不是失业就是无家可归。杰克经常抛下工作和家庭,酗酒买醉,消失好几天。一家人生活得极不安定,日子也过得捉襟见肘。一周又一周,没有任何结余可以用于储蓄或改善生活。里根日后也自嘲道:"事实上,我的家庭并不来自贫民区,但是不可否认的是我们确实过着勉强糊口的日子。"[8] 但在那时,年幼的里根并没有意识到环境的艰辛。"我从来没有觉得自己的家庭贫穷,"他回忆道,"我们总是有足够的食物。妮尔一直都在寻找比我们更贫困的人,然后用自己的方法帮助他们。"[9] 相反,格兰瑟姆的罗伯茨一家,生活在自家店铺的楼上要安心得多。只要阿尔弗雷德·罗伯茨身体健康,并且足够努力,能够偿还银行的贷款,他们的生活就有保障。

里根一家从来没有实现这样的独立。"杰克一直在追逐自己唯一的梦想:开一家属于自己的鞋店。"里根回忆道。[10]但是这个梦想一直没有实现。杰克收入微薄,却将大部分都用在了买酒上,以至于长期受苦的妮尔几乎没什么钱能够花在两个儿子身上。他的全部梦想就是开一家属于自己的店,但杰克没有足够的存款去申请贷款,只能找一份力所能及的销售工作。对于里根一家,桌上的食物总是不够;家里是唯一能长期居住的地方,衣服也很少买新的。

直到人生的最后阶段,罗纳德·里根才开始接受父亲漂泊不定的生活方式。"他总是不停地折腾,时刻准备搬家,为了自己和家庭去寻找更好的生活,"里根回忆道,"我们跟随着父亲的梦想

四处搬家。”即便在晚年，里根发现自己也很难认同父亲这种不负
7 责任的做法。酗酒是家庭贫困和不幸的根源。“杰克的工作报酬总是低于他的期待值。这意味着妮尔不得不将一块汤骨用各种方法烹调，连续吃好几天，”里根回忆道，“每个星期六，妈妈都会让哥哥去屠夫那里要一点肝脏……来喂家里的猫。事实上，家里根本没有猫。这些肝脏就是我们周日的晚餐。”[11]

罗伯茨一家掌握着自己的命运。但住在店铺楼上也有另一些不便之处。“首先，我们要随时值班，”撒切尔夫人指出，“一旦人们没有培根、糖、黄油，或者鸡蛋，他们会在深夜或周末随时敲门。每个人都知道我们靠服务顾客来谋生。抱怨是没有意义的——所以我们没有人抱怨。”然而，住在店铺楼上也有好处。“住在自家的店铺楼上，比起其他的生活方式而言，我们有更多时间能够看到自己的父母，”撒切尔夫人补充道，“早餐、午餐、下午茶、晚餐，我都可以看到父亲。和别的家庭相比，我们有更多时间能够在一起交谈。这是最令我感到愉快的。”[12]

另一方面，里根的父亲经常消失不见，没人知道他的下落。当杰克·里根出去狂饮作乐，回来对着妻子和孩子撒酒疯时，妮尔不得不迅速收拾行李，回娘家避难。“有时，妈妈会突然抱着我们兄弟两人，去自己的某个姐妹家住上几天。”里根回忆道，“我们很喜欢这种出乎意料的假期，但却对父母感到困惑。”[13]随着里根渐渐长大，他已经完全明白是什么让妈妈离家出走。根据各方面的报道，里根的回应是不理睬父亲本来的样子，而是用一个虚构的英雄爸爸代替他。这个爸爸身上有正直的阿尔弗雷德·罗伯茨所有特质。

里根开始和自己的父亲疏远。他一生都受到严重的近视困扰,即使他的妈妈也是很晚才发现这一症状。他经常能够回忆起那个瞬间——当他戴上妈妈送的眼镜时,周围的一切顿时出现在眼前。他清晰地看到了这么多年来自己错过的一切。然而,就在那时,影响里根一生的严重被孤立的感觉,已深深地埋在了他的心底。虽然长期视力不好使他的早期教育困难重重,但是这也给他带来了一系列无价的天赋:对口头材料有着高度的记忆能力;在极度混乱的状态下能够集中精神。另外,他还有一项令两任妻 8
子、同事,以及传记作者都感到困惑的能力——他可以将自己从纷繁的事物中抽离出来,保持冷静,继续像平常一样生活。事实证明,这项特质在日后波云诡谲的政治谈判中起到了关键作用。

撒切尔夫人非常崇拜自己的父亲。她在父亲的鼓励和宽容下成长,是最受疼爱的女儿。但是,她很大程度上忽略了自己沉默、勤劳、尽职尽责的母亲比阿特丽斯。而里根却发现自己的忠诚在父母之间左右摇摆。在个性上,他更接近魅力超凡的父亲。但当他学会不理睬父亲醉酒的丑态时,他的个性开始受到更加平凡的母亲的影响。罗伯茨一家的生活围绕着杂货铺和芬金大街上的卫斯理宗教堂展开。而里根一家的宗教信仰组合非常少见。母亲信奉古怪的新教,而父亲朴素的天主教信仰几乎快要缺失。“父亲偶尔才参加天主教的弥撒,母亲几乎每周日都会去迪克森基督教堂做礼拜。”里根写道,“从母亲身上,我懂得了祷告的意义,以及如何让我的梦想和信念成真。”[14]

但是,杰克·里根确实在年幼的“荷兰人”心中留下了清晰且不可磨灭的印记。杰克拥有慷慨和骄傲的灵魂。他认为无论地位和职业如何，每个人都值得尊敬。令人奇怪的是，杰克在事业上并没有取得太大的进展，但是他却对美国梦深信不疑——每个人只要努力工作就可以到达人生的巅峰。抛开生活和工作上的失望不谈，他觉得每个人都有自己的运气和命运。对年幼的里根来说，这是父亲给他上过的最真挚的一堂课。里根将它运用在了日后的政治生涯中：“父亲留给我最重要的东西就是一种信仰，即所有男女，无论他们的肤色和宗教信仰，都生来平等。每个人的命运都由自己主宰。也就是说，一个人的抱负和勤奋在很大程度上决定了他的命运。”[15]

杰克·里根忽视的是，要让梦想成真还需要接受良好的教育。因此，里根很快下定决心，他要努力向上发展，离开伊利诺伊的这个小镇。他要取得成功，哪怕不是巨大的成功，至少也要比
9 父母过得更加安稳。他感到孤独和失望。正如他的传记作者埃德蒙·莫里斯（Edmund Morris）所描述的：“成片成片的玉米地将‘荷兰人’与外面的世界隔离。”[16]他知道教育是让他脱离这一切的不二法门。

虽然他的想法遭到轻视，被对手嘲笑是独一无二的傻瓜，但里根热爱阅读。事实证明他是一个非常聪明的孩子。1918 年 3 月，里根的最后一份成绩单上，阅读和数学都是满分。所有科目的平均分获得了 97 分。他很聪明，知道只有继续读书才能脱离小镇生活。“20 世纪 20 年代，美国高中毕业生只有不到 7% 的人可以进入大学，”他写道，“但是我决定成为这 7% 中的一员。”[17]后来，他大方地承认，在自己的头脑里，和读大学至少同等重要的，是又有 4 年的时间可以玩橄榄球，以及追女朋友。事实上，他

顺利地成为尤里卡学院(Eureka College)250 名学生中的一员。尤里卡学院是他少年时代的爱慕对象——玛格丽特·克利弗(Margaret Cleaver)及其两个姐姐的母校。

这是一个奇怪的巧合。里根一心想要追求的玛格丽特·克里弗和他后来的政治伙伴玛格丽特·撒切尔相比,在很多方面,前者都是一个聪慧的先行者。和撒切尔夫人一样,里根的第一个玛格丽特也是模范学生和当地社区的优秀人物。她是迪克森市基督教堂本·H. 克利弗(Ben H. Cleaver)牧师的三个女儿之一。里根喜欢运动,容易冲动,做事凭直觉,玛格丽特·克里弗则沉闷、拘谨,有点像波丽安娜[①]。此外,她和撒切尔夫人一样都来自正直刻板的家庭。1928 年,里根 17 岁的时候,玛格丽特成为尤里卡学院一年级的学生。里根开车送她去学校。那时,里根下决心要考入尤里卡。他当机立断前往校长办公室,表示自己希望进入尤里卡学院,主攻经济学。他获得了一项资助贫困家庭学生的奖学金。这笔奖学金可以支付一半的学费。另一半学费则通过学院提供的工作——清洗女生宿舍的餐具赚取。里根非常高兴。

除了踢足球和努力学习使自己避开麻烦,以及将成绩保持在全班平均水平之上,里根还参加戏剧表演和学生政治运动。40 10
年后,他将以另一个角度从后者中体会到更多。虽然股市崩盘还

① Pollyanna,起源于美国作家埃莉诺·霍奇曼·波特(Eleanor Hodgman Porter)1913 年创作的系列儿童小说《波利安娜》。小女孩波利安娜失去父母后,投靠姨妈。在这个过程中,她学会了一条幸福法则,即不要抱怨生活中的不幸,而要用宽容的态度去对待。后来 Pollyanna 被用来形容盲目乐观的人。——译者注

有一年才会到来，但是对那些为尤里卡学院提供了大量资金的农民来说，当下已经是非常艰难的时刻。面对逐渐减少的资助，学院院长和理事会认为学院已无法收支相抵，不得不解雇一些员工。这一消息刚刚散播，学生抗议委员会就成立了。里根发表了一通激动人心的演讲，被选举为主席，领导学生进行罢课："当天晚上，我发现听众让我找到了感觉。用戏剧表演的行话来讲，就是听众和我已融为一体。当我开始真正发表提议，即没有必要走议会程序时，大家都起立呐喊，甚至在场的学校员工也鼓掌表示赞成。这场面真令人陶醉。"[18]里根实在太具有说服力了。学生们不断呐喊支持他提出的每一个论点，然后又以雷鸣般的掌声表示赞成游行。一周后，罢课迫使校长下台，裁员也被终止。

在尤里卡的一切都是那么愉快，然而回到迪克森，杰克和妮尔的生活变得更加艰难。妮尔找到了一份针线活的工作，每周有14 美元的报酬。在杰克工作不顺利的情况下，这 14 美元还可以填补家用。一个圣诞节的前一天，杰克被解雇了。为了找工作，他不得不离开，去了 200 英里外的斯普林菲尔德（Springfield）。里根一家和罗伯茨一家的生活差距从来没有像此时这样明显。罗伯茨一家获得了杰克·里根从来没有得到过的一切。里根和哥哥尼尔曾前往普林菲尔德，去杰克所在的经营不善的商店看望过他。"当我们还是孩子的时候，他和我们谈起自己的梦想，他希望有朝一日开一家高级鞋店，"里根回忆道，"我把头转开，不想让他看到眼泪从我的眼眶里流出。"[19]

里根夫妇结婚之初，杰克保证过要让第一个儿子尼尔在罗马天主教堂接受洗礼。3 年后里根出生，父亲和母亲之间的力量对比出现了明显的变化。因为杰克经常不是因为工作就是因为酗酒而消失不见，所以妮尔加入了迪克森当地的基督教会寻求慰藉。每个周日，她都带着孩子去做礼拜。里根的母亲教会了他如何祷告，相信上帝的意志。这成了他随后人生中的精神支柱和行 11
动指南。

孩提时代起，基督教就教会了里根“上帝的眼中人人生而平等”，人们身边的种族主义，尤其是对非裔美国人的歧视，都是反基督教精神的，都是错误的。“爱邻如己”不仅仅是句名言。里根兄弟在这句话的启发下，平等友好地对待自己的朋友。妮尔告诉他们，在这个家里，黑人朋友和白人朋友一样受欢迎。事实上，有一段时间，尼尔·里根最好的朋友就是黑人。他曾经陪这位朋友一起坐在电影院被隔离的座位上。杰克·里根的社会公正感也同样十分鲜明。他打算反对所有种族歧视的行为。曾经，酒店结账退房的手续就不适用于犹太人。“我是一个天主教徒，”他直截了当地告诉前台的工作人员，“如果你们排斥犹太人，那么迟早有一天你们也会排斥天主教徒。”[20]

基督教还在另一方面启发了罗伯茨一家和里根一家——那些受到自然恩惠和幸运眷顾的人有责任帮助那些比较不幸的人。比阿特丽斯·罗伯茨每周会做两次烘焙。小玛格丽特的任务就是把多余的面包和蛋糕送给那些不幸的邻居们。撒切尔夫人回忆道：“每周四或周日，我都会把一些烘焙的食物送给独居的老人或病人。”[21]里根也有着相似的回忆：“如果一条街上的某个家庭遇到了困难——有人去世或得了重病——当天晚上，邻居就会请他们到家里来吃晚饭。如果一个农民因为大火失去了谷仓，那么他的朋友就会帮他再次搭建，并将谷仓填满。”[22]

然而对阿尔弗雷德·罗伯茨来说，善行从家里开始。扶轮社（Rotarians）是一个由小企业主组成的社会团体。在这个组织里，他是忠诚可靠且非常优秀的成员。扶轮社为格兰瑟姆的穷人购买的生活必需品，其中的食物都是从罗伯茨家的商店采购的。“从圣诞节前夕到圣诞节，店里要准备150个包裹，里面有罐头肉、圣诞节蛋糕和布丁，以及果酱和茶叶。”撒切尔夫人回忆道。[23]

撒切尔夫人的家庭有着浓重的宗教氛围。他们每周都会例行参加卫理公会社区的活动。撒切尔夫人承认：“我们的生活围
12 绕着卫斯理宗展开。”她为自己的信仰影响到生活的每个角落而感到非常骄傲。“我出生在一个实干、严肃，以及有着浓厚宗教氛围的家庭里。我的父亲和母亲都是虔诚的卫斯理宗教徒。事实上，在格兰瑟姆及周边地区，父亲都是非常受欢迎的传教士。”[24]

卫斯理宗对她产生了深刻的影响——“那些在教堂里被逐渐灌输的观点都真实地反映在我的家庭里。”[25]至少在她小时候，这意味着严格遵守安息日去教堂做礼拜，并反对轻浮之举。宗教生活会耗费大量时间，有时甚至让人精疲力竭。“在周日早晨必须要去主日学校①之前，我们一家都是11时去教堂做礼拜。后来周日下午我也要去主日学校。大约12岁时，我要弹钢琴，给更小

① 主日学校是英、美诸国在星期日为贫民开办的初等教育机构。学习者主要是儿童。教学内容除宗教教义和道德准则外，也包括读、写、算的基本知识。——译者注

的孩子唱赞美诗伴奏。于是,我的父母就选在晚上做礼拜。”[26]

卫斯理宗是格兰瑟姆当地最受欢迎的宗教。对罗伯茨一家而言,其他信仰几乎不会考虑。正如撒切尔夫人所说:“在普世教会合一运动①之前,格兰瑟姆的宗教生活非常积极,充满竞争精神。”[27]生活对小玛格丽特来说是温柔的。教堂是她快乐的源泉。在那里,她学会了弹钢琴,还学习了一段时间的管风琴。她在那里唱歌,听合唱班美妙的音乐。

即使70年之后,撒切尔夫人对自己这种沉闷的成长方式依然感到骄傲。“卫斯理宗并不像如今人们想象的那样严肃,”她说,“它非常关注宗教的社会功能,并且拥有丰富的宗教音乐。虽然这看上去是相当严肃而富有宗教色彩的方式,但它们的确给了我大量的机会去享受生活。”[28]

虽然卫斯理宗给小玛格丽特带来了适度的娱乐,但是同龄女孩参加的普通活动,她却被禁止参加。她强烈地反抗这种禁令,却遇上了父亲善意的唠叨。几十年后,撒切尔夫人终于明白父亲的唠叨是正确的。“当我告诉父亲,我的好友们打算去郊游……我想和他们一起去时,他说:‘不要因为别人做什么你就做什么。’事实上,这是他的口头禅之一——当我想要去学舞蹈,或者 13
偶尔想去电影院,又或者想去什么地方玩时,他就会用这句话教育我。不管当时我的感觉如何,现在看来,这对我大有裨益。”[29]

世事多变。第二次世界大战到来,林肯郡宽阔的平原上空盘

① 普世教会合一运动是提倡现代基督教内各宗派和教派重新合一的运动。——译者注

旋着数百架英美飞机。此时，阿尔弗雷德·罗伯茨当上了格兰瑟姆的市长。他在严格坚守自己的信仰和支持战争带来的改变之间举棋不定。小镇上曾经严格禁止在安息日开展娱乐活动。阿尔弗雷德很不情愿地同意了放松禁令，首次批准在星期日开放电影院。观念改变的受益人之一就是十几岁的玛格丽特。她依然记得看到第一场好莱坞电影时满足的心情。但是，即便这样，她的父亲也要对她看的电影进行审查。

“恰是电影的到来，让我的生活变得丰富多彩。”她回忆道，“父母认为我应该看一些‘好’电影。弗雷德·阿斯泰尔（Fred Astaire）①和金格尔·罗杰斯（Fred Astaire）②的音乐剧，以及亚历山大·科达（Alexander Korda）③的电影幸运入选。”她愿意看“所有英格丽·褒曼（Alexander Korda）④参演的电影”，但却从来没有看过亲切的罗纳德·里根年轻时主演的电影。好莱坞正在为两人开启一扇门，通向更宽广的未来。但对玛格丽特来说，它不

---

①　弗雷德·阿斯泰尔（1899—1987），美国著名电影演员和舞蹈艺术家。在长达76年的舞台和银幕生涯中，阿斯泰尔共出演了31部歌舞片，其中尤以与金格尔·罗杰斯合作的歌舞片最为人们喜爱。——译者注

②　金格尔·罗杰斯（1911—1995），美国著名女演员。1940年因出演《女人万岁》（*Kitty Foyle: The Natural History of a Woman*）获得奥斯卡最佳女演员。——译者注

③　亚历山大·科达（1893—1956），出生于匈牙利的电影导演和制片人。他是英国电影工业的主要人物，也是伦敦电影公司（London Films）的创建人。——译者注

④　英格丽·褒曼（1915—1982），著名瑞典籍电影女演员，是好莱坞黄金时代最伟大的女演员之一，被誉为“好莱坞第一夫人”。——译者注

过是一扇窗，可以看到外面更丰富多彩的世界。当然还是要在父亲允许的范围内。她深情地回忆道："格兰瑟姆是个小镇，但是我每次去电影院的路上，就像在漫步前往最神奇的想象王国。这给了我信心，某天一定要在现实世界里找到它。"[30]

对罗伯茨一家，宗教信仰和政治信仰之间突然发生了急促的转变。受到基督教信仰的启发，阿尔弗雷德·罗伯茨迫切希望行善。同时，他对当地的政治和各种时事也表现出极大的兴趣。欧洲独裁者的恐吓行径日益猖獗，在 20 世纪 30 年代严重威胁着世界和平。他入选了当地议会，在多个委员会任职，并积极投身社区活动。最终，他成功当选格兰瑟姆市市长，以及凯斯蒂文女中（Kesteven Girl's School）的校长。这也是玛格丽特就读的高中。

他的妻子比阿特丽斯总是忙于家务，并且不想加入他关于构建一个更美好世界的讨论。他发现玛格丽特倒是个很好的听众。 *14*
虽然她只是个小女孩，但听得非常投入，有时还会加入阿尔弗雷德和扶轮社会员关于熏肉切片机的激烈辩论。"我非常喜欢听大人的对话。他们谈话的内容不仅包括宗教和发生在格兰瑟姆的事情，还包括国内和国际政治。"撒切尔夫人回忆道。[31]

关于罗伯茨是不是一名真正的保守党员还存在一些争论。保守党通过特权、土地和财富与他密切合作。正如他的一些朋友证实的，他的观点也相当激进。甚至撒切尔夫人也承认"他的政治观点被称为'旧式的自由主义'也许最恰当。个人责任是他的口号"。他非常推崇约翰·斯图尔特·密尔（John Stuart Mill）的《论自由》（*On Liberty*）。"和其他商人一样，他似乎不能接受自由党的集体主义。"[32]但这种描述似乎只是撒切尔夫人自己的想象。

和别人一样，阿尔弗雷德·罗伯茨是一个有智慧且自强自立之人。在20世纪30年代风云变幻的政治格局中，他努力让自己掌握最新的信息，并思考在法西斯猖獗的时代，英国怎样做才是最好的。

从这个方面来看，罗伯茨确实不是保守党。首相斯坦利·鲍德温(Stanley Baldwin)以及他的继任者内维尔·张伯伦(Neville Chamberlain)都曾不遗余力地通过协商来说服阿道夫·希特勒(Adolf Hitler)和意大利的贝尼托·墨索里尼(Benito Mussolini)，避免第一次世界大战战场上的大屠杀再次发生。罗伯茨一家围绕在收音机旁。他们认为重整后的英国军队一定会重创威胁世界和平的反动力量。“对独裁者，我们深表怀疑，”撒切尔夫人指出，“我们认为和独裁者交战，前景相当可怕，应该尽可能避免。”许多右派提出的反共产主义言论并未让阿尔弗雷德动摇。“不像许多思想保守的人，我父亲非常反对弗朗西斯科·佛朗哥(Francisco Franco)支持者提出的言论，即法西斯主义政权应该得到支持，因为它是反对共产主义的唯一途径。比起法西斯主义和共产主义，他认为自由社会是更好的选择。”[33]

对于罗伯茨和他早慧的女儿而言，与收集第二次世界大战消息同样重要的是了解英国国内的情况。格兰瑟姆的一个现实情
15 况确保了无论罗伯茨对建设一个更美好的社会有多么关心，他也不打算加入工党。格兰瑟姆的居民大多是工人阶级，在私营的铁路公司工作，制造火车车厢和所有其他车辆。正如撒切尔夫人的回忆：“作为坚定的保守党，我家就像个异类。”[34]铁路几乎都有工会，且工会毫无疑问都支持工党——工会运动的议会组织。但

是，格兰瑟姆却没有工党。相反，当地的工会与合作党紧密联系在一起。它是从工党中分裂出来的派别，在大部分重要的环节上都服从工党的党纲。

但是，合作党运动的一个情况也决定了无论罗伯茨有多么支持他们的观点，他也不会卷入其中。因为合作党党纲的一项核心内容，就是清除合作党领袖认为的由自由市场造成的社会不公。商人们批量购入商品，再以成本价卖给他们的成员。按照党纲的规定，他们要对因此产生的利润进行分配。所以，罗伯茨不仅在政治上是工人阶级的敌人，在商业上也是如此。

因为他一直和所有人都保持着友好的关系，甚至政治对手，所以他欢迎大家在店里对社会制度进行友好的讨论。“容忍那些持相反观点的人”是父亲灌输给小玛格丽特的另一个美德。当她跨入到人生的政治顶峰时，这成了对她最有帮助的一课。“我们认识的那些工党议员都非常友好，且值得尊敬。无论在会议室或选举时斗争有多么激烈，一旦他们走进店铺，就不再有党派之争。”撒切尔夫人回忆道。[35]

在阿尔弗雷德·罗伯茨担任市长期间，他依然保持中立，不依附任何政党。但在所有事情上，他却毫无疑问都会投票支持保守党。然而，玛格丽特从不怀疑自己是一名保守党员。很多年后，她描述自己生活在“一个右派家庭”中，并且“不论是先天的，还是后天，我一直都是一个‘忠诚的保守党人’”。[36]

对于里根一家，将宗教信仰转化到日常生活中却不是那么顺畅。不同于阿尔弗雷德·罗伯茨，杰克·里根并不是一个成功的

16 自学者。他总是沉浸在悲伤中，对自己不善学习而感到忧虑。此外，他的宿命感深深影响了自己的孩子。这是基督教的一个奇特理论——即使所有的证据都指向失败，事情最终也会朝好的方向发展。正如里根的回忆："从小我就相信每个人的命运都是上帝安排的。命运中，那些看似随机发生的转折，事实上都是上帝的安排。"[37]

杰克·里根几乎看不到任何迹象表明上帝为他的家庭安排最终走向富裕和幸福的命运。严肃拘谨的清教支持着罗伯茨一家。他们相信天道酬勤。不同于此，里根一家偶尔会抱怨那些让他们处于困境的人。这也是可以理解的。

好运也许总是眷顾那些勤奋工作的人。但是，杰克·里根认为如果政府和大商人付给工人的工资依旧是最低水平，那么好日子还要很久才会到来。"我父亲强烈认可个人和劳动人民的权益，"里根后来写道，"他对当权者深表怀疑，尤其是掌管伊利诺伊州州政府的共和党人。他认为这些人和坦穆尼协会（Tammany Hall）①的人一样腐败。"[38]

杰克·里根曾被认为是一个无用之人，但他并不完全如此。鉴于自己失败者的身份，杰克尝试默默地更正社会中的错误之举。他开始为民主党工作。正如里根的回忆："他很忙。他相信自己所做的一切。他将大量的商业意识用在自己义务参加的政治杂务中。"[39]当1929年股市崩盘时，富兰克林·德拉诺·罗斯

---

①　坦穆尼协会于1789年5月12日建立，最初是美国的一个全国性爱国慈善团体，最终因卷入选举操控丑闻而在1934年垮台。——译者注

福(Franklin Delano Roosevelt)战胜赫伯特·胡佛(Herbert Hoover)入主白宫。杰克从政府那儿为自己谋到一份差事——为那些失业者找工作。

杰克·里根在公共事业振兴署(Works Progress Administration)做好事的高尚举动最终却在美国人民心中留下了长久的阴影。通过欺诈手段落实救济工作让罗纳德·里根明白了,再好的意图也会被官僚主义之手扼杀。如果他不是当时就明白了这个道理,那么日后回忆起来也一定非常清楚。只有1万人口的迪克 17
森小镇,像其他中西部城市一样,因为经济萧条而遭受了严重的打击。当新建楼房甚至旧房维修都停工时,里根哥哥尼尔工作的水泥厂也不得不关门。数以千计的人走上街头——1/5都是要养家糊口的人——他们没有得到一点补偿,也几乎没拿到联邦政府的救济。杰克·里根正在当地的扶贫办公室工作,负责向那些已经养不活自己家的人们发放政府的救济食品和食品消费券。

对年幼的罗纳德·里根来说,看到人们排队从父亲那里领取微薄的政府救济,他非常震惊。“每周排成行的队伍中,没有流浪汉,没有陌生人,都是我们的朋友,是和我一起上学的孩子的父亲。”[40]杰克·里根迫不及待地希望得到授权去帮助失业者重新就业。他利用联邦政府给予他的微薄的资金,帮助每周出现在眼前的那些人在社区里找力所能及且合适的工作。杰克一直工作到深夜。他试图将为数不多的工作分配给数以千计的失业者。这样每人就能分得少量的资金,通过非常卑微的工作获得一点自尊。

由于罗斯福政府更加优化的管理,救济金的数量得到增长,不公平的福利制度也随之产生。杰克·里根很快发现那些重新就业的人因为还在工作而领不到完整的救济金。他们从失业的、需要养家糊口的人变成了福利体系中被遗忘的无名氏。于是，那些他曾经帮助过的人不得不重新回到领取救济金的队伍中，填写没完没了的表格。正如日后里根指出："此时，他的家人正在挨饿——全是因为他只有几天的时间在勤奋工作。"[41]对于年幼的罗纳德·里根而言，这是非常残酷的教训——政府努力做好事，却无意弄巧成拙。然而，杰克·里根在大萧条时代也留下了永恒的遗产。迪克森有了新公园。那是公共事业振兴署雇佣员工建造的。他们排空了沼泽地里的水，清理了灌木丛；用杰克找到的闲置轨道在河上架起了新的桥梁；在小镇的飞机场建起新的机
18 库。按照罗纳德·里根的解释，看到这些变化就应该谴责联邦政府的直接救济方式。如果说日后里根指责罗斯福新政是个错误，那么对当时的父亲而言，新政却是完全正确的。杰克自始至终都是一个民主党员。也许他也曾抱怨过当地政府的救济挫败了他的计划，但他绝不愿听到一句诋毁神圣的总统和民主党政府的言语。

1944 年中，玛格丽特·罗伯茨快要毕业时，战争眼看就要结束，同盟国胜利在望。但是，玛格丽特并不打算参与战争。她自传里的一段话透露出她有些尴尬，因为和她年龄相仿的人都去为部队服务了，或是在战场上和法西斯征战多年，而她却逃避了所有危险。她以继续求学为由逃避征兵的事实一直困扰着她。尤其在诺曼底登陆后，这种困惑的心态更加严重。正如玛格丽特自

己所写："诺曼底登陆后，全面的战争开始了。这令我们心神不宁。许多和我年龄相仿的人都加入了战争。也许就在那个时刻，我怀疑自己待在剑桥是否正确。"[42]只有当战争确定即将胜利时，她的不安情绪才停止。当听到巴黎解放的消息时，她说："没有为战争做贡献的负罪感多少有些减轻了。"[43]

玛格丽特没有加入战争，却全身心准备去英国最好的大学之一——剑桥，攻读化学专业。她是一个既聪明又勤奋的女孩，非常擅长考试。校长多萝西·吉利斯(Dorothy Gillies)对她申请剑桥并不看好，因为她觉得这超越了玛格丽特的能力范围。但是，玛格丽特坚定地认为教育是最好的办法，用以逃离粗俗的格兰瑟姆和日复一日折磨人的平凡生活。在学校里，她和一位当地国教牧师的女儿玛格丽特·古德里奇(Margaret Goodrich)成了好朋友。玛格丽特看到古德里奇舒适的家里有各种书籍、图画，以及祖传的家具。她希望有一天自己能过更好、更舒适的生活。玛格丽特非常崇拜父亲。父亲从书本里获得了坚定的人生信念。她
对父亲运用这些信念在当地议会中顽强抗争表示尊敬。高中快 19
毕业时，她毫不犹豫地认为，只有剑桥才能带她脱离这种闭塞的生活，而且能带她步入新的社会阶层。

她知道自己是英才教育的先锋："虽然我不是家里第一个上大学的——我的一个堂兄在伦敦上过大学——但是我是罗伯茨家族里第一个上牛津、剑桥的人。"当她在萨莫维尔学院(Somerville College)亲眼看到那些比她更富有、拥有更好背景的学生享有更多优势时，她得出了一个清晰的结论。她看到的不仅仅是一些偏见："在牛津我也可以有一段更灿烂的经历，但因为我没什么

钱，所以不可能像他们一样。”最初，她觉得那些大一新生的自信和相对富有使她感到畏惧。“我觉得害羞、自卑。独来独往让我在完全陌生的环境下开始放松。”[44]她第一次走进这样一个既陌生又富有的世界。但是没过多久，她就在这里开辟出自己的道路。在面对那些来自更加富有或更有背景的家庭的学生时，她抑制住自己不安的情绪。对于这位来自格兰瑟姆的真诚女孩，当有人因为她的小城镇心态和林肯郡口音公开嘲笑她时，她心里非常瞧不起这些人。

加入牛津大学保守党协会（Oxford University Conservative Association）使玛格丽特得到了解脱和鼓舞。在辩论中，她确信自己可以展现风采，不让他人占上风。但是，她发现自己加入了一个私人俱乐部。这个俱乐部更像是婚姻介绍所。此外，人们在这里积极地建立社交关系。对于那些希望通过婚姻获得更舒适生活的女生来说，社交晚宴和舞会是寻找目标的最佳场合。但是，玛格丽特·罗伯茨太直接、太天真。利用在牛津读书的机会找一个富有的老公，借助他的努力过上更好的生活，对她来说也许太麻烦了。事实上，只有一份研究报告显示她在学校里交过一个男朋友。这个男孩送给她一支玫瑰花。她甚至企图用阿司匹林来延长玫瑰花的生命。第一次离开父亲的管控，她尝试喝了一口自己喜欢的酒，甚至抽了第一支烟。但是，她并未沉浸在这些无聊的
20 举动中。玛格丽特没有将保守党协会当成社交俱乐部，而是积极地参与辩论，慢慢让自己融入组织。通过这种方式，她结识了一大批保守党重要人物和后起之秀。在这些人当中，许多人最后成为她在议会和政府中的工作伙伴。

也许这就是事物发展的规律。当玛格丽特深深折服于年轻的战争英雄昆汀·霍格(Quintin Hogg)的才华,或是未来的首相安东尼·艾登(Anthony Eden)温文尔雅的气质,又或是另一位未来首相亚历克·道格拉斯-霍姆(Alec Douglas-Home)彬彬有礼的风度时,她对这些人的关注和钦佩并未得到相等的回应。直到即将从牛津大学化学系毕业时,她一直都觉得加入保守党、投身政治也许是另外一个具有吸引力的选择。虽然玛格丽特接触到许多党内的领袖人物,但他们却没有成为其坚定的政治伙伴,更不可能为她在保守党或是议会谋得一个职位。化学学位——在当时不可能成为进入政界的通行证。但是,她觉得必须首先告诉父亲,自己不会再回到格兰瑟姆,而是必须在更广阔的世界里找到一份工作。

远离首都和纷扰的政治活动,对于里根和撒切尔夫人而言,也许是至关重要的。因此,他们都有这样的野心或企图——希望成为华盛顿特区或威斯敏斯特富有和世故的政客——也是不可思议的。格兰瑟姆是一个维多利亚式的衰败的铁路小镇,位于伦敦和爱丁堡之间重要的东海岸线上。小镇上没有首都明亮的街灯。撒切尔夫人小时候去过一次伦敦西区,很重要的是那次的行程并不包括国会大厦。然而回来后,她就表达了自己的决心,要再次回到那个地方,过有品质的生活。

小罗纳德·里根的生活离纽约、洛杉矶和政治中心华盛顿更加遥远。为了寻找工作,杰克·里根和家人辗转在伊利诺伊州乡下的几个小镇上。他们生活的世界远离东北部的几个州,而那里

21 是显贵政治家族的所在地。正如埃德蒙·莫里斯对伊利诺伊州乡村的观察："这里是被荒弃的沃土，生活单调，像一堵墙与外界隔离开来。芝加哥看似就在1000英里之外，但事实上像在百万英里之外。"[45]里根和撒切尔夫人都意识到自己是局外人——无论是地缘上还是社会生活上。但他们都很自信。这种自信也许只有小镇才能赋予。他们都是普通的国民，社会地位既不太高也不太低，没有什么特权。但是，这样的小社区给了他们稳定和安全感。此外，他们都来自主流社会，盎格鲁-撒克逊的传统深深根植在他们心中。新教的职业伦理是他们共同的信仰，参与社区事务是他们共同的责任。最重要的是，他们都有高度的个人主义价值观。

对于里根和撒切尔夫人来说，将政治作为职业并不是显而易见的选择。里根是在工作中发现自己对辩论和政治舞台的喜爱。而撒切尔夫人也是在不得不开始工作后，才发现政治才是自己的命运所在。虽然两人有相似的背景，但一开始，他们在政治上存在分歧——撒切尔夫人从童年时代起就是坚定的保守党员，而里根继承了父亲的志愿，更倾向于民主党。第二次世界大战结束时，当撒切尔夫人为保守党战争领袖温斯顿·丘吉尔（Winston Churchill）助选时，里根正积极支持民主党总统富兰克林·罗斯福（Franklin Roosevelt），然后是哈里·杜鲁门（Harry Truman）。

# 第二章　职 场 生 涯 22

罗纳德·里根和玛格丽特·罗伯茨都是在职场的推动下跨入政界的,但这绝非两人的初衷。当他们走进这个大千世界开辟自己的天地时,他们还没有形成清晰的保守主义的政治哲学。

里根一开始甚至都不是共和党员。受到父亲在新政时期慈善之举的感染,以及对受压迫者的同情,年轻的里根以电台播音员开始了自己的职业生涯。他并没有意识形态上的束缚,也没有打算进入政界。对和父亲一样的劳动者,他有着本能的同情。和父亲一样,他认为自己也是忠诚的民主党员。但是,一旦他与生俱来的语言天赋和组织能力与他过人的魅力和出色的外貌相结合,他就从体育电台被推向了大银幕。他发现,进行酬薪协商的同行主演们促使他重新审视自己的观点。

里根的天赋使他很容易在政治领域开辟自己的天地。他一生中几乎都是如此。当他要开拓属于自己的道路时,根本不需要依靠政党或是组织。他就是自己一个人。当谴责共产主义渗透的声音越演越强烈时，他的经历使他在思想上慢慢地倾向右派。然而早期在好莱坞时，他并没有加入共和党，他认为共和党是享有特权的政党。但是，他对民主党的自由主义日渐愤怒，认为民
23 主党内充斥着越来越多的共产主义游说者。直到第二次世界大战结束，随着演艺事业遭遇瓶颈，他已经形成了自己的政治哲学，既不同于民主党，也不同于共和党。

对于玛格丽特·罗伯茨而言，生活更加简单明了。在小地方长大，从牛津大学化学系毕业，第二次世界大战结束时，她带着自己传统的价值观和主流的保守党观点来到了伦敦。1945 年，保守党进行了罕见的自省，尝试接受第二次世界大战结束时犯下的巨大错误——英国的选民抗议温斯顿·丘吉尔再次担任首相。总的来说，玛格丽特·罗伯茨还太年轻，太缺乏经验，也许也太缺乏自信让自己加入党内关于如何反击工党意外的压倒性胜利的辩论。

受到禁欲而简朴的父亲的影响，玛格丽特不可能加入其他政党。她必定是一个传统的、中规中矩的保守党员。虽然在人生后期，她承认自己曾在心底里反国家、反税收、反监管，但是随着自己逐步走进成人的世界，她对保守党的奉献是真诚的、简单的。保守党不鼓励从意识形态角度去解决政治问题。很久以后，玛格丽特的观点才开始完善，并开始反对保守党领袖的主流观点。从牛津毕业时，她正在全心全意找第一份工作，希望在议会中谋得一个职位，同时寻觅伴侣。

里根和撒切尔夫人形成了相似的保守派观点，形成的原因却大相径庭。启发他们的不是别的，正是他们从父亲那里分别获得的经验。两人都用了很多年才整合了自己的思想，实现了对党的

忠诚。通过自我发现,两人向前跳跃了一大步,最终到达了相同的地方。

1932 年的夏天是里根在迪克森洛厄尔公园(Lowell Park)担
任救生员的最后一个夏天。从高二开始,里根就在此担任救生
员。他非常享受这份工作。此时,兼职的救生员里根开始思考自
己以后如何谋生。他接受了锡德·阿尔特舒勒(Sid Altschuler)
的建议。里根在担任救生员时认识了他。他经常从堪萨斯州来 24
到这里。里根曾教过他女儿学游泳。阿尔特舒勒问里根想找一
份怎样的工作,里根很害羞,不敢说自己其实想当一名演员。成
为好莱坞明星是人们最常见又最不可企及的梦想。正如里根所
说:“如果宣布自己想成为一名演员,则意味着那些有同情心的人
会去你家,向你父母推荐一处合适的收容所,禁止你再外出。”因
此,他说自己想当一名电台体育节目的播音员。阿尔特舒勒给了
他合理的建议:“一家一家地去求职,告诉那些给你面试机会的
人,你今后一定能够取得成功。”[1] 里根曾经一度怀疑自己会像父
亲那样成为推销员。而现在,他发现自己的首要任务就是推销
自己。

带着乐观的精神和强烈的自信心,里根从芝加哥的大电台开始,奔波于各个电台之间,应聘播音员。但谁也没看上他。接下来,幸运女神终于眷顾了他。在距迪克森 75 英里的爱荷华州达文波特,有一个叫做 WOC 的广播电台。虽然里根错过了电台的招聘期,但他引起了广播节目总监彼得·麦克阿瑟(Peter MacArthur)的注意。麦克阿瑟从苏格兰跟随哈里·劳德剧团一起来到

这里，然后留了下来。他让里根坐在麦克风前即兴解说一场橄榄球比赛。里根假想了一场橄榄球比赛的第四阶段，其中一支队伍就是他曾经参加的尤里卡学院橄榄球队。整场比赛以戏剧性的结局告终。在整个解说过程中，里根进行了充分的自我发挥，描绘了一个宏伟的体育场（尤里卡只不过有个露天看台而已），绘声绘色地叙述了一场精彩绝伦的橄榄球比赛。麦克阿瑟被这位年轻人丰富的体育知识和天才般的描述所折服。他当场就给了里根这份工作。

最初，里根的工作是在两个节目之间播一些串联词或者音乐——“即后来所说的打碟手，播放录制好的音乐为听众带来娱乐。”[2] 因此，里根不得不学习一些使广播更加连贯的方法，以及公共演讲的技巧。这对他日后的政治生涯起到了重要作用。他曾经在教会活动上进行过表演，并且非常享受在公众面前演出的感觉。此后，他又在尤里卡学院众多学生面前发表了演讲。这些都让他学会了记台词和说服听众的技巧。而且，恰是电台工作的日子让他学会了念台词，而且非常自然，就像是用自己的话发表
25 演讲一样。他还学会了向庞大却看不见的听众讲话，但听上去就像在对某个人讲话一样。很快，他就能够在节目无法预知的间歇进行自由发挥并抓住听众注意力的同时，快速思考接下来要说些什么。他的节目总是热情洋溢又具有说服力：“我希望我能够数清自己曾经用了多少种方法描述下午的阳光落在瑞格利球场（Wrigley Field）边时的样子。”[3] 里根向无数听众发表讲话，就好像在家里和他们坐在一起聊天一样。这成了他的第二个特点。除了签下这份播音员的工作外，里根每周还要为大学刊物《佩加

索斯》(*Pegasus*)撰写足球专栏。这成了他锻炼文笔的好机会。里根的文笔流畅而自然。对文章进行打磨并将自己的观点阐述清楚,是里根的另一项重要技能。在这样的环境和磨炼下,一位“伟大的沟通者”即将诞生。

作为播音员,里根很快便证明了自己的创作才能。当时,即使是像 WOC 这样的大电台,也不具备现场直播体育赛事的能力。事实上,他们是依靠现场新闻记者发来的简短的、梗概式的电报进行播报。里根要对这些粗略的事实进行润色,把它们改编成偶尔和事实不太相符的但却非常精彩的播报。里根的想象力非常丰富,解说词也极具说服力。即使在电报中断、没有任何信息来源的情况下,他也能够保持冷静,即兴解说。不久,他的工资就涨到了每周 75 美元。这多亏了他“纸上谈兵的想象力”[4],以及对当地两支最大的棒球队——芝加哥小熊队(Cubs)和芝加哥白袜队(White Sox)的熟悉。

当电台有了发射机后,全美的听众,尤其是在晚上,都可以听到电台的广播。里根也许会把自己的一生都投入到体育播报或大众娱乐广播上。他在广播节目里采访过一些在得梅因(Des Moines)短暂逗留的名人,包括曾主演过《猩红色的繁笺花》(*The Scarlet Pimpernel*)和《化石森林》(*The Petrified Forest*)的英国电影演员莱斯利・霍华德(Leslie Howard),以及著名的五旬节布道家麦艾美(Sister Aimee Semple McPherson)。但是,他仍然怀有成为电影演员的梦想。不久,他就开始寻找方法实现通向好莱坞的第 26
一步。

每年夏天非赛季的时候,芝加哥小熊队都要去卡特琳娜

(Catalina)享受温暖的天气和阳光。卡特琳娜是洛杉矶沿海的一个岛屿。而这时,洛杉矶白袜队正在洛杉矶北部的帕萨迪纳市(Pasadena)休假。里根说服台长,他要陪同球队一起前往卡特琳娜,并带回关于球员的报道。但此时他的脑子里除了去温暖的南加州享受年度全公费的夏日旅行之外,再无他事。第二年也就是1937年夏天,里根陪同小熊队一起前往卡特琳娜,并采访了年轻的影坛新星乔伊·霍奇斯(Joy Hodges)。她在WOC的姐妹电台WHO电台演唱时,里根曾经遇到过她。那时她正在比特摩尔保龄球酒店和吉米·格里尔乐团一起演出。里根询问她如何进军好莱坞。她的建议非常直接:"摘掉这副眼镜。"[5] 霍奇斯安排里根见了自己的一位好友——影视经纪人比尔·米克尔约翰(Bill Meiklejohn)。这次见面,里根摘掉了眼镜,所以看到的一切都是模模糊糊的。米克尔约翰拿起电话说:"下一个罗伯特·泰勒①(Robert Taylor)正坐在我的办公室里。"电话另一头正是马克斯·阿诺(Max Arnow),他是华纳兄弟公司专门挑选演员的导演,颇具传奇色彩。他要求里根立刻到他的工作室去一趟。

里根很快发现,换上隐形眼镜只是全面改造的开始。在对他进行全方位的面试之前,海选部门要求先对他进行整体改造。虽然华纳公司的化妆部门很难将里根那从中间分开的平头修剪成华纳影星罗伯特·泰勒那样的偏分,但他们依然坚持将里根改头

---

① 罗伯特·泰勒,1911年出生于美国,是美国20世纪30至50年代的著名电影明星,主要作品为《茶花女》(1937)、《魂断蓝桥》(1940)等。泰勒被誉为好莱坞30年代拥有最完美侧颜的男星。他于1969年因肺癌不幸逝世,享年57岁。——译者注

换面。他们用力戳里根的胸膛,检查他宽厚的肩膀是天生的还是衣服的垫肩,然后又把他推进工作室。他们要求里根念一段编剧菲利普·巴里(Philip Barry)《费城故事》(*Philadelphia Story*)中的台词,紧接着是米高梅电影制片公司的由卡里·格兰特(Cary Grant)和詹姆斯·斯图尔特(James Stewart)主演的一部非常成功的电影里的台词。华纳公司的面试结束后,米克尔约翰又带里根去了派拉蒙电影公司,进行了一场类似的面试。他在那里念了巴里另一部电影《休假日》(*Holiday*)中的台词。

在回爱荷华的火车上,里根既兴奋又疲惫,还有些迷茫。他不确定自己是已经站在了通往新职业的门口,还是即将迎接一场 27
令人心碎的失望。接下来,就像好莱坞电影一样,里根收到了米克尔约翰喜剧般的电报:"华纳的工作合约是 7 年。一年的试用期。起薪是每周 200 美金。我应该怎么做?"还没来得及兴奋地跳起来,里根立刻回复:"在他们改变主意之前,赶快签约。荷兰人·里根。"接下来,他欢呼雀跃。

刚刚从牛津毕业的玛格丽特·罗伯茨准备用自己的理科学位谋求一份工作。经过了几次面试,却没有一家公司录用。后来,一个有可能聘用她的雇主在纸上写下了意见:"这位年轻的女士个性太强,不适合在此工作。"最终她在平凡的 BX 塑料厂找到了一份工作。工厂位于曼宁特里(Manningtree),在科尔切斯特(Colchester)的郊外。那里是埃塞克斯郡(Essex)沉闷的郊区。"几乎没什么人会很享受一份新工作的初期。我也不例外。"撒切尔夫人冷静地回忆道。[6] 更重要的是,她很快发现所申请的工作——研究与发展主管私人助理——根本不存在。相反,她每天穿着白大褂,测试塑料的成分。

她的业余时间基本上是和当地保守党协会的几个会员一起度过的。她希望借此找到机会逃离这份单调乏味的工作。1948年,保守党大会在威尔士的兰迪德诺(Llandudno)召开。在回答读书时认识的一个好友约翰·格兰特(John Grant)的问题时,玛格丽特竟然第一次承认她希望成为议员。即使这样,她对失败也很警惕。“我也不是那么渴望,”她告诉格兰特,“我现在被选上的机会只能是零。”[7] 她知道英国有三大政党——保守党,正在执政的工党,以及日渐衰败的自由党。保守党的大批成员都有盲目的大男子主义情节。他们绝不会推选任何类型的女性,何况是她这样年轻的女性。而且玛格丽特正确地认识到,自己缺乏进入政界足够的资本。虽然比起家乡格兰瑟姆的大多数女性而言,她的生活已经相当富裕了,但她没有任何投资收入。投资是很多富有
28 的保守党候选人都非常热衷的,这能为他们增加竞选优势。她需要工作养活自己,或者找到另外的收入来源——也许丈夫可以给她提供必要的资金,这样她不必再工作。

机会很快就来了。玛格丽特的好友格兰特向肯特郡达特福德保守党协会主席约翰·米勒(John Miller)提起自己认识一位年轻又聪明的女性,正在寻找挑战。虽然大部分保守党主席和绝大多数保守党女权主义者对女性候选人都不太在意,但米勒和他们不一样。他认为玛格丽特·罗伯茨应该尝试。他的主要工业选区都非常危险,因为那些地方都是工党的安全区域。此外,他发现没几个男性候选人会频繁惦记自己无法赢得的选区。虽然罗

伯茨小姐只有24岁,但正因为她强烈的个性,才成为工党安全选区达特福德的保守党候选人。她在达特福德两次参加竞选都失败了。第一次是1950年。克莱门特·艾德礼(Clement Attlee)领导的工党政府在大选中战胜保守党,但工党在下议院的多数优势大幅收窄,仅剩5席。接着是1951年。令76岁的温斯顿·丘吉尔喜出望外的是,自己带领保守党第一次取得了大选胜利。

但是,达特福德还成就了另外一桩事。在确认候选人资格的会议结束后,玛格丽特在晚宴上遇到了丹尼斯·撒切尔——一个比她大10岁,戴着眼镜,从事颜料和化学制品销售的离异商人。他是阿特拉斯防腐剂公司(Atlas Preservative Company)的主管。如果玛格丽特不是对他一见钟情,至少也是在有意接近。“我立刻感觉到丹尼斯不是一个普通的男人。”撒切尔夫人日后写道。她将丹尼斯的观点形容为“严肃的保守主义”。她自己也承认“在职业上,丹尼斯对颜料的兴趣和我对塑料的兴趣,也许是我们友谊最不浪漫的基础。”[8] 虽然还不确定丹尼斯的意见是否清晰坚定,也没有征求远在格兰瑟姆的父亲的意见,并且两个人的年龄差距较大,但玛格丽特觉得丹尼斯会给予她政治灵感。虽然没有证据表明她是用这种功利之心去寻找未来丈夫的,但她不能否认这位精神抖擞的前少校的确非常富有,能够让她不再工作。如果成为他的妻子,玛格丽特就可以全身心追求自己的政治事业。 29
她后来曾向自己儿时的伙伴玛格丽特·古德里奇坦白:“你知道我只能借助丹尼斯的钱去做这一切。”[9]

晚宴上,丹尼斯·撒切尔礼貌地向玛格丽特·罗伯茨表达爱慕之意。他让玛格丽特搭乘自己的美洲豹牌汽车前往伦敦。这样玛格丽特就能赶上前往科尔切斯特的最后一趟火车。丹尼斯询问他们何时还能再见。随着两人恋爱关系的增进，玛格丽特觉得该换一份工作，离自己的政治目标达特福德和情感目标丹尼斯都更近一些。她的性别和政治抱负让雇主们不大敢录用她，总觉得不久她会因为怀孕或成为议员而离开公司。但是，她最终在食品加工巨头约瑟夫·莱昂斯公司（J. Lyons）的实验室里找到了一份工作。该公司位于伦敦西部哈默史密斯市（Hammersmith）的凯拜大楼（Cadby Hall）。这份工作的主要内容是研究冰激凌和奶油里可以注入多少空气。但是，她对应用科学并不感兴趣。1950年，她开始上夜大学习法律，打算成为一名专利法律师。她认为这样还可以用上自己学习的科学知识。

虽然保守党已渐渐恢复实力，但仍在自我反省的过程中苦苦挣扎。1945 年的大选失利是如此意外又令人惊异，以至于保守党党魁要求理论家总结惨败的原因。理论家是党内的凤毛麟角，以独断专行、享有特权、自命恩人的态度闻名。他们为自己缺乏理智主义而骄傲。那些主张改革的理论家认为，选民，尤其是大量的退伍军人，不再准备接受不受约束的资本主义。20 世纪 30 年代的大量失业和贫困使这种制度饱受诟病。艾德礼领导的工党政府在两次选举中成功地说服了选民，国家对经济的干预不仅是必需的，而且是非常有利的。而且丘吉尔之后的许多年轻一代保守党员也认同这一观点。他们认为自由市场使国家在 30 年代遭受了经济衰退，并得出这样的结论——战后理想主义思潮占上风，保守党赢得胜利的最佳方法就是说服选民相信保守党管理下的国家经济将优于工党。

从政方面,玛格丽特·罗伯茨还是太年轻。她参加了一场深 30
刻的党内辩论,但依旧默默无闻,对领导人提出的协商一致的新方法没有发表任何异议。在达特福德的竞选中,她忠诚地遵守着党的制度和纪律,鼓励使党更加“现代化”的年轻领袖,约束老党员,让他们面对被“现实”打败的事实。至少20年后,亲眼见证了两党的历届财政大臣对经济的错误掌管,她才开始真正理解自由市场的真谛。

虽然玛格丽特·罗伯茨在1950年和1951年的大选中,削弱了工党在达特福德的多数优势,但是她并没有取得最终胜利。去寻找一个更容易取胜的选区,还是停止自己刚刚开始的政治生涯,准备和丹尼斯结婚?对此,她犹豫不决。在获得丹尼斯同意的情况下,玛格丽特决定继续向前。丹尼斯·撒切尔和玛格丽特·罗伯茨的通力合作是后者政治生涯的重要基石。从学校读书开始,她引人注目的自信和对辩论的热情使得年龄相仿的年轻男士都不太容易和她成为朋友。在埃塞克斯郡工作时,曾有一个年轻养猪户追求过她,但毫无浪漫可言。玛格丽特拒绝了。这个年轻人转而追求玛格丽特的姐姐缪里尔。缪里尔不像玛格丽特那样咄咄逼人,最终她嫁给了那位年轻人。但是,玛格丽特在丹尼斯身上看到了和父亲一样的稳健和诚实。他比玛格丽特大10岁,有着相当的自信和从战场获得的军人风度。玛格丽特像对待父亲一样,给予丹尼斯同样的尊敬,并顺从他的意志。

玛格丽特和父亲的亲密关系同里根与父亲杰克之间有条件的关爱形成了鲜明的对比。里根很小的时候,父亲就用教名称呼他。杰克有一个明显的弱点就是不能平等地和自己的孩子交流相处。然而，阿尔弗雷德·罗伯茨希望一生都能获得玛格丽特的崇拜，即便丹尼斯后来成了她人生中最重要的人。

1951 年 12 月，那是一个寒冷的冬季。丹尼斯和玛格丽特结婚了。婚礼不是在新娘故乡格兰瑟姆的教堂即芬金街的卫斯理宗教堂举办的，而是在约翰·卫斯理故乡的卫斯理教堂举办的。卫斯理是玛格丽特父亲挚爱的卫斯理宗的创始人。该教堂位于
31 伦敦的城市路。在这里举办婚礼既是大家的期待，也符合传统。但这场婚礼并不是传统的白色婚礼。玛格丽特·撒切尔出现在教堂时，穿着蓝色天鹅绒连衣裙，戴着蓝色天鹅绒的帽子。帽子上还装饰着白色的鸵鸟羽毛。这场卫斯理宗婚礼是玛格丽特最后一次屈服于父亲的意愿。从那之后，对丹尼斯的忠诚和加入保守党最终让她发生了转变。这种转变是潜藏的，但也是深思熟虑的结果。她开始转而信仰更受社会尊重的英国国教，并成了与国家息息相关的国教教徒。国教对界定和维持英国社会等级的重要性令它长久以来被称为“在祈祷的保守党”。

虽然新婚让这位议会候选人看上去更加可靠，但事实正好相反。她打算赢得达特福德附近的坎特伯雷（Canterbury）地区的候选人资格。坎特伯雷是保守党的安全选区。很显然，她的想法和当地政党更加传统的党员们的意见不一致。就像雇主一样，党选举委员会对女性候选人并不放心。他们担心撒切尔夫人会为了新家庭而放弃选区，随时将他们抛弃。这位年轻的妈妈想成为议员的决心让他们无法理解。相比这些男性党员，坎特伯雷的女性保守党员也并没有给予她什么帮助。他们认为在下议院选一名女性代表，是鼓励她忽视自己的家庭责任。因此，坎特伯雷拒绝

了她。

起初,撒切尔夫人对母亲的职责和工作也持较为保守的观点。1952 年,她怀孕了。于是她通知保守党总部,希望将自己从候选人名单中剔除。每年丹尼斯都要去非洲进行一次销售。1953 年 8 月,他离开时,撒切尔夫人剖腹产诞下了一对龙凤胎,早产了两个月。因为两个孩子,卡罗尔和马克是早产儿;因为一下生了两个孩子,而且每个孩子的体重都不到 4 磅;因为那时人们认为生产后应该在医院里住久一点;所以撒切尔夫人不得不卧床休息了 3 个月。但一周后,她决定不能让两个孩子阻止自己成为一名律师。因此,她在医院就开始准备律师考试。这是一个早期的例子,可以证明她挑战传统的勇气和坚忍不拔的毅力。"我 32
当时在想,我现在在医院,如果不把律师考试的登记表填好,我也许永远也不可能做到了,"撒切尔夫人回忆道,"但如果我现在填好表格,自尊心就不会击败我。"[10]

4 个月后撒切尔夫人通过了考试。她又以相同的方式重返政坛。她写信给总部专门负责年轻候选人的约翰·黑尔(John Hare):在雇用了一位保姆照看龙凤胎的情况下,"我认为自己至少在半年内都不要考虑候选人的事情了"。[11]但是,她却悄悄地寻找胜算更大的选区,并将专业方向从专利法转为税法。1954 年 12 月,她在肯特郡的奥平顿(Orpington)竞选失败。1957 年和 1958 年,她被贝肯纳姆(Beckenham)、赫默尔亨普斯特德(Hemel Hempstead),以及梅德斯通(Maidstone)的选举委员会拒绝。这些失败让她很受伤。她知道这些保守党员认为一位有两个孩子的妈妈再去工作是错误的。对一个女人来说,遭到党内成员如此的反对也许能够让她反思自己对政治的热衷，并更多地从女性主义的角度思考问题。但是，撒切尔夫人对保守党的忠诚让她不可能得出这样激进的结论。她决定为了自己坚持的观点在党内独自奋战。正如许多年后她回忆道，“当我成为英国第一位女首相时，对于妇女解放运动，我无所亏欠。”[12]她决定继续向前，找到一个可以彰显自己政治胆识的选区。此外，她要让保守党按照她的意愿接受她。

1958 年 4 月，撒切尔夫人 31 岁。她成为 150 名候选人之一。保守党打算从这些人里选出北伦敦地区保守党的常胜选区——芬奇利（Finchley）的代表。撒切尔夫人战胜了重重困难，最终被选举委员会选中。但她还是遇到了最后的障碍——依然需要战胜将近一半的选民组织的反对。他们拒绝选举撒切尔夫人为候选人。然而 1959 年的选举中，她成功地当上了候选人。这意味着她将成为下议院议员。和往常一样，丹尼斯因为工作正前往非
33 洲。当他到达尼日利亚，阅读飞机上丢弃的英国报纸时，才发现自己的妻子即将成为芬奇利的国会议员。但是，撒切尔夫人只能独自一人庆祝自己的胜利。

1937 年 6 月 1 日，里根开始了自己在的华纳兄弟的人生旅程。华纳兄弟位于伯班克①（Burbank）。因此，他打算从爱荷华出发，开车前往加利福尼亚。为了风风光光地到达那里，他买了

① 伯班克，位于美国加利福尼亚州，是华纳兄弟公司的所在地。——译者注

一辆敞篷汽车。虽然他预留了10天完成这次旅行,但事实上他每天的行程都超过600英里,3天就到了目的地。想象着在好莱坞的美好前程,他激动不已。

到达后的第一个早晨,米克尔约翰的助理就开车带他去了工作室。这就像开学第一天父亲带着儿子去新学校一样。接下来,助理把他交给了化妆部门,准备把他从一个乡下人,一个呆头呆脑的小伙子,变成富有魅力、成熟稳健的演员。里根身材挺拔,就像运动员一样。多年玩橄榄球和担任救生员的经历给了他任何好莱坞顶级男星都会嫉妒的身形。他相貌堂堂,身材挺拔,体格健美,但仍有不足。发型师们被他锅盖式的发型震惊了。另外,他的脖子太短了。服装部门把他送到了詹姆斯·卡格尼①(James Cagney)的裁缝那儿,为他量身定做带领子的衬衣,掩盖他脖子短的缺陷。对许多新入行的演员来说,好莱坞的外形包装过程最令人讨厌。它让人蒙羞。在整个过程中,他们需要丢弃自己原来的一切,包括头发的颜色和名字。然而,里根却非常享受这种关注和指点。他迫不及待地希望大家能够赋予他新的外形,以及得到关于念台词和整体形象的建议。事实证明,这在他日后的人生中都是非常重要的。他承认:"我喜欢别人不断给我提意见。"[13]

4天后,里根开始了为期3周的《爱在空中飘荡》(*Love Is on*

---

① 詹姆斯·卡格尼,美国30年代著名电影男演员,以扮演强盗、刻画罪犯的病态心理而驰名。1974年获美国电影学会"终身成就奖"。——译者注

*the Air*)的拍摄日程。这是一部B级影片①，拍摄目的是为充实戏剧节目。接下来的一年半，他接了13部这样的B级片。很快就被人们称为“B级影片的埃罗尔·弗林(Errol Flynn)②”。虽然里根一生共参演了53部电影，但除了在其他类型的电影中担任配
34 角外，他几乎没有摆脱B级片演员的称号。他参演的A级影片因为艺术价值低，也很少获得提名。唯一一部在好莱坞口碑不错的电影也许是《黑暗的胜利》(*Dark Victory*)(1939年)。在这部电影里，里根和一些一流演员，如贝蒂·戴维斯(Bette Davis)、亨弗莱·鲍嘉(Humphrey Bogart)、乔治·布伦特(George Brent)，以及杰拉尔丁·菲茨杰拉德(Geraldine Fitzgerald)有过对手戏。里根一直抱怨在那部电影里没能按照自己的意愿诠释角色。而他认为自己最棒的电影则是《金石盟》(*Kings Row*)(1942年)。以往他扮演的角色都十分和蔼可亲，因而总是被鼓励本色出演，但是这次的影片“非常困难，不仅要深入人物内心，还要忘掉自己”。[14]

里根曾亲口承认，自己参演的许多电影不过都是“失败之作”。但他获得了体面的生活，并且直到第二次世界大战开始，他都非常忙碌。因此，人们很快记住了他的长相。里根也成了美国和全世界家喻户晓的名字。他是这样一个既被观众熟悉，又平易近人的电影演员，粉丝们都把他当朋友。《特工密码》(*Code of*

---

① B级影片指生产周期短且成本低廉的电影。——译者注

② 埃罗尔·弗林，美国演员，所扮演的角色大都是惊险片和军事片中浪漫而勇敢的人物。——译者注

*the Secret Service*）是他参演的一部并不出色的电影。在北加利福尼亚的电影院观看该片时，一位检票员认出了他。这位工作人员毫无愧疚之意地批评里根在这部劣质电影中欠佳的表演。“你应该感到羞愧!”他对里根说。里根试图缓解他的情绪，回复道：“我最初也不想参演这部电影的。”[15]

一开始，里根就是个学习能力很强的人。他发现自己非常享受镜头前的感觉。当镜头落在他身上时，他会表现得更夸张、更引人注目。在一次商业活动中，到处挤满了人。他们每个人都表现得像里根一样自大，以自我为中心。但是，里根总能很机智地找到办法将镜头抢过来，哪怕对方是像埃罗尔·弗林一样的华纳一流影星。虽然第一次念台词的时候很僵硬，但他很开心地接受语言教练的建议，并找到适合自己的方式应对通常都非常拗口的台词。里根一生都在说别人写的词——这的确是一项非常重要的技能。在他的政治对手中，没几个能够望其项背。

总之，好莱坞的经历不仅让里根对自己有了更清晰的认识，更重要的是，他可以准确理解每一次重要的政治行动对别人的影响。他开始了解自己的力量，并掌握别人少有的反应。这促使他时刻注意自己的举止、态度和言语。他每天的行动最后变成了一
种自发的、无意识的表现。即使镜头不在他身上，或是和自己亲 35
密的朋友、家人在一起，都是如此。更甚的是，哪怕是独自一人，他也时刻注意言行。对他行为的极端理解可能会令里根周围的人对他的做作感到不安。

里根曾向工作室的老板杰克·华纳（Jack Warner）证明自己是值得公司签约的、有价值的演员，而且他保证自己会一直在好

莱坞工作。然后，他立刻派人将父母接到身边，并在洛杉矶为他们买房，安家落户。为避免伤害父亲杰克的自尊心，里根安排母亲和父亲回复他收到的众多粉丝的来信，赚取生活费。

在华纳片场的生活并不像羡慕他的人所想的那样充满诱惑力。那里就是一个工厂。上千人每天在工厂里辛勤而长时间地工作着。他们的工作分成几十个不同种类。其中表演是最引人注目的，但却总不被认为是最重要的。里根的魅力和亲和力很快就确保他能够在工作室食堂的餐桌上用餐。餐桌是专门为华纳的重要演员准备的——例如亨弗莱·鲍嘉、迪克·鲍威尔（Dick Powell）、约翰·巴里莫尔（John Barrymore）、帕特·奥布莱恩（Pat O'Brien），以及詹姆斯·卡格尼。他们都成了里根的好朋友。工作室之外的生活也都和工作息息相关。华纳希望里根可以带着公司的新晋演员，如拉纳·特纳（Lana Turner）参加义演和首映式。他开始享受这种被人关注的感觉。但是，在卢埃拉·帕森斯（Louella Parsons）①和其他好莱坞绯闻写手严密的监视和思考下，他发现自己几乎没有任何私人生活可言。然而，他正确地维护了自己的名声。他很清楚好莱坞的明星身份不过是公共关系的假想。他也很担心不能再回到普通人的行列。这是他的第二个特质，让他避免了不良的公共形象——这也是他最终进入政坛前获得的另一项非常重要的经验。

像自己的父亲一样，里根天生就是一名销售。对他而言，推销自己并争取有利于自己职业发展的角色，毫无困难可言。他认

① 卢埃拉·帕森斯是美国第一位电影专栏作家。——译者注

为杰克·华纳为他选择的角色并没有充分发挥自己良好体格的优势。他应该通过饰演体育明星来展示自己的体魄。1940 年，公司正在为《克努特·罗克尼》(*Knute Rockne: All American*)面试演员。这是一部关于圣母大学传奇的美式足球教练的传记电影。里根希望扮演濒临死亡的运动员乔治·吉普(George "The Gip- 36
per" Gipp)。他争辩说自己就是为这个角色而生的。最后，他向负责选派角色的导演展示了自己在尤里卡橄榄球队的照片，才克服了重重困难，最终说服导演让他出演这个角色。

1941 年，《金石盟》开拍之后，上映之前，里根获得了一份新合同。薪水是当初的 3 倍。这似乎证明了他获得了自己应得的认可。但是，全球战事爆发。12 月，日本突然袭击了珍珠港。这意味着所有军队预备力量，包括里根在内，都必须应召入伍。华纳公司为了确保战争停火后里根能够回到公司，和他签订了另外一份慷慨的合同。合约为 7 年，薪水是每周 3500 美元。这让里根第一次成了价值百万美元的电影明星。这也是他好莱坞职业生涯的最高峰。由于弱视，里根不可能参战，而是被派到位于旧金山梅森堡(Fort Mason)的骑兵团担任联络处官员，负责给护卫队装货。他的明星身份意味着他应该担任销售战争债券的工作，并安排演员同行来为部队演出。接下来，他被调到了美国陆军航空队，在位于旧金山卡尔弗城(Culver City)的第一电影小组工作，制作训练用的影片和纪录片。1942 年，他免费出演了《从军乐》(*This Is the Army*)。这是一部由美国作曲家欧文·伯林(Irving Berlin)撰写的音乐喜剧，目的是给部队带去安慰。

这时里根更愿意把自己看成是杰斐逊式的民主党人，他把这称为“几乎绝望的嗜血的自由”。[16]在战争即将结束时，里根所在的部队成了全国审计的对象。这时，他对政府工作人员糟糕的工作态度愈发不满。审计的意图在于减少部队里文职雇员的数量，腾出兵力用于欧洲战场和太平洋战场。为达到这个目的，国防部下令在半年内，每个军事基地将文职人员的数量裁剪 1/3。当两名来自行政机关总部的工作人员到达里根所在的电影小组，开始人事工作时，里根向他们解释，该部队的工作高度机密，向轰炸机机组提供影片，模拟他们在东京的轰炸目标，所以这里没有文职
37 人员。“你们很快就会有文职人员的。”其中的一名政府工作人员说。两周后，250 名文职人员被指派到这里，是里根所在部门员工数量的 2 倍。这让里根震惊不已。

他还发现电影小组的文职人员即使不能胜任工作，也不被开除。因为就算开除一个连拼写也不会的秘书都需要军事法庭的审判。他认为政府的干涉必定会导致浪费和愚蠢的行为。随着战争进入尾声，有人询问里根该如何处理一仓库没用的文件时，他对这一观点更加确信。他申请销毁这些文件，得到的回复是文件可以烧毁，但前提是“每份被烧毁的文件必须有复印件”。他总结道：“除了保证国家安全的事情外，世上任何事，私营企业的处理效率比起联邦政府都要高得多。”[17]

战争结束时，里根重新回到了电影界，但此时的电影界早已时过境迁。他曾经演绎的脸谱化的英雄人物对于那些经历过战争恐惧的年轻观众来说，已经过时了。然而，像亨弗莱·鲍嘉这样擅长扮演冷酷、厌世角色的影星在当下走红，演艺道路持续上升。“我在航空队的工作让我有机会在每周一早晨和行政机构的

速记员聊天。这些速记员平均 18 岁。他们不会对罗伯特·泰勒、吉米·斯图尔特(Jimmy Stewart)或者蒂龙·鲍尔(Tyrone Power)发出‘哦哦,啊啊’的赞叹声。当然,更不用说对我了。”[18] 里根回忆。电影制片公司原来的工作模式被打破,多亏颁布了反垄断法,否则电影院就会被控制。另外,“超额利润税”征收了 90% 的利润。这同样也改变了电影产业的经济形态。同时,这些变化意味着里根曾经出演的 B 级影片——制片公司用来凑数的电影,变得更加稀少。美国共产主义思潮的兴起是对战前电影市场的另一个威胁。对此里根认为,在未来的几年内自己应该尝试阻止这种思潮。这让他将一部分精力从电影表演上转移开来。他承认:“反共有时就像是我的副业。”[19]

里根在女演员海伦·布罗德里克(Helen Broderick)的邀请下
开始为年轻的合约演员争取利益,事实上从 1938 年开始,他就已 38
经是好莱坞演员工会理事会的活跃分子。虽然一开始,他并不愿意加入——“我做一切都是为了自己,组织似乎有些多余”——但是,最终他还是被说服了。因为演员工会不同于别的组织,它不是专门为那些不知名的小演员和老板抗争的机构,而是由好莱坞的一线大牌明星经营的组织,包括哈勃·马克斯(Harpo Marx)、卡里·格兰特、詹姆斯·卡格尼、埃迪·坎特(Eddie Cantor)等等。他们很高兴用自己的名字和时间保证所有演员都获得良好的待遇。在里根的演绎生涯之外,包括担任总统的那几年,他对工会良好的经营和民主的制度一直非常赞赏。他很乐意把自己称为“狂热的工会人”。60 多岁时,他曾说:“我将一直坚定地支持工会和个人的权益。我认为我们有权因为不公正的待遇拒绝工作：罢工是任何公民不可剥夺的武器。”[20]

但是，战争结束没多久，好莱坞的工会就爆发了一场权力斗争。从1926年开始，演员们由一个工会代表，而在制片公司从事其他工作的员工由另一个工会代表。1945年3月，电影制片公司中不同的工会之间产生了分歧，演变成一场涉及2000名员工的罢工活动。在此整整5个月后，美国在广岛和长崎投放了原子弹，迅速结束了太平洋战争。数月后，里根也从部队退伍。一开始的罢工由其他人领导，问题集中在不同工会之间的分工争议，以及其中一个工会企图聘用其他工会的员工。

起初，里根本意上是支持罢工的。但当他对导致罢工的原因和参与罢工人员的本意有了进一步的了解后，他觉得自己不该支持他们。另外，制片公司门前的抗议变得愈发暴力，也让他改变了初衷。他花了点时间确认罢工从某种程度上说是共产主义者的行为，并相信地下工作正在开展。他离开了美国陆军航空队。这是一支“疯狂地要将世界从新法西斯主义的魔爪中解救出来”的部队。[21]此外，这支部队认为红军反希特勒的斗争有力地证明
39 了共产主义是为正义而战的力量。但是，他鼓励其他人将战后的美国变成一个更加公平的世界的行为，却给他带来了意想不到的结果。

里根加入了美国退伍军人委员会（American Veterans Committee），时刻准备着为正义发表公共演讲。他发现在更大的舞台上发表演讲可以增加对自我价值的肯定，并让自己有机会再次和曾经思念的观众们交流。正如他所说：“自从离开大银幕，我第一次获得这样的满足。”[22]热情的掌声和起立致敬鼓舞了他。他强烈谴责那些曾

经和法西斯主义抗争,却带着种族主义和偏执观点回到美国的军人。他认为这些观点和法西斯主义一样充满毒害。

一次会议后,他被天主教神父叫到一旁。神父建议他也许可以在反法西斯演讲的最后加上一段,谴责共产主义的危险。里根按照要求,添加了新的结尾:“这里还有另外一种主义——共产主义。一旦我找到证据,证明共产主义对我们所信仰和支持的事物是一种威胁时,我将呼吁像反法西斯一样强烈反对共产主义。”[23] 让里根吃惊的是,人们没有给他掌声,他迎来的是令人心寒的沉默。当少数激进分子操控工会投票并控制了内部分工时,里根怀疑美国退伍军人委员会就是共产主义思潮渗透的前线。虽然 1300 名成员中只有 73 人投票赞成,但是大家还是被要求穿上全套空军制服,并为制片公司放哨。里根开始相信阻止极端分子劫持工会或其他合作组织的唯一方法就是不记名投票。“普通的工人像任何市民一样诚实且公正,”里根后来写道,“让他们用不记名的方式投票,你最终就会发现问题所在。”[24]

里根被邀请加入“艺术、科学和专业人士独立公民委员会的好莱坞分会”(Hollywood independent Citizens Committee of the arts, Sciences and Professions),他好说话,就答应了。独立公民委员会的成员不仅包括制片公司系统的中坚分子,如米高梅电影公司的主管多尔·沙里(Dore Schary),还包括党派模糊的莱纳斯·波林(Linus Pauling)——曼哈顿计划①的量子化学家和两届诺贝

① 曼哈顿计划是第二次世界大战期间,美国研制原子弹的秘密计划的代号。——译者注

40 尔化学奖得主，以及电影编剧多尔顿·特朗博（Dalton Trumbo）。里根支持富兰克林·罗斯福的儿子吉米，却仍要求成员们声明该组织并非共产主义的前线，于是他被指控为“法西斯主义者”、“资本主义的糟粕”、“工人阶级的敌人”和“进行政治迫害的人”，遭人嫌弃。

这个意外让里根开始反思自己支持的反法西斯事业，并且更加彻底地了解了“自由主义的阴暗面”。里根开始相信许多自由主义者，包括自己，都违背了自己的初衷：他们假定所有人都是无辜的，以至于他们打算和这些人一起忍受极权主义者。里根迅速减少了为自由组织发表的演讲。他认为自己经常受到欺骗，以自己的名义去做那些他本没有义务去做的事情。他依旧认为自己是自由主义者，但他开始怀疑按照自己的期望去假定共产主义无害是否正确。“我们大部分人称他们为自由主义者，”里根写道，“作为自由主义者，和他们躺在一起不用再担心钱包的安全。”[25]

电影行业的工会发起了一系列罢工，目的是为了给停滞不前的电影业注入动力。华纳和米高梅公司的门口都有大量纠察员。里根认为混乱和冲突并不是伴随产物，而是罢工领导者最重要的企图。他成了美国演员工会最重要的调解员。他要使事件的发展转向正轨。他加入了由吉恩·凯利（Gene Kelly）、沃尔特·皮金（Walter Pidgeon）、迪克·鲍威尔和罗伯特·泰勒组成的演员工会理事会。里根通过和双方领导人交流，引起了交战双方的注意。他们惊奇地发现，罢工正在被从组织中分裂出来的小分支控制着，最终会被真正的共产主义煽动者支持。虽然演员工会用自己的办法避免让事情闹大，避免引起公众的高度关注以及国会对好莱坞共产主义影响的调查，里根还是坚定地加入了反共阵营。对里根来说，战线已经非常清晰。他认为面对这样重大的事件，还像传统的自由主义者那样保持中立是非常幼稚的。“反对我们的人里有些是共产主义者，一些是赞同共产主义的非共产党人，还有一些是无辜的受骗者，真诚地支持着他们相信的正义事业。” *41*
里根回忆道。他认为“共产主义者成功说服了许多人相信自己痛苦的信仰仅仅是孩子气的过失，是非常前卫的理念，就像抽象艺术和咖啡店里的诗歌一样”。但是，后来里根承认“许多善良的人被错误地指控为共产主义者，就是因为他们是自由主义者”。[26]

从那时起，里根认为，好莱坞处于紧要关头对美国民主而言依然是最根本的。另外，对阴险而不民主的手段公开表示中立的时机还不成熟，而且太危险。那些没有抨击共产主义并认为自己被无辜怀疑的人，最终都要付出代价。里根爽快地答应帮助美国联邦调查局调查危险分子和叛变活动。

里根违背了多数人的意志。这使他失去了大量的演员朋友和商业伙伴。这些人并不相信共产主义有什么阴谋。此外，里根还面临着人身威胁。1949 年的一个夜晚，在《私枭夜渡》(*Night unto Night*)的外景拍摄地，里根接到了一个匿名电话，警告他有人要向他的脸上泼硫酸。“他们打算收拾你，让你没法演戏。”那个人对里根说。虽然里根不屑理睬，但是华纳公司不希望在紧张的拍摄中失去一位演员。他们给里根配了一把史密斯威森品牌的 32 式手枪。他们允许里根全天候带着这把手枪，并在他家门外安排了 24 小时的警卫。这件事永久地改变了里根的政治观点。“从这次近距离的交战中，我明白了美国面临的最狡猾、最阴险的威胁莫过于共产主义的威胁。”[27]

面对一件又一件的急事，比起他的演艺事业，里根变得越来越关心政治。他也许认为这是他该做的。但他在反共产主义运动中的显著成绩以及在非美活动调查委员会（House Un-American Activities Committee）的证词，毫无疑问削弱了他在影迷心里的受欢迎程度。在人们眼中，里根不再是那个经常饰演男主角好友的亲切的演员，而是非美调查委员会一名忠诚的成员。那些像鲍嘉
42 和劳伦·巴考尔（Lauren Bacall）一样前往华盛顿，对进行政治迫害的首要人物参议员乔·麦卡锡（Joe McCarthy）的丑陋行为持观望态度的演员，依旧保持着良好的票房成绩。但是，像里根和罗伯特·泰勒那样和委员会合作的演员，演艺事业则持续下滑。

整个事件彻底改变了里根对自由主义的看法，更重要的是，改变了他对苏联的看法。好莱坞红色恐怖发生20年后，里根写道：“当共产党把自己称为合法的政党时，时间对我的考验就是有效反共的政党在苏联赢得大选。”[28]40年来，他都是这样定义考验的。

罗纳德·里根和南希·戴维斯的相见和婚姻也许不像丹尼斯·撒切尔追求玛格丽特·罗伯茨那样简单直接，但结果却是一样的。里根和撒切尔夫人都希望找到自己在生活和政治领域里最完美的搭档——一个下决心想和自己结婚，并愿意一生安静地待在自己身边并崇拜自己的人。事实证明，丹尼斯和南希是他们孤独的政治生涯中最坚定的支持者。不仅是公开的政治领域，只要情况允许，在别的重大事情上，丹尼斯和南希也会给出他们恰

当有力的私人建议。

里根和丹尼斯在找到幸福美满的婚姻之前，都遭遇过失败。丹尼斯的第一任夫人叫玛格丽特·肯普森（Margaret Kempson）。他们在战争时期结了婚。当时，丹尼斯跟随皇家工程兵部队正在威尔士和西西里岛执行防空任务。最终，他们离婚了。“我一直在部队执行任务，我们根本无法生活在一起。”丹尼斯解释道，“离婚是因为我时常在外，并不是她的过错。”丹尼斯自己也承认，他们的婚姻“从未像正常夫妻那样”。[29]

罗纳德·里根也遭遇过一次失败的婚姻。1940 年 1 月 26 日，战争随时可能到来之际，他和华纳的同事简·惠曼（Jane Wyman）结为夫妻。简也是一名电影演员。里根在拍摄《军校风光》（*Brother Rat*）时认识了她。尽管简是天主教徒，但在和里根结婚之前，她已经有过两次婚姻。里根心里一直相信婚姻是永恒的。于是，他奋不顾身地投入这场婚姻。起初，尽管要面对巨大 43
的工作压力和好莱坞的各种诱惑，但是他们的婚姻生活看上去依然很和谐。1941 年，他们的女儿莫琳出生了。1945 年，两人又收养了一个儿子迈克尔。里根充满感情地回忆简·惠曼：“小小的翘鼻子姑娘。”他说，“我相信我们一起步入婚姻的殿堂，直到死去都会在一起。”[30]

但是，难以满足的简·惠曼很快就觉得自己陷入了婚姻的泥潭。她认为里根是“美国头号伪君子”。里根的过分亲切似乎让她心烦意乱。她厌倦了他无休无止的讲话。“不要问罗尼现在是几点，”她对自己的演员同事琼·阿莉森（June Allyson）说，“因为他会告诉你这只手表是怎么做的。”里根经常在晚饭后和客人们坐在一起聊谈，并给他们观看自己最棒的电影《金石盟》。惠曼对此已经厌倦。这桩婚姻还遭遇了一些悲剧。1947 年，里根被确诊肺炎入院，惠曼也不幸流产。

里根频繁地参与美国演员工会的反共产主义运动也是导致婚姻破裂的另一个原因。在位于华盛顿的非美调查委员会公开露面后，里根回到家里。他发现惠曼已经将他的行李收拾好，并命令他立刻离开。他非常震惊，也十分伤心。“如果我不是那么忙就好了。我本想应该会有一些警告信号的。但一个小镇长大的男孩认为离婚这种事只会发生在别人身上。”里根回忆道，“我从来没有想过这样的事情会发生在自己身上。我完全不知所措。”[31]他带着行李，开着一辆敞篷车离开了。那是简·惠曼送给他的生日礼物。他去了朋友威廉·霍尔登（William Holden）和布伦达·霍尔登（Brenda Holden）家里。在朋友家做客的几周，他一直在思考究竟是哪里错了。当格雷戈里·佩克（Gregory Peck）询问惠曼为什么最终和里根离婚时，她说道：“是我不能忍受再看一次那倒霉的《金石盟》。”[32]事后，她也就这次失败的婚姻批评过自己。“我猜，我经营婚姻大概没有天赋。有些女人也许就不适合婚姻，或者不适合永久的婚姻。我应该就是那个类型。”[33]

37 岁的里根突然发现自己成了单身。起初，他还幻想惠曼
44 也许会和自己复婚。离婚后的第一年，里根每周都去看望孩子。他会给惠曼带一束花，还送给她一只贵宾狗，去她工作的摄影棚探班。然而，在《心声泪影》（*Johnny Belinda*）的片场，他发现惠曼和搭档卢·艾尔斯（Lew Ayres）产生了感情。这时，他也许已经明白了。“她并没有学会将自己的工作和生活分离开来，”他告

诉记者,“这时简急切需要放手。于是我放手了。”[34]里根开始和别的女人约会。这样一个充满魅力且相貌英俊的好莱坞男星,要找到一位年轻的女士并非难事。因为和罗纳德·里根拍照,整晚和他待在一起,一定会成为众人瞩目的焦点。里根和一些早已出名的演员成了朋友,并一心想着超越自己天生的演艺对手——埃罗尔·弗林。

南希·戴维斯,原名安妮·弗朗西斯·罗宾斯(Anne Frances Robbins),出生在纽约市皇后区法拉盛地区的一个平凡人家。里根和她的相识非常普通。见面时良好的气氛为他们日后的相恋埋下了伏笔。某天,里根接到了默文·勒罗伊(Mervyn LeRoy)的电话。他是电影《小恺撒》(*Little Caesar*)的导演,也是米高梅公司的制片主任。他告诉里根米高梅公司的一名签约演员南希·戴维斯受到了共产主义联盟的困扰。她的名字出现在左翼分子的名单中。勒罗伊解释说,好莱坞中不止一个南希·戴维斯,而米高梅公司的这位肯定没有任何激进的政治倾向。作为美国演员工会的主席,里根会乐意同南希见面,并给予她摆脱无辜罪名的建议吗?里根并没有根据勒罗伊所说相信南希是无辜的,而是迅速浏览了美国演员工会已经确定的左翼分子名单。当确认南希的确无罪时,里根同意和南希见面,并一起吃晚餐。在电影界工作的人都有一种习惯,就是做好预防措施。于是第二天早晨,里根就在片场给南希打了一个电话。因为如果有人晚上来不了,提前通知就不会浪费一个晚上的时间了。为了避免初次见面的尴尬,南希说她第二天一早就会去米高梅公司,保证见面不会推迟。

尽管里根在一次为慈善机构募捐的足球比赛上受了伤，拄着双拐赴约，但两人的第一次见面进展非常顺利。里根很快放弃了因行动不便而提早回家的念头。他带南希去仙乐斯，听了苏菲·
45 塔克(Sophie Tucker)的演唱会。里根帮助南希解决了困扰她的难题。他公然地反对别人的抗议——不知名的女演员不能加入美国演员工会，里根还将南希吸纳进理事会。这样她就不再是遭受嫌疑的共产主义分子了。

两人开始定期见面，包括每周一晚上的演员工会会议。但是在最初的几个月，南希绝不是里根唯一的爱慕者。然而，她是最坚定的，并且毫不留情地赶走了其他对手。当里根周末带孩子们出去玩时，南希总是很小心地表现出对孩子的喜爱。接下来，属于他们的人生开始了。1949 年 7 月 18 日，里根和惠曼离婚。1952 年 1 月，南希怀孕了。2 月 29 日，他们正式登记结婚。3 月 4 日，他们在圣费尔南多谷(San Fernando Valley)的小布朗教堂举办了一场简单的婚礼。这座教堂恰好是里根和他母亲常去的好莱坞贝弗利基督教堂下属的一个分支教堂。威廉·霍尔登担任伴郎，他的妻子布伦达担任伴娘。他们是唯一的嘉宾。里根不希望这次仓促的婚礼引起大家的注意，所以他的母亲、孩子，以及他住在洛杉矶的哥哥尼尔，都没有参加。

# 第三章　权力的滋味 46

里根与南希·戴维斯的婚姻恰逢其好莱坞演艺事业的末期。当时正值他为华纳影业拍摄最后一部影片《获胜之队》(*The Winning Team*),他在其中扮演的是棒球英雄格罗弗·克利夫兰·亚历山大(Grover Gleceland Alexander),女主角是多丽丝·戴(Doris Day)。这是他从影生涯中最著名的角色之一。影片拍摄到一半的时候,在美国演员工会的一次会议上,他塞给威廉·霍尔登(William Holden)一张纸条,说他准备向南希求婚。里根清楚地知道,一度如日中天的事业如今已濒临绝境。他解释说:“好莱坞寒流到来的先兆,不是谁不给你打电话了,而是谁在给你打电话。”[1] 他发现那些请不起好莱坞大牌明星的导演开始来找他演角色,而在仅仅几年前,他是绝对不会考虑的。他也身不由己地接下了那些角色,比如他为环球影片公司拍的《热带地区》被他称为“一部沙子和香蕉的电影”,同样可怕的还有《法律与秩序》,这也是一部平淡无奇的西部片。

过了数年奢侈豪华的日子之后，里根发现自己身上背负的债务远大于自己的收入。南希在米高梅的演艺生涯没有任何起色。婚后，她就决定放弃掉 7 年的合约，全心全意照顾丈夫和刚出世的女儿——孩子的名字叫帕特夏·安（Patricia Ann），小名帕蒂（Patti）。里根的加州新闻发言人林恩·诺夫齐格（Lyn Nofziger）这样说过：“南希嫁给罗纳德·里根之后，照顾他就成为她的事业。”[2] 里根夫妇的生活非常奢侈。他在圣费尔南多谷有一个大牧场用来养马，在洛杉矶的宝马山花园还有一套豪宅，这两处地
47 产都耗资不菲。他将财产做了两次抵押贷款，接下来很快就要第三次贷款了。不久账单又蜂拥而至，国税局的人开始敲他家的门。他后来写道：“他们很精明，有时候大家搞得都不开心。”[3]

里根认为累进税制是不公平的，所以说，他个人的经济困难导致了他政治信仰的深刻变化。自 1937 年拍摄《爱如空气》（*Love Is on the Air*）之后，他从未为钱的事情发愁。虽然 1937 年针对年收入超过 500 万美元的个人纳税的边际税率为 79%，1942 年升为 88%，次年又升至 94%，他的钱还是绰绰有余。他一直活得很潇洒；像好莱坞的明星一样，他出手大方，毫无节制。跟好莱坞一线女星简·惠曼的婚姻破裂后，他为求朋友陪伴，整夜整夜地泡在酒吧里，这导致花费飙升，只是这样的好景并不长。当他的电影事业开始走下坡路时，他要缴纳的税款还是处于最高的级别，每挣 1 美元就要上缴 94 美分的税。第二次世界大战的到来只是更加恶化了他的税务问题。随着 1941 年战争的开始，他选择延迟缴纳应缴的税款，等到战争结束，他满心希望政府也能像第一次世界大战后那样，免去在战时的所有税收。但让他失

望的是,哈里·杜鲁门政府并没有如此大方,反而坚持必须补交所有拖欠的税款。1945 年退伍复原后,里根第一次发现自己欠了联邦政府巨额税款。

1953 年,环球影业邀请里根拍的第四部电影,片酬达到 7.5 万美元。有了这笔钱,他的财政困难就能有所缓解,但是他拒绝了,因为他认为这部电影很差劲。为了削减开支,工作室依旧把这部电影算成他签约的五部电影之一,而第五部,也是最后一部电影,他也以同样的理由拒绝了。不过,虽然环球影业这边把签约给里根的电影换成了别人,会计部门却继续要里根为他根本没有参与的电影支付雇佣税。整整一年后,他才重回银幕;整整一年后,误缴的 2.1 万美元税款才被退回。1953 年年初,里根跟南希的口袋里只有 3000 美元的现金,已濒临破产。三处贷款的巨额利息和奢侈生活方式带来的厚厚的账单把他们压得喘不过 48
气来。

里根经常认为税收体制对演员尤其不公,演员有可能在短期内挣到很多钱,但是他们要缴纳的税之多,搞得好像他们这样的高收入永远不会停止一样。他也很讨厌税码,他称税码中有两处提及演员:一处称他们无资格索赔营业开支,因为他们被认定是专业人才,而另一处则称他们并不是专业人才,因为演员拿的是工资,而不是费用。里根挣的那么多钱都被国家征税拿走了,他对此非常气愤,他认定税收并不是简单存在的必然的邪恶,其背后还有由税收所支撑的、联邦保护着的腐败体系。在他看来,这既浪费,又让人心灰意冷。他进一步得出的结论就是:不仅对演员,而且对所有工人,这样的高税率都妨碍了他们努力工作的积极性。税率越高，就越少有人愿意工作，从而对国家的生产力产生不利影响。

虽然里根依然是个忠诚的民主党人士，但有很多别的经历促使他重新思考自己的政治立场。见过官僚的横行霸道，看过军队的软弱无能后，他得出的结论是：当政府要去管理时，他们会不可避免地把事情弄得花费不菲、一塌糊涂。他开始站在政治立场之外看人待物；很久以前，他就认为自己不是自由派人士。这些自由人士“认为共产主义分子不过是暂时偏离轨道的自由分子，他们无论是什么，都不会是太大的威胁”。但演员协会的会长工作经历又让他相信，自由派人士那些偷偷摸摸的行为与美国的民主相悖。在拍摄电影《匆忙的心》（*The Hasty Heart*）时，他曾在依然沉浸于战后初期财政紧缩和定量供给政策中的英国作了短暂的逗留，这段时间让他相信，哪怕像克莱门特·阿特利（Clement Attlee）的工党所提供的已经稀释过了的社会主义也会“使工作动机衰竭”[4]。

虽然好角色跟里根说再见了，但里根还是决心继续留在电影界；这个决定使他放弃了日益兴旺的电视媒体所提供的丰厚报酬，也推掉了很多在纽约舞台上表演的邀请。里根不愿勉强维持
49 着生计，因此同意去电视剧里客串，比如《好莱坞首演之夜》（*Hollywood Opening Night*）、《露华浓镜子剧场》（*The Revlon Mirror Theater*）、《勒克斯无线电剧场》（*Lux Video*）和《施利茨剧院之星》（*Schlitz Playhouse of Stars*）。在这些轻松欢乐的黑白银屏上，他看到自己和别的像他一样的影星一落千丈地陨落，而那些后起之秀则一路青云直上。对一位曾经光芒四射的好莱坞巨星而言，这样

的工作或许有些说不过去，但挣到的钱却是能说得过去的。依旧有人找他拍摄一些古怪的电影，但就算是对在小成本制作的电影里总是演配角的演员来说，这样的电影也是水平低下的，而且给里根的角色基本上都是客串。可就是一直没有什么好角色由他出演。后来里根说，在演艺事业的低谷期，他照例拒绝了找他拍的粗制滥造的电影，片酬加起来多达 50 万美元，虽然他绝对需要这笔钱。但是，他演艺事业的最低点或许是在拉斯维加斯的脱衣舞俱乐部时。当时他在一家名为“最后的防线”（The Last Frontier）的名副其实的赌场剧院表演，戴着草帽，拿着拐杖，进行乏味的表演，比如《欧洲大陆人》（*The Continentals*）这样的歌舞喜剧四重奏。

里根的演员生涯逐步走向衰落，但是想想整个电影行业都在经历日新月异的变化，这倒也让他心生几分安慰。新的反托拉斯法规定，电影制作方不得参与电影发行和放映；法令的变化很快就结束了电影院里“一条龙项目”的运行，这指的是卖座的电影再搭上一整晚的消遣，包括观看新闻短片、一部小成本制作的电影和一部轻松的旅游纪录短片。里根只能偶尔跻身大制作的电影，而且通常都是男配角。但正是一度确保里根丰衣足食的小成本制作的电影在数量上的锐减，终结了他的好莱坞生涯。

不过还有另外一个因素，里根虽然完全能意识到，却无力去更改：他的银幕形象已经过时了。在电影观众看来，他很和蔼，但心底软，看起来更像是主角的好朋友，而不是主角本身。别的演员——如他的好友威廉·霍尔登（William Holden）——都能安然度过好莱坞的变化，继续大有市场。里根的荧幕形象却没什么个 *50*

性，这样就剥夺了他担纲主角的机会；在导演的眼里，他总是太善良、太和蔼可亲，而导演希望主角能够更强壮、更有棱角、更有攻击力，以满足战后民众对强壮、性感且独断的英雄形象的渴求。失去了一线的电影工作，里根只好勉强转向小荧屏。有朝一日，里根将通过一个最不可思议的渠道，从这种没意思的工作中解脱出来。

1954年，通用电气公司请里根主持了一档每周日晚时长半个小时电视系列片，里根偶尔在里面演一名演员。他已经吞下了所有的骄傲，在一系列为电视而拍摄的戏剧和电影里出演角色。从1950年他出演“纳什空中剧院”（Nash Airflyte Theatre）的《失踪女士案》（*The Case of the Missing Lady*）到1965年10月出现在西部连续剧《死亡谷的日子》（*Death Valley Days*）最后8集里，电视已成为他收入的主要来源。通用电气的副总是极度保守反共的自由市场派人士劳动策略家莱缪尔·博尔韦尔（Lemuel Boulware），他提供给里根的，不仅是电视工作，公司还希望里根能作为通用电气的形象大使，在通用电气位于美国国内的所有工厂巡演，提升公司形象，并以其个人魅力鼓舞士气。吸引里根的就是在全国巡演，他一直非常喜欢面对现场观众，因为这样他的名气可以为大众的利益服务。促成里根与通用电气达成协定的因素不仅是通用电气开出的巨额报酬，他还可以按照自己的想法对工人发表演说，而不是拿着在纽约总部写好的稿子照本宣科。

从1954年9月26日到1962年9月16日连续9个电视季，在每周日晚上9时哥伦比亚广播公司的《通用电气剧场》（*Gener-*

*al Electric Theater*)中，里根都会简单介绍本周的周播剧。刚开始，里根的对手是由八卦记者沃尔特·温切尔(Walter Winchell)主持的一档新闻节目，还有跟他风格相似的《飞歌电视剧场》(*Philo Television Playhouse*)。虽然电视依旧是穷人们的媒体，为电视工作的人也很难再转战到电影中，但里根不是孤家寡人，《通 51
用电气剧场》能够提供高额费用，吸引很多好莱坞大腕来客串，其中有艾伦·拉德(Alan Ladd)、詹姆斯·斯图亚特(James Stewart)、巴特·达维斯(Bette Davis)、弗雷德·阿斯塔尔(Fred Astaire)、琼安·克劳福德(Joan Crawford)和马尔克斯(Marx)兄弟。

但是，里根最喜欢的还是全国巡演。通用电气的子公司分布在40个州，有135个分区工厂和25万员工，对里根的雇佣和社区关系项目就是用来加强公司重要管理理念的。最初，里根只是在每一个工厂简单地路过，慰问员工，签签名，讲几个好莱坞的趣事，会见重要的雇主。但是，每次里根的到场总是能引起大的混乱：工人离开了生产线，公司和工厂都暂停运作，管理层同意在里根访问期间停产。

随着时间的推移，里根在20分钟之内，用清晰生动的例子将幕后的小道消息和自由朴实的哲学混合在一起，还提及州政府对人民生活的侵害，这样的演说后来被简单地称之为“演讲”。当时白宫的主人是共和党人艾森豪威尔，里根总是很仔细地把政府的卑鄙控制描述成两党都会带来的灾难。虽然里根心里非常明了，任何一个好莱坞名人，不管有多过气，对来看他的公众都有同样的感召力。里根不仅仅喜欢这种阿谀奉承，也喜欢与普通工人打成一片的平常感。

最重要的是，里根喜欢发表政治演说。里根真的生来就是竞选的料。他后来说，在通用电气公司巡演，“对我而言，几乎算是政治学的研究生课程”[5]。每天有多达14家工厂的访问量，还有紧张的时间安排表，因为恐高，所以坚持只坐火车或者汽车，这让里根更加辛劳，但是他发现自己越来越喜欢新的角色。虽然在这家工厂，里根得跟所有的2000名员工握手，在另一家工厂，他又得走完全长46英里的流水线，在第三家，还有10000张他的照片等着他亲笔签名，但里根喜欢这种感觉，如他所说：“嗖嗖而过的每一分钟，我都喜欢。”[6]

52 两三年过去了，访问工厂使得里根的名声越来越广，他也开始涉足别的领域，在越来越多的政治会议上演说，其中有在商务部、联合基金晚宴上发表的，还有在旧金山共同财富俱乐部、芝加哥董事俱乐部等颇具影响力的机构发表的。“演说”的知名度非常高，以至于里根的日程表都安排到3年之后。1962年，《通用电气剧场》播出10季之后，其收视率为西部片《意想不到的幸运》（*Bonanza*）所败，而里根的大众演说协约已经签到1966年了。

通用电气公司只有一次要求里根修正他的演说——其中有部分内容涉及抨击田纳西河流域管理局昂贵的公共资助项目。田纳西河流域管理局开展一个防洪项目，耗费了上百万亩的土地，以及纳税人好几百万美元税钱后，只是建成了一所小规模的水力发电站。虽然有巨额公共资金被注入这个项目中，可即便当地人也没有获利，在田纳西谷地生活的半数居民依然很贫穷。1959年，联邦政府的一名官员来到通用电气公司威胁道，除非里根能停止对田纳西河流域管理局的刻薄评论，否则就取消同通用电气 5000 万美元的生意。当里根听到后,他向通用电气的总裁拉尔夫·科迪纳(Ralph Cordiner)道歉:“很抱歉你听说了这些。这是我的问题,我来承担。”为了不让通用电气公司或者是科迪纳尴尬,里根主动从其演讲中删去了关于田纳西河流域管理局的部分。[7]

1960 年,里根领导美国演员工会的演员们首次开展了大罢工,其后不久,他就从主席位置退了下来。《通用电气剧院》取消之后,里根又回去当了一年的演员工会主席,跟工作室就好莱坞电影在电视上播放的剩余索取权进行协商。里根还是希望能够重回大银幕,不过这个雄心已经被证明是可望而不可及的。在电影导演的眼中,电视已经让里根身价大跌。里根解释道:“电影院的老板认为,没有人会花钱买票来看一个他们在自家客厅免费就能看到的人物。”[8]

1964 年,里根雇了理查德·G. 胡本尔(Richard G. Hubler)来 53
写他的第一部自传,标题为《我的其余部分在哪里?》(*Where's the rest of me?*),这是里根最引以为傲的电影《金石盟》(*Kings Row*)中的一句台词。里根一直说他无意成为一名全职的政治家。他写道:“一个人对于自己感觉能做到的事情,才会全力以赴,才会做出最大的贡献。”[9] 里根说,作为一名演员,他可以接触到那些对政治不感兴趣的人,甚至还可以说服一些人接受他反政府、反税收的想法。

但是,里根证明了自己是个非常有效率的活动家。不可避免的是,加州的共和党人士开始将他考虑为潜在的候选人。里根在其回忆录中没有说到的是，在1962年初，第一次有人来找他当全职的政治家。[10]来人是加州众议院议员H. 艾伦·史密斯（H. Allen Smith），他于1909年出生在伊利诺伊州的迪克森（Dixon），比出生在坦皮科（Tampico）的里根大两岁。史密斯鼓励里根去参加州长初选，对手是艾森豪威尔的前任副总统理查德·尼克松。尼克松虽然此前已经挫败一次，但是现在决定重整旗鼓，直指白宫。目前，尼克松正在为登上总统宝座而寻找合适的平台。

里根拒绝了史密斯的建议。虽然里根喜欢在"演说"中被关注的感觉，但是他知道一个政治候选人需要全心全意，毫无隐私。他根本不打算接受这样的生活。他的孩子还年幼，还有当时他已经51岁了，这个年纪再开始第三份职业太晚了。里根还听从了岳父洛亚尔·戴维斯（Loyal Davis）的建议。戴维斯是南希的继父，是一名神经外科医生；1928年南希的母亲和罗宾斯·肯尼思（Kenneth Robbins）离婚，次年，她嫁给了戴维斯。戴维斯警告里根要远离政治生活；基于对芝加哥的机器政治的了解，里根知道政治会是个肮脏的游戏。他也认为自己根本不可能击败尼克松。事实上，尼克松正把州长之位拱手让给现任的埃德蒙·G. 布朗（Edmund G. Brown）。

54 两年之后的1964年，亚利桑那州议员巴里·戈德华特参加总统竞选，里根受邀成为加州的联合主席。在凤凰城南希的父母家，里根遇到了巴里，虽然两人在私底下无任何交往，但是里根从巴里的书《一位保守派的良知》（*The Conscience of a Conservative*）中发现两人在保守政治思想方面很相近。民意调查显示，戈德华特的支持率迅速跌落，看上去必败无疑。一天晚上，洛杉矶椰子林区的夜总会里，里根对一群支持戈德华特的共和党人发表了演讲，主题还是惯常的对庞大政府与高额税收的评论。一群加州党派的捐助人过来问里根是否愿意在电视上发表半小时的演说——以他标准的政治演讲为基础，为戈德华特进军全国的大选摇旗呐喊。里根很乐意地接受了邀请，之所以如此，是因为他的兄弟内尔（Neil）此时是麦克肯-艾瑞克森广告公司的副总裁，同时也是戈德华特的电视顾问。里根也提出建议：不要直接面对摄像机；他宁可面对观众，这样从观众中争取支持就能够被摄像机捕捉到。

里根的贡献非常大，1964 年 10 月 27 日，演讲通过 NBC 电视网在全国播出，反响热烈。保守党的追随者一夜之间就捐献出 800 万美元，但是在 11 月的选举中，这件事并未阻止戈德华特走向彻底的失败。戈德华特的对手是政治老手林顿 · B. 约翰逊。但是后来里根说，他当时发表的《选择的时代》（*A Time for Choosing*）的演说是其“一生当中最重要的里程碑之一”[11]。全面溃败彻底击垮了戈德华特的雄心壮志。在全国保守党的心目中，广播让里根成为最耀眼和最善于表达的、或许也是他们的事业最有说服力的支持者。里根喜欢强调广播的成功令自己震惊，他根本就没有想过是广播将自己推向全国的舞台。事实上，从那时候起，里根就非常清楚自己被说成是戈德华特的接班人。

大选过后不久，资助广播的同一群保守党富翁恳求里根竞选
加州州长或国会议员。他们非常想阻止自由派共和党加州议员 55
汤姆 · 基克尔（Tom Kuchel）竞选加州州长。里根刚开始非常勉强。他告诉后来被称为“厨房内阁”的成员——因为他们在里根

家的厨房餐桌上敦促里根参选——虽然自己没有直截了当宣布其不可能，而且同意继续代表保守党发表演说，但他对成为政客毫无兴趣。

“厨房内阁”继续给里根施压，向他表示，除他之外，没有第二人可以联合全国的共和党，而且他们相信，没有第二个共和党人能够打败曾做过两任州长的民主党候选人帕特·布朗。最终，那些来听演讲的人都呼吁里根参加竞选，呼声之高，他回忆道：“晚上我和南希都睡不安稳。”[12]里根同意加速为期半年的演讲任务，同时也对一大批非共和党观众发表演说，看是否能从党外争取到足够的支持者。1965年8月，圣地亚哥、洛杉矶和伊利诺伊的连锁报业的全国记者林恩·诺夫齐格(Lyn Nofziger)同里根及其兄弟内尔共进午餐，其后林恩就非常确信，甚至撰文阐述里根有能力担任州长。1966年1月4日，里根在电视上确认自己为共和党候选人。

最初在椰子林区寻找里根的那一小群共和党捐助人成立了“罗纳德·里根之友”小组。现在，里根发现自己处于这个小组的掌控下。该小组组长是霍姆斯·P.塔特尔(Homles P. Tuttle)，他的财富来自在洛杉矶赚钱的福特汽车经销权，他曾卖过一辆福特车给里根。成员中还有出生于意大利的亨利·萨尔瓦托里(Henry Salvatori)，他通过石油出口获利，50多岁时，他资助小威廉·F.巴克利创办了保守党书刊《国家评论》(*National Review*)。萨尔瓦托里也是1964年戈德华特加州竞选团的联合主席之一，他担任里根州长竞选团的财经主席。小组里还有联合石油老总A.C.鲁贝尔(A.C.Rubel)和靠加工干洋葱和土豆而发家的杰奎琳·休谟(Jaquelin Hume)。

里根的支持者大多都是殷实的保守党人,但小组成员也都不 56
是泛泛之辈。例如李奥纳多·法尔斯通(Leonard Firestone),他是法尔斯通橡胶轮胎厂创始人的儿子,也是该厂赫赫有名的执行者。跟别人不一样的是,法尔斯通并非地道的保守党人。1964年他担任了加州自由派共和党人尼尔森·洛克菲勒(Nelson Rockefeller)的竞选团主席,洛克菲勒在总统大选的初选中败给了戈德华特。后来加入“厨房内阁”的还有结过三次婚的贾斯廷·达特(Justin Dart),正是他把玛格丽特·撒切尔介绍给里根认识的。达特是瓦尔格林斯连锁药店的继承人,还成功创办了多家公司,其中日本的特百惠就是其旗下品牌。达特首先支持的州长候选人是旧金山市市长、温和派共和党人乔治·克里斯托弗(George Christopher),但最终还是被里根团队争取过来了。

好莱坞的职业带给里根的名气自然是一笔资产,但也因为曾经是一名演员,他对加州首府萨克拉门托的政务一窍不通——这也是情有可原的。为克服这一不足,“厨房内阁”聘请了一组专家来给里根恶补,内容有选举政治和国家治理。多年来里根一直用微笑使政治对手卸甲,“我是一名演员,不是政治家”。里根知道,要想打败克里斯托弗,他得交点学费。不管怎么说,他首先犯了几个重大的政治错误;这是不可避免的。

为讨好加州自由派选举人,克里斯托弗喜欢把里根描述成一名新手、极端分子、曾经的共产主义分子、种族主义分子。在一次非裔美国共和党会议上,两人同时露面,克里斯托弗当着里根的面指责他有种族偏见,因为他曾经反对约翰逊总统的《民权法案》(理由就是该法案违反了宪法)；里根对克里斯托弗大喊，指责那是个卑鄙的谎言，并把笔记纸揉成一团，砸向听众，盛怒之下从会议室离开。里根的智囊团陪他回到家，向他解释，政客的世界就是如此这般，这种变幻无常的举动会被他的对手利用，并将他描述为不成熟的人。对对手大喊大叫，放弃平台，根本就不能
57 让听众相信他并非种族歧视分子，反倒使得他显得没有能力承受州长需要承受的压力。里根被劝回辩论现场，随后的鸡尾酒会上，他为其先前的冲动行为充满悔意；里根耐心地解释说，自己从小家境贫穷，父母都是坚定的基督徒，而且教会他一直平等地对待每个人，不管是何种族。尽管如此，《洛杉矶时报》(*Los Angeles Times*)还是对里根愤怒离场大做文章，他们的卡通画家保罗·康拉德(Paul Conrad)把里根画成一个将头颅藏在胳膊下的人，这个卡通人还问道："我的其余部分在哪里？"这是里根在竞选政治中得到的第一个惨痛的教训。

圣地亚哥的共和党会议很快就要召开了，里根还在勤学基本的政治知识，同时他依然被克里斯托弗描述成一个不专业的人；这些人身攻击看起来已经引起一些选民的附和。国家委员会的执行主任鲍勃·沃克(Bob Walker)通过发明"第十一诫"(Eleventh Commandment)终止了这种谩骂。"第十一诫"的内容是"你不该说另一位共和党人的坏话"，州共和党主席盖洛德·帕金森(Gaylord Parkinson)立刻执行了此诫。该策略阻止了克里斯托弗的攻击。不管何时，克里斯托弗一旦想贬低里根，里根的支持者都在会议室大喊："第十一诫！"这让旧金山市市长显得怀有不必要的报复心。克里斯托弗团队开始摇摇欲坠。后来里根染上了

流感，无法参加大会，但或许在最后关头，这引起了一些人的同情，他被及时地选为共和党州长候选人。

里根清楚地知道，哪怕他最坚定的幕后支持者中，也有一部分人对他作为一名政治家而非演说家的能力表示怀疑。里根一头扎进了竞选。一个月后，一些党派的工人和媒体人得出的结论就是：那些说里根非常懒惰、没有耐心的话都不属实。里根逐渐放慢了脚步，因为他膀胱里有结石，导致前列腺发炎，使得他总是非常疲惫。里根发布了严格的指令，禁止在公众面前提及“前列腺”一词，他的公关秘书林恩·诺夫齐格告诉里根私人医生说：“人们会认为前列腺毛病是老年人才有的毛病，我不想让大家以为他是一位老人。”[13] 1966 年 11 月选举日到来时，里根赢得了近 58
100 万张选票。大选获胜半年后，他通过手术成功取出了结石，在医院住了一周。这件事外界很少人知道。

里根出乎意料地成了州长。选举获胜后，他要举家迁往首府萨克拉门托市，因此只有两个月的时间处理圣费尔南多谷的产业；他将其整体售出。里根要开始逐渐适应州政府的文化氛围。他坚信公有部门会受益于自由市场的活力。他首先在关键部门任命了一些商人，其中有一位是旧金山市律师卡斯帕·温伯格（Caspar Weinberger）。温伯格被任命为财经主管，在后来的岁月里，他成了里根所有政治雄心的压阵成员。

温伯格在全程策划里根和即将离职的帕特·布朗之间权力交接的过程中，得出的结论是：加州的财政支出远大于其收入，应立刻采取行动减少公共消费赤字。1967 年 1 月 5 日，里根在就职演说中阐明，加州的财政赤字高达 2 亿美元，并提出了解决对策。他说："我们要挤压、缩减、裁除，直到能减少政府开支。"[14]

里根还决定采取传球式管理政策；对此，有些人会误解为他缺乏行政指导能力。里根没有别的选择，只能任命那些自己眼中的职位最佳人选，让他们以自己认为适合的方式管理各自部门。里根对政府存在的问题了解不足，也不知如何解决，但此举却成功地把他的弱点转化成一种美德：让管理者去管理，高层不会经常干涉。随着时间推移，这个宣言将会对里根大有裨益。无论如何，里根确实为他期待的局面提供了大方向的指导框架。他指导内阁成员们说，在做事的时候，不要想着怎样做才会实现最大的政治收益，而是要想着怎么做才能产生最佳的结果，并由此做出决定。里根还鼓励内阁成员不要被各自的信仰所束缚。如果需要解决的问题在他们辖区之外，那他们就应该通知他。里根喜欢说的是："只要不介意最终谁会获益，那你就能完成任何事情。"
59 里根鼓励开诚布公的氛围，这样在做决定之前，他就能听到各方面的声音。

里根下定决心：只要有可能，一定要减税。但是在审核完加州的全部支出之后，得出的推荐方案不是减税，而是增税，增至10亿美元——这相当于2007年的60亿美元。里根的理念一直是简明扼要，所以他很快就知道，想有效地管理政府，实用主义是个要素，于是他同意提高税收。在州议会中，里根需要和占大多数席位的民主党一起工作，这或许也迫使他让步，而非事事一争高下。至于一些无关紧要的决定，里根从不反对。传记作家卢·卡伦（Lou Cannon）得出结论："他是个保守分子，有强烈信仰，但如他常说的那样，他也喜欢有所得、有所放弃，而不是处处树敌，将对方逼入绝境。”[15]

里根缺乏治理能力，这迫使他在工作中刻苦学习。里根感觉这种学习不那么容易，他将这种经历比喻成“一个埃及坦克兵去读俄文的说明书”[16]。他动用否决权将民主党议会的影响最小化，通过对选民发表电视演讲上诉站在对立面的立法委员的头目，运用他那娴熟的好莱坞沟通技巧成功说服加州人相信他采取的方式才是正确的。当温伯格告诉里根加州有 1 亿美元的盈余时，民主党议会想找到花掉这笔额外的钱的途径，里根避开来自民主党的压力，转而在广播里宣布降低税收。这在加州和其他任何花费巨大的州都是前所未有的。在里根第二任州长任期结束时，他都能吹嘘自己把 50 亿美元的税收还给加州人民了。

里根在其他领域的改革就没这么著名了。他得出结论，司法部门政治化不利于好的政府管理，因此着手改革法官任命方式。里根并未把支持共和党的律师名单罗列出来，而是和律师协会合作创建了一套咨询系统，与法官一起列出名单。他还打算增加担任要职的少数族裔人数，但少数族裔的领导人对来自共和党的州 60
长一直持有偏见，很久之后才领情。

此间，大学校园暴力频发，主要原因是民众对愈战愈酣的越战不满，而不是对学校管理不满。不过平息暴力活动被证明是很难完成的任务。学生时代的里根曾成功领导过一次针对学校行政管理的学生运动，所以人们都认为里根会对学生运动更加同情，但他并没有将自己在尤里卡大学的行为与加州诸大学广泛的学生运动联系起来。里根被目睹的暴力惊呆了，仅在伯克利，11 月就发生了 8 起爆炸，此外还发现了成千个炸药包和 200 杆枪支。虽然绝大部分学生都希望继续学习，但他们的愿望在很大程度上被一小撮追求暴力政治的活跃分子所打破，里根对此很震惊，他的反应简单明了："要么遵守制度，要么滚出去。"里根派遣国民警卫队进驻校园，希望恢复正常的校园秩序。

里根发现自己非常享受当州长的感觉，因此没有太多犹豫，他便同意考虑第二个任期。同时，他从父亲在大萧条时候的经历获得灵感，给自己定下了任务：减少加州在福利项目上大手大脚的支出。如他所说的那样，要消除"这种剥夺了任何尊严的、无休止的循环依靠。我想知道，我们是否能将那些被称为'福利的吸毒者'的人拯救出来"。[17] 1970 年的选举中，里根以 53% 的支持率战胜了支持率为 47% 民主党竞争对手杰西·昂鲁（Jesse Unruh），成功连任州长。

里根力压民主党的反对声音，将福利改革作为第二任期的首要施政方向。1960 年到 1970 年的 10 年里，加州福利政策的救济对象增加了 4 倍，还有 200 万人在领取救济品。里根对福利政策进行了彻底的审查，发现了自己一直怀疑的事实：这其中有大量的弄虚作假。成千上万的人已有全职工作，却依然接受福利。里根认为福利规则鼓励了家庭的破裂，因为相比夫妻，单身接受
61 的福利要更高。里根恳求选民给议员写信，迫使民主党领导人在州议会妥协。州长和民选官员共同努力促成了一项政策，通过紧缩合法性规则和更有效的监管审查，一举为福利支出减少了几亿美元。福利救济对象管理体系进一步减少了名册上的人员数量。仅 1973 年到 1974 年就清退了 7.6 万名福利享有人。

玛格丽特·撒切尔走上权力之路的速度远慢于罗纳德·里根。撒切尔夫人也被自己所在党派的人士低估，被视为局外人。里根没有被低估是因为他不过是个演员，而撒切尔夫人不被尊重的原因是她的性别。在总是更青睐循规蹈矩之人的党派里，他们俩都是喜欢持不同意见的人，两人性格都很丰富，都是用温和的方式来获得选举的胜利。两人都为“适度地”达成一致而发生了根本的变化，成功推翻了那些习惯把党派视为私人俱乐部的、生活在保温罩里面的精英们。

英国议会制度很少允许个人觊觎顶端政治，但撒切尔夫人出众的才能，加上在没有经过男性对手同意的情况下就为自己辩护的罕见作风，使她得以升迁。不过，由于当时的政治气候和党内盛行的男性沙文主义，撒切尔夫人并没有幻想成为首相。她当选下议院议员时，贵族哈罗德·麦克米伦（Harold Macmillan）正入主唐宁街 10 号官邸，保守党所有男性领导都在不透明的情况下实现继任。哪怕是全国占据要职者也服从了党内的任免，整个过程牵涉到君主制的惯例，提拔的标准非常不透明，社会关系总是被摆在才能前面。

虽然重要职位对撒切尔夫人关上大门，但她还是很满足地将目光锁定在次要位置，即作为首席金融部长的财政大臣。撒切尔夫人有条不紊地接近自己的目标，在仔细研究事实后，她首次在下议院发表讲话。从撒切尔夫人一走进议院大厅起，保守党的同 62
僚们便清晰地看到，她将是艰难立法的强大提倡者。一旦出发，撒切尔夫人就永不回头。在投票通过普通议员议案时，她发现自己接近投票总数的榜首，政府中负责安排议会时间表的纪检办公室说服她提议法律授权媒体参加地方议会中所有制定财政支出法案的会议，让媒体监督政府削减不必要的支出。这与撒切尔夫人的理念——政府支出过大，官僚主义横行，支出无法精打细算——相吻合，里根也是这么想的。只有减少公共支出，才能为减税提供空间。

1960 年 2 月 5 日，下议院新成员初次亮相之际，撒切尔夫人站起来发表了首次演讲，主题是坚持她自己的法案。长达 27 分钟的演说没有任何纸稿，她的观点是要承担更大的责任，允许媒体介入并披露一直备受批评的议会支出的准确信息。5 月，立法委员会就通过了相关法案，撒切尔夫人因此获得了下议院固执行动派的名声。这个名声在两院广为人知。

次年，即 1961 年，撒切尔夫人重拾抨击政府不必要开支的议题，虽然她也知道缩减开支并非容易落实的事情。和里根一样，撒切尔夫人相信，倘若政府的开支方式能够和企业一样，那么就会缩减大笔开支。“有时候，我们必须改变公共责任体系，”她对下议院议员说，“我们的国家将账目呈现给议院时，就该像公司把账目呈现给股东那样……否则很难控制和下调政府开支，而税收额度也不会有明显下降。”

尽管撒切尔夫人的观点与政府相左，支持对部分罪犯进行刑罚，但麦克米伦还是支持她，给了她一个政府职位——为养老金和国家保险部的部长做联合议会秘书。该部委支出庞大，因为要为
63 老年人支付社保——这是广泛的福利制度——以及国家医疗保险。英国所有的巨额福利制度都是战后工党政府领袖阿特利（Attlee）制定的，其后就任的保守党领袖认为其太受欢迎，故而无法取消。

撒切尔夫人在该职位上干了3年,她利用新角色完善自己在下议院的表现,同时利用一系列策略和简明锋利的辩论为自己的行为辩护。撒切尔夫人尤其擅长贬低工党对手,这不是一般女性议员愿意做的。在维持公仆形象方面,撒切尔夫人也是能手,倘若她没有总是要求官员们按照自己的规范来重写信函的话,那么她的勤劳也能勉强获得官员们的赞扬。

当1963年麦克米伦出人意料地下台之后,基于个人考虑,撒切尔夫人并没有支持把党首之位交给麦克米伦本人推荐的受过伊顿教育的贵族,即供职于上议院的苏格兰胡穆爵士,却支持R.A.巴特勒,此君是战后与工党就福利和统一医保问题达成一致的设计者。尽管在开支和税收方面,巴特勒的观点与撒切尔夫人不同,但至少和她一样也是靠自己的能力上位,而胡穆爵士不过是靠与生俱来的血统。当时在进行秘密的领导权交接时,根本没有经过党内或者保守党议员的选举,胡穆就接任了领导职位。撒切尔夫人完全听从。至少在当时,解决首相的继任者问题还不在她的能力范围之内。撒切尔夫人被胡穆再次聘任至养老金部。

1964年10月的大选中,胡穆被选民拉下马,取而代之的是工党的政治神童哈罗德·威尔逊(Harold Wilson)。虽然工党以微弱的优势获胜,但考虑到新一届政府在下议院只占5个席位,胡穆立刻又复职了,于是开始了一场新的保守党连任竞赛。两个高度相似的候选人,一位是雷金纳德·莫德林(Reginald Maudling),另一位是爱德华·希斯(Edward Heath)。撒切尔夫人更支持希斯,这样才更有可能应对政治操纵老手,狡猾的威尔逊。希斯和撒切尔夫人一样,才智过人,是第一任在国立学校而非私立学校 *64*

受教育的保守党领导人。他曾就读于牛津大学，获得过奖学金，虽然或许还缺乏自发性，但是和撒切尔夫人一样，他是个努力工作的人，也有着与其相似的经济背景(他的父亲有一家小型建筑公司)。

虽然希斯并未对撒切尔夫人表现出明显的友谊，但他打心眼里佩服她在下议院的工作才能，并任命她为保守党在住房和土地方面的发言人——这是很重要的部长职位。工党希望提高公共住房的数量，提出住房用地国有化政策。撒切尔夫人积极推动保守党推出将作为廉租公房的公共住房卖给租户的政策。在1966年3月的选举中，威尔逊扩大了多数党的规模，撒切尔夫人又得到升迁，离首脑的位置更进了一步，反对派保守党领导人依安·麦克里德(Lain Macleod)领导的财政部任用了她。麦克里德很快就开始钦佩撒切尔夫人的品质，尤其是作为一名政治斗士的品质。在下议院，撒切尔夫人重温她的简要观点，蔑视新政府的经济政策。“这就是纯粹的精神错乱，”她在议事厅咆哮着，“财政大臣需要一个女人在财政部。”麦克里德对此评价说，她“出人意料地能力出众，有着一流的大脑”。[18]

撒切尔夫人作为财政部发言人的生涯非常短暂，仅仅20个月。这段时间，她忙于反对工党的强制性价格和收入控制政策，认为这种政策会扭曲经济，适得其反。因为曾在律师事务所有过短暂的学习，撒切尔夫人掌握了税收法，她参与到对保守党税收政策的整体复审中，该税收政策要赶在第二年大选前对选民公布。1966年保守党会议上，撒切尔夫人声援低税收政策作为努力工作的动机，确立了自己有说服力的、受欢迎的发言人地位。她说：“人们得出结论，他们不愿花更多时间工作，而愿意花更多时间娱乐,因为税收意味着不值得加班。”她的观点与里根的观点遥相呼应。工党的税收计划“不仅朝向社会主义,还朝向共产主义”。这个富有撒切尔夫人特色的表现,立刻把她转为保守党议员的宠儿。但由于提出减少税收而成为局内人,个人显著的才能 65
确保她不在财政部位居从属地位的局面不会很长久。1967 年,撒切尔夫人成为影子内阁①的能源部部长,在 1970 年大选之前不久,她被任命为影子内阁的教育部部长。

里根和撒切尔夫人都非常受用于这样长时间执政所获得的经验,因为在各自被选为国家首席执行官之前,这种经验能让他们充分洞察政府的各项工作。里根在加州州长的位置上一待就是 8 年,倘若加州是一个独立的国家,那么它就会是世界上第六大经济体。对于里根日后入主白宫,这段经历将会是有用且重要的彩排。但撒切尔夫人却一直在相对低端的政府部门——希斯的内阁中任职。任何高层决定撒切尔夫人都无分参与。她的地位要她保持适度的距离。撒切尔夫人就这样近距离观察,内心却彻底不认同这些决定,这对将来她谴责自己厌恶的两党统一战线政策非常有用。1975 年到 1974 年,爱德华·希斯首相的政府不断经历悲剧事故,虽然撒切尔夫人身居要职,但她因为没有参与集体内阁,所以也没有必要为其失败辩护。

---

① 影子内阁(Shadow Cabinet)是指实行多党制的国家里不执政的政党。与执政党相对,也叫“预备内阁”,喻指不掌权的人。影子内阁是在野党为准备上台执政而设的预备内阁班子,往往由下议院中最大的反对党领袖物色下院中有影响的同党议员,按内阁形式组建而成。——译者注

里根在任加州州长期间，大部分时候都可以自己做主，身处华盛顿特区的理查德·尼克松政府，无论是地理距离还是理念，都与他相去甚远，这使他顺利摆脱了水门事件中的联合罪责。1975年4月，里根与撒切尔夫人终于会晤，他们早就有很多相似的地方。人们指责他们保持对各自所在政党领袖的忠诚，他们用沉默面对指控，但两人都认为无须表达任何悔意。还有，各自所在党派的领导者下台后，他们的对手得以继任，两人都成功地把指控的注意力转移到了政治对手身上。这些对手，虽然不该为经济危机负全部责任，但他们分别从尼克松和希斯手里接过继任棒，在解决各自国家的问题方面，都没有显示出任何能找到令人信服的方法的才能。

66 撒切尔夫人成功地挤入刀光剑影的议会政治中。事实证明，1970年大选中，威尔逊败给希斯并不寻常。撒切尔夫人虽然心里有些矛盾，但还是尽忠尽责地施行希斯政府的政策。与此同时，撒切尔夫人一直在质疑希斯政策所能带来的益处。她很快得出结论：希斯太一厢情愿地接受诸如国家控制价格和收入之类的方法，一旦实施起来就和保守党的想法完全向左。如果有机会撤回这些法案，她非常乐意去做。

1970年，希斯成为英国首相，他准备阻止社会主义的势头。自第二次世界大战起，社会主义势头就慢慢在英国出现。1940年，在法国沦陷、英国独自迎战纳粹德国之际，温斯顿·丘吉尔接任尼维尔·张伯伦，同伟大的战时领导人和工党领袖阿特利达成协定，在国家命运危急之际，形成联合政府，共同分担政府的重担。丘吉尔腾出一只手来打仗并制定对外政策，以保证大英帝国不受损害，而阿特利则成为得力的国内首相，监管食品和燃料供应的公平，在国家事务上引入一种更平等的方法。

但是，1945 年的英国大选举世震惊，丘吉尔居然败给了阿特利。保守党人非常震惊，他们被迫重新考虑整体方案。我们所看到的阿特利压倒性的胜利使他们确信了这一点：民众担心丘吉尔会把英国社会带回到 20 世纪二三十年代那种存在不公正、大幅度失业、极少的社会福利救济的局面，他们热切希望为民服务的人能从战争中走回来，带给他们一个更公平、更大方、更公开的社会。丘吉尔确实被视为国家的拯救者，但过去在南威尔士，他对失业矿工持傲慢的态度；还有在第一次世界大战中，他的计划失
败导致了加里波利大屠杀。此外，在竞选中，他过度强调，如果工 67
党能够获得大部分选票，那么工党就会引入盖世太保的手段。这些都导致选民把选票投给了许诺更和谐、更公平社会的工党。

1945 年到 1970 年，在两个主要政党之间，几乎没有意识形态上的区分，政府的首要任务就是维护战后不稳定的经济，维持广受欢迎（也是支出庞大的）福利国家制度，该制度的核心是在国家医疗服务的框架下提供全民医疗保险。但到了 20 世纪 60 年代晚期，保守党官员对此不满，他们认为两党联合对国家不再有利。在伦敦南部克罗伊敦的萨尔斯顿公园酒店召开的一次政治会议结束后，希斯参加 1970 年大选，承诺和工党分道扬镳，并且要重新让市场经济自由运转。

希斯的经济蓝图是由伊恩·麦克劳德提出的，他是撒切尔夫人在财政部的老首长，他也执意重拾自由市场经济原则。撒切尔

夫人本能的保守性使得她成为麦克劳德忠实的信徒。但是，在希斯大选获胜的6周后，麦克劳德突发心脏病逝世，年仅57岁，他的死也将改变政府的事业。麦克劳德留下的首个年度预算，就是想要和过去做个彻底了断，不过还没来得及实施。相反，麦克劳德的继任者安东尼·巴伯(Anthony Barber)在希斯的领导下，却将国家的经济设定为以需求为导向，采取了减税和放松银行管制的办法，这导致私人信贷遍地开花。

这次试验错得非常彻底。到1972年，英国经济面临极度危机，私人和公共借贷同时导致经济滞胀，使贸易深陷赤字。1972年的第二次年度预算中，也就是后来臭名昭著的“U形回转”中，巴伯丢掉麦克劳德设想的自由市场解决方案，采用国家定价和收
68 入控制策略。而在1973年叙利亚和埃及反对以色列的赎罪日战争中，英国支持后者，这使得阿拉伯产油国将石油价格提高4倍，希斯政府面临的经济问题更是雪上加霜。物价飙升使通胀加剧，希斯所有回归市场规则的精打细算全都失去了平衡。希斯担心选民会因此惩罚他。为了保护英国一些重要大型企业，比如汽车和飞机引擎制造商劳斯莱斯公司免于破产，他动用公共资金对这些公司采取紧急经济援助。

希斯决定冻结公共部门的支出，这导致了政府与公共部门工会的一系列摩擦。1972年1月，为国家煤炭委员会工作的全国矿工联合会(NUM)举行大罢工，要求提高工资待遇和改善生产条件。刚开始，虽然对漫长且激烈的运动毫无准备，但希斯还是立场坚定。随着罢工的继续，国家严重缺乏煤炭储备和能源供应，政府在电视上提出严格的宵禁，希望人们早点睡觉，停止用

电。但那仅仅是个开始,希斯不愿意向矿工低头,为了省下更多的能源,他采用苛刻的法律手腕,宣布工厂每周只能工作 3 天,整个国家都笼罩在有史以来最严重的劳资纠纷中。7 周后,政府屈服了,答应提高矿工工资并改善生产条件。

希斯短命的市场经济试验是对保守党分子的一种羞辱,对于未来的道路,保守党内成员进行了激烈的争辩。撒切尔夫人相信,英国经济要想恢复到健康的状态,基础是回归市场准则。关于希斯政府的拙劣行为,撒切尔夫人认为它不会就此画上句号。虽然保守党要求成员对党的领袖保持绝对忠诚,但撒切尔夫人与志趣相投的保守党人下定决心,要让英国的经济回归自由市场。虽然撒切尔夫人从来都不是保守党的执政派,但自此她发现自己成了所在党派的局外 69
人。这些达官贵人们认为,权力的回归不可避免地意味着拥护两党统一战线,撒切尔夫人强烈反对这样的观点。

当希斯的保守党政府在工会面前的挫败使他遭遇被赶下台的危险之时,大洋彼岸的理查德・尼克松也在经历类似的颠簸,原因是在赎罪日战争中,美国大力支持以色列,促使石油输出国对美国下石油禁运令,随之而来国内石油价格飙升。表面上尼克松和希斯一样,致力于回归自由市场经济,可实际上,尼克松发现自己正在干预经济。为了抵消隐约出现的经济衰退,尼克松故意减低利率,点燃了第一次通货膨胀,随后就是经济滞胀,这导致在 1973 年尼克松想通过法律来限定急剧失控的工资和物价。联邦政府的价格控制政策一直延续到后来的杰拉德・福特总统和吉米・卡特总统。

里根非常讨厌尼克松采取的经济政策。但和撒切尔夫人一样，因为对党的忠诚，还有禁止共和党成员说别人坏话的“第十一诫”，里根无法说出内心的想法。希斯放弃市场经济，大部分是因为他自己判断失误。而尼克松则因质疑而受益，因为石油输出国组织成员国因为美国支持以色列而故意攻击美国。里根在此事上一直保持沉默，不愿批评尼克松的经济政策，不过里根通过继续支持不同政见的保守党人士巴里·戈德华特表达了他对尼克松政策的憎恶，戈德华特雇用的经济顾问正是芝加哥学院供给学派经济学家、货币主义者米尔顿·弗里德曼（Milton Friedman）。

# 第四章　通往顶端之路 70

里根刚刚赢得加州州长宝座，那些伙伴就暗示说，一点小小的计划加上努力工作，就能将他推向白宫。1966 年 11 月 17 日，州长选举获胜的第九天，在洛杉矶帕利赛德太平洋城的里根家里，霍姆斯 · P. 塔特尔、埃德 · 米尔斯（Ed Mills），来自圣拉斐尔的商人汤姆 · 里德（Tom Reed），还有记者林恩 · 诺夫齐格、共和党律师菲利普 · 巴塔利亚（Philip Battaglia）同里根夫妇相聚，决定找政治顾问兼好友莱缪尔 · 博尔韦尔（Lemuel Boulware）和 E. 克林顿 · 怀特（E. Clinton White）询问现在筹划总统竞选是否为时尚早。里根得出的结论是：当务之急是考虑执政加州的责任所带来的眼前问题，至于其他问题，时机尚未成熟。但是“厨房内阁”并没有放弃，1968 年春，他们带着详细的建议又回来了。

里根对于参选总统确实非常矛盾。自 1964 年代表巴里 · 戈德华特在电视上发出呼吁，他就已被认为是美国最著名的保守党人士、共和党效率最高的募捐者，而戈德华特彻底败在了林顿 ·

约翰逊手里，多少人的梦因此破碎。里根绝不妥协的保守观点使得他在很多人眼里是个可怕的人，这包括许多自由派共和党人，他们认为里根刺耳的反共主义观点使得他看起来是一个极端主义分子和战争狂人。毕竟，在约翰逊的电视评论中，戈德华特就被描述成一位好战分子，这已经横亘在了这位亚利桑那州议员成为总统的道路上。

71 “厨房内阁”建议，1968 年该好好利用里根在全国的知名度，入主白宫将指日可待。因为可能的共和党候选人都能预测出来，而且每个候选人都有各自的瑕疵，因此不难想象，在 1968 年 8 月迈阿密海滩上召开的共和党全国大会上，候选名单会公开。竞选者有纽约传奇家族的富家子弟纳尔逊·洛克菲勒（Nelson Rockefeller），但他的巨额财富并不能挽救一个事实：他的名声并没有延伸到东北各州；还有一名候选人是出生在墨西哥的摩门教徒、密歇根州州长乔治·罗姆尼（George Romney），他很快成为竞选的领跑者，但他的选举很快就会内向爆裂。还有艾森豪威尔的副总统、惯常的候选人理查德·尼克松，他强烈的个人决心、对共和党的了解，以及娴熟的政治技能，使得他成为领跑者。但是尼克松被实践证明一直是个失败者，因为他缺乏个人吸引力，而且与媒体交恶，这让他在 1960 年的总统大选中败给了约翰·F. 肯尼迪。放眼共和党党内，里根认为自己还有竞选空间。竞选之路会有千难万险，里根想要取得进展，不仅需要足够的好运，还需要艰苦奋斗。但是在里根家的午餐会上，支持者小组强烈建议里根抓住这个机会，充分利用他打造的相当有利的契机。

里根还是未被说服。如同一位演员面对重要的面试，他不愿为一个有可能失败的角色冒险。从好莱坞到加州首府，一路走来，里根根本就没有时间努力赢取更大的奖励。里根早就 57 岁了。如果他无法参加总统竞选，结果就是——而且看起来越来越可能，尼克松会赢得竞选，在白宫待上两届。到那时，里根已经 65 岁了。不管怎样，当下的政治环境邀请的候选人是一位像里根这样保守信念明确之人。不久，越战就会以失败收场，一度无所不能的美国开始在世界上显得脆弱起来。约翰逊名为“大社会”的社会改革项目涉及对许多人征收高额税收，被证明不仅没有效果，还代价高昂。不过里根对参加总统竞选一事表示反对。“听起来有些不成熟，”他对忠实的支持者说，“我就是认为我还没有准备好。”[1] 但是里根同意让命运来主宰，他的母亲鼓励他相信命运在指引道路，而且目前为止，命运所指的道路都是十分正确的。里根会成为加州最受欢迎的共和党候选人，这也意味着他不会全心投入到总统竞选中，他会怀揣大量的选票来到迈阿密海滩。里根或许会成为一个拥立国王者，甚至可能坐上副总统的位置。 72

“厨房内阁”对里根的决定表示失望，但他们双方都清楚“最受欢迎之子”的位置不过是一种策略而已。有一个人不会相信里根不会为总统位置所动，那个人就是理查德 · 尼克松。1964 年大选中，里根对支持戈德华特的保守党重要支持者的影响力，尼克松很敏锐地估算出来了。尼克松的评价是：“里根的观点和戈德华特一样保守，但他有戈德华特所没有的品质，即用有理有力的方式陈述自己的观点。”[2] 周复一周，月复一月，每次在萨克拉曼多的记者招待会上被问到是否参加总统大选时，里根都一再表示无意于总统宝座。尼克松则越来越确信里根会参加角逐。

1967年7月，加州蒙特里欧的波西米亚谷召开了一年一度的商家巨贾年会，在此次会议上，在一颗巨型红杉树下，尼克松遇见了里根。对即将到来的初选，两人进行了一次“开诚布公的探讨”。尼克松告知里根，大多数人早就推测他会争取共和党的提名。里根继续守口如瓶。“里根说他感到惊讶，认为是人们过奖了，他自己也关心所有围绕着自己的是否成为总统候选人的猜测，”尼克松记得，“他不想成为一个‘最受欢迎之子’，他说，为了确保加州的党内团结，他或许不得不允许这么做。他说在初选时
73 自己不会是候选人。”[3] 倘若里根没打算故意误导尼克松的话，他很快就会发现自己的承诺将被别的事情所瓦解。

里根获得“最受欢迎之子”的名号不久，就得到了人们更广泛的支持。影子候选人正在加快步伐，而里根则一再否认参加共和党的初选，但会考虑被征募的可能。在每周的州长记者招待会上，有记者问他是否会效仿内战时北方英雄威廉·特库姆塞·舍曼（William Tecumseh Sherman）——舍曼曾明确声明：“我不会接受提名，就算被推选，也不会担任。”——里根含糊其辞地说：“除了舍曼，没有任何人能够做出这样的声明，这对他来说，也不是个特别好的主意。”[4] 但凡事也都不会一帆风顺，里根遭遇过的最严重的挫折，是在复活节时候，看望在亚利桑那州的戈德华特，他希望能从戈德华特那里得到哪怕不是彻底的认同，至少也是精神上的支持，但这位美国保守党的捍卫者根本就没有给予他任何鼓励。

为什么戈德华特不能更大方地对待里根？里根一直很敬佩他，在关键时刻为他发表重要演讲，从来没有批评过他的观点。

根据戈德华特的传记记者李·爱德华兹(Lee Edwards)的说法，两人虽然思想相似，但性格迥异，“在一生为数不多的时刻，戈德华特有些嫉妒。这个人之所以不买里根的账，人们认为他是太在意自己为之奋斗那么久的保守党运动领导之位”。[5]

1968 年 3 月发生的事将急剧改变总统大选的走向，但并非朝利于里根的方向。在 3 月 12 日的新罕布什尔州民主党初选中，约翰逊以微弱优势打败了反战候选人明尼苏达州议员尤金·麦卡锡(Eugene McCarthy)，但对一位在任总统而言，49% 对 42% 的选票开始瓦解他连任竞选运动的内核。4 天后，约翰逊的强劲对手、约翰·F. 肯尼迪总统的弟弟罗伯特·F. 肯尼迪也加入总统提名人的角逐。3 月底，约翰逊承认自己党内产生了分歧，广泛兴起的反对越战的呼声，以及 1964《民法法案》出台后民众的 74
骚动，都会使他的连任竞选之路异常艰辛。随后的 3 月 31 日，约翰逊在电视上的通告令举国皆惊，他宣布：“我不再寻求，也不再接受来自我党的寻求连任的总统提名。”

同时，尼克松迎头而上。3 月，他以绝对优势获得了新罕布什尔州的初选。里根丝毫未受阻，继续安安静静地进行竞选运动。4 月，里根访问了爱达荷州和科罗拉多州，他几乎承认了自己是影子候选人。在问他“真实意图为何”这个老问题上，里根声称：“我认为任何一个美国人都能成为总统，只要人民认为他是他们想要的那个人。”这是公开邀请共和党人把他的名字写在初选选票上。同一个月，尼克松赢得了威斯康星州的选举，然后是印第安纳州、内布拉斯加州和西弗吉尼亚州，而且在每个州都是以大比例获胜。5月，里根在俄勒冈州惨败，他本以为该州和自己的老家加州一样能显示出不同的面貌。里根作为候选人的失败也使得尼克松拿下了南方全部保守党主导的州，这些州传统上一直支持民主党，但自约翰逊总统的《民权法案》出台后，它们开始支持共和党。尼克松聪明地实施“南部策略”以确保里根不会攫取这些重要的支持者。如尼克松所言：“里根能把众多的南方共和党人说得心花怒放。他流利且充满激情地说着他们保守党的语言，南方代表非常有可能在最后一分钟，被他的塞壬之歌吸引过去。”[6]

5月，尼克松飞抵亚特兰大赢得了南方政党大佬们的支持，并且获得了一位最重要的人物斯托姆·瑟蒙德（Storm Thurmond）的青睐，他曾是1948年南部各州民主党总统候选人，他支持将权利归还给各州，不过他后来放弃民主党，转而支持共和党。斯托姆·瑟蒙德紧握尼克松的手，肯定地说，里根是不可能从底下爬上来在迈阿密的海滩上获胜的。尼克松回忆道：“这次请求
75 瑟蒙德支持的会晤，是我有能力瓦解里根的任何举动中最有价值的。”[7] 7月，戈德华特给了里根沉重一击，他跑去支持尼克松，并给里根写信敦促他向不可避免的胜利者低头：“倘若你能声明放弃选举，这样你的支持者就会分散，尼克松便肯定能获胜。那么这就意味着，在加州，你能成为共和党的主心骨。”[8]

在戈德华特领导的保守党运动中，里根成为颇受欢迎的领导人，这让戈德华特十分嫉妒，其妒火之烈，在南希眼中都达到了背叛的等级。戈德华特背叛里根，支持尼克松，南希对此非常生气。根据里根在华盛顿最好的朋友威廉·奎因将军所言，南希在多年

后报了此仇。虽然后来戈德华特写信给里根说他在总统选举中的获胜“将给我个人带来极大的快乐”，但南希确信他不会收到夫妇俩来自白宫的任何邀请。[9]

里根已经失去了戈德华特的认可，但他没有放弃。偶尔有些情况会给里根和洛克菲勒带来希望。虽然尼克松在选票上遥遥领先，但还有一种永恒的失败者会再次在大选中败北的感觉。在共和党选举大会上，前任副总统在首轮选举中必须至少赢得所需的 667 张选票。在场外，里根的支持者试探着让那些原本支持尼克松的选民转投里根。在 8 月迈阿密海滩的大会上，里根最终承认他想赢得这场竞赛，但承认来得太晚，也就没了用处，且这让尼克松训练有素的支持团队攻击他没有遵守在波西米亚谷的承诺。尼克松的人“自发地”组织了一场运动，只用了四个字“守诺言，罗”，轮流在德维拉酒店里根的总部炮轰他。第一次投票时，尼克松获得了 697 票，赶走了所有的反对者；被他远远甩在后面的洛克菲勒得票 227 张，位居第二；里根只获得 182 张。里根用戏剧
性的方式使坏消息也发挥了作用，8 月 8 日凌晨 2 时，里根走到 76
会议室前，拿起话筒，鼓励党内成员们振作起来，支持候选人理查德 · 尼克松，称其为“美国的下一任总统”。

这样一来，看起来里根当总统的壮志雄心戛然而止了。除非尼克松输掉大选，而且此刻民主党内正手足相残——这基本不太可能，不然尼克松将在白宫待 8 年，到那时，罗纳德 · 里根都已达到退休年龄了。虽然里根后来吐露自己隐秘的想法时说：“当尼克松被提名时，我是全世界最放松的人。我知道，我不会为当总统做准备。”[10]但他一直是个乐观主义者。他知道现在自己非常

想当总统，已经掌握了很多基本的、能确保成功的政治课。因此，他将踏上个人的追梦之旅，这将被证明是为灵魂而战，首先是共和党，然后是美国。

撒切尔夫人证明了自己是一位既有能力又勤奋的教育部部长。她提出在全民教育体系中减少公共开支。虽然私下里也反对，但她还是取消了国家对国立学校 7 岁以上学龄儿童免费供应牛奶的政策。她的想法是，倘若学校要对牛奶收费的话，也只有很少的孩子的利益会受损。但她在这个警告上还是做了一些手脚，为保证年龄更小的孩子营养均衡，她确保每日向他们供应 0.33 品脱的牛奶。虽然被敦促取消全部学校的供奶，但她认为，如果能继续供奶的话，在营养上和政治上都有好处。尽管做出了温和的决定，但她首先以“玛格丽特·撒切尔，牛奶抢夺人”的名声被广大的英国选民知晓。

与往后的信仰不同，作为教育部部长，撒切尔夫人没有主动减少她所在的高支出部门的开支。1974 年 2 月，在爱德华·希斯政府的失败问题上，撒切尔夫人和导师基思·约瑟夫(Keith Joseph)作为两名前任内阁大臣，加入了一群由持不同政见的保守党人士组成的小组。该小组是在政策研究中心的基础上建立的，领袖是前任马克思主义者阿尔弗雷德·舍曼，他主张保守党
77 分子应该全心全意支持自由市场原则，促进商业发展，按照芝加哥的米尔顿·弗里德曼的宣言，通过限制资金供给控制通货膨胀。

一年之内在两次选举中都败北的希斯是否能继续担任领导一事，引起了人们质疑。奖赏是高额的。他不仅是保守党领袖，

还是反对党领袖。在英国政治的可靠钟摆下，这个位置能让在位者成为下一任首相。撒切尔夫人太年轻，根本不被考虑在那些被寄予期望的争夺领导权的行列之内，但是，当保守党党内两位重要候选人——首先是爱德华·杜卡恩，然后是撒切尔夫人的精神导师基思·约瑟夫——相继在竞赛中失败时，撒切尔夫人发现自己被推向了镁光灯。撒切尔夫人在政府部门只供职了很短的时间，毫无在经济部、外务部、内务部等重要部门供职的经历，在保守党人眼中没有希望的领域，她的行为激起了强烈的争议。

30 年以来，一系列男性领导人都认为，要想取得选举的胜利，得和社会民主派的工党达成妥协，而撒切尔夫人和别的倡导者所持的激进的保守理念则显然不会帮助他们成为选举的赢家。希斯及其前任通过采取严格控制党派官员候选人名单，阻止了很多持有深厚保守思想的人士成为议员。所以，撒切尔夫人首先要赢得除掉希斯的首轮选举，然后她得准备和左翼选出的作为希斯继承人的候选人上演一场思想观念的战争。虽然和里根一样，撒切尔夫人非常成功地粉饰了她低贱的出身。但希斯在任之际，党内的达官贵族都相信出身能让他们在党内行使权力，而一个鞋店老板的女儿想取得发展，被证明是异常艰难的。和里根一样，撒切尔夫人一直是局外人，她话语条理清晰，充满活力，作风很亲民，被寄予希望能够成为候选人。但是，首先撒切尔夫人得征服托利党党内几乎没有任何遮掩的大男子主义。

不仅是对本杰明·迪斯雷利和温斯顿·丘吉尔的党而言，而
且对于全国而言，1975 年的保守党领导人选举都被证明是一个 78
转折点。撒切尔夫人没抱任何轻松击败爱德华·希斯的幻想。

前任首相特意做出改变，将由意见相同的、宽容的男性贵族及其密友组成的政党转变为一个由更多贤能人士管理的政党，这也在某种程度上反映出战后英国的变化及其强烈的愿望。希斯是一名强大的对手。他有一流的智商，演讲风格虽然木讷，但目的明确，有丰富的外交经验，曾经是哈罗德·麦克米伦麾下试图加入欧洲经济共同体的首席谈判家。虽然该愿望没有实现，但全国的大部分保守党成员都对希斯忠心耿耿。

相比之下，撒切尔夫人则默默无闻。虽然她已持续提倡降低税收，减少政府对商业的调控，但是作为希斯政府的一名忠诚的成员，她一直被迫公开支持1972年秋天实施的经济干预政策。当撒切尔夫人挑战希斯时，她的支持者很快就开始抱怨：她一直以来都坐在内阁会议的桌边，却没有对政府采取的经济方向表达任何反对意见。这种刻薄的指责没有什么进展，因为议员们都清楚，希斯专横的性格是不会容忍任何不同政见的。相反，他们认为撒切尔夫人对希斯非常忠诚，而忠诚是保守党最重视的美德，他们完全理解在个人观点和严格要求的内阁纪律两者之间，撒切尔夫人做出的妥协。

1974年10月，哈罗德·威尔逊召集了第二次选举，并适时增加了他的党派在议会中的大多数席位，这在保守党内改变了任期规则。那时，大选很快就要到来，引起不和的领导人选举一直被视为政治上的自杀行为。但因为第二次失利，为了以正视听，选举在所难免。爱德华·杜卡恩（Edward du Cann）、基思·约瑟夫（Keith Joseph）相继出局，轮到撒切尔夫人宣布自己来参加候选人竞选了。

在保守党的喉舌《每日邮报》(*Daily Telegraph*)上,撒切尔夫人对保守党议员们发表文章,直截了当地说她并没有认为自己仅 79
仅是掩护性的候选人,为的是拉下希斯,让别的像他那样的人成功。撒切尔夫人说,在失败的希斯政府中,她的身份也包括责任,其中包括"认识到失败,试着不让失败再次上演"。关于她的争论主要是说她只代表党内一小部分中低层成员,而全国大部分人都不会赞同她的观点。她回应说:"如果'中产阶级价值观'包括鼓励多样化和个人化的选择、奖励公正、鼓励努力和熟练工作、对反对国家过分集权的有效壁垒的维护,以及对自由分配个人私有财产的信仰,那样,它们当然是我试图捍卫的东西。"

保守党认为只有维持战后的统一阵线,该党才能以足够的选票赢回政府,撒切尔夫人反对此观点。撒切尔夫人明白无误地解释,她的保守主义不会对工党提出的国家经济管理政策做出任何妥协与让步。"倘若一名托利党人不认为私有财产是个人自由的核心组成部分,那么他最好去当社会主义分子,按社会主义行事,"她宣称,"事实上,我们选举失败的原因之一就是人们认为太多保守党人已经成为共产主义分子……如果每一任工党政府都准备反对托利党采取的每个措施,而保守党政府准备接受几乎所有'符合人们心愿'的社会主义方案,那么结果就非常明显。为什么会有人支持一个看起来没有任何信仰的党派?我们失败,因为我们看起来没有坚持自己独特而积极的东西。"

她暗示保守党会仔细审查一直不被竞选纳人考虑范围的福利政策,她已经感觉到了越来越多的对"依靠"文化的不满情绪,这种文化不鼓励那些依靠福利的人找工作。"大部分选民想要一份能让他们满意的工作，他们非常憎恶国家向偷懒者发放津贴。”她说道。撒切尔夫人得出的结论是她会基于个人信仰进行领导：
80 “我领导下的托利党会坚持个人自由和个人财产权，维持法律和秩序、私人财产的自由支配权，奖励勤劳、技能和节俭，确保选择的多样性，维持地方政府管理权。”[11]保守党成员多年都没有听到过这样朴实的话语了。

保守党的规则是懦夫的章程。他们给予在职者以好处，方式就是使挑战者难以运转一次选举，但是他们还是允许那些不敢打破现状的新候选人参加第二轮选票的争夺。对于希斯，这就意味着可以暂时松口气；如果他失败的话，那些潜在的挑战者随时准备取而代之。但是体系也给那些在第一轮中成功除掉在职者的挑战者以明显的优势。撒切尔夫人希望通过在首轮选举中打败希斯来成为领跑者，而且有谋士艾雷·尼夫（Airey Neave）仔细为她部署。尼夫是战争英雄，曾经成功地从珂迪兹的纳粹集中营里逃脱出来，他公开承认自己是希斯的反对者。大部分议会议员虽然支持希斯的政策，但还是感觉希斯已成了竞选包袱，尼夫向这些议员提出，他们应该通过在首轮选举中支持撒切尔夫人来确保有第二轮选举，这样就能够有更多的跟他们观点相似的人站出来。

在北伦敦的芬奇力选区，撒切尔夫人在面对选民的演讲中，开始申明自己的立场。撒切尔夫人宣布，她“同情和关注个人及其自由；反对过度的国家集权，支持努力工作、创业的权利、依靠勤劳和节俭获得成功并收获奖赏，支持人们把部分收获转给他们的孩子，赞成个人选择的多样性是基本的自由，保护广泛分布的个人财产，反对社会主义国家，支持个人享有在没有雇主或行业联盟老板的任何压制下工作的权利”[12]。

从一开始就能非常清楚地看出，这场战斗绝不轻松。1975年2月1日，撒切尔夫人遭遇当头一棒，前任首相阿雷克斯·道格拉斯·胡穆爵士宣布支持希斯；翌日，上议院绝大部分保守党成员都紧随其后，同日，英国国家保守党联盟的主席约翰·泰勒(John Taylor)爵士也宣布地方党派主席支持希斯。在苏格兰和 81
威尔士，与泰勒有着同等重要性的人物也表示相同态度。大选前夜，尼夫传出话来，撒切尔夫人最多只能赢取70张选票，他建议议员们，如果想要一位与希斯观点相同但更富同情心的人取代他，那么选择撒切尔夫人，以促使第二轮投票的到来。

2月4日的首轮投票对希斯不啻一次重击。撒切尔夫人获得130张选票，而希斯只有119张。期待中的第二波竞选人大多都是希斯的支持者，他们立刻加入到竞选者的行列，其中有走在前列的贵族康步兰农场主威廉·怀特洛(Willie Whitelaw)，其次是希斯派的吉姆·普廖尔(Jim Prior)和约翰·佩顿(John Peyton)。只有杰弗里·豪(Goeffrey Howe)是有改革思想的鲍集团(Bow Group)①的一位有想法的成员，他也在重新思考党的方向，得出的类似结论是：需要重新从根本上改变政策评估方式，并同工党划清界限。不过，他们对撒切尔夫人都不构成什么实质性的威胁。撒切尔夫人身后的火车头一刻都不间断地寻找着新的支持力量。希斯被剥夺了权利，全国保守党联盟和保守党同辈都转而支持撒切尔夫人，因此很快就终结了不确定性。

---

① 英国最古老的保守党智库，成立于1951年。——译者注

一周后就要进行第二轮选举，撒切尔夫人同意在电视上接受一场较长时间的访问，并借此机会再次阐明她提出的新方向。她强调谦虚的家庭教育和由此而来的人生观会引导自己的政党。这份恳求很直接，具有个人性和趣闻性，几乎跟里根说自己的个人经历如何引导着他的政党完全一样。英国民众发现他们在考虑由完全不同的一类保守党人担任领袖的前景，这位领袖远非如麦克米伦和胡穆那样拥有庞大的基业、财富和特权，远不具有如希斯那样建立联合战线的、管理人员的风格。

撒切尔夫人代表的是问心无愧、精力充沛的个人主义，这正是自由市场的美德所在；国家兴旺发达需要的是不受束缚的经济发展，撒切尔夫人即使不提倡，也非常渴望停止福利国家政策，她感觉那些不愿工作的人剥削和背叛了福利国家的好意。对于卑微的背景，保守党成员尤其是雄心勃勃的保守党女性都习惯掩饰，而撒切尔夫人却丝毫没有遮遮掩掩，相反，她以出身于草根而自豪。

82 我信奉的哲学就是：普通人真正需要的是独立，不要依靠国家，不要佩服一个总是说“不管我是否工作，国家都会养活我”这种话的人。我对这些事情的观点是我十七八岁之前从父亲那里学到的，从我周围环境中学到的……我相信这个想法会随着我的成长而越发强烈，在一个普通的国立学校读书，没有任何特权，或者说只有这样一个最重要的特权：一个好的家庭背景，父母亲都非常爱他们的孩子，愿意与他们相处。这也是我关于保守党的想法，即通过自己的努力来帮助孩子获得比你拥有的更好的机会。[13]

1975年2月11日，保守党议员投出选票。撒切尔夫人大获全胜，赢得了146张选票，超过怀特洛的79张选票。撒切尔夫人成为欧洲最成功的民主保守党首位女领袖。简单的部分撒切尔夫人都完成了，她现在得确保下议院的党内成员能忠于她，然后让英国的选民相信，她的新保守主义要好过工党的政策。

罗纳德·里根从远处看着尼克松总统慢慢垮台，心里五味杂陈，既有失望，又有希望。党内忠诚意味着他将继续全力支持总统，哪怕是水门事件后开始散架的政权。尼克松总统艰难地坚持着从约翰逊和肯尼迪手里继承下来的越战，里根一直都是狂热的爱国主义者，他对此向尼克松表达了私人的鼓励。当1972年12月圣诞节这天发生在河内的爆炸事件让整个国家都在恐怖中提出认输时，里根还是保持忠诚，给尼克松送去了一张表示理解的慰问纸条，并向尼克松保证他正在做的是正确的事情。但水门事件开始付出代价，里根清楚地知道，尼克松越来越陷入困境，或许这也能给他提供一次罕见的机遇。水门事件恶意的耻辱开始蚕 83
食白宫的边缘，随后副总统斯皮罗·T. 阿格纽（Spiro T. Ahnew）又深陷贿赂丑闻。没有借助选举，里根却比想象中又向白宫靠近了一步。

当阿格纽引咎辞职时，尼克松被迫立刻选出一位副总统，他清楚地知道，他所选的这个人将处在重要的位置，不管是在他期满离开白宫后，还是像看上去极可能的那样，在法律围攻下被迫辞职后——此人将会继承他的位置，成为美国总统。尼克松个人倾向是德克萨斯州的约翰·康纳利（John Connally），此君以前属民主党，后转向共和党，当肯尼迪总统于达拉斯在车里遇刺时，他坐在总统车的前排。但是，因为康纳利对越战持鹰派态度，与自由派民主党人意见相反，他曾敦促林顿·约翰逊总统加速轰炸，早日“结束工作”，因此尼克松总统认定康纳利很难在议会获得通过，那样的话，只会延迟饱受批评的政权回归正常化。而尼克松的另外两个候选人也反映了共和党传统上势均力敌的左右两派：一位是纽约州州长尼尔森·洛克菲勒，典型的左派人士；另一位是罗纳德·里根，保守派明星。随便选哪个，都会决定未来共和党的发展走向。但尼克松认定两个人都会离间共和党，而不是修复。水门事件使得共和党千疮百孔，现在急需的是党内修复。

因此，尼克松选的是名单中的第四人——前足球运动员杰拉尔德·R. 福特(Gerald R. Ford)，议会中没有人——共和党两派也没有任何人——反对他。副总统成为总统也只是早晚的事情。水门事件不可阻挡地到了终结的时候，在法庭要求白宫将总统谈话录音带公布于众的时候，尼克松任命了福特。尼克松意识到录音带会供出他试图遮掩对窃取民主党选举总部情报之人的调查，尼克松只得任由命运摆布。

全国的镁光灯意外地聚焦到虽然不错但毫不起眼的福特身上，这是对里根的警告。里根并不是共和党内尼克松指定的接班
84 人，现在他面对的是无害的在位者，而对这样一位对手发动攻击性的竞选运动会难上加难。尼克松主政的那些年，在里根看来很艰难。开支和税收都很高。为解决石油价格飙涨招致的通货膨胀，尼克松强行操控物价和收入。滞胀最终还是发生了。里根比过去更加相信他有解决国家疾病的方法，但本能告诉他，在竞争

完全开始之前，他需要否认自己在考虑参加下一届总统大选。

事情不会那么简单。1975 年 1 月，里根把加州州长官邸的钥匙交给杰瑞 · 布朗（Jerry Brown）——杰瑞的父亲正是 8 年前被他打败的民主党州长——之后不久，在一次从旧金山市飞往洛杉矶的飞机上，一位女士出乎意料地对里根说："你该去竞选总统！"跟他同行的是迈克尔 · K. 迪弗（Michael Deaver），让他意外的是，里根居然赞同她的话。他说："迈克尔，我想我真得参加竞选。"[14]1974 年 5 月，在他共和党提名败北之后的第六年，在华盛顿开始弹劾尼克松的听证会召开之际，里根再一次召集自己的"厨房内阁"到位于宝马山花园的家中。但是，跟上一次会议不同，这次小组对里根竞选的前景并不持乐观态度。福特的到来改变了一切。新总统把里根的死对头尼尔森 · 洛克菲勒选为他的副总统。福特也很清楚里根对他是潜在的危险，且用里根的话来说，给里根提供所谓的"他内阁中任何我想要的位置"[15]。里根感觉总统在引诱自己进入圈套，于是婉转地拒绝了。而福特看来是可以打败的。他无条件地宽恕尼克松，因此不可挽回地毁坏了自己的名声。但是，里根的团队却认定过早暴露他的目标是不会有好处的。

撒切尔夫人成为保守党领袖两个月时，在位于威斯敏斯特宫殿的套房里——反对党领导人拥挤在这里，里根访问了她。里根不愿被指责没有任何外交经验，所以环游欧洲各首府；他这样做 85
倒不是为了跟别人分享观点，而是为了被别人拍些照片，证明自己比肩世界级的领袖和政治家。

不能说里根完全没有外交经验。里根还是加州州长的时候，就曾参加与环太平洋贸易国的磋商和谈判，并且同墨西哥等拉美国家领导人会晤，他们向加州提供源源不断的移民工人。但是，倘若用总统大选中对世界性政治家的评判标准看，这点还远远不够。尼克松在任期间曾聘请里根为国际特使。里根与南希代表总统在4次长时间的海外之旅中共访问过18个国家，其中包括菲律宾、澳大利亚和日本。现在，虽然里根不再担任州长，但是他需要继续更新与国际社会的联系，并和未来的领袖建立新的联系。此种境况下，里根出使了瑞典首府苏黎世，在那里，他被记者拍到和苏联异己分子、诺贝尔奖得主亚历山大·索尔仁尼琴(Alexander Solzhenitsyn)会面，随后里根飞抵伦敦，对清教徒社团发表演说，这是一个非公共的保守党跨大西洋联盟。

当时里根在大众心中的占有度由此可见一斑：1975年4月9日，里根礼节性地拜访英国外务大臣詹姆斯·卡拉汉，可这位大臣很快就要从哈罗德·威尔逊手里接过首相的宝座，因此非常忙碌，无暇接见这位前州长。虽然专注美国事务的高级官员认识里根，但他们低估了里根入主白宫的可能性。因此，里根并未以等待中的总统身份被接见，相反，只有外务部招待了里根，尴尬之情毫无掩饰，如同不得不忍受一位上年纪的亲戚的到访。卡拉汉也忽视了里根的潜能。这是个严重的错误判断，但里根还是如常的优雅，对此视而不见。里根并没有见到卡拉汉，他被托付给卡拉汉的二把手罗伊·哈特斯利(Roy Hattersley)，此君既友善又有雄心，他发现同里根会面非常有趣。哈特斯利邀请里根谈论世界事务，里根接下话题，一刻不歇地讲了半小时，留下震惊中的

哈特斯利带着既怀疑又钦佩的心情想着这位年迈的电影明星 86
成了政治家。会面结束时，里根从口袋里拿出一系列由州长颁发的“加州之星”奖章，选了一枚铜质奖章，当场授予哈特斯利。哈特斯利相信，倘若里根会晤的是卡拉汉，授予的就该是一枚金质奖章。

里根与工党政府代表的会晤并不怎么顺利，同日晚些时候，与玛格丽特·撒切尔的会晤则是历史性的里程碑，其重要性可媲美1941年8月9日在美国境外纽方德岛布雷森莎湾的美国“奥古斯特”号航母上，富兰克林·D.罗斯福与温斯顿·丘吉尔的会晤，这是第二次世界大战时两大盟国领导首次面对面的会晤。在那个历史性的时刻，虽为古老的礼仪束缚，但罗斯福总统率先打破了这种繁文缛节，以一句“最终，我们在一起了”问候了尊贵的英国首相。

在影子内阁陈旧的办公室里，长桌和椅子挤在一起，撒切尔夫人刚开始与那些不信任她的同事做斗争，因此也没留下什么难忘的欢迎仪式。里根和撒切尔夫人都不太清楚对方是谁，代表的是什么，两人都没有像期待中的那样了解对方的情况。里根去见保守党的新领袖是被贾斯廷·达特催的。达特是里根“厨房内阁”的老朋友，也是撒切尔夫妇的朋友，撒切尔夫人家就在位于伦敦上流住宅区卡洛斯大街的美国大使馆的后面，达特喜欢待在他们家。达特知道撒切尔夫人的核心理念与里根相同，他热切希望两人会面。里根基本上不太清楚撒切尔夫人到底是谁，倘若他不是“撞到”达特，肯定不会安排去见撒切尔夫人。因为达特“说他要我去见一见他的一个朋友，这位朋友刚刚成为英国保守党的第一位女领袖”[16]。

虽然撒切尔夫人清楚，里根以前是电影明星，但她从没有在银幕上看过他主演的电影。少女时代，撒切尔夫人也曾“被好莱坞的爱情世界所迷住”，喜欢电影《史密斯先生到华盛顿》（*Mr. Smith Goes to Washington*）中的詹姆斯·斯图尔特，还有卡罗尔·
87 里德执导的电影《小皮特先生》（*The Young Mr. Pitt*）中扮演威廉·皮特的罗伯特·多纳特，甚至还有在《玛丽·瓦莱夫斯卡》（*Marie Walewska*）中扮演拿破仑的查尔斯·博耶尔，但里根主演的 53 部电影和在电视里的上百次露面，撒切尔夫人却从来没有看过。[17]

1969 年，时任加州州长的里根访问伦敦，并对董事协会发表了演说，丹尼斯·撒切尔非常欣赏里根的演讲，由此，撒切尔夫人也从丈夫那里对里根有所耳闻。撒切尔夫人几经周折从协会要来里根演讲词的副本，她一眼就能看出自己的核心价值观跟里根相同。演讲的第二段所包含的情感或许只有她才能清晰而充满感情地阐述出来：“多年以来，在我看来传统上应该是人民拥有的权利，政府却采取坚定的步伐入侵和篡夺，我一直对此大声反对。”

两人会晤之前，重温里根的这些话，显得更有先见之明；对撒切尔夫人来说，她发现自己正在权力的门槛上。里根的演讲还以类似的口吻继续写道：“在政府的 3 年中，我首先知道的是，任何减少政府规模和权力的努力都会遭遇非常野蛮的抵制。我也知道政府的规模和权力是可以减少的；人民——想要获得自由的人们——会为此欢呼。”他接着引用辉格党政治家、诗人麦考利勋爵的话："我们的统治者想要让人民安居乐业，就要按法律责任来限定自己，让资本以最盈利的方式充分运转，让商品处于最公平的价位，让勤劳和智慧获得应有的奖励，而懒惰和愚笨则得到应有的惩罚，减少价格控制，维持和平环境，保护财产，让国家的每个部门都严格遵守经济规范，政府只做这些事情，人民会做剩余的事情。"[18]

里根在用数字宣传他为加州的纳税人省钱的间隙，也建议聚集的英国商人不要仅仅抱怨动作迟缓的政府，而要提出实际帮助，包括向国家推出一些有能力的执行官，使国家更有效地运作。在丹尼斯的敦促下，玛格丽特·撒切尔早就认定，倘若要让政府 88
运作良好，就要招募私有企业里的专家。

从拥挤的在野党领导办公室可以看见议长法庭。那是一处喧闹的庭院，平素都是部长的轿车司机打发时间的地方，里根来此会见撒切尔夫人。虽然里根已 65 岁，看上去却正值盛年。他身着深蓝色西服，内衬白衬衫，一头简直令人生疑的浓密乌发，再加上最爱的"英伦贵族"牌男士古龙香水的气味，令他浑身上下都散发出浪漫的气息。从他的微笑、握手以及每一次会晤所带来的气场中，都可以感受到好莱坞在里根身上烙下的不可磨灭的印记。外形上，撒切尔夫人要逊于里根。她的头发已经开始发白，却丝毫不加掩饰。不久，和里根第一次拍电影时的经历相同，撒切尔夫人将会历经从头到脚的大变化：撒切尔夫人会染一头浓密的金发，衣柜也会发生翻天覆地的变化，她将褪下作为托利党领袖所穿着的保守的裙装，换上作为国家领袖所穿的有高耸垫肩的上装和颜色鲜艳的套装。撒切尔夫人从伦敦的国家剧院聘请一位老师来教她如何让发音更加柔和，让声音低八度。但在第一次会晤中，两人都没有花时间注意对方的仪表。很快他们就发现彼此拥有共同话题。

会议原计划安排45分钟，但是他们谈论得如此热烈、如此一致，以至于又延长了45分钟。一贯喜欢夸张的里根则记得两人会面的时间更久。“我本计划只跟玛格丽特·撒切尔谈上几分钟，”他回忆道，“但当我们结束谈话时，都快两个小时了。我立刻就喜欢上她——她热情，有女人味，优雅，聪慧。从我们开口说的第一个字就明显看出来，在政府裁员和扩大经济自由方面，我们是灵魂伴侣。”他告诉撒切尔夫人传记的作者雨果·扬（Hugo Young）：“在处理诸多国际局势方面，我们发现彼此的观点完全相同。她见识广博，意志坚定果断，对未来的目标胸有成竹，她给我留下了极其深刻的印象。”[19]里根告诉英国记者杰弗里·史密
89 斯（Groffrey Smith）：“我们发现我们在政府与经济、政府在人民生活中的角色等所有这类事情上的观点真的很相似。”[20]

里根对他意识上的新灵魂伴侣的钦佩很快就得到了回应。“会面的时候，我立刻就被他的魅力、幽默感和直率所征服，”撒切尔夫人回忆，“在随后的年月里，我仔细研读了他的演讲——他主张减税是创造财富之源，他认为更强大的国防是缓和国际紧张局势的一种选择。他的新闻记者定期把他对加州人民每两周一次的广播发给我，我都仔细听过。我同意他所有的观点。”[21]

对于一些两人都未谈及的话题，这次会晤也一样意义重大。两人在保守主义经济和反共的外交政策上观点一致，但是保守的社会问题却被忽略。他们未来关系发展主要是继续依靠彼此在

经济和外交上的一致观点；两人都不愿提及社会问题，部分原因是个人经历。里根曾经离异，而撒切尔夫人则嫁给离异人士；在堕胎这样的社会问题上，里根持保守观点，1975 年里根曾就此发表过广播演讲。两人都没有将社会问题作为主要切入点，尽管他们都愿意让别的保守党人认为他们是同盟。在撒切尔夫人眼里，各种各样的社会问题都算不得什么大事。在职场生涯早期，撒切尔夫人提倡体罚，但自从政后，她一直避免表达这样的观点。20 世纪 60 年代，哈罗德·威尔逊（Harold Wilson）的工党政府给议会时间考虑堕胎的立法问题，撒切尔夫人提议立即立法，不要有任何内疚。虽然撒切尔夫人支持缩短堕胎立法的时间，但也不必质疑她那富有感染力的助人之心。“我不赞同完全禁止堕胎，”她对《天主教先驱报》的编辑理查德·道登说，“为了救母亲的命，你不得不拿掉孩子的命，但那是一个医学上的判断。”类似的还有，当威尔逊政府从法律上放松对离婚案件的抑止时，撒切尔夫人也全力支持。她的宗教信仰丝毫不影响她对事情的判断。“面对离婚率的上升，我该做什么？”她用修辞句问道，“人们期待我去做什么？挨家挨户地走进去？如果你过着充满暴力的、醉酒的生活，那么就不要离婚？我看到过很多家庭里的可怕的 90
场景。你试着对孩子说宗教信仰，告诉他‘上帝像父亲’，他们去看自己的父亲，然后说‘天啊’。父母不该离婚，那是你的宗教观点，但是他们分开也是完全正确的，这样孩子就不会在糟糕的环境下成长；那样的环境里，他们无法信任大人。”[22]在此问题上，里根在他的政党内既不鼓励也不否定社会保守人士的观点。

首次会晤中，双方友好的氛围是真心真意的。[1] 除了南希，里根很少谈到别的女性，但这次里根忍不住告诉别人，自己是多么敬佩撒切尔夫人。撒切尔夫人也同样敬佩里根，因为他的“魅力、幽默感和直率”。他们能一见如故的一个重要原因是他们的年龄差异。里根比撒切尔夫人整整大 14 岁，因此里根对这位女性领袖的温文儒雅和风度翩翩的敬意和态度，是大洋两岸很多年轻的男士都缺乏的。而英国的男士，尤其是撒切尔夫人认识的资深保守党分子，随时准备用冷冰冰的礼仪来掩饰自己的真情实感。里根的优雅举止显得格外真诚。事实也是如此。也许任何一名资深的好莱坞影星都会让别人怀疑——他的礼貌举止是否仅仅在表演，但里根的绅士举止绝非演戏。他们亲密的友谊中或许还夹杂勇敢又多情的美国人追求英伦玫瑰的想象，但真遇到撒切尔夫人的时候，里根立刻变得令人着迷。有两次婚史、深谙迷住女性之法的里根，自在伊利诺伊州迪克森镇的孩提时代起就很
91 少改变过。那时候，他首先对母亲表达尊敬和关爱，然后是校园时代的女朋友玛格丽特·克里夫(Margaret Cleaver)。里根与英国男性领袖不同的地方在于，他这样做并非仅出于礼节，而是被牢固的信仰所指导——这种源自父母的信仰认为，每个人都值得尊敬和以礼相待。

撒切尔夫人对里根的敬佩，一方面是因为彼此政治观点相

---

① 这次会晤是不是“首次”，还有些难说。在唐宁街，被爱德华·希斯(Edward Heath)扔掉的一封接待里根的邀请函在撒切尔夫人的物品中被发现。这封请柬让人想到，里根与撒切尔夫人之前也许曾短暂地见过面。奇怪的是，如果事实如此，两人却均未回忆或提及此事。

同，另一方面是因为对方处事周到。她选择丹尼斯这位离异的年长人士做伴侣也绝非偶然，因为丹尼斯浑身散发出旧时的魅力，他能让女性觉察到她自己很特别，这是很罕见的特质。在丹尼斯和罗纳德·里根身上，撒切尔夫人感受到同样与生俱来的温柔大方和指导的本能——如同自己的父亲阿尔弗雷德·罗伯茨（Alfred Roberts）。

一开始，里根和撒切尔夫人就确信彼此已找到并肩抗敌的战友和毫无疑问最可靠忠实的盟友。他们从未质疑过最初的判断。就算不久后，他们发现彼此固执、苛刻、使人恼怒，还是很容易就原谅了对方；如同结婚很久的夫妇，两人就算有分歧，但也带着爱心，在每个转折点都给予对方关心和支持。世界领导人——哪怕第二次世界大战时，共同经历黑暗时期的罗斯福和丘吉尔之间都鲜有这样坚固且亲密的友谊。越是动荡的年代，联盟关系越牢固。出现的分歧基本上都在私下，且很快就被忘却。当他们政府里其他人看起来都没有什么帮助，甚至难缠的时候，他们互相依靠对方鼓起信心，且再三保证，将他们连在一起的政治本能会一直有效。

里根和撒切尔夫人立刻就进入一种互相支持、互相鼓励的局面。里根马上行动起来，向在伦敦遇到的那些人颂扬新政治伙伴的美德。那时候，里根最喜欢且着力强调的就是——在和撒切尔夫人会面后不久，他遇到一群上了年纪的革命派保守党的元老，其中一位问他对撒切尔夫人的印象，“我认为她会成为一名杰出的首相，”里根回答说。“我亲爱的伙伴们，”那位元老用完美的 92
好莱坞式英语回应说，“一位女首相？”里根则说：“英格兰曾经有过一位维多利亚女王，她非常出色。”这群守旧者溃败下来，怒气冲冲地说：“天啊，我都忘了这茬事。”[23]

1975年4月30日，里根回到了加州，他从位于威尔郡大街10960号812套房的办公室回来后，亲自用海军蓝的墨水写信给大洋彼岸那位迷人的新政治灵魂伴侣。这是一系列信件的第一封，口气既正式又亲密；这样相互矛盾的口吻一直持续存在于所有他给她的信件里。“亲爱的撒切尔夫人，”他写道，“我选择在这样一个阴天给您写信，对您如此大方地花时间接受我们前不久的访问，表示迟到的感谢。刚有消息传来说西贡(Saigons)投降了，①不知怎么，阴影看起来已在延长。我感受得出您非常善良。希望您可以接受来加州演说的邀请。如果您接受，我和夫人会非常热切地回馈您的热情款待。同时，要知道在‘殖民地’，您有一位热情的支持者。再次感谢您，最诚挚的问候。罗纳德·里根。”

这封信既直率又有礼貌，是两位领导温暖而真挚的通信的开始；这样的通信将在里根的有生之年一直延续。

里根打心底对杰拉德·福特(Gerald Ford)的评价不高。这种感觉也是相互的。新总统非常有心，虽然他认为前加州州长提供了“最简单的方法来解决危险复杂的问题”，但对于福特能否赢得1976年总统大选的提名，里根依然是潜在的头号竞争威胁。

① 西贡是越南胡志明市的旧称。1975年4月30日，仅当了9天总统的阮文明无条件地向越南共产党投降，其后驻扎在这里已达20年的美军撤离。——译者注

福特用多种手段讨好里根，他知道，成为政府要员就得承担忠诚的责任，这样也会让里根的雄心无处发挥，于是福特提供交通部部长、商务部部长之位供其选择，甚至更倾向于诱惑亲英派的里根和爱社交的里根夫人去伦敦英国王室的圣詹姆斯宫当大使。对去伦敦一事，里根反应很迅速，也很实际。“大使之职，我负担不起。”他对《华盛顿邮报》的卢·坎农说，虽然里根夫妇收入不 93
菲。自从跟通用电气公司签约以来，里根一直收入颇丰，合约到期后，作为一名擅长表达的保守党评论员，也被确保收入丰厚，迪福（Deaver）和前任公共关系执行官彼得·汉纳福德（Peter Hannaford）的精心安排帮助他实现了收入最大化。里根一年有 10 次公众演说的预约，每次 5000 美金。根据卢·坎农（Lou Cannon）的说法，仅 1975 年，里根的年收入估计达到了 80 万美元。[24]里根有个报纸专栏，由汉纳福德和林恩·诺夫齐格（Lyn Nofziger）代笔，出售给全美 174 家报纸；而他在每周六下午的广播演讲——演讲稿由他亲自撰写，他非常享受这个过程——在超过 350 家电台播出。CBS 网络邀请他一周两次在新闻中陈述保守观点，里根拒绝了，他告诉迪福：“人们会厌倦电视上的我。”[25]

里根对成为第三党提名人的想法敷衍一番之后得出结论：没有别的选择，只能迎头挑战福特。里根慢慢开始挑剔福特总统的所作所为。如同撒切尔夫人谴责希斯放弃自由市场经济试验那样，里根一直在说，不是共和党背离了其原则，而是共和党在华盛顿的领袖背弃了他的选民。1972 年尼克松当选总统时承诺要回归自由市场原则，而非强行操控价格；要直面苏联共产主义者，而非乞求他们缓和国际紧张局势。里根小心地把自己定位成一位局外人，可以改革一个很久以来一直视支持者的愿望为理所当然的政党。1975 年 7 月，里根创立试探性的“里根委员会居民”(Citizens for Reagan Committee)团体，借此一方面小心翼翼地不要显得不诚实，另一方面跟华盛顿的终极局内人福特有个明显的区分。

除了提出降低税收和加强国防这两个处方，对于保守党内广为流传的认为联邦政府过于庞大的想法，里根也需要面对。那年 9 月，试探性委员会中的一名成员杰弗里·贝尔(Jeffrey Bell)起草了一份稿子，由里根面对芝加哥的总裁俱乐部(Executives' Club)发表演讲，题目为“民治”(Let the People Rule)。他声称现
94 在是时候拒绝联邦政府的潮流，让各州能更改、修正或废除联邦政府议会决定的昂贵项目了。“集体主义——集权，不管它有着什么样的名字或被称为什么党派——都导致经济问题滋生，”里根宣称，“通过税收和消费更多的国家财富，它已经给美国人民强加了不能容忍的税收负担。”里根的解决办法就是允许各州州长和立法委员会只为他们感兴趣的项目提供资助。

表面上，这是神来之笔，是会成功的伟大想法。但是，福特的顾问却对该演说进行突然袭击，很快就算出里根这次提供的是有价值的抵押品。里根提出的想法很快就被以“九百亿美元计划”(Ninety Billion Dollar Plan)为人们所知；它是一个“创造性的联邦主义项目”，是致力于平衡联邦预算的基本蓝图，但是在福特的谋士手中，此计划被描述成为突发奇想——这样做的话，会提高地方税收，把目前数百万依靠联邦政府救济的贫苦人民丢给地方立法者，让社保、医保、食品补贴、教育、公共住房等项目都面临危

险。福特的人认为里根的提议会导致大量失业，一些贫穷州无法实现其财政责任。里根开始被描述成和戈德华特一样不计后果的人。在记者们开始质疑里根"民治"做法的后果时，里根则根本无法解决像新罕布什尔这类州的问题，而里根想要打败福特，获得共和党提名的话，就必须获得新罕布什州的投票。

但是福特竞选阵营错误地低估了里根的实力。很早的时候，福特就认定里根不可能赢得竞选，他不过是在通过继续右倾改变共和党的政策；该观点与尼克松的评价不谋而合。在一封秘密的备忘录中，尼克松告诉福特，他认为里根是"一个轻量级选手"，不该当作重要对手来对待。颜面全无的总统建议忽视里根，而非通过回应他的提议将他尊为可能的候选人。[26]福特的私人投票调 95
查结果却显示，里根对于那些知道其观点的人非常有吸引力。更有甚者，里根看起来很自信，像总统的样子，而福特看起来仅仅是很和善。随后，让人震惊的事情发生了：1975 年 12 月，全国民意调查显示，共和党选民的选票中，里根力压福特。

福特的私人投票调查显示里根将是一名强大的候选人——只要初选时他能在足够长的时间内不被淘汰。"虽然只有一半选民感觉自己知道里根或是他所代表的东西，但共和党人都对他有非常好的印象。"记者说，"在处理一系列外交事务和与议会相处方面，他被视为一位勇敢果断、坚强聪明的有能力的人；相比之下，在处理通货膨胀、失业率、政府开支和犯罪方面，里根的表现与总统不相上下，或者比总统更出色。很显然，我们不能事事都去讨伐里根或任何别的民主党人士。"[27]

里根虽然在华盛顿历尽了所有的屈辱和耻辱，但也因为被视为局外人而获益；福特被视为局内人，作为获得总统宝座的报答，他原谅了尼克松。在秘密竞选运动备忘录中，福特的首席要员理查德·切尼继续写道："新罕布什尔州的初选非常重要，因为总统被视为平常的共和党候选人，而里根被当作异己分子。此刻，那些受尊重的保守派共和党人的在位官员和政治家的担保及认可，对摧垮里根作为忠诚共和党人的可信度显得尤其重要。[28]

1975年11月20日，在华盛顿的全国媒体俱乐部，里根在南希的陪伴下正式宣布自己成为总统候选人。一直是重城的新罕布什尔州的民意调查说明，赢得候选人资格的基本前提是1976年2月初选的胜利；调查显示，里根与福特并驾齐驱。但里根的竞选团队没有乘胜追击：为了确保新罕布什尔州的胜利，里根本应一直待在该州，直到选举结束；但他却移师到初选于3月16日
96 才开始的伊利诺伊州。福特以微弱优势赢得新罕布什尔州的选举，在总共10.8万张选票中，福特仅仅多出1317张选票，这包括堪萨斯州议会中的21名代表投出的17张选票。但胜利就是胜利，总统的支持者为这次胜利欢呼。

在新罕布什尔州失利后，为再次获得主动，里根越来越富有攻击性，转向直接批评福特政府，而非福特本人。西贡沦陷时，里根立刻谴责福特和国务卿亨利·基辛格（Henry Kissinger）并肩毁掉了美国最后的直升机。在3月佛罗里达州的初选之前，里根对奥兰多市的一位观众说："福特先生和基辛格博士要我们相信他们的领导力，我发现这越来越难做到。亨利·基辛格最近的美国外交政策完全与美国军力的超级霸权的沦陷同步。"福特提出的

将巴拿马运河归还给巴拿马人的策略，也遭到里根诟病，被里根称之为放弃了美国与生俱来的权利。“我们购买了它，我们为其付账，它是我们的，我们要留住它。”里根称。当局者应因为财政赤字上升、税收提高、道德沦陷等诸多问题而受到谴责，是该改变的时候了。里根经常喜欢这么说：“Status quo：那是拉丁语，意思是我们正处在一团糟的状态中。”

但是，福特也证明了自己不是那么容易就能打败的。在新罕布什尔州险胜之后，福特赢得了佛罗里达州和伊利诺伊州的选举。到 1976 年 3 月，里根连失五城；看来胜负已见分晓。福特大获全胜，一路领先。里根很快就发现很难为继续竞选活动募捐到资金。在北卡罗来纳州的初选之前，里根团队已负债累累，共和党全国委员会的 12 位前任主席中有 11 位劝他到此为止，里根却继续坚持照他的竞选活动安排表行动，继续微笑，拒绝认输。里根正在北卡罗来纳州竞选的时候，他的竞选团主席约翰·西尔斯(John Sears)带来绝望中的最后一丝希望，他说：“你的一位德克萨斯州的支持者说，他会借给我们 10 万美元，只有你能重新广播那次使福特和基辛格无法容忍的国防演讲。”里根高兴地接受了。他宣称：“我一直这么演说，一路走来直到堪萨斯州的大会上；我不介意这一路我是否失去了每个地方的初选。”[29]由于这一演说， 97
里根以 55 比 45 战胜了福特。他在自己租赁的破旧飞机“黄香蕉”(The Yellow Banana)号上庆祝——一杯用塑胶玻璃盛着的香槟酒和一碗冰激凌。

北卡罗来纳州被证明是一个突破口。里根继续拿下印第安纳州、德克萨斯州和他的故乡加州，而福特则拿下了俄勒冈州和俄亥俄州。在德克萨斯州初选之前，福特的竞选团队开始惶恐不安，他们得出结论就是："看起来原先属于福特总统的竞选活动的势头，现在已经被里根抓住了。"因此，总统被强烈建议在电视上对选民发表5分钟的演讲，正面抨击里根的反叛行为。福特被建议不要对里根指名道姓，要摧毁州长在选民中的可信度："不要提到罗纳德·里根，或者将他从总统候选人里单独挑出来讲，但必须暗示他是个既不负责又野心勃勃的人，为了个人野心，他会牺牲个人的原则。他必须被描述为一个幼稚之徒；他会致力于让我们的年轻人在非洲或别的地方再发动一次'越战'；他的'眼球对眼球'(eyeball-to-eyeball)的外交政策确实意味着跟苏联的核战争。总而言之，我们必须直取咽喉，除掉里根候选资格的可信度。"这一切都依赖德克萨斯州的选举。"他必须被止步于德克萨斯州。德克萨斯州的失败最有可能终止他的挑战……赢得德克萨斯州最有可能让他经过加州，然后带着足够的力量去堪萨斯市。"[30]

5月1日，里根不仅仅是赢得德克萨斯州的选举，而且是获得所有96名代表的票。几天之后，他又赢得亚拉巴马州的选举、佐治亚州和印第安纳州，139名有效代表中有130人将选票投给了他。截至堪萨斯市开始投票时，在享有优势的初选中，福特只赢得27个州中16个州，占据所有初选选票中的53%；这些选票虽然有用，但不能起决定性作用。福特的竞选团队无法相信他们认为已在新英格兰被击败的那个人现在还屹立着。如同电影里的怪兽，他继续向前走，无论什么东西砸向他。一份给福特的秘密备忘录中解释了其竞选团队主席的想法："我们面临真正的危险,因为我们被一小撮高度积极的右派分子所击垮。”[31]

戈德华特在自己位于亚利桑那州的城堡里以不同的眼光看 98
待着竞选。虽然他的价值观更接近里根而非福特,但他还是认定里根不适合当总统。他定期通过电话给福特提供建议。“里根的计谋,你知道,就是有一整手的牌,然后用 10 分钟的演讲来洗掉——不管出来的是什么牌。我认为他这一手这么多年也没有变化。”在给福特的私人信件中,戈德华特如是写道,“你的发言稿撰写人撰写的文字需要更加言简意赅。”但或许最核心的建议是:在初选中,只要里根在场,共和党的保守分子就不会选择福特,想要赢得他们的选票,简直就是浪费钱。“你拿不到给里根的票。那是同一帮曾经让我获得提名的人,他们是不会动摇的,所以去关注美国的中产阶级吧,90% 的人会选你当总统。”[32]

1976 年 8 月,共和党会议在堪萨斯市召开,竞选也迫在眉睫。竞选刚开始时,福特一路领先,但最后却仅占微弱优势,以 117 票获得第一轮投票。里根及其团队并没有自怨自艾;要不是在新罕布什尔州以微弱差距惜败,会议上密西西比州代表的背叛,以及密西西比州州长被福特诱惑去参加在白宫举行的欢迎英国伊丽莎白女王的盛大宴会,他就已经赢了。

为把共和党内越来越多的保守分子争取过来,福特做出的最后一丝努力就是,派人去接触里根,询问里根是否愿意当他的竞选伙伴。里根拒绝了。他已经将目标锁定在顶端的宝座,在好莱坞演了一辈子的配角,他现在不会接受做男二号。“我对成为副总统不感兴趣。”他回忆道。福特并非真心视里根为亲密伙伴。

当考虑一系列副总统候选人的名单时，福特排除掉里根，说："绝对不可能，我不想跟那个人有任何干系。"[33]作为安抚之举，福特邀请里根到他住的宾馆，向他咨询谁适合当副总统。里根不由分
99 说地选择了战争老手鲍勃·多尔（Bob Dole）[34]，他是一名保守的参议院多数派领导人，同时也是德高望重的堪萨斯州议员。福特派人去邀请多尔——这个建议给了里根更多的时间认真思考。看起来在福特的麾下，某个关键位置上将会安排一名保守党人士，届时，这位更年轻的保守党人将会有 8 年的白宫工作经验。

面对在堪萨斯市的失利，理智的做法是认输。但里根的雄心并不理智。他从生活中学到，如果你为某事付出足够的努力，你就能得到它。再一次，他把自己的人生放在了命运的手中。里根一直带着永恒的乐观，开启了到达白宫的新计划。没有任何更清晰的证据比堪萨斯市共和党会议最后一天晚上，他在肯普森表演台上的行为更能表明他将继续追逐总统宝座的决心。会议组织者特意把里根安排在升起的天台上，因为其远离讲台。大厅里挤满了里根的支持者，大喊着"我们要里根！"每过一会儿，里根就会出来向群众挥手微笑，然后请他们安静下来，但这样只能让他们的热情更加高涨。福特已经做了总统候选人演讲，他挥手致意里根来讲台上加入他，里根以其娴熟的戏剧般的时间控制力抓住这一刻。当喧嚣声达到歇斯底里的程度时，他魅力四射地微笑着；穿着裁剪得体的海军服，头发潇洒地分着路子，衣着考究的妻子在其侧：里根慢慢地走过推推搡搡的人群。

拥挤的场地上，代表们都沉默地站在一旁。没有台词提示器，没有讲稿，里根发表了即兴演说。他严肃地说："前几天，我

有一个任务。有人叫我写封信放在时间胶囊里面,100 年后这个胶囊将在洛杉矶开启。"他说,"在我们现在居住的世界,超级大国彼此虎视眈眈,用毁灭性的导弹瞄准对方,只需几分钟,导弹就能到达对方国家,几乎能摧毁我们居住的这个文明世界。我突然明白过来,100 年后读这封信的人就会知道这些导弹到底有没有点着,他们会知道我们有没有面对挑战。他们是否拥有自由,就我们所知道,目前为止,这种自由取决于我们在这里的所作所为。"[35]会议把这次演说视为总统竞争者的言辞,而非失败候选人 100
的言辞。里根周围的很多人都清楚,里根决心继续战斗。

第二天早上在阿拉马达宾馆,里根与加州代表团进行了会面。他们让里根确信,他的微弱失败代表着保守党的巨大成功,对总统宝座的最后一搏已经准备好了。"我和南希不会回去,然后坐在摇椅上说'我们玩完了'。"[36]在鼓励支持者们继续坚持理想之前,里根这样说道。"不要愤世嫉俗,"他告诉他们,"不要愤世嫉俗,因为你们要审视自己,看看自己愿意做什么,同时认清数百万美国人在那里希望你们做的事和要走的路,他们希望你们的所作所为变成山上一座闪亮的城。"然后,他凭着自己的记忆,引用了 17 世纪英国诗人约翰·德莱顿(John Dryden)的话:"让我躺下,流血一阵子。虽然我负伤,但我不会被杀死。我会再次站起来,再次战斗。"[37]

101

# 第五章 选举获胜

20世纪70年代，整个世界经济局势动荡，里根和撒切尔夫人却在不经意间受惠于此。整个10年，中东国家的领导人提高石油的价格，导致石油和天然气严重依赖进口的西方国家经济遭受浩劫。美国和英国绝非仅有的要面临重大调整的国家。1973年，阿拉伯与以色列的战争是石油输出国组织（OPEC）以惩罚美国支持以色列为幌子奏响的加强对西方国家攻势的前奏。加之后知后觉地意识到自己大量的石油储备是不能更新的，于是石油输出国组织减少10%的生产量，而这一切仅仅是开始。1973年10月，赎罪日战争（Yom Kipper War）①开始的时候，原油的价格是每桶1.99美元，到1974年末，每桶的价格飙升了5倍。石油价格突然飙升导致西方国家通货膨胀、股市跳水、工业生产摇摇

① 即第四次中东战争，发生于1973年10月6日至10月26日。——译者注

欲坠，重重打击了美国总统理查德·尼克松的政府和英国首相爱德华·希斯（Edward Heath）的政府，他们的反应相似。虽然两人名义上都承诺发展自由市场经济，但很快就转向政府干预，以减少国内原油消耗并稳定飙升的物价。

原油价格飙升和亚洲工业输出的兴旺同步，亚洲的工业输出品同英美国家的传统产品开始了激烈的竞争。全球商品市场激烈的竞争严重挫伤到英美两国。美国丢掉了近 1/4 的世界市场，尽管美元的面值已经贬值四成。传统的浓烟工业受到重创，产品 102
生产已撤到别的国家，这些国家能够提供效率更高的工厂和能在更恶劣条件下工作的更廉价的劳力。英国的工会——比如造船和矿工工会——藐视市场法则，诱骗政府贴补他们亏损的产业，他们大范围罢工，极大程度上打败了希斯的政府，希斯徒劳地请求选民做出有利于他的判决。英美的汽车制造业遭遇了类似的挑战，远东汽车制造业大幅度降低了生产成本。自从内燃机发明后，英美国家的品牌汽车一直品质卓越，但现在却很难与高质量低成本的日本车竞争。同时，电子配件的旺盛需求被日本和其他远东国家瓜分。西方逐渐引入环境保护和健康保险措施，而这些在东方基本都被忽略了，这也明显增加了英美汽车制造业的成本。西方正经受着严重的经济滞胀和直线下降的生产，这也阐释了当时非常盛行的经济智慧——凯恩斯主义。那些政府官员，甚至那些如尼克松和希斯这样支持市场经济的人，也不知道到底如何修复这可怕的经济环境。

他们也不知道如何使快速溃败的经济健康起来，唯一的改变就是英美的政治地形。理查德·尼克松因为缺乏道德观而给总统办公室带来耻辱，①这看起来也影响到了他的白宫，这种不诚实感并没有止步于他在被弹劾的威胁下离开白宫。越战不仅把林登·约翰逊(Lyndon Johnson)拉下总统的座位，而且还让他继续付出沉重的代价。退伍的老兵发现自己是社会弃儿。战争非常不受欢迎，那些文明人歧视那些为国家荣耀而战斗的服役人员。任何诚实的政治家都不能怀疑战争给美国、美国人的自我形象、一直被视为不可战胜的美国军队以及美国在全球的形象带来
103 的巨大损失。杰拉德·福特总统匆匆接过尼克松的班，将尼克松总统的垮台说成"我们国家的长长的梦魇"，并主持了美国军队和外交官从西贡毫无尊严可言的撤离——西贡立刻落入越共的手中。福特认为战争"对这个国家是一个痛苦的经历"，1977 年吉米·卡特总统在对他的学生的演说中说，战争证明了美国外交政策在"智力上和精神上的贫穷"。他继续说："越战引发了严重的道德危机，它将世界范围内的信仰塞到我们自己的政策和生存体系中，我们的一些领导人隐秘的悲观主义思想招致了更加严重的信心危机。"[1]

卡特或许因为过于深思熟虑和直率而无法在白宫停留太多时间，1979 年 7 月 15 日，他在对美国人民发表的电视讲话中，坦率地诊断出美国出现的问题，这就是"国家的疾病"(national malaise)演说。他指出，美国现在已经到达了一个转折点，这个转折点实际上就是信心危机。"这种危机直接撞击着我们的心灵和精神。我们能看到，这种危机越来越严重地质疑我们的生命意义，

---

① 指 1972 年的水门事件。——译者注

从而使国家目标丧失了一致性。对我们面对未来的信心的侵蚀，正在威胁要毁灭美国的社会和政治结构。”这个演说直击夸张的物质主义的心脏——正是物质主义使美国实现了兴旺发达，成为世界上最富有的国家。“在这个国家，我们崇尚努力工作、强大的家庭、干净的社区和对上帝的信仰，有太多的人现在却开始崇拜自我放纵和消费。”卡特说，“个人的身份不再以他做了什么而是拥有什么来定义。但我们发现，拥有和消费并不能满足我们对意义的渴望。我们已经获悉，堆积起来的物质产品不能满足我们失去信心和目标的空虚生活。”被他引为证据的创伤性事件让所有美国人都感觉浑身发冷。“我们一直都相信，我们是一个用选票而不是子弹说话的国家，直到约翰·肯尼迪、罗伯特·肯尼迪和小马丁·路德·金被谋杀。我们被教导，我们的军队总是无敌的，我们的事业总是公正的，直到承受越战的痛苦。我们视总统 104
宝座为荣耀之地，直到水门事件举世震惊。”他继续说，“你们经常看到疾病、淤塞和漂浮物，你们不喜欢它们，我也不喜欢。”[2]

虽然卡特的用意值得赞扬，但他没能清晰指出走出困境的方向。他列举了一系列方法，认为美国借此能越来越不依赖外国的能源，但由于他消沉、暗淡的个人风格以及无力用活泼、生动、容易记忆的语言发起号召，所以没能动员大家。很显然，他不是丘吉尔，不是罗斯福，不是马丁·路德·金。卡特对美国现状的描述看起来很失望，他是个失败主义者。虽然“国家疾病”演说是经过深思熟虑的，也出于好意，但在一个总是提倡乐观主义和迎接新挑战的国度里，几乎没能引起任何反响。重要的是，卡特悲观的腔调看起来并没有什么帮助。他认为美国最伟大的日子早就过去了，如同失去了帝国的英国一样，前面唯一理智的道路就是带着尊严维持美国既无法避免又不可扭转的衰败。演说根本就没有回应全国人民的梦想和希望，也没有彰显1980年大选之际卡特作为在任总统的优势。

在领导权的真空缝隙中，里根冒出了头。他正朝着70岁迈去，但总是生机勃勃，充满青春的乐观精神。里根不敢相信自己的好运气。当初长达10年的时间里，在通用电气的工厂里对着成千上万的工人发表演讲，这已经教会他鼓舞人们的方法：对他们说话，为他们指出能达到的可信目标，施展简洁而激励人心的领导。他彻底反对卡特的悲观主义论断；他给美国人提供了一个不仅更加兴旺，也唾手可得的世界。“我们被告知，我们的国家有‘疾病’，美国已经过了鼎盛时代，”他后来写道，“我们得习惯更少的东西；美国人民要为自己面对的问题负责；我们被告知我们要降低期待；美国不会再那么繁荣或者是像从前那样有着灿烂的未来。嗯——我不同意这种说法……我没有看到国家的疾病，也没有发现美国人有什么不好。”[3]

105　至于英国，它所遭受的并不仅仅是石油价格上涨和随之而来的滞胀带来的经济后果；英国的政治家没有向英国人民呈现出一种合理的、可供选择的国家叙事来解释帝国旧日的辉煌。哈里·杜鲁门总统的国务卿迪安·艾奇逊（Dean Acheson）精确地评价英国“已经丢失了一个帝国，并且还没有找到角色”[4]。30年来，这种观察依旧正确。自从和平的20世纪50年代早期温斯顿·丘吉尔再次出任首相后，再没有哪位首相敢为国家制定新的大胆方针。现在，英国的自行决定权越来越受限制。唯一企图用军事保护自己的财产之举——因为苏伊士运河被阿拉伯国家主义领导人贾迈勒·阿卜杜·纳赛尔收归国有，安东尼·艾登首相在1956年为恢复苏伊士运河控制权而入侵埃及——却忽然被德怀特·艾森豪威尔总统叫停，他威胁说，倘若艾登不立刻撤兵的话，英镑将贬值。到了70年代末期，英国全面撤退，它大幅削减在世界范围内的协议责任——因为代价太昂贵，同时也只能勉强参与到欧盟的事务中。

里根和撒切尔夫人都认为自己有办法解决国家的“疾病”，但他们得等待时机，直到各自成功应对选举的挑战。里根必须确认他能送走共和党的对手，成为党派里的领袖人物，然后等待着卡特政府垮台。同样，撒切尔夫人已赢得保守党领袖的席位，她也得静候全民大选的到来。两人都被竞选对手——不仅仅在他们自己的党内——描述成不现实的极端分子，带有古怪的、行不通的想法。但两人都知道，选举政治对挑战者的审查要松于对在任者的审查。他们各自国家所面临的疾病给他们提供了绝佳的机会，因为选民为了逃避衰退不景气的现状，会准备冒险。两人都会被选上，倒不是因为两人几乎相同的思想的力量，而是因为受尽折磨的对手实施的政策已经完全无法带来确定性和繁荣。

1975年撒切尔夫人继承了保守党的领导权，根据英国首相大选规则，她得再等4年。詹姆斯·卡拉汉（James Callaghan）从 106
身体不适的哈罗德·威尔逊（Harold Wilson）手里接过工党的领导权后，至少在1979年10月之前，并不需要举行大选。虽然很多评论员都说工党政府非常混乱，也缺乏新意，很难通过下一轮大选，撒切尔夫人搬入唐宁街10号是迟早的事情，但对于日趋临近的大选也没有多少必然的结果。在威尔逊看来，慈祥的卡拉汉是接任自己首相之位的中意人选，虽然国家经济低迷，但面对一轮又一轮的经济坏消息以及被指控无法控制外部力量，他的反应迟钝不失为一种美德；卡拉汉还在努力应付着威尔逊从爱德华·希斯手上接过来的问题：两位数的通货膨胀、原油价格上升、制造业中普遍存在的贸易逆差——这都表明英国的工业正走向终极衰落。

撒切尔夫人感觉自己知道如何逆转这可怕的状态，但她却无法提出纠正方法，因为担心自己的话听起来会有些不负责任。疲惫的大众已被通货膨胀和一系列政府危机所打击，对未来没什么期待，看上去也不愿接受来自保守党领袖的灵丹妙药。虽然卡拉汉还没有领导其政党赢得过大选，但他是精明的政治家；他扎根于工人运动，这表明了他有能力在工会和政府之间调停，让争端平息的时间长到能够让经济恢复过来。他也有优势号召开采英国在北海的原油储备；当这些原油喷涌而出时，它们被期待着能够转变国家的金融局势，摆脱英镑贬值的威胁。除了经济会好转的可能性威胁到了撒切尔夫人出任首相的机会，还有一点非常清楚，那就是英国还没有准备好让一位女性掌舵。撒切尔夫人在公众面前演说时，声音尖锐，总是引起争端。在下议院的交谈中，顽固的卡拉汉发现，讽刺她已经准备好且有能力领导国家这一预设是件容易的事。撒切尔夫人经常表现出来的高傲态度，以及她所
107 学到的确保自己从保守党之列脱颖而出的声音，对这个国家的很多人而言，都表明她代表着一个微不足道的人群，不足以担当领导整个国家的重任。

撒切尔夫人也需要小心谨慎，不惊动那些支持她的人——这些人将她在政治上更加严格的意识分析法视为不必要的不和谐和对政党的潜在破坏。她所在党派中的一些高级官员很乐意支持她，就算不是卡拉汉获胜，能够联合执政也可以；如果这意味着保守主义的失利的话，他们认为这种失利会将整个党派永久扫除出政权。但是，事情很快就朝着对撒切尔夫人有利的方向发展——卡拉汉看起来停滞下来了，远离了现实，根本就没有接触到群众的情绪。

从撒切尔夫人开始成为保守党领袖起，她就被打败了的希斯党人带着怀疑的眼光来看待，他们认为事情的原本顺序被颠倒了。相对于他们所谈论的自由，保守党是一个遮遮掩掩的、要求会员资格的党派，由男人执政，却由女人管理，总是喜欢关起门来解决问题。任何形式的意识形态都被认为是危险的，让该党引以为傲的是对赢得大选的专注，而非就基本信仰展开争论。政党领袖认为，赢得大选就意味着它是整个西方最成功的政党。但是撒切尔夫人和别的保守党领袖不同。作为一名女性，她被排除在传统的由男性联合组成的、充斥着讨价还价的保守党最高政治之外。当撒切尔夫人第一次坐在影子内阁的会议桌边时，周围环顾的多是前任希斯麾下的官员，他们在猜想她是会奋力推行改革，还是会被他们说服维持适度的现状。和党派内部的斗争一样，1976 年后，撒切尔夫人不得不苦于应付新首相。威尔逊，一位精通表演的人，也是一位策略家，四次大选赢过三次，他坚定地支持着卡拉汉——这位固执守旧的、看起来很慈祥的人，似乎有时候故意让人觉得他比撒切尔夫人更像传统的保守分子。在下议院每周 108

的会议上，在向首相提问的时候，威尔逊错误地屈尊于撒切尔夫人。

撒切尔夫人意识到自己没有外交经验，所以极力弥补。1975年的秋天，撒切尔夫人飞抵美国进行了长时间的访问。记者对她的女性身份很感兴趣，撒切尔夫人因此很明显地恼怒了。当被问道是愿意被称为“夫人”还是“女士”时，她立刻打断：“我不太确信我是否理解了这一问题的重要性。我就是玛格丽特·撒切尔。你们必须把我当成我看。”当被要求表示她对女性解放运动的感谢时，她也同样积极地回应道：“在女性解放这个想法还没出现的时候，我们有些人就已经为之奋斗了很久。”[5] 从撒切尔夫人的角度看，无论是在美国奠定“撒切尔品牌”，还是建立自己的自信心，这趟旅行都非常成功。随后的1977年，白宫的卡特总统也成了她的观众，他在日记里记录了对撒切尔夫人的印象：“玛格丽特·撒切尔是一位坚韧的女性，非常有主见，意志坚强，不会认为自己对某些事不甚了解。我认为，她将是大英帝国的好首相。”[6] 撒切尔夫人对卡特的印象则没那么深刻，她反感他缓和与苏联的国际关系和缺乏明确性的外交，她不屑地称那种外交手段为“迂回曲折”[7]。一年前在伦敦肯辛顿的市政大厅里对保守党进行的演讲，最能体现撒切尔夫人对苏联争霸世界的雄心的看法。她并没有借用里根那充满色彩的词语——“邪恶的帝国”，但在她看来，毫无疑问——和里根的看法一样——冷战依旧是可怕的现实，是一场最终要打起来，并且能获胜的战争。

“苏联人致力于成为世界的主宰。他们很快获得了成为这个世界上最强大帝国的方法，”她说，“他们知道自己只在唯一一种意义上是超级大国,那就是军事。他们在人权和经济方面都是失败。"缓和国际关系是一种错误的政策,因为只有西方国家坚持它的目的,并服从《赫尔辛基协定》(*Helsinki Agreement*)①。"若有任何一丝苏联人真心缓和国家之间关系的证据,我都会是欢迎此举的第一人。"撒切尔夫人说,"但我担心这个证据指向另一条路。"那时还是福特主政白宫的时候,撒切尔夫人担心英国的传统盟友美国无力面对苏联扩张主义的挑战。她相信美国会是抵抗苏联 109
冒险主义的中流砥柱,并且呼吁大家理解英美两国共同的历史。"在保守党内,我们相信我们的外交政策应该继续建基于对传统盟友美国的深入了解,"她说,"这是我们盎格鲁-撒克逊人的传统,也是我们的对北大西洋公约组织(NATO)的承诺。"但她焦虑的是,越战已经对美国反共主义产生了致命的影响。"我们希望我们与美国和北大西洋公约组织的盟约是我们自身安全的主要保障,"她说,"但我们认识到越战给美国人民带来的痛苦经历和情绪。"她认为,强大的西方价值观和资本主义,以及充足的国防开支是必需的。撒切尔夫人告诫道:"共产主义力量的发展威胁到我们的整个生活方式,这种发展是不可逆转的,我们现在必须采取必要措施;用于继续改变我们的生存方式的时间越长,我们就越难以应付局面。"[8] 这样煽动民心的演讲立刻使苏联人给了她一个"铁娘子"(The Iron Lady)的称号,这个称号也让她自己觉得开心好笑。

---

① 1975 年 7 月底,35 个国家在芬兰首都赫尔辛基召开欧洲完全与合作会议,已通过了欧安会最后文件,即《赫尔辛基协定》。——译者注

该演说导致了影子外交部部长雷金纳德·莫德林(Reginald Maudling)离开了撒切尔夫人内阁,他是第一位离开的内阁成员。莫德林在1965年反对过希斯执政,但是他们的政策有共同点,就是禁止提出任何与最终的政府不同的意见。莫德林多年来一直致力于用谈判的方式将苏联阻挡在国境之外,但是撒切尔夫人却介入到东西方政策中来,肆意践踏着他的努力,为此莫德林深感震惊。他给她写信说:"毫无疑问,对我们自己而言,对苏联政府猛烈而持久的攻击有一些政治上的好处,但我怀疑这么做的长期目的——不仅是对在野党,而且是对整个政府。"[9] 同年,莫德林在撒切尔夫人的劝说下"退休"。炒掉这样一位保守党元老人物,希斯党派不禁人人自危起来,虽然在撒切尔夫人的预备政府中,他们占大多数,但是这些旧时的卫兵依然狡猾地反对撒切尔夫人转变政策。这种政策的转变正被一小群专注意识形态的学者和记
110 者——他们中很多人都曾经相信社会主义的美德——发展和阐述。

1976年11月的美国总统大选中,当时在任的杰拉德·福特打碎了里根成为共和党总统候选人的企图,不过他自己却输给了民主党的卡特,轰动一时。卡特不过是佐治亚州一位种花生的农民,他是一位局外人士,与华盛顿特区的政治没有一丝联系。在里根眼里,卡特很享受这种险胜。尼克松的所作所为让选民深恶痛绝,他们决心惩罚共和党,所以选了一位没有任何政治经验的人来清扫门户。福特原谅了尼克松,却致使自己被选上的机会变得渺茫,因为此举让民众觉得福特再次当选也只意味着华盛顿一

切照旧。虽然里根毫无疑问是局外人——在萨克拉门托的州长官邸里,站在安全距离以外看着尼克松政府分崩离析——但他已成为全国知名的共和党领导人;或许,他没资格被认为是真正的局外人。1976 年 11 月福特惨败,却让里根得到了真正的短暂休息。福特作为一名久经沙场的失败者,能再次赢得共和党总统候选人的希望看起来很渺茫。同时,里根虽年事已高,却让民主党人感觉他是一个准备充分、有机会当赢家的候选人。

不久,卡特就付出了沉重的代价。虽然卡特智慧过人,也积极地想做点事情,但他的一腔热忱并不能使他做出明晰的决定。卡特之所以被选为总统,就是因为人们希望他能扫除尼克松水门丑闻给总统办公室带来的羞辱,但卡特却迷失在自己的无能为力中,无法鼓舞全国人民的士气。卡特喜欢无休无止地思考,反复询问许多普通美国人的意见。令卡特的对手都感觉好笑的事情,是他还会询问年幼女儿埃米的意见。卡特总是看上去毫无行动力,无法成为一位能鼓舞人心的领袖,他总是喜欢诊断美国的失败,而非提出明确的方向以走出困境。卡特和英国的卡拉汉一 111
样,两人在意识形态和个人关系上都紧密相连,卡特发现自己总是被困于各种各样的事情中,无法成为自己命运的主人。

卡特政府刚上台时的许诺,很快化为乌有。共和党的领导得出结论:前任佐治亚州州长只可能干满一届。于是他们开始寻找自己的人选。不久,里根就被敦促宣布参加 1980 年的总统大选。保守党人一致选择他,因为在所有共和党人中,里根是最受欢迎的。乔治 · H. 布什是里根最可能的对手,他是前任共和党国家委员会主席、美国驻联合国大使、中央情报局局长。乔治 · H. 布什来到宝马山花园里根的家，向他表达了自己有意参加总统竞选，并问里根是否已决定。里根告诉布什，他还没有最终决定，但再次参选对他来说依然是不错的选择。布什失望地离开了，他知道自己在几个月后将要迎战这样一位潜在的政治对手。布什的立场与里根的针锋相对，里根寻求增加军费开支，同时平衡财政预算，明显与布什后来指称的“巫术经济学”(voodoo economics)相矛盾。

里根大受欢迎。共和党之外的一群独立保守党人再次力邀里根成为1980年总统大选的第三党派候选人。里根还在思考这样的候选人是否是确保一位真正的保守党人入主白宫的最好方法，但“厨房内阁”成员——这群忠诚的加州赞助人——的态度则毫不含糊：他们是共和党人，只会支持共和党候选人里根。里根也觉得自己将这么多年的心血花在了由戈德华特创立的保守党身上，这个党已准备好朝着保守的方向走去。放弃保守党的平台也有实实在在的危险。面对大量资金需求和两大主要党派的坚
112 固组织，第三党派鲜少能发展起来。里根通知独立的保守党人士，他虽然对他们的提议感到高兴，但无法满足他们的希望。里根相信全国的保守党人都会忠实于共和党；要想赢得白宫，完成他期望中的保守党改革，必须调动全体共和党的力量。同样重要的是，倘若里根离开了共和党的政治舞台，那就留下空隙让自由共和党人成为党的总统候选人，这样的结果势必会分散非民主党人的选票。但是，这个提议也鼓舞了里根，让他确信自己真心真意想要为入主白宫做第三次尝试。里根一旦下定决心，立刻就重新召集旧时的顾问和竞选运动小组。

1979 年 11 月 13 日，在纽约的希尔顿酒店，里根正式宣布自己将参加总统竞选，随后他去新罕布什尔州和伊利诺伊州问候了初选地的选民。1980 年 1 月 21 日，爱荷华州的官员会议将是首测里根潜力之地。1976 年总统大选，卡特作为鲜为人知的佐治亚州州长居然以大比分的优势赢得爱荷华州官员的选票，一早就奠定了领先地位，爱荷华州已经成为政治时间表上总统竞选的重要第一站。里根的团队对赢得爱荷华州充满信心，因为在爱荷华州里根的知名度非常高，早期他做体育评论员的时候，民众就喜欢里根。可惜的是，里根的团队犯了一个致命错误，他们低估了地点的重要性，爱荷华的官员们投票之前，早早将他们的候选人撤走，这次错误重蹈了 1976 年里根从新罕布什尔州撤离的覆辙。在全国的政治演讲中，里根发表了半小时标准广播，然后撤回到加州等待选举的结果。为了更充分地确保获胜，乔治 · W. 布什则暂时把家搬到了爱荷华；赢得爱荷华州能让他在竞选中获得最早的动力。在 1 月 21 日晚，布什被宣布获胜，虽然仅以 2182 票领先。里根的团队对错误判断形势感到耻辱，他们非常担心布什吹嘘自己已经取得了竞选运动的动力。布什希望“大动力”能够 113
滚雪球般地在随后的初选地区都获得胜利。

里根把失败归责于自己，这次又跟他上次低估新罕布什尔州初选的重要性如出一辙。因此，这次里根坚持所有的竞选活动都要针对新罕布什尔州进行，这是第一个真正意义上的州初选。如里根所说：“爱荷华州的失利真正鞭策出我心中的竞争火焰，我不想再次认输。”[10]然后里根发现，命运开始垂青自己。新罕布什尔州报纸《纳舒厄电讯报》安排了一场里根与布什的辩论会，地点在当地一所大学。但是，1976 年，福特的副总统竞选伙伴鲍勃·多尔议员则大呼此举不公，认为这让位列前面的两位总统候选人不公平地享有优势，因此他向联邦竞选委员会投诉，里根立即同意让其他 5 位竞选人受邀参加到辩论中，其他 5 位分别是鲍勃·多尔、霍华德·贝克、约翰·安德森、菲尔·克拉内和约翰·康纳利。布什的竞选团队拒绝联合支付活动费用，而里根的团队则同意支付所有的活动费用。

辩论之夜，学校礼堂的舞台上仅安排了一个主席席位和两个竞选人席位，里根、布什，还有另外五人当中的 4 位都等候在列。最后一分钟，布什还在坚持不欢迎其他候选人。里根和布什各自坐下。布什一言不发，里根则开始向越来越多难以控制的听众解释到底发生了什么。然后从公众喇叭里传来《每日电讯电报》编辑约翰·布瑞恩的声音，他要求“关掉里根先生的麦克风”。里根的麦克风还开着，他立刻采取主动，宣布：“这只麦克风我付过钱了，格林先生。”虽然里根弄错了那个敢让他禁言的混账的名字，他的话倒是引起了轰动，里根下意识地采用了 1948 年上演的电影《美利坚》（*State of the Union*）中由斯宾塞·屈赛主演的主人公使用的方法，宣布：“不要让我禁言，因为我为这个广播付过钱了。”不管灵感来源于何处，里根的干预是神来之笔，显示了他对现场的控制力和对突发事件的主动权，而他的对手则相当被动；
114 他的言行也阐释了美国民主的基本要素：所有人都享有言论自由，那些买过单的人有权按照自己的想法处理事物。里根回忆：“我或许已经赢得了辩论、初选、提名，就在那里。”[11] 里根确实轻而易举地拿下了新罕布什尔州，获得了 51% 的支持率，超过了其他候选人支持率的总和。

里根以大比分的领先局势开局。他在新罕布什尔州获胜不久，除了布什，别的竞选者都已退出。而布什又力拼了一个月。里根则稳操胜券，以丝毫不顾忌竞选团队对他的限制作为庆祝方式。里根自由地谈到苏联的威胁、政府中潜伏的社会主义、高税收对经济的削弱。现在剩下的就是7月份在底特律举行的共和党全国大会上正式加冕了。

赢得了共和党总统提名，里根剩下一个重要的决定要做：该选谁来担任副总统竞选伙伴。大众普遍认为，里根虽然担任过加州州长，但要成为总统，还是缺乏经验和威严，因此要消除这样的感觉，其中的一个选择——最简单也是最明显的解决方法——就是前任总统福特，他是不二人选。起先，里根也认为这是解决之道，他命令竞选小组去探索这个想法。福特的人看起来也很热忱，他们开始协商福特准备接受的职位。

但随着双方谈话的深入，福特明显表现出不愿当副总统。在联合总统的职位上，他不愿仅仅是名义上的副手。在底特律开共和党大会时，里根在宾馆房间里的电视上看到了福特跟沃尔特·克朗凯特谈论副总统的选票，里根说："等等。他谈论的其实是两位总统。"[12]已经连续三届都忙碌于总统大选初选的里根，各方面都显示出"没有福特帮忙也能赢得白宫"的态势，里根觉得自己已经处在非常强势的地位，无须再迎合福特的庄严感。里根的动摇很快就传到了福特团队。所以，当福特邀请里根正式商讨此事时，前总统知道分享白宫责任已不恰当也不实际，所以福特主动 115
撤出被考虑名单之列。然后里根邀请了在初选中最相近的竞争者，也是意识形态上的对手乔治·W.布什加入他的团队。

在白宫，吉米·卡特正通过电视观看共和党大会，私下里很高兴里根成为自己的对手，因为他相信里根比乔治·布什更容易打败。卡特后来解释说："我的竞选团队分析家仔细研究过在共和党初选中他说过的话，一旦他的位置清晰地公布于众，很难相信他会成为总统。"[13]里根的思想和表达方式是个很大的挑战，卡特团队却未重视，这是他们犯下的严重失误。

里根获得党派提名时，撒切尔夫人正着手大选运动。这次大选将使她成为英国第一位女首相，入主唐宁街10号。她发现不仅要与反对党做斗争，还得让自己党内的异己分子清醒过来。成为保守党领袖后，撒切尔夫人面对的一系列挑战中，最首要的就是否定希斯的经济政策。20世纪70年代早期，石油输出国组织提高石油价格，希斯以国家控制物价和收入来应对通货膨胀。此举令撒切尔夫人生厌。希斯希望通过增加工会对公共政策的影响来减少其权力，此举在撒切尔夫人看来也相当危险，无异于后院玩火。希斯自认为是谈判高手，他已成功地通过谈判让英国加入了欧洲经济共同体，之前，哈罗德·麦克米伦首相失败过。是希斯成功地让英国和欧洲诸国的联姻结出硕果。希斯也相信，减少来自苏联的威胁之方法就是通过辩论让其签订条约，其中，《赫尔辛基协定》被视为结束冷战的开始。

反对派对手卡拉汉首相是撒切尔夫人需要面对的一位强大的、经验丰富的政治策略家，他在政府所有的主要职能部门都担
116 任过要职——内务大臣、财政大臣、外交部部长。1976年哈罗

德·威尔逊突然辞职后,他成了首相。但卡拉汉发现自己被一路辅助他爬上工党领袖之位的工会背叛了。和希斯一样,为了按照法律稳定价格,卡拉汉将支付条件强加于工会,而且搁置了工会与管理层的自由集体协议权,但很多工会,包括因为由纳税人支付工资而对经济健康来说至关重要的工会,违背了协议,要求增加工资,政府对此无能为力。1978 年,事情越来越清晰,卡拉汉最有可能宣布大选的具体日期,倘若在 10 月的话,工党将不会取胜,所以卡拉汉试图掩饰耻辱,把选举推迟到来年,也就是法律所允许的最后期限。令人捧腹的是,9 月在布莱顿举行的工会大会上,卡拉汉对各位重要的领袖发表演说,对选举的时间,他用一首杂耍表演歌曲嘲弄大家:“评论员已为我安排好月份。他们甚至已选好日子。我建议他们,‘鸡蛋未孵出,不要算小鸡’。你们还记得玛丽·劳埃德就干过这样的事情。她定好时间,然后告诉我们发生的事情:‘我在那里,在教堂等候。’或许你们还记得后面发生了什么。‘他立刻派人给我送来一张纸条。这就是这张纸条,上面写着:‘我走不开,今天不能跟你结婚。我的妻子不让我去。’”[14]虽然整个礼堂都哄堂大笑,但在所有看到政府在即将到来的冬天所面对的危机的人听来,这些话仍然让人心凉。

次月,罗纳德·里根再次于威斯敏斯特拜会撒切尔夫人。办公场所发生了翻天覆地的变化,当初第一次见面时,撒切尔夫人的办公室还在大本钟塔楼的底层,原本那是分派给威斯敏斯特固定官员军队中士的,而现在,她的办公室已乔迁到宽敞明亮的套间。里根再次希望将拜会欧洲各国领袖作为提升自己外交才能的凭证,但事与愿违。在法国巴黎,总统瓦勒里·季斯卡·德斯 117

坦和总理雷蒙·巴尔双双拒绝接见里根，只有未来的总统——时任巴黎市市长的雅克·希拉克打算与他会面。但在会面前一晚，希拉克不幸遭遇车祸，腿部受伤。里根前往医院探望，却被希拉克夫人拒之门外，理由是她从来没有听说过里根。[15]

在伦敦，事情进展顺利。在外交部，里根与卡拉汉手下年轻的外交大臣大卫·欧文进行了会谈，他被里根"忽视一些重要事情的自信以及善于自嘲的魅力天赋"[16]所吸引。但正是欧文自信的忽视让里根展示了其记忆人名的能力。而且，里根以其一贯的自我解嘲纠正了自大的年轻外交大臣的错误。他们谈论了中国及其新领导人邓小平。欧文错误地以为最后一个字是姓氏，不停地说到"平先生"，里根温和地帮他纠正过来，是"邓先生"。[17]里根走出外交部，他觉得很好玩的是，自己居然被一群上了年纪的女士包围，她们的工作就是给外交部工作人员端茶倒水。她们一下就认出里根就是从前的电影明星，她们追着问他："告诉我们《国王的行列》(*Kings Row*)中，你是怎么丢掉腿的？"[18]

里根与撒切尔夫人的第二次会面进展顺利。虽然预定时间为一小时，但两人的世界观如此相同，使会议的时间又延长了一倍。当时陪着里根访问的是理查德·艾伦，他后来成为里根的第一位国家安全顾问。据艾伦所言，此次会面，开始了"一场美丽的智力爱情"。[19]在两人看来，这次会谈更合时宜。两人现在都行走在获得权力之路上。私下里，撒切尔夫人信心十足地认定卡拉汉的政府已剩下最后几个月的寿命。两人一直都有不可言表的兴奋，认为可以将长期以来的想法付诸实践——只要双双能赢得各自选民的信任。他们谈论到卡特的缺点，然后谈及中国的社会主

义政权和苏联。里根谈到大力减少税收的益处，而撒切尔夫人则谈及主政后将实施的主要政策：国有资产私有化。当时在英国，118
包括煤炭、钢铁和铁路等所有企业都是国有的。

里根和妻子继续访问德国波恩，受到热情款待。社会民主党主席赫尔穆特·施密特、反对派领袖巴伐利亚基督社会联盟领导弗朗兹·约瑟夫·施特劳斯，以及施特劳斯在基督教社会联盟的对手赫尔穆特·科尔分别接见了他们。德国前首都柏林当时已被共产主义者用一堵高耸的混凝土墙一分为二，这堵墙用来阻止东部居民叛逃至西方。里根一行抵达柏林，相当于埋下了一颗种子，这将成为日后里根任职总统时期一项最重要也最有意义的事。里根被眼前柏林墙的丑陋及其所代表的意义震惊，他告诉理查德·艾伦："你知道，迪克，我们得想办法打破这东西。"[20]

撒切尔夫人和里根会晤时，人们还不清楚卡拉汉在上个月推迟选举时犯了致命的错误。1978 年 10 月，他获胜的机会还很渺茫，但推迟选举时间或许也不能走向胜利，这一点选举人很快就感觉到了。1977 年的工党会议中，工党主席丹尼斯·希里非常明智地说："唯一能打败我们的是我们自己。"[21]除非环境能立刻好转，否则撒切尔夫人将不费吹灰之力就能直入唐宁街。之后事态的发展对卡拉汉而言越来越恶劣。1979 年秋冬，一个接一个的工会拒绝了首相提出的支付限制，导致罢工俱增。公共服务部门停止运转，整个英国陷入瘫痪。伦敦报业引用莎士比亚的《理查德三世》（*Richard* Ⅲ），将卡拉汉的惨败称为"失望的冬季"。卡拉汉甚至没法挑选选举日期——这可是在职者最有利的优势，因为卡拉汉在下院的多数派无法抵挡来自四面八方的攻击。他以一票之差输掉了下院的信任选举（这是自1924年以来政府的第一个耻辱），卡拉汉被迫接受自己必须向政府提交辞呈的事实。选举日期设定在1979年5月3日。

119 两个政党的宣言暗含着各自真正的区别。工党向选民承诺提高养老金、降低税收，保守党则许诺更低的税收以及锐减工会的权力。很明显，民意测试显示选民更相信撒切尔夫人的许诺，而非卡拉汉。卡拉汉提出的竞选纲领彰显的不过是战前保守党首相斯坦利·鲍德温自满的形象，而非一位炙热的工党领袖的形象。与此同时，撒切尔夫人把自己打造成一位有常识且努力工作的女性，而非传统上受托利党人欢迎的家庭主妇。保守党人轻而易举地赢得了媒体战，保守党的广告团队讥讽了工党"掌控经济和工会事务能确保没有失业率"的声明。

撒切尔夫人从希斯手里接收的龙尼·米勒是她最喜欢的演讲稿撰写人。在他的鼎力帮助下，撒切尔夫人进行了一系列演讲，意在告诉选民，他们无须忍受卡拉汉政府因无法约束背后的工会支持者所带来的失败。她准备采取艰难的决定。米勒喜欢在演讲稿里插入幽默，撒切尔夫人通常则不会这么做。英国驻华盛顿特使皮特·杰提到，在与其岳父卡拉汉的一次谈话中，卡拉汉感觉自己就像领着民众从荒野走向许诺之地的摩西。米勒抓住卡拉汉爱使用杂耍式幽默的特点，于是在撒切尔夫人的发言稿里加了一句："有人让我给摩西捎个信：继续服用药片。"（由于这个硬邦邦的玩笑，米勒被撒切尔夫人招来，撒切尔夫人对他说，她已经改进了这个笑话："对摩西我有一言相告：继续服用避孕药。"）[22]

撒切尔夫人回到《旧约》的主题。她警告说，工党在唐宁街

10 号的首相府用三明治和啤酒款待工会从而使他们觉得自己分享政府权力的旧日子已一去不复返。“《旧约》的预言者没有说‘兄弟们,我需要一个共识’,他们说‘这是我的信仰,也是我真心相信的。如果你也相信,请跟我来’。”[23]在竞选中,撒切尔夫人的性别从来都不是问题。保守党的前任一直把两党达成共识作为竞选核心,撒切尔夫人明确许诺过抛弃这个核心一事也没有成为 120
焦点。相反,人们对詹姆斯·卡拉汉那种失败的实用主义的拒绝,帮助她轻而易举地以 1370 万张选票成功击败了工党的 1150 万张选票。

当撒切尔夫人踏上唐宁街 10 号,宣布自己获得历史性胜利的那刻,她又回到了宗教典故。撒切尔夫人吩咐米勒找些话来表明,高额选票所象征的压倒性胜利代表了政府在风格和结构上的全新开始。撒切尔夫人走进唐宁街 10 号的门口时,手里拿着一张卡片,卡片上写着圣·弗朗西斯·阿西斯的 4 句名言。撒切尔夫人说:“在有纷争的地方,我们带来和谐;在有谬误的地方,我们带来真理;在有疑问的地方,我们带来信仰;在有绝望的地方,我们带来希望。”

撒切尔夫人当选为英国首相的翌日,罗纳德·里根就致电撒切尔夫人恭贺她赢得历史性胜利。不过电话接线员忙于应付唐宁街的每一位新住客,疏忽了。这也是情有可原的。里根就觉得自己的贺信未必能传到撒切尔夫人那里。里根和其他政治家的不同之处在于他并不是个好面子的人。撒切尔夫人获胜 4 天后,也就是接下来的周一,电话终于接通。这一传达温暖和友谊的举动,代表着英国首相和未来美国总统的政治联姻。

罗纳德·里根最终走向了总统宝座。尽管对阵卡特的竞选活动几经高危时刻，但这次远比前两次试图问鼎白宫时顺畅很多。虽然卡特误判了里根的说服力，但里根也非常清楚自己面对的是一位真正的保守党人——此人已打破战后保守党的谦虚传统。卡特告诉选民："里根与杰拉德·福特，乃至艾森豪威尔之后的总统的风格都截然不同。"但他除了摆出一副人人都做得出来的质疑态度，并没有打算迎战里根的保守观点。

121 1980 年 11 月选举中，卡特的观点恰恰遭到了质疑。盛夏之际，竞选运动已如火如荼地展开，舆论普遍认为卡特总统的领导能力不强，认为卡特无法带领国家走出"国家疾病"，反倒是加重了危机；他得扭转这种想法。当选总统时，卡特承诺将把通货膨胀和失业率双双控制在 4 个百分点以内。可是截至 1980 年 9 月，膨胀率已高达 13 个百分点，而且数字还在继续飙升。同时，每 12 个美国人，就有 1 人失业。伊朗的伊斯兰教运动导致全球石油价格飞升，卡特因此受累。在民众看来，他无力应对领导这场伊斯兰革命的毛拉们①。1979 年 11 月，德黑兰的 66 名美国大使馆工作人员被暴徒扣为人质。1980 年 4 月，美国派出先遣部队营救人质，但以失败告终，这让卡特在全世界人眼里成了无能之辈。自 1975 年越共占领西贡，美国大使馆撤离后，美国似乎从未如此无能过。在大选中，对人质危机的讨论成为焦点。里根很聪明，主动避开了这一话题，扔下倒霉鬼卡特在风中扭曲。里根

① 毛拉是对伊斯兰教神学家的一种敬称。——译者注

的官方自传作者埃德蒙多·莫里斯(Edmund Morris)这样写道:“随着人质危机的恶化,里根在民众心中的地位不可避免地上升。”[24]

卡特那刚愎自用的弟弟比利(Billy)是个缺心眼的冒失鬼,他承认自己从奥马尔·穆阿迈尔·卡扎菲那里收受贿赂22万美元,卡特为此受到拖累。爱德华·肯尼迪议员被提名为民主党候选人,这让卡特的处境雪上加霜。自两位哥哥相继遇刺后,肯尼迪家族便成了民主党第一家庭,爱德华·肯尼迪便是该家族的子孙。卡特提出的保守财政政策获得了华尔街和联邦储备局主席的认可,而泰迪·肯尼迪则提出联邦干预这一民粹主义解决方案以调控通货膨胀。里根的阵营从民主党派的混战中抽身后,卡特又花了8个月才解除了来自肯尼迪的挑战。卡特想把里根描述成一个幼稚简单、有分裂倾向的危险老头,称他年近70,不适合 122
领导国家。卡特以此作为保卫自己的上策,不过他的执政记录却不允许。卡特鼓动选民认识到里根会成为白宫的负担,但在竞选开始几周后,里根便几乎不费吹灰之力地矫正了这种想法。

8月,里根本来几乎稳操胜券,但他对与竞选无关紧要的小事总是口无遮拦。里根一直都是反共分子,他对芝加哥的海外战争退伍军人说,越战曾经是“一项宏伟的事业”,但它夺去了将近5.8万名美国士兵的生命,并深深地分裂了这个国家。发表了这段容易引起争议又过时的评论没多久,里根在达拉斯福音派教徒的集会上又发表了非正式讲话。他声明自己支持“创世说”,并认为学校里教授达尔文进化论的同时也应该教授创世说。创世说是《圣经》中提到的概念,指上帝在7天里创造了地球和一切生物。这段即兴的讲话成了一些人攻击里根的把柄，他们认为里根的观点不过是一团混乱，而且总统应该全力以赴去面对来自宗教右派的压力。对卡特的攻击酿成了一次政治错误。当时，卡特正在南方地区竞选，里根指控他追求3K党的成员。这条指控简直是无中生有，太过分，也太荒谬了，以致里根自己都承认逾越了界限。“是我搞砸了。”他对自己的竞选团队说。之前民意测试的结果里根比卡特的支持率高出两位数。但是不到3周，里根的口无遮拦让优势瞬间化为乌有。

不过里根的运气依旧不错。夏天时发生的一连串错误使他更换了竞选团队中的成员。他渐渐明白自己不能在不考虑后果的情况下发表任何评论。此外，总统大选比起初选来说，对竞选者有更高的要求。同样重要的是，前期犯下的错误和可能面临的失败再次激发了里根求胜的热情。他已经失败过两次了，一次败给福特，另一次是布什。这一次，他知道自己应该怎样做才能赢得胜利。直到9月中旬，让卡特高兴的是，在民意测试上，他和里
123 根可谓旗鼓相当。但卡特错在了轻敌。他认为里根只是政治的业余爱好者。此外，他没有预料到这位前加州州长坚持不懈的乐观精神和简单明了的政策平台在选民中依然有吸引力。“我们彻底分析了里根的情况，对他在一些重大问题上采取的立场表示震惊，”卡特日后写道，“新闻报道普遍都忽略了他的政策的影响，要不就认为他真的词不达意。”[25]不过，民意调查显示两位候选人在全国范围内势均力敌。事实上，民意调查的结果掩盖了里根在一些非常关键且人口较多的州的实力。这些州拥有更多的总统选举人票。里根在自己的大本营——加利福尼亚州，看上去已经

无懈可击了,当然还包括佛罗里达州和德克萨斯州。更重要的是,卡特是个南方人。他希望像4年前击败福特那样,在民主党势力占主导的南方打一场胜仗。然而在卡特的地盘上,里根在南部民主党保守派中的号召力成了一大挑战。里根正在领导一场保守派的改革。同时,南方地区,甚至整个美国正在上演的深刻的社会变革都对里根相当有利。

如果说里根可能是受益于美国人观念的根本性转变,那么随着11月大选的临近,他的政治策略和他传播信息的能力则充分发挥了作用。当里根的竞选团队在地图上划出要争取的选区时,几十年的经验告诉他,用简洁明快的语言可以迅速将自己的观点传播出去。美国本土绝大部分信奉里根主义的人都记得20世纪30年代的大萧条是美国有史以来遭受的最严重的经济衰退。民主党人对里根断章取义,使用"萧条"这个容易激发情绪的词汇提出了抗议。里根紧紧把握住这次机会,表明自己的观点。"如果卡特想要一个定义,那么让我来告诉他。衰退就是你的邻居失业。萧条是你也失去了工作。而复苏就是吉米·卡特丢了工作。"[26]大选临近,里根在电视辩论上用类比的手段向卡特提出挑战。卡特立刻请里根解释他为什么反对医疗保险和全民医疗保健。里根把头转向一边,咧嘴一笑,向卡特发起了反击:"你又来了……"这是精心策划的一招,为了避开原来的话题。虽然里根
的确曾经反对过医疗保险和全民医疗保健,但是,这样提出异议 124
似乎是老生常谈,而且也不太恰当。

里根在最后的竞选演说中充分发挥了自己天赋的口才。这位曾经的好莱坞明星直接面对镜头,抛出了一系列反问——关于

美国的世界地位和国民经济。在家收看竞选的民众无不赞同里根的想法——卡特将美国经济带入了泥沼。里根的演讲是这样结束的："你相信我们已经赢得了全世界和同盟国的尊重吗？还是美国在全球的地位已经衰退？你是否觉得自己的生活无忧无虑？你的家庭是否平安幸福？在全世界的国家中，美国更加安全吗？最重要的是——也是最直接的——关于我们的生活，最基本的问题是：今天你是否比卡特先生担任总统时过得更加开心？"[27]

里根的演讲简单直接让卡特大吃一惊。卡特认为自己过去4年里，没有掌握这种简单直接的方法去恰当地处理那些既复杂又让人痛苦的决定。执政期间，他总是为每个决策感到焦虑。里根那样绘声绘色、谈话式的辩论技巧正是他所缺乏的。辩论后，卡特在日记里吐露悲伤的心情，"里根'一会儿说这儿，一会儿说那儿。我是爷爷，然后又我爱和平'，等等。他有说不完的话。只要他按下按钮，这些话就会从脑子里蹦出来。"[28]总之，卡特没有明白的是，选举并不是批判里根的提案，而是对自己总统任期的方方面面进行最终的裁定。

里根和南希回到他们位于太平洋帕利塞德（Pacific Palisades）的家里，等待大选结果。里根迷信，他拒绝评论初期的选举结果。虽然结果显示他遥遥领先，但他还是要等卡特承认大选失败。和里根的许多反对者一样，卡特严重低估了对手受欢迎的程度。正如卡特日后回忆说："我当时并不明白那些媒体和公众为什么觉得里根言辞恳切。"[29]里根以压倒性优势取得了胜利。虽然他赢得了大部分的民众选票，以4400万的选票战胜了卡特
125 的3500万，但让里根获得绝对优胜却是总统选举人的投票。他

以489票比44票大胜卡特。晚上进行了简单的庆祝后，未来的总统就开始为自己不到10周后入主白宫做准备了。

第二天早上，里根收到了玛格丽特·撒切尔的私人来信。信中，她再度回顾了彼此的友谊，并邀请里根早日访问英国。这封信透露出他们的友谊之花正含苞待放。正常的书信用语中暗含着一种亲密感和迫不及待的心情。撒切尔夫人对英国经济开展的保守主义改革被证明非常不受欢迎。而里根即将成为自己的后盾让她感到些许安慰。撒切尔夫人在政府中遭到反对者的围攻，于是她请里根伸出援手。她在国内推行自由市场经济理论，对外坚决抵制苏联。而在这场孤独的奋战中，只有里根是她的战友。

> 请允许我和英国政府的其他工作人员祝贺你在大选中获胜。回想起1978年我们在伦敦的那次见面，我期待着与你和你组建的新政府亲密共事。我相信当英美两国的亲密友谊极大地加强了两国的合作时，你会当上总统。我期待能早日与你就我们共同面对的紧急问题进行商讨。我希望你知道，当你访问英国的时候，英国的政府和人民都会热烈地欢迎你。我期待这一天赶快到来。[30]

# 第六章　蜜月中的情侣

1981 年 1 月 20 日，罗纳德·里根宣誓就任美国第 40 任总统。玛格丽特·撒切尔寄来了祝贺信，表示对他的支持。“亲爱的总统先生，”她写道，“在你宣誓就任美国总统之际，请允许我和同事向你表示祝贺。你在危机时刻要承担起领导一个国家的艰巨任务。但是，你的就职演说正是北约联盟的希望。在共同面对 20 世纪 80 年代的挑战时，你还有我们的信任和支持。下个月，我将访问华盛顿，希望届时能与你重温旧日友谊，并巩固英美两国的同盟关系。”在这封首相给总统的官方信件里，充斥着没有私人感情色彩的祝福，唯有落款才是最重要的。首相写道：“最美好的祝福，最温暖的问候，你忠诚的，玛格丽特·撒切尔。”[1]

里根在加利福尼亚时的随员到达华盛顿，刚刚开始规划过渡事宜时，英国大使尼古拉斯·亨德森（Nicholas Henderson）就按照撒切尔夫人的指示，迫切请求美国政府让首相尽早访问华盛顿。通过他们之间的工作友谊来解决全球事务是里根和撒切尔夫人达成的共识。因此撒切尔夫人决心要展示自己为此做出的贡献。她知道自己越快访问华盛顿，坚定地站在里根身旁，就能越早让全世界了解到曾经令人生畏的英美同盟关系已恢复正常，且比以往任何时候都更加健康。

亨德森了解撒切尔夫人作为第一位访问里根的国家元首的 127
重要性。因此，在《华盛顿邮报》董事会主席凯瑟琳·格雷厄姆(Katharine Graham)举办的晚宴上，亨德森抓住埃德温·米斯(Edwin Meese)不放，与其长谈。米斯是里根 1980 年大选时的参谋长，也是政府过渡委员会的主管。他非常欢迎这个计划。同时，新政府中的其他成员也期待撒切尔夫人来访。亨德森很快发现许多反对里根减税政策的民主党人都迫切期待撒切尔夫人来访。他们希望以此证明撒切尔夫人以货币主义理论为基础的经济政策导致了英国的工业动荡，并带来了大量的裁员和破产。他们期待英国的先例能起到警示作用，打击新总统低税收、低公共开支的经济政策。

米斯对撒切尔夫人的来访表示欢迎后，英国就立刻开始了认真的准备工作。这次访问不是短暂的中途停留，而是为期两天的庆祝活动，且日程紧凑。里根和撒切尔夫人曾经许诺要对各自的国家进行深刻的政策变革。因此，两位特立独行的人要庆祝这非同寻常的选举胜利。撒切尔夫人计划带上所有随员，包括丈夫丹尼斯，女儿卡罗尔，外交部部长卡林顿勋爵(Lord Carrington)和他的妻子。了解到白宫将上演精心准备的节目来欢迎撒切尔夫人，英国驻华盛顿大使馆开始准备有史以来最奢华的晚宴，以及第二天中午同样奢华的午宴。

1981 年 2 月中旬，尼古拉斯·亨德森飞回伦敦和外交部及唐宁街的官员讨论庆祝活动的细节。他惊讶地发现，一向自信满满的撒切尔夫人，这次却像新婚之夜即将到来的年轻新娘一样焦虑不安。虽然两人缔结了友好的私人联盟，但此次访问华盛顿毕竟是官方活动。英美双方的媒体都将这次访问称为里根和撒切尔夫人的“蜜月”和“爱情聚会”。“撒切尔夫人告诉我对于即将到来的华盛顿之行，她有些紧张，”亨德森在日记中写道，“她不清楚结果会怎样。她承认自己很紧张……我尽量帮助她放松，告
128 诉她里根多么欢迎她，并且多么期待她的到来。”在熟悉庆祝活动的流程时，她非常不安，甚至冲出房间，去准备一些精美的绘时光牌釉瓷盒子，作为送给里根一家的礼物。亨德森感到意外的是，“我们几乎没有谈论过她要和里根商讨的主题。她很清楚自己想要和里根单独聊一会，然后再进行严格的元首会面。但是，她并没有让我感觉到她已经决定好要和里根商讨的问题。”很快，亨德森就明白了，撒切尔夫人的这次访问不过是展现英美同盟关系的作秀，而不是为了某个问题而进行的领导人会晤。[2]

2 月 25 日早晨，撒切尔夫人一到达白宫，就在别人的陪同下前往南草坪。两旁的海军仪仗队吹响喇叭欢迎她的到来。里根为了向撒切尔夫人及其家人表示欢迎，特别强调这不仅是英国首相的来访，更意味着他们的私人联盟关系进一步加深。这次，官方的外交辞令因为两位领导人的亲密关系被赋予了特殊含义。“在你入主唐宁街之前，我们在英国相遇，并结下了深厚的友谊。你此次来访让我们重温了旧日的友情，”里根说，“两年前，当我们在伦敦第一次交谈时，我们都不是国家元首。但让我印象深刻

的是，两国面临同样的挑战，这让我们决心共同应对这一切。”

撒切尔夫人的讲话表面上很正式，却非常真诚。她强调了这个特殊时刻对两人的重要性：“总统先生，我认为这是双重的喜悦。我再次来到美国，受到您的欢迎。总统先生，祝贺您在大选中取得了举世瞩目的胜利。虽然您刚刚入主白宫，但我把您当作最值得信赖的朋友已经很久了。在这动人的仪式上，您的热情款待深深地触动了每个英国人的内心。”她也不忘顺带打击一下他们失败的对手。因此，她强调两位强大的领袖即将通力合作改变世界发展的方向。“问题还有很多，危险随处可见，决策则困难重重，”她说，“事实上，精神的衰退也许会演变成忧郁。但总统先生，其他人也像您一样因为挑战而精神抖擞。这也是我为什么如 129
此珍视访问华盛顿的机会。我希望能和您一起商讨今天早上您说过的我们共同面临的诸多问题。”

撒切尔夫人反复强调她和里根之间的友谊将成为英美同盟处理与其他各国关系的指南。“我从大西洋另一边远道而来，带给你的消息就是我们会在英国支持你。美国的胜利就是我们的胜利。你们的问题就是我们的问题。当你想寻找朋友的时候，我们就在那里。总统先生，英美两国利益的天然纽带正在加强。这是因为我和您对两国遇到的问题采取了相同的方法。”她继续强调两国相同的政策平台。正是这些政策使他们今天肩并肩站在一起。“我们都在尝试释放两国人民的力量，”她说，“我们都打算清除制约企业发展的限令。我们都不太相信经济理论，而更相信普通人民的智慧和责任心。”为了让大家记住讲话的重点，撒切尔夫人总结道：“在英国，你可以立刻找到回应，找到英勇的、坚定的、真诚的伙伴。"接下来，里根陪同撒切尔夫人来到总统办公室，开始私人交谈。他们的随员则在内阁会议室坐下来聊天。里根告诉撒切尔夫人，内阁会议室的桌子上放着一大罐软心豆粒糖，有30种口味。罐子里还有花生。为了讽刺一下自己的前任卡特总统①，里根说："我们没时间把花生挑出来。"[3]

里根和撒切尔夫人开始了半小时面对面的交谈。除记录员外，没有官员在场。这时，撒切尔夫人已经担任了20个月的首相，里根则刚刚就职。因此，他迫不及待想了解撒切尔夫人在实践他们共同政治理念的过程中遇到了哪些困难。里根清楚撒切尔夫人实施的削减公共开支计划招致了严厉的批评。批评她的不仅包括内阁成员，还有英国的媒体。一些和撒切尔夫人共事多年的老同事向媒体爆料，每周二的内阁会议都要上演激烈甚至火爆的争论。在英国的议会系统中，有一批保守党员认为撒切尔夫人的行事风格麻木不仁。因此人们普遍推测撒切尔夫人也许会
130 成为这些人发动政变的牺牲品。对此，里根非常想知道如果自己推行的经济政策不受欢迎，那么他应该如何应对来自政府和美国人民的指责。此外，还有一个令人烦恼的问题——撒切尔夫人为什么不大幅度减税？对于这个问题，她无法给出令里根满意的答案。

这次谈话对撒切尔夫人来说是一次启发。[4] 此次会面之前，他

---

① 卡特出生在佐治亚州的一个农民家庭。他的故乡主要盛产花生。卡特家世代务农。种植花生是他们家的传统生活方式和主要生活来源。——译者注

们只是就政策粗略地交流过。现在,里根想让撒切尔夫人明白政治现实的一面,并含蓄地询问她是否会采取令选民容易接受的方式来实践他们的政治理念。但撒切尔夫人反复强调她需要两届任期,用8到10年的时间,确保经济改革的成功。里根很好奇,在公众如此不满的情况下,她是否能够连任。当晚,他在日记中写道:"她还是一如既往地坚持抵制苏联和削减政府开支。我对她打算一步步削减政府开支但每次都遭遇失败,表示惋惜。我对她说,她本该采取我们共同的方式——一步到位。"[5] 里根既温和又执着的盘问,第一次显示了两人在执政方法上的分歧。分歧非常明显,体现在他们对待财政政策的不同态度。里根能够很从容地面对自己无法平衡预算的现实,以及国会对他的批评。但对撒切尔夫人而言,美国的财政节制非常重要,因为它不仅是撒切尔夫人政治理念的核心基础,疲软的美国经济还会通过高利率而影响到英国的经济发展。

虽然里根在内心深处拥有和撒切尔夫人完全相同的政治理念,但是撒切尔夫人第一次明白,里根首先是一个政治人物。此外,他认为自己必须持续受到欢迎,因为只有这样他才能对美国民众更顺利地推行自己的政策。撒切尔夫人发现自己和里根简直截然相反。比起政策是否受欢迎,她更关心的是政策是否正确。另外,她做好了充分的准备,要以强硬的态度对待那些胆敢反对她的人——无论他们是工会主义者、工党政治家,抑或她的内阁成员。他们没什么时间去继续探讨两人在政策上的不同。
半小时后,新上任的国务卿亚历山大·黑格(Alexander Haig)和 131
卡林顿勋爵加入进来,就外交政策进行广泛的商讨。但当时撒切尔夫人觉得自己也许应该时不时提到她与里根的亲密关系，以确保里根不会临时退缩。

第一轮协商后，两位领导人来到南草坪，向媒体简要说明了他们的谈话内容。里根充分强调了撒切尔夫人站在他身旁的含义。“玛格丽特·撒切尔首相是第一个访问美国新政府的西欧领导人。我认为这次访问既恰当又及时。”他继续补充，“首相，请允许我再次表达，我们非常高兴您来到这里。”撒切尔夫人在简短的发言中暗示英美两国已非常紧密，又暗示具有历史价值的同盟关系将发生改变。这引起了国务院和其他部门里制定外交政策的官员们的注意。从那时起，撒切尔夫人便暗示她将和里根共同面对各种国际事务。“今年，我们将一起参加一系列的峰会，”她说，“至关重要的是，对我们共同面对的所有问题，我们将相互配合，协调一致。”

当天晚上，撒切尔夫人一家和卡林顿一家参加了在白宫举办的晚宴。里根兴高采烈。和一群真正的政治伙伴共处，他感到轻松和愉悦。他情不自禁地告诉在场各位政要这不仅是一场外交晚宴。“我和你有许多共同的理念和信仰，这已众所周知，”他对撒切尔夫人说，“经过今天颇有成效的会谈，我对你的敬仰进一步加深了。但是，我相信我们的关系将超越真诚的情感和共同的信仰……欢迎你来到这里。我们很荣幸你能来。”

撒切尔夫人一反常态地作了一段即兴演讲，说在里根身边她有多么放松。与里根前去用餐的途中，撒切尔夫人注意到白宫海军陆战队军乐团正在演奏一支第二次世界大战时期的歌曲。这
132 首歌曲因为墨水点乐队（Ink Spots）和宾·克罗斯比（Bing Cros-

by)的演绎而闻名。“当我听到这首歌时,我想‘我将在我们熟悉的老地方再次见到你’。总统先生,这是多么温馨、熟悉的老地方啊。”她对面带微笑的里根说,“我希望在未来的许多年里,我们可以一起唱这首歌。”接下来,就像里根一样,撒切尔夫人开始用她常会用到的那些词汇来描述他们之间的友谊。

“对我来说——我知道对你也如此,保守主义并不意味着维持现状。作为一名保守党人,我期待的政府是一个坚定果敢的政府,但现实是我们的政府离强大还有相当的距离。总统先生,我和你都相信强大的政府只在它应该强大的地方强大。政府的强大应该体现在保卫国家,维护法律和秩序,推动经济发展……但长久以来,在许多方面,我们的政府都充当了全能的供养者和裁判的角色。日常生活的方方面面都会遇到许多艰难却重大的决定。在自由社会中,不应该由政府来做这些决策,而是由自由的男女、自由的管理者和工人来决定。因为这和他们的生活与生计直接相关。”最后,撒切尔夫人提到了丘吉尔。“你提到了温斯顿·丘吉尔。我也是。大约50年前,温斯顿对英美两国说,团结在一起便攻无不克。今晚我们团结在一起。我们用事实告诉丘吉尔,他是对的。”[6] 此时,里根陪同撒切尔夫人观看了哈莱姆剧院芭蕾舞团(Harlem Ballet)的表演。之后的舞会是当晚最后一项活动。撒切尔夫人一家离开时,里根一家把他们送到门口,挥手告别,然后又回到现场,通宵跳舞狂欢。

第二天,撒切尔夫人的行程非常紧凑。早上是接受电视访问,参观工厂;中午在乔治城大学发表演讲,然后是在五角大楼进行国防战略讲话并召开新闻发布会,随后是接待英联邦的外交

官，最后是在英国大使馆举办晚宴招待里根。国务院的政要对里
133 根决定参加晚宴表示愤怒。因为按照外交礼仪，白宫举行完国宴后，该由副总统作为嘉宾出席答谢宴会。他们担心未来其他国家的大使也会坚持让总统访问他们的大使馆，害怕如果总统拒绝了他们的邀请会冒犯这些国家的大使。政府官员都很清楚，参加撒切尔夫人的答谢晚宴是里根总统自己的决定，而且绝无先例。这是因为他和英国首相的关系是独一无二的。其他国家的元首不会提出建立这样亲密的友谊。事实上，里根很坚决地拒绝了之后其他大使的答谢宴会邀请。里根宣誓就职后，米斯和亨德森私下决定安排撒切尔夫人成为第一位来访的国家元首。对此，国务院官员们也有相似的不满。国家安全顾问理查德·艾伦曾致电亨德森命令他停止安排访问事宜，但亨德森的立场非常坚定。这是里根和撒切尔夫人共同的愿望——让撒切尔夫人作为第一个访问里根的国家元首。亨德森坚持认为，如果不是艾伦想要说服总统，他本该更快安排访问事宜的。

当天晚上，撒切尔夫人和家人邀请里根一家和布什一家到英国大使馆共进晚餐。受邀的嘉宾中有一位出生在英国的喜剧演员鲍勃·霍普（Bob Hope）。他的名字在亨德森画线的名单里。撒切尔夫人记得他4岁时离开了英国，因为他认为美国的高尔夫课程比英国本土要好得多。“我很高兴我的丈夫丹尼斯并不同意你的观点，虽然他也是个忠实的高尔夫爱好者。”接下来，撒切尔夫人抛开了亨德森为她提前准备的讲话内容，念了一段自己写的台词。“总统先生，”她说，“你也许会觉得现在的工作是全世界最孤独的工作，你也许会需要我最了不起的一位政治伙伴曾给我

的‘深夜两点的鼓励’。我想这样的时刻一定有很多次。当你有这样的感觉时,我们就在这里,在大西洋的另一边,百分百信任你,相信你会做出正确的决定,捍卫普通人的自由。”你会这样决定。那是因为作为英语世界中的搭档,我们都知道华兹华斯(Wordsworth)的一首诗:“我们不是自由,就是灭亡——那些像莎士比亚一样说话的人们。”“深夜两点的鼓励”来自撒切尔夫人的
良师益友和竞选团队的主管艾雷·尼夫。不到一年前,爱尔兰民 134
族主义恐怖分子在他的车下安装了炸弹。他从下议院开车离开时,因炸弹爆炸身亡。通过迈克尔·迪弗的转达,撒切尔夫人了解了里根的态度。他认为撒切尔夫人的讲话深深触动了大家的心扉。她清晰而准确地描述了元首的孤独。除了撒切尔夫人,没有谁能够理解这种感受。

超过百人参加了英国大使馆的晚宴。像昨天的白宫晚宴一样,今天的最后一项活动也是跳舞。但是场地已经准备好后,里根和撒切尔夫人一家都只是站在一旁看别人跳舞。乐队按照指示演奏了一些经典老歌,例如欧文·伯林的《两颊相依》(*Cheek to Cheek*)——这首歌后来因弗雷德·阿斯泰尔参演的电影《礼帽》(*Top Hat*)而变得相当流行,以及曾经由五黑宝合唱团(The Platters)演唱的,杰罗姆·柯恩(Jerome Kern)的《烟雾迷蒙你的眼》(*Smoke Gets in Your Eyes*)。大使的计划是让里根和撒切尔夫人一起跳舞,却没有成功。那些重要的来宾都呆呆地站在一旁。亨德森猜测他们都不敢邀请撒切尔夫人跳舞。因此,他不得不自己邀请撒切尔夫人。舞会的气氛达到高潮时,丹尼斯催促妻子回去睡觉,但撒切尔夫人是个夜猫子。她想悄悄溜出去看看月光下的

华盛顿纪念碑。丹尼斯一句话阻止了她狂欢的念头："睡觉去！"[7]

第二天早上，为了给撒切尔夫人一个充满温情的送别仪式，里根邀请她到白宫的黄色椭圆厅喝咖啡。这又是一次引人注目的打破常规和先例的举动，目的还是为了彰显两人特殊的友谊。撒切尔夫妇送给南希·里根一个英国制造的釉瓷音乐盒，送给总统一幅美国独立战争之前的地图；里根夫妇则将他们裱上边框的照片和史都班牌的秃鹰玻璃雕塑送给撒切尔夫人。后来，撒切尔夫人一直把这个小雕塑放在唐宁街的办公桌上。白宫的工作人员和一些多疑的国务院官员，以及部分媒体工作者，都仔细地记录了这次会面。他们都有兴趣推测两位领导人的真实关系。白宫新闻发言人詹姆斯·布雷迪（James Brady）甚至直截了当地描述了这几天两位领导人相互关心的场景，并添油加醋地开玩笑说："铁锹才能把他们撬开。"[8]

135 最后的出场本是为了展现新联盟人性和关注家庭的一面，但也引起了人们对南希·里根和丹尼斯·撒切尔的关注。他们只有一个共同点，即对另一半的付出。他们知道在这种场合，自己的任务不过是站在领袖身后保持微笑。但在幕后，南希和丹尼斯对里根和撒切尔夫人却有着相似的影响力。在另一半的生活里，他们都扮演着强者。所有的事情，他们都是最重要的建议者和最终的裁定者。当事情变得糟糕，他们会提供有建设性的意见。就寝后，他们会就危险人物和信号提出警告。南希和丹尼斯都不会质疑撒切尔夫人在里根政治生活中的重要性。反之亦然。他们都专注于走向成功，都承认政治婚姻实现的基础，与卧室门关闭、闪光灯熄灭后他们各自忠贞的现实婚姻完全不同。里根从不怀疑自己曾用不寻常的温暖和真诚伪造过与别人的关系。“我相信首相家和我们之间存在真正的友谊——我能够切实感受到。我相信他们也能。”里根在日记中写道。[9]

对撒切尔夫人的华盛顿之行，包括之后在纽约的访问，亨德森的评价是“一切都按计划进行”。在公众的关注下，里根和撒切尔夫人的同盟关系得到了巩固。“这次访问让撒切尔夫人得到了比原计划更多的曝光。此外，她和英国也得到了媒体更多善意的报道。”亨德森在日记里写道。此前，撒切尔夫人下决心实施严格的货币主义经济政策。英国国内对此进行的一连串批评也因这次访问暂时停止了。“我想她在美国受到的称赞也许拯救了她。”[10]

但是，政府中仍有一些人希望里根能够远离撒切尔夫人回国后带来的麻烦。虽然里根和撒切尔夫人都认为公共开支和税收太高了，可解决经济滞胀的唯一方法就是要做出艰难的、不受欢迎的决定。撒切尔夫人遇到的问题比里根遇到的更难解决。从1940 年英国独自反对希特勒开始，英国的经济就被政府严格规
划和管制。英国可说是一个慷慨而真诚的福利国家，其福利体系 136
包括全民医疗保险以及从出生到死亡的一系列补贴和养老金。这些福利不仅针对失业者、弱势群体和残疾人，更是针对全体英国民众。这意味着，任何倒退的尝试都会相当困难。虽然英国在北海发现了大量石油储备，但整个 20 世纪 70 年代，石油价格的上涨还是让英国的经济形态变得非常糟糕。当时，卡拉汉政府甚至像破产的第三世界国家一样，不得不向国际货币基金组织贷款。里根很清楚，撒切尔夫人的工作要比自己困难得多。1981

年 1 月，他接受《时代周刊》（*Time*）采访时说："在政府干预和产业国有化的道路上，英国比我们提前了 15 年。我想玛格丽特·撒切尔首相将面临一项不可估量的任务。"[11]

撒切尔夫人的经济补救措施，在意图上和里根计划实施的政策类似，但实践上却困难得多。她决定削减中央政府的开支，对政府各部门制定严格的现金支出限额。但这些办法引起了她的保守党同僚强烈而暴躁的反对，因为他们不得不令人反感地削减公共开支。撒切尔夫人正努力尝试在经济管理中注入一些市场现实主义。她放弃了政府对价格的管控和汇率管制，但对于抑制通货膨胀，她试图通过极不稳定的指标来控制货币供应量。既非凯恩斯主义者又非货币主义者的财政大臣杰弗里·豪的经济政策被采纳，于是正如（将会很快下台的）内阁大臣伊恩·吉尔摩（Ian Gilmour）所描述的，杰弗里·豪徒劳地要控制那些"倒向不确定的不可控因素"[12]。

接下来是税收。撒切尔夫人认为应该削减税收，但这要受制于平衡财政预算。这一观点可以挑战里根非常感兴趣的拉弗曲线①——降低税率最终将会大幅提高而非削减税收收入。因此，
137 撒切尔夫人略微削减了收入所得税，改善激励机制的同时，她间接而大幅度地提高了增值税，以弥补削减的收入所得税和政府借款。即便米尔顿·弗里德曼都批评撒切尔夫人对其政策的错误

① 拉弗曲线是描绘税收和税率关系的一种曲线。一般情况下，税率越高，政府的税收收入就越多；但税率高到一定的限度时，企业的经营成本提高，投资减少，收入减少，即税基减小，反而会导致税收的减少。——译者注

应用,并为她无法削减货币供应量表示惋惜。这时的货币供应量已升上了22.5%,比政府预期的目标高出两倍。另外,她批准将公务员的工资提高28%。这使“她削减政府支出的计划彻底泡汤”。总之,弗里德曼承认:“不幸的是,实际应用与理论完全不符。”[13]

新政府中的一些官员打算采用相似的方式改革美国经济。但英国的先例给他们敲响了警钟。于是,他们迅速和英国经济灾难性的影响以及英国政府随后遭到的批评划清界线。为迎合撒切尔夫人访美的话题,《时代周刊》将她的照片搬上封面。她的脸被改造成一个工厂,上面的大标题是“困境中的英国”。社论同时比较了撒切尔夫人和里根的情况。前者的经济政策使英国保守党遭遇政治困境,而后者却公开声明要走同样的道路。

撒切尔夫人在华盛顿享受着征服里根的荣耀。但负责联邦预算的供给学派的代表人物大卫·A.斯托克曼(David A. Stockman),却兴高采烈地指出,撒切尔夫人把事情弄得糟糕透顶。“正如我们预料的,该落实的都没落实。”[14]他说。财政部长唐纳德·里根在英国大使馆陪撒切尔夫人前往用午餐的途中,对国会委员会保证他肯定不会重蹈撒切尔夫人的覆辙。首相增加税收负担的同时,英镑大幅增值。不到一年,唐纳德·里根不得不私下承认,总统放弃旧的经济方针的尝试即使可能的话,也相当困难。后来,他承认失败了。“新政府上台后第一年,大卫·斯托克曼提出的大幅削减联邦开支以实现经济和社会变革的计划也被搁浅。”失败的原因也和挫败撒切尔夫人信心的因素完全相同——联邦储备局主席保罗·A.沃尔克(Paul A. Volcker)通过大 138

幅提高利率，导致“货币供应量出现了大幅的、不可预测的波动”。因此，政府反对国会立法者支持的削减公共开支。讽刺的是，管理经济就没法停止干预经济。虽然结果非常可怕，但是这种讽刺对撒切尔夫人和里根政府的成员已经起不到作用了。“财政刺激和银根紧缩的奇特组合导致了当代最严重的经济衰退，”里根回忆道，“当国会踩下经济发展的油门时，沃尔克却踩下了急刹车。政府则负责控制这辆老爷车的方向盘。面对这份可怕的工作，他们只想松开手，捂住自己的眼睛。”[15]

撒切尔夫人一回英国便给里根写了感谢信。除了“亲爱的总统先生”外，暂时还找不到其他合适的称谓。她想里根也一定这样认为。“你一定很清楚此次访问华盛顿我是多么开心。很感谢你和夫人对我热情友好的招待，”撒切尔夫人写道，“我非常感谢你，你的同事，以及你的工作人员为此次访问成功所付出的一切。”就像一个十几岁的孩子希望能有下次见面的机会一样，撒切尔夫人奉承道，“我们的交谈对我有着特殊和持久的意义。我希望很快有机会就我们共同面临的问题进行商讨。”接下来，她请里根代她向南希问好。然后亲笔写道：“我从来没有过这样愉快的访问。”最后，因为担心表达得过于亲密，撒切尔夫人还是用了正式的落款：“美好的祝福，你忠诚的，玛格丽特·撒切尔。”

撒切尔夫人访问华盛顿整一个月后，一部由马丁·斯科塞斯（Martin Scorsese）导演的，充满力量的精彩影片《出租车司机》（*Taxi Driver*）成了伤害总统和首相紧密联盟的导火索。1981 年 3
139 月 21 日，里根和妻子前往华盛顿福特剧院出席一个募捐活动。那里曾是演员约翰·威尔克斯·布思（John Wilkes Booth）枪杀林肯总统的现场。里根并未回避这个令人心酸的地方。他出色的想象力和讲故事的天赋依旧派上了用场。“活动期间，我抬头看了看舞台上方的总统包厢。林肯遇刺的那晚就坐在那里。这让我有一种奇怪的感觉。”里根回忆说。[16]

3 月 30 日，好莱坞奥斯卡颁奖典礼当天，里根开车前往华盛顿的希尔顿酒店，参加一个建筑工会的会议并发表讲话。当里根从侧门离开走向等待他的豪华防弹轿车时，他听到了一声爆裂。一名特工迅速把他抛到车厢后座上。里根立刻觉得胸口一阵刺痛，他猜测自己的一根肋骨可能断了，但事实上情况严重得多。正如他日后所说：“第一枪打在了车上，然后通过车体和车门之间的空隙反弹进来，打在了我的左侧腋下，擦出了一个像刀伤一样的小裂口。”[17]尽管伤势严重，疼痛难忍，但这位 70 岁高龄的总统依然不负期望，妙语连珠。后来，里根在日记中写：“我中弹了。”[18]外科医生准备给他做手术时，他开玩笑地说：“我希望你是个共和党。”其中一位充满爱国情结的医生回答：“总统先生，今天我们都是共和党。”另外，当南希赶到医院时，他突然想起拳王杰克·登普西(Jack Dempsey)1926 年未能赢得世界重量级冠军头衔时对妻子埃丝特尔说的话。于是，他对南希说：“亲爱的，我忘记躲子弹了。”

这次对里根的行刺并非针对他个人。刺杀未遂者约翰·欣克利(John Hinckley)，按照里根的话来说，就是个“生在良好家庭中的迷途少年”。[19]他的父亲是石油商人，从德克萨斯州搬到了科罗拉多。他是去年里根与乔治·H. W. 布什进行总统初选时，布什的主要支持者之一。欣克利用 25 美元购买了一把罗姆

RG-14.22口径的蓝钢左轮手枪。这是一种小型廉价手枪。当他射出6发子弹时，脑子里想的并不是里根，而是电影女演员朱迪·福斯特（Jodie Foster）。欣克利在她耶鲁大学的宿舍附近跟踪
140 了她几个月，并精神错乱地认为刺杀总统就能成为和福斯特一样的名人，并获得她的青睐。他曾经在田纳西州的纳什维尔因关于武器的控告被逮捕过。之后又为了引起福斯特的注意，开始跟踪吉米·卡特。

福斯特在电影《出租车司机》中扮演一名纽约雏妓。欣克利正是在看了她在这部电影中的表演后对她着迷的。他把自己想象成电影男主角特拉维斯·比克尔（Travis Bickle）。特拉维斯是越战退伍军人，后来当起了道德警察。他先计划刺杀总统候选人，然后是那些控制雏妓的皮条客。另一个谜团是，这部电影的编剧保罗·施拉德（Paul Schrader）正是根据阿瑟·布雷默（Arthur Bremer）的故事来设计比克尔这个角色的。布雷默曾经暗杀过民主党总统候选人乔治·华莱士（George Wallace），致使这位亚拉巴马州前州长永久瘫痪。暗杀当天早晨，欣克利写信给福斯特："朱迪，如果我能够获得你的芳心，并且永远和你生活在一起，那么我就放弃刺杀里根。"[20]至于里根，他恢复得非常快。但他的几个同事却严重受伤。最令人悲伤的是新闻发言人詹姆斯·布雷迪因为头部中枪而瘫痪。

对撒切尔夫人来说，里根遇刺是沉重的打击。刚一听这个消息，还未确定里根是否遇难，她就立刻提笔给他写了封信。"听到你被暗杀的消息，我非常震惊，"她写道，"知道你受伤了，我很担心。祈祷你的伤势不是很严重。希望一切美好的祝愿都围绕在

你和夫人及家人身边。对于那些受伤的、忠诚的同事们，我们也非常关心。”[21]但事实是，撒切尔夫人的政治生命取决于里根坚持不懈的支持。他的牺牲会威胁到英美两国的经济改革，以及为抵制苏联、结束冷战而共同付出的努力。

整整一个月后，里根才能提笔回复撒切尔夫人这封痛苦而关切的来信。他的回信充满温情，但他依然称呼撒切尔夫人为“首相夫人”。“你对我健康状况的关心深深感动了我，”里根写道，“南希和我已感受到你的关心和美好的祝福。我的治疗效果还不错。每天我都会处理一些重要事，还有我们已经开始的项目。”他 141
再次强调，他们的私人关系对于他本人以及推进他们共同的政治理念都非常重要。虽然早已忘了时间，而且两周以来意识一直不太清醒，他依然写道：“虽然两周前有一起突发事件，但你在 2 月来访的美好回忆依然深深印在我的脑海里。这不仅让我们重温了旧日友情，更让我们彼此都有机会增进了解。”[22]

此外，对撒切尔夫人来说更重要的是，她得知里根的伤势并不会影响他处理眼前棘手的工作，而且里根已经能够外出。他和撒切尔夫人这对强大的搭档将首次登上世界舞台。“我希望 7 月在渥太华能够再次见到你，”里根写道。七国经济峰会将在加拿大渥太华举办，这预示序幕即将拉开。在未来的 8 年，他们两人组成的强大联盟将开始控制和引领这个由工业国家构成的世界论坛及北约组织。

# 第七章　恋人间的摩擦

在罗纳德·里根宣誓就任总统时,玛格丽特·撒切尔已经担任了20个月的英国首相。她已经走上了世界舞台,站在聚光灯下。撒切尔夫人的初衷并不是将大部分精力放在外交上。虽然上任后,她的兴趣集中在一些国内事务上,但她感到只有在处理欧洲共同体、前殖民地罗德西亚(Rhodesia),以及七国峰会的紧要事务时,才能调动内心中坚决的一面,才能获得心理上的满足感。

罗纳德·里根对公共外交事务的态度则截然相反。首先,尼克松执政时期,他曾担任过一段时间的巡回大使。但他要做的事不过是奉承自己的东道主。他从来都没有机会参加世界各国领导人的集会。自从当上美国演员工会的主席后,虽然事实证明,里根是个经验老到的谈判专家,但是像七国峰会这样的高级外交论坛所需要的技能是他需要继续学习的。不管怎样,他的特殊技能是面对面谈判。但他相信,只要自己有机会站在世界舞台上,自己的人格魅力会像温斯顿·丘吉尔的一样强大,一样有说服力,并且无人能够抵挡。

就谈判来说,撒切尔夫人完全是不同的风格。她相信自己只需盯着对方的白眼球,而非借助魅力或奉承。她崇尚的方法是直接而冷酷的。然而不久,里根推崇的柔性方法就遇到了撒切尔夫 143
人的强硬手段。但他们向着共同的目标努力,事实很快证明了他们是一对强大的谈判专家。

撒切尔夫人担任首相才一个多月,就不得不去参加在法国斯特拉斯堡举办的欧共体联盟首脑会议,即欧洲理事会。她最关心的是英国对欧共体的财政捐款数目。她认为捐款的数额太高了,这对英国显然是不公平的。欧共体成立的目的是为了资助欧洲各国的工业,如煤炭、钢铁和最消耗资金的农业。英国是在其他成员国加入 20 年后才成为欧共体成员国的,但是每年的财政捐款却比他们期待的合理数额高得多。毕竟英国是个贸易国家,在食品和其他必需品方面,已经有了可以信赖的贸易伙伴。自加入欧共体后,这些贸易都遭受了高额的税收影响。但是,其他欧洲国家对国际贸易的依赖程度较低,更多依靠欧共体的农业补贴。英国反而因其高效的农业无法受益于这种补贴。虽然英国经济状况不佳,但撒切尔夫人入主唐宁街后发现,按照她认为的已经过时的支付规则,英国要承担所有成员国中最高数额的捐款。在瓦勒里·季斯卡·德斯坦(Valery Giscard d'Estaing)总统主持的斯特拉斯堡峰会上,撒切尔夫人向其他成员国表示应适当减少英国的财政捐款数额。

其他成员国并没有对撒切尔夫人的抱怨表达出同情心。此外,德斯坦总统最初同意撒切尔夫人商讨英国的财政捐款事宜,

却在第一天的日程中删除了这一项。这个举动激怒了撒切尔夫人。结果，她变得咄咄逼人，强烈要求欧共体正视这种不公平，并
144 立即解决这个问题。撒切尔夫人第一次打破了欧洲人的办事习惯，威胁欧共体停止峰会进程，除非他们按照她的意愿解决问题。撒切尔夫人从来不怕与其他成员国不合拍或者制造混乱，她习惯了争论，且步步紧逼，直到欧共体领导将英国捐款事宜提上日程。第二年，欧洲理事会在都柏林召开。英国的捐款事宜已在日程上。但是，理事会不同意削减英国的捐款数额。结果，英国的提案不置可否。这时，撒切尔夫人对欧共体表示出强烈的愤怒，她告知所有成员国，她将使用英国的否决权停止提高农业补贴，甚至会停止再度捐款，除非事情按照她的意愿圆满解决。1981 年 4 月，欧洲理事会在卢森堡举办。直到此时，欧洲理事会才同意削减英国的捐款数额。“但是，撒切尔夫人拒绝了，理由是削减的数额不够。”她回忆道，“作为英国首相，期待的最后一件事便是能够问心无愧地捍卫英国的利益。”[1] 面对撒切尔夫人干脆的拒绝，欧洲理事会只好提出了一个她能接受的方案。但她认为自己仍然是有保留地接受的。

日后的峰会上，撒切尔夫人强硬果敢的名声成了英国和美国的最大优势，为两国赢来了大量有利的结果。1979 年 6 月，去东京参加七国峰会的途中，撒切尔夫人的飞机必须经停莫斯科加油。1976 年，苏联官方新闻社塔斯社因为撒切尔夫人好战的个性给她冠以“铁娘子”的称号。她很惊奇地发现苏联年迈的总理阿克塞·柯西金（Alexei Kosygin）竟然非常渴望与她会面。柯西金为了在机场和撒切尔夫人共进晚餐，竟然缺席了共产党领导人

会议。撒切尔夫人把这当成一个好兆头:如果谈判中的反对方知道她说话算话且绝不退让的话,那么日子就会容易得多。

柯西金正在试探撒切尔夫人是怎样的对手,撒切尔夫人立刻提出了一直困扰英美的问题——大量难民正乘小船逃离越南的新共产主义政权。按照海洋上的规则,西方的船只和邮轮救起了数百万“乘船逃离的越南难民”。但最终,他们发现没有一个国 145
家愿意永久接纳他们。而且这些难民也不愿被送往另一个共产主义国家——中国。对此柯西金的回答是,这些难民都是小偷和吸毒者,为了逃离越南法律的制裁。撒切尔夫人尖刻的回复让柯西金无以对答。“什么? 一百万?”她问,“共产主义国家竟然这么糟糕,有一百万吸毒者,或者靠盗窃为生的人?”[2]

东京七国峰会的主要议题是商讨如何减少西方国家对海外石油的依赖。撒切尔夫人认为这个议题和她毫不相干。她相信石油市场无疑会抬高价格来减少消耗量。但七国峰会决定分配具体的份额。撒切尔夫人和美国总统吉米·卡特在执政理念和个性上不同,但他们还是保持着良好的私人关系。“没人会不喜欢吉米·卡特,”她回忆道,“他是个非常虔诚的基督徒,为人真诚,知识储备惊人。”[3] 但他们良好的私人关系并没有转化为高效的工作关系。卡特的行动毫无效率,因为他总是渴望取悦其他领导人。东京峰会的结果仅仅定下了各国减少能源消耗的具体目标。撒切尔夫人认为这个结果毫无意义。她总结说,如果自己的政治灵魂伴侣罗纳德·里根在明年的大选中击败卡特,那么他们两人通力合作肯定会避免峰会这样毫无结果地进行下去。

里根当选前,撒切尔夫人独自主持的第三个国际谈判和岁德西亚有关。这次谈判结果是反抗英国殖民统治的罗德西亚变成了一个民主独立的国家——津巴布韦(Zimbabwe)。谈判在伦敦兰卡斯特宫举行，由卡林顿勋爵主持。这是撒切尔夫人第一次在交战双方旷日持久的谈判中退居二线。但她制定的谈判方法如下：首先，确定自己的目标；接下来，制定计划，步步为营；最后，让对方自愿同意你的观点。

146 她清楚地知道自己好斗的风格只适用于狡猾的欧洲领导人或靠不住的苏联领导人。但是，当劝说一个白人占少数的政府把权力交给一个黑人占多数的政府时，就不太合适了。在卢萨卡(Lusaka)①英联邦领导人会议上，她对这件事情的处理，至少直到谈判中期都是正确的——允许这样一个国家开创民主的先河。这在历史上几乎是不可能的。

里根和撒切尔夫人共同出席的第一个峰会是1981年7月，在渥太华举办的七国峰会。峰会在蒙泰贝洛(Montebello)费尔蒙芳提娜城堡(Fairmont Le Chateau)的豪华木制宫殿里举行。撒切尔夫人早就开始秘密搭建与里根的沟通渠道，借此她可以把里根感兴趣的其他国家领导人与她的会面和谈话，告诉里根。这不仅是出于两人的友谊。撒切尔夫人信任里根，她希望能影响里根，让美英的外交政策进一步靠拢。撒切尔夫人知道里根认为私人关系在外交事务中非常重要。因此，当她4月出访印度和中东时，立刻将自己了解到的一切告诉里根，并对遇见的领导人进行

① 卢萨卡为赞比亚首都。——译者注

评价。“我认为你对甘地夫人的评价最有启发性，”里根在5月27日的回信上写道，“我相信她不是个马克思主义者。她给我写了一封有煽动力的长信。我认为这封信相当鼓舞人心。但是，我依然不确定她加强印度和美国之间的关系是为了什么。此外，在我印象中，甘地夫人非常害怕巴基斯坦。”关于中东问题，里根告诉撒切尔夫人：“你的观点和美国政府不谋而合。”他暗中通知撒切尔夫人，美国将在夏末或秋初邀请主要的温和派领导，如埃及的安瓦尔·萨达特（Anwar Sadat）、以色列的梅纳赫姆·贝京（Menachem Begin）、沙特阿拉伯王储法赫德（Crown Prince Fahd），以及约旦国王侯赛因（King Hussein）访美。为进一步强调撒切尔夫人提议的价值，里根补充说：“我希望我们可以就共同关心的事保持通信。”[4]

虽然里根逃过了暗杀一劫，而且医生也发现他的恢复速度惊
人，不可否认的是，他的身体状况因为这事儿的确衰退了不少。 *147*
不过他依然下决心不会因为肺部挥之不去的伤痛而退缩。他要在全球最重要的工业发达国家领导人的集会上展现自己的身体和精神力量。撒切尔夫人作为他的好友，小心留意着他的健康状况，并充当保护者的角色。“他从暗杀中死里逃生。即使是年轻人，这也是一次重创，”她回忆道，“不过他看上去还不错。”[5] 这是个令人愉快的巧合——参加的每一次峰会中，他们的座位都紧挨着。其实这只是因为按照字母表排座次，美国恰好在英国的后面。会议谈判期间，总统和首相并肩坐在一起，确保他们只要调整身体方向就可交谈。“你不能低估这8年他们并排坐在一起的重要性。”撒切尔夫人最重要的外交事务顾问及随员查尔斯·鲍

威尔勋爵(Lord Charles Powell)解释说。[6]

暗杀事件后,其他各国领导人都在迫切寻找里根乏力和疲劳的信号,考验这位新总统的耐力。和他的前任一样,高傲自大的欧洲领导人开始都小看里根的能力。大家普遍认为里根不过是个走进白宫的电影演员,他们无知地把里根看成来自加利福尼亚的乡巴佬或牛仔,认为他简单地表达观点是因为他本来就是个头脑简单的家伙。但撒切尔夫人的看法完全不同。她认为这些无知的知识分子和势利眼既不该高看里根,也不应该羞辱他。作为女性及局外人,对那些本该了解里根却因为偏见而误解他的人,撒切尔夫人表示愤怒。此外,峰会要求每位领导人和别人打招呼时都直呼对方的名字,撒切尔夫人担心这样的不拘礼节。欧洲人经常误解美国人无处不在的随意。当总统第一次向其他领导人
148 介绍自己时说“我的名字叫罗恩……”,撒切尔夫人就非常警惕。后来,里根承认这是自己人生中第一次和别人交流时感到尴尬。“我就像名新同学一样。”他回忆道。[7]

里根不是唯一的新同学。另外一位是弗朗索瓦·密特朗(François Mitterrand),他刚当选为法国社会民主党总统。因为同讲法语,他立刻与峰会主办方加拿大自由党总理皮埃尔·特鲁多(Pierre Trudeau)建立了亲密感。其他出席峰会的还包括德国社会民主党总理赫尔穆特·施密特。欧洲领导人一致批评美国的高利率,因为这让他们也很难把自己国家的利率降下来。“给我时间,”里根说,“我也想把它们降下来。”[8] 尽管政治理念上存在分歧,七国领导人还是努力通过了最后的公报。这份公报是由里根和撒切尔夫人单独起草的。正如撒切尔夫人在最后的新闻发

布会上总结的，七国领导人都同意维持较低的货币增长，克制公共借贷，严格控制政府开支。此外，同样还有值得担忧的事情——苏联的军备增长，以及对较贫困的国家的关注。里根在新闻发布会上的讲话可以说“很直接，但依旧友好”。他的讲话掩盖了一个事实，即撒切尔夫人与特鲁多之间存在尖锐的冲突。里根支持撒切尔夫人，而密特朗则在精神上支持特鲁多。特鲁多也承认这一事实，他向加拿大媒体透露“我还不至于说这一切都是甜蜜而美好的”。[9] 事实上在峰会期间，特鲁多曾招致撒切尔夫人冷酷而严厉的叱责：“总理，你真可恨。别再像个男学生那样淘气了。”[10]里根回忆道，“我记得撒切尔夫人曾一度命令特鲁多站到墙角去。”[11]事实证明，特鲁多突然对里根和撒切尔夫人发怒的情况在峰会中时有发生。1983 年 5 月在威廉斯堡（Williamsburg）召开的峰会上，特鲁多再次攻击里根和撒切尔夫人，要求两位领导人对苏联入侵波兰做出坚决的回应。

蒙泰贝洛峰会是里根与撒切尔夫人合作关系的第一次展示。其他各国领导人也是第一次将他们视为“情侣”。撒切尔夫人只用脸颊亲吻里根，这不可能不引起那些敏感的人的注意。第一天
早晨，他们便一起单独用餐，整个会议期间，撒切尔夫人都坚定支 *149*
持里根。他们与别的持不同政治理念的领导人进行激烈争论，结果是增进了两人的关系。如里根在日记中所写：“玛格丽特·撒切尔是最可信的人，她是美国最忠诚的伙伴。”[12]特鲁多认为领导人之间应该不拘礼节，但撒切尔夫人对此持保留意见。对领导人在工作期间随意穿着的建议，她尤其反对，明目张胆地忽略了这一要求。除了在不拘礼节这一点上存在分歧外，她和里根的友谊

已到达了另一个境界。如特鲁多回忆："她和里根组成了紧密的团队，德国总理赫尔穆特·科尔，以及当时的日本首相都支持他们。法国总统密特朗和我通常都是不合群的两个。"[13]蒙泰贝洛峰会后，撒切尔夫人开始称呼里根"罗恩"①，里根也直呼撒切尔夫人"玛格丽特"。撒切尔夫人的勇敢和大胆的行为给里根留下了深刻的印象。因为她的关心，其他欧洲领导人不敢再对里根严声厉色。为表示感谢，里根给撒切尔夫人写了封信："亲爱的玛格丽特，我很高兴在蒙泰贝洛再次遇到你。在峰会中你扮演了重要的角色。如果你觉得最终的公报不合适，我们也许还会继续修改。我期待美英两国也能形成这样紧密的关系。当然，你知道我是多么珍视我们的私人友谊。真诚的，罗恩。"[14]

撒切尔夫人的回复也肯定了他们的友谊正变得更加亲密。但是，撒切尔夫人很清楚，要充分发挥里根的作用，必须首先让第一夫人南希满意。南希非常喜欢英国皇家的奢华和排场。为此，撒切尔夫人曾向她保证，在查尔斯王子即威尔士亲王和戴安娜·斯宾塞女士的婚礼上，她将得到最特别的待遇。这场婚礼于1981年7月29日在圣保罗大教堂举办，无疑是1953年伊丽莎白女王二世加冕礼后，英国皇室最豪华的庆典活动。里根康复期间，南希参加的唯一一次官方活动就是5月1日威尔士亲王访问华盛顿。她在白宫为威尔士亲王沏了一杯茶。查尔斯王子不知
150 该如何端起这杯带着茶叶包且滚烫的茶水，他习惯喝真正的茶叶煮出来的茶水。他对里根说："我真不知道该如何处理这个小

---

① 里根的昵称。——译者注

茶包。”[15]

当天晚上，南希为查尔斯王子准备了一场“亲密的”晚宴。她邀请了一些好友，如贝齐·布卢明代尔（Betsy Bloomingdale）、奥黛丽·赫本（Audrey Hepburn）、萨米·卡恩（Sammy Kahn）、戴安娜·弗里兰（Diana Vreeland）、美国驻伦敦前大使沃尔特·安纳伯格（Walter Annenberg）、卡里·格兰特、小威廉·F.巴克利，以及保罗·梅隆（Paul Mellon）。6月，南希跟随查尔斯前往纽约。她在纽约港马尔科姆和罗伯塔·福布斯（Malcolm and Roberta Forbes）的游艇上设午宴款待了查尔斯王子。南希认为里根恢复期间她该伴其左右，所以没有参加继女莫林4月在加利福尼亚的婚礼。但当她要去参加皇室婚礼时，却坚持声称丈夫已经完全康复了。[16]虽然医生也认为里根可以出门了，但内阁成员觉得他担任总统后的首次出访不该是参加婚礼——这样未免不太庄重。

撒切尔夫人很清楚这场婚礼对南希的重要性。她知道，走进里根内心的捷径就是让南希满意。8月，她给里根写了一封热情洋溢的信：“南希来参加皇室婚礼，并陪我们在伦敦待了一周左右。这真是太棒了。她每到一处都非常受欢迎——她才是美国总统真正的‘外交官’。我们都很喜欢她。我希望她也喜欢这场独特的庆典活动。”与此同时，撒切尔夫人觉得“蒙泰贝洛峰会进展得非常顺利，比媒体报道得还要好”。她写道：“我认为你最近的国防决策相当正确。”最后，她写下了当时最亲密的落款：“节日愉快。你永远的，玛格丽特。”[17]两个月后，里根寄给撒切尔夫人一封官方信件，请求英国加入维持西奈治安的多国部队。信中，他依旧对撒切尔夫人邀请南希参加皇室婚礼表示感谢：“谈起她去英国参加皇室婚礼的经历，南希依旧兴致勃勃。此外，我期待下个月在墨西哥坎昆（Cancun）召开的南北首脑会议上再次见到你。”[18]

里根和撒切尔夫人的亲密关系确保他们在工作中协调一致。这对实现英美两国的行动一致性和连贯性有着显著的推动作用。
151 蒙泰贝洛七国峰会取得了两项成果：一是英美两国的经济政策达到了高度统一，即抑制石油输出国抬高油价而导致的通货膨胀；二是共同谴责苏联军费的增长。撒切尔夫人也曾劝说欧洲领导人，不使用武力威胁，采取里根那样坚定的措施抵制苏联对西欧的威胁，也是可以的。1982 年 2 月，撒切尔夫人再次访问华盛顿时，他们共同商讨了该战略。他们达成的共识，其他欧洲领导人也没有反对。这些国家在地缘上靠近苏联，这使他们对这个话题高度敏感。

里根提出了软硬兼施的政策，向苏联发起挑战。苏联曾经设置了一系列 SS-20 核导弹。这些导弹可以攻击西欧任何一个国家的首都。里根打算商讨“零—零方案”。根据该方案，苏联要撤走他们所有的导弹，包括短程 SS-4s 和 SS-5s 导弹，以此换取美国撤销在西欧设置新一代的潘兴导弹和巡航导弹。欧洲大陆对美国的武器尤为敏感，英国有越来越多的人反对新导弹。美国一方面加紧部署导弹，另一方面和苏联交易，以清除全部核导弹。这是一个莫大的妥协，对于大部分反对者来说，也是个安慰。

与此同时，为使美国以绝对优势战胜苏联，里根准备更新美国老化的军事硬件。里根和撒切尔夫人已相当熟悉，他们建立了信任。于是 1981 年 10 月 1 日，里根给撒切尔夫人写了一封机密信件，向撒切尔夫人阐释了如何取得这一计划的胜利。随后，撒切尔夫人写了一封简短的回信，表示赞同。

> 亲爱的罗恩：
>
> 感谢你10月1日的来信，提前告知我美国军备现代化的细节。这一计划从战略上增强了对核战争的抑制力，英国政府欢迎这样的计划。它增强了北约联盟的抵抗力，使得北 152
> 约得以作为一个整体抵抗日益增长的苏联威胁。此外，我非常欣赏美国政府加强防御能力的决心和该计划的宗旨——迫使苏联真正加入军备控制谈判。整个北约联盟都感受到这一计划的好处。[19]

撒切尔夫人欣然接受了里根的两个请求，因此她遭到了其他欧洲领导人的排斥。在未和其他领导人商讨的情况下，她同意增派人员加入美国发起的维持西奈秩序的多国部队。根据《戴维营协议》，美国要监督以色列从西奈半岛撤军，并盯住以色列和埃及的前线。此外，撒切尔夫人还作了另外一个更具争议性的决定，她同意派遣两名英国观察员前往萨尔瓦多（El Salvador），就萨尔瓦多选举的公正性发表意见。影响里根此次决定的一个重要因素就是他要清除苏联和古巴在南美洲的影响力。里根感到高兴的是，英国代表团发表声明说这次选举的结果是公平的。

波兰情势的急剧变化使里根和撒切尔夫人的和谐关系立刻紧张起来。除了大国的核武器威胁外，波兰造船厂的工人已开始反抗苏联的控制。从1940年希特勒和斯大林瓜分波兰开始，这种反抗就已经存在了。1945 年雅尔塔会议上使苏联控制的东欧国家实现自由的努力最终失败了。匈牙利于 1956 年爆发起义，布拉格则在 1968 年春天爆发起义，他们都企图摆脱苏联的控制。结果，苏联的坦克直接开上街道镇压了他们。不过，波兰找到了更巧妙和更有效的方法获得独立，即通过工人运动来瓦解共产主义的根基。

莱赫·瓦文萨（Lech Walesa）是格但斯克（Gdansk）①一个具有超凡魅力的船厂工人，他建立并领导了一个自由工会——团结工会，组织民众反抗苏联压迫。该工会和波兰的共产党及波兰政
153 府没有任何关系。短期来看，瓦文萨领导的反抗是卓有成效的，迫使波兰政府承认了其合法性。他的勇气和公开的反抗行为并非孤军奋战，本可结束苏联对东欧国家的控制，但 1981 年底，苏联的"老人政府"严重警告了团结工会。虽然已无力掌管自己生活的方方面面，但是这些年迈的领导人认为，一旦瓦文萨成功，波兰就会脱离苏联的控制，完全独立。一旦波兰独立，东欧其他国家肯定会紧随其后。

这时的北约和西方联盟还在美国总统吉米·卡特的领导下。对于苏联入侵波兰，他们已经计划出一套全面的方案进行应对，但对意外事件却无任何应对措施。12 月 12 日晚上到 13 日凌晨，苏联利用军事演习威胁波兰，飞机肆意地进入波兰的领空。当时的波兰总理沃依切赫·雅鲁泽尔斯基将军（General Wo-

---

① 格但斯克（Gdansk）是一座有着千年历史的优美古城，是波兰北方沿海地区最大的城市和海港。——译者注

jciech Jaruzelski)宣布军事管制,封锁边界,实施宵禁和新闻审查,并切断了与西方国家的电话线。这时瓦文萨依然是自由的。但没过多久,所有的罢工者都被认定为非法分子。华盛顿和伦敦方面都还不清楚雅鲁泽尔斯基的决定背后是否有苏联支持。他们也不清楚该采取什么行动来帮助负债累累且食物严重匮乏的波兰人。

无论里根还是撒切尔夫人,都不知道苏联领导人已听天由命了。因为他们无力镇压东欧国家的反共浪潮。这些领导人已经做出秘密决定——不入侵波兰。他们希望通过军事演习的威胁来镇压波兰的反共浪潮。虽然当时雅鲁泽尔斯基的决定看上去像是苏联挑起并控制的,但军事管制对他们来说才是最好的决定。起初,西方领导人都很担心,他们不希望让波兰的处境更加绝望,或引起更大范围的冲突,因此都未采取行动。12 月 19 日,里根在给撒切尔夫人的一封信中谴责苏联,他告诉撒切尔夫人,一旦自己制定出一套现实可行的办法,就会抵制苏联。对此,撒切尔夫人回复道:“亲爱的罗恩,对于当下波兰复杂的情势,你的 154
分析是非常有价值的。我承认波兰的时局对我们的确是个严肃的问题,也是非常困难的决定。最重要的是,西方国家的行动必须坚定而且统一。”最后,撒切尔夫人加上了一句:“圣诞快乐。”[20]

里根政府里的一些成员对事态的发展暗自窃喜。他们相信,一旦美国采取了正确的行动,苏联政权将全面瓦解。当然,里根也很渴望抓住这个机会。他起草了一系列制裁苏联的计划。表面上看,这是为了惩罚苏联,实质上,美国是为了彻底瓦解面临困境的马克思列宁主义政权。然而,国务卿亚历山大·黑格却建议谨慎行事。此前，美国对苏联实施的是经济制裁。卡特曾下令禁止向苏联销售粮食。这项禁令最近才被撤销，因为禁令的结果对美国农民的伤害远大于苏联。随着禁令解除，联邦政府不得不向美国农民支付30亿美元的补偿金。他们还见证了这项禁令对苏联的无效。苏联整整两年没有从美国购买粮食，最终美国保证不再切断粮食供应。

黑格曾经担任了欧洲盟军最高司令五年，全面负责北约部队事务。因此，他很清楚西方国家对雅鲁泽尔斯基的决定采取错误举动的风险。他认为这种风险将是“相当可怕的死亡和镇压”。他主张采取一系列办法使苏联军队撤出波兰，继续保证团结工会的独立性。但里根却持不同意见。按照黑格的话来说，里根的计划“引起了北约近年来最严重的一次争吵，而且在西方国家最需要联合一致的时候，他却对联盟施压”。[21]

12月29日，里根宣布制裁苏联，包括禁止苏联航空民用总局的飞机使用美国的机场；停止未来向苏联出售粮食的谈判
155 （但是为了保护农民的利益，没有禁止已经签署的粮食合同）；停止向苏联输出电子、电脑及其他新技术。最后一项禁令让欧洲领导人，包括他的盟友撒切尔夫人，都相当不安。他下令禁止向苏联出口石油和天然气设备，其中包括铺设石油管道的设备。这对苏联横跨欧洲大陆的3300英里石油管道铺设是个沉重的打击。这条管道将向外输送苏联5%的天然气，管道的另一端就是西欧。

里根宣布制裁苏联一个月后，黑格收到撒切尔夫人的邀请，前往唐宁街与其共进午餐。他发现撒切尔夫人对里根的禁令相

当不满。作为美国最亲密的伙伴，她却接受了西欧盟国领导人的请求，劝说里根取消这些禁令。西欧国家认为制裁苏联不过是美国表明立场的表面文章而已，但却严重打击了西欧经济。里根制裁苏联，结果却冲击了英国和其他欧洲国家的主权。对此，撒切尔夫人也表示震惊。她严厉地指出，美国利用债务向波兰施压①，这对苏联没有什么影响，却会造成英格兰银行的波动。行长曾经向撒切尔夫人表示过担忧。此外，其他西方国家的银行也会因此受到牵连。石油管道禁运反过来影响了欧洲，因为欧洲国家为制造石油管道投入了资金，并且他们还是苏联天然气的受益方。

为寻找例子证明美国的制裁影响了西欧，撒切尔夫人指出，美国对苏联的工业总出口额只有 3 亿美元，但英国一个公司——约翰布朗公司的石油管道订单就价值 4 亿美元。美国的公司也同样受到禁令的影响。卡特彼勒公司失去了价值 0.9 亿美元的订单，通用电气的损失也达到了 1.75 亿美元。当黑格向撒切尔夫人证实里根正在考虑在经济上对苏联全面制裁，并收回波兰的欠款时，一向喋喋不休的撒切尔夫人竟然保持了一段时间的沉默。沉思一会后，她告诉黑格，如果里根继续全面禁运，那么未来将没什么能够威胁到苏联，而且苏联也许会以此为借口入侵 156
波兰。

---

① 波兰一直是美苏冷战的重要阵地。20 世纪 70 年代，波兰工人党领导人不顾国情，期望经济在短期内赶超发达国家，盲目投资大型项目，为筹集资金而债台高筑。美国为了对波兰的共产主义政权施压，组织了 400 多家国际银行就波兰债务问题进行谈判，催促波兰偿还贷款。——译者注

黑格立刻将撒切尔夫人的愤怒和抱怨转达给里根。在回华盛顿的飞机上，他给里根发了一封紧急电报。

> 我刚刚和撒切尔夫人以及她的几个内阁成员在一起交谈了一个半小时。她异常愤怒地提出了两点顾虑：一是美国的制裁已经影响到西欧各国；二是她听说我们打算采用极端的办法催促波兰偿还贷款。
>
> 她指出，无论美国的立场怎样，迄今为止，美国对苏联的制裁对英国的影响远大于美国自己。然后，她描述了进一步经济和贸易制裁对西欧经济的影响。如果我们继续执行该计划，她还预测了这对西欧联盟将产生怎样可怕的后果。
>
> 她正在给您写信表达她的忧虑。明天早上我们见面之前，您也许就会收到信。我感觉英国已做好准备要采取更加有效的方法，撒切尔夫人已经和德国总理赫尔穆特·施密特接洽。因此，我没有在任何问题上减轻她的焦虑。我指出，美国觉得同盟国做得根本不够。我补充说，您因为对苏联的态度不够强硬，也遭到了批评，您非常关心针对同盟国的有意拖延而采取的行动。
>
> 撒切尔夫人敦促我们尽快和德国、法国及意大利的领导人会面，商讨出一套坚定可行的办法抵制苏联。这一措施要保证西方国家能够承受，且可公平共享。虽然撒切尔夫人没有说出来，但她的头脑里已经有了这个联合计划的清晰的框架。她希望从美国当下制裁计划的影响中解脱出来。我很明确地告诉首相，让您放弃已经采取的行动，哪怕是一点点，

对于我们的盟友而言，都需要非常强大的决心，而且即便如此，政治上也存在难度。[22] 157

撒切尔夫人同时还在另一个方向上努力着。根据里根同一天的秘密备忘录，美国国家安全顾问威廉·P. 克拉克（William P. Clark）交给他"一封来自玛格丽特·撒切尔的长信。信中，撒切尔夫人要求美国、法国、德国和意大利的领导人尽快召开会议，商讨制裁波兰。这将是一次秘密会议。会议的结果将被其他北约国家接受。她提议，如果会议决定严厉制裁波兰，那么美国应该撤销禁止西欧国家分公司出口商品的禁令，且承诺不再采取单边行动"。[23]里根忽略了这次会议中撒切尔夫人提出的让步条件。他在日记里写道："她正努力让盟国在行动中变得更强硬。"[24]

接下来还有更糟的事。1982 年 6 月 18 日，美国宣布将扩大对苏联的经济战争，并单方面要求，不仅美国本土的公司，而且海外分公司甚至授权生产零部件的国外企业，都要对苏联所需的石油管道物资和技术实施禁运。撒切尔夫人回忆道："当我听到这个决议后，感到非常震惊。我公开谴责美国。"[25]一直以来，撒切尔夫人都小心、坚定地守卫着英国的主权。她让议会通过一项法案来抵制她认为美国不必要且不恰当的行为对别国的影响。

但是，撒切尔夫人也很担心自己公开对里根的政策进行尖锐的批评会损害彼此的关系。于是，她想了一个计策，持续讨好里根。如同一个训练有素的保姆命令顽劣的孩子听话一样，撒切尔夫人认为每次分歧之后都该给里根一点甜头。这次，里根夫妇的奖励可谓无价之宝。夏天，总统和夫人将首次访问欧洲。他们第一站是前往凡尔赛参加七国峰会。此次峰会由密特朗主持，在路易十四华丽的宫殿里举办。接下来，他们将前往布鲁塞尔参加北约峰会。

158 撒切尔夫人为她最亲密的政治伙伴准备了特别的厚礼，甚至比法国总统的礼物还要夸张。撒切尔夫人邀请总统和夫人对英国进行全面的国事访问。1919 年，第一次世界大战刚结束不久，乔治五世国王曾邀请伍德罗·威尔逊(Woodrow Wilson)总统访问伦敦。自此之后，这还是第一次。这次邀请完全是为了迎合南希对皇室奢华生活的喜爱。作为女王和爱丁堡公爵的客人，总统和第一夫人受邀在风景秀丽、豪华壮观的温莎城堡里过夜。这是女王最喜欢的私人住所。其他来访的政要从来没有过这样高规格的待遇。最让里根感到高兴的是和女王一起在草木繁茂的温莎大公园里骑马。作为奖励，里根还受邀在威斯敏斯特宫的皇家教堂向英国议会两院发表演讲。

撒切尔夫人给里根写了一封严厉的批评信，谴责他对苏联既不恰当又适得其反的经济制裁。10 天后，为了观察里根的反应，她又给里根写了一封短信："亲爱的罗恩，我很高兴从英国驻华盛顿大使尼古拉斯·亨德森爵士那里听到这个消息——你接受了女王陛下的邀请，将在 6 月七国峰会和北约峰会召开期间访问英国，并在温莎城堡留宿。我想您应该不会在英国停留太长的时间，但我们真切希望能够在英国款待您。我尤其珍视您的此次来访，我们有机会商讨我们共同关心的一些问题……你永远的，玛格丽特。"[26]里根回复道："女王陛下如此真诚的邀请让我对出访伦敦满怀期待。此次访问安排在两个紧张的峰会期间，我想这一定会是一个和好朋友在英国放松的机会。”[27]

就这样，里根和撒切尔夫人的政治婚姻顺利度过了首次危机。里根认为自己和撒切尔夫人的友谊深厚而真诚，因此他相信任何争吵都无法伤害这份友谊，正如他对英国记者雨果·扬所说的：“一旦我们彼此沟通，任何分歧都会彻底消除。一些分歧可能 159
由距离导致，也可能由于不了解整个情况。然而，一旦我们开诚布公地交谈，一切都会烟消云散。”[28]但是，里根踏入温莎城堡前，到处都在谈论着一起国际事件。这件事再次将两人的关系推向转折点。虽然撒切尔夫人对自己最亲密的美国盟友变得越来越不耐烦，不过事实证明，福克兰群岛战争是她执政以来最美好的时光。

# 第八章　岛上的流浪汉

阿根廷军政府总统利奥波德·加尔铁里(Leopold Galtieri)派军队突然入侵英属福克兰群岛(Faikiand Island)。这对里根来说代表着文化上的冲撞:一方面,阿根廷是美国势力范围内绝对服从美国的盟友;另一方面,玛格丽特·撒切尔是他在政治上和精神上最亲密的伙伴。

无论支持哪一方都绝不是简单或无意识的回应。里根相信整个南美洲是冷战中对抗逐渐侵入的共产主义势力的重要前线。此外,他不想将任何国家送入苏联的阵营。但他本能地反对毫无理由的入侵,并且支持美国多年的伙伴——英国。福克兰群岛位于南大西洋,距英国遥远,岛上仅有2000个英国牧羊人。美国试图在英国海军特遣部队到达并占领群岛之前找到妥善解决英阿冲突的外交途径,因此,虽然有11周时间①用以解决英阿争端,

① 福克兰群岛战争从1982年4月2日持续到6月14日,共计11周。——译者注

但在这段时间内，里根和撒切尔夫人的友谊却步入了紧张的局面。

福克兰群岛战争暴露出里根的执政方法与撒切尔夫人的有着本质上的不同——里根的内阁成员经常寻求不同的甚至彼此相互矛盾的方法以解决冲突。无论是这些内阁成员还是撒切尔夫人本人，都会要求里根亲自干预问题。遇到这样的情况，任何一个总统都无法确切判断自己该采取什么决策。里根的反复多变和犹豫不决让撒切尔夫人既担心又生气。她不止一次通过越 161
洋电话向里根表达自己的愤怒。对此，她也许感到后悔。但对于英国，尤其对撒切尔夫人来说，这个赌注实在是太高了——她决不能让加尔铁里成功。最终，福克兰群岛战争的胜利推动英国国内经济和政治实现了彻底变革，从而使英国在海外的声誉得到复苏。此外，撒切尔夫人也因此树立了自己的威望。

当撒切尔夫人和她的内阁成员思考如何夺回福克兰群岛时，他们头脑中首先考虑的是安东尼·艾登爵士(Sir Anthony Eden)早就奠下的先例。艾登是英国最后一任敢在未事先争取美国同意的情况下采取军事行动的首相。1956 年，埃及总统贾迈勒·阿卜杜·纳赛尔(Gamal Abdel Nasser)单方面宣布将苏伊士运河收归国有，艾登为此决定联合法国用武力收回英法共同所有的运河控制权。最终，这件事彻底改变了英美在第二次世界大战中形成的特殊关系。当时的美国总统德怀特·艾森豪威尔(Dwight Eisenhower)要求英法中途放弃武力，否则美国将蓄意破坏，使英国货币贬值。艾森豪威尔的要求成了英美关系的重要转折点。从那以后，英国始终未能彻底修复同美国的关系。

撒切尔夫人及其内阁成员都非常清楚，艾森豪威尔的最后通牒不仅让整个国家蒙羞，更导致了艾登下台，他的健康因此恶化。福克兰群岛战争期间，在许多问题的处理上，撒切尔夫人都清醒地认识到，任何错误都意味着首相任期会立刻结束。但撒切尔夫人的目标之一是重振国家，向世人证明即便不借助美国的力量，英国也有能力保卫自己的利益，并让全世界都知道英国不再是美国的傀儡。在福克兰群岛贫瘠的沼泽地和山丘上，英国部队的成功和失败是对她和里根友谊紧密程度的检测。对那些指责她和里根的关系过于紧密，以及批评她是“里根追随者”的人来说，这场战争意味深长。因为撒切尔夫人在未与里根总统商议且未试图取得里根批准或赞同的情况下，便决定采取军事行动夺回福克兰群岛的主权。

阿根廷的入侵源于一个误会。加尔铁里是一个贫穷的意大
162 利移民的儿子，最终成了阿根廷陆军总司令。他误读了新当选的里根政府传来的暧昧信号——这或许是可被原谅的。参军之前，他在位于巴拿马的美国美洲学校学习土木工程，并一直被美国视为阿根廷反共联盟的堡垒。

许多保守主义者跟随着里根进入政府，比如公认的阿根廷研究专家——美国驻联合国大使珍妮·柯克帕特里克（Jeane Kirkpatrick）。伴随着这股浪潮，国务院中的拉丁美洲专家将加尔铁里视为在拉丁美洲对抗日益增长的苏联和古巴势力的后起之秀和潜在盟友。撒切尔夫人在里根就职后第一个对美国进行正式的国事访问。仅仅几天后，作为首批受邀访问华盛顿的国外要人

之一,加尔铁里将军访问了美国。访问期间,加尔铁里受到了高规格的接待。他身着全套军礼服,胸前装饰着各种勋章、绶带,在专人的陪同下参观了总统办公室。参观过程中,他还受到了里根热情的招待。不久,他便开始在阿根廷实行军政府统治。

尽管阿根廷政府折磨和暗杀持不同政见者,使超过 9000 人在军政府执政的 5 年里“消失”,但美国国务院和其他部门依然对阿根廷军政府侵犯人权、废除议会和取缔工会视而不见,只关注加尔铁里野蛮的反共运动。柯克帕特里克抛弃了卡特总统的“人权外交政策”,她说服里根政府将“独裁主义”和“极权主义”区分开。她于 1979 年 11 月发表在《评论》杂志上的文章《独裁和双重标准》(Dictatorships and Double Standards)令她名声大噪。文中提出:独裁政府对社会不作为,仅仅关心谁该成为统治精英,因此对美国或民主没有威胁;而极权政府受某种意识形态的启发,希望重新构建社会,因而使民主不再成为可能。根据她的观点,阿根廷政府的折磨行为是军政府独裁统治的一部分,虽然令人遗憾,但却是可以忽略的。对于那些实在是太脆弱、不足以抵 163
抗苏联势力渗透的大洲,加尔铁里被寄予厚望——能够最终成为他们的模范领头人。

加尔铁里的经济观点同里根一致。1981 年 12 月,他最终送别了自己的竞争对手,宣誓就任总统。至此,阿根廷已经连续有 3 位将军成为总统。就任后,他受米尔顿·弗里德曼(Milton Friedman)货币经济学理论的启发,开始着手实施补救国内病态经济的措施——削减公共事业开支,降低税收,严格控制货币供应量,出售国有企业。但在 1982 年春天之前,国内经济并没有像货币主义者诊断的那样迅速好转，同时他发现自己已成了非常不受欢迎的人。他的经济改革失败了，没有带来他所承诺的繁荣景象。从总统府的阳台环顾布宜诺斯艾利斯最重要的广场——五月广场，这里时不时就会涌现大批嘲弄他的人群。因为没有创造经济上的奇迹，加尔铁里想到了另外一个办法，即展开仓促组织的海外军事行动，入侵福克兰群岛，以此缓解自己的危机。

阿根廷人将福克兰群岛称为马尔维纳斯群岛（the Malvinas），它位于南大西洋，经受着海风和雨水的洗礼，地表裸露着崎岖的岩石，非常不适合人类居住。岛上仅有2000名左右从事农业的英国人的后裔、50000只羊和65000对企鹅。虽然西班牙不承认在1713年的《乌得勒支和约》（*Treaty of Utrecht*）①中将群岛的主权出让给了英国，但是一群粗野的英国牧羊人从1766年开始，便在这片看不到希望的土地上定居，而且西班牙和阿根廷的历届政府就群岛主权问题的争论已经持续了两个多世纪。

加尔铁里对群岛的经济和战略价值并没有太多兴趣，其中最直接的原因就是它们确实没有明显的价值。事实证明，它们像下水管道一样消耗着英国的资源，甚至到了这样的程度：即便当时"坚持"号是唯一一艘负责福克兰群岛和附近英属南乔治亚岛防务的皇家海军舰艇，撒切尔夫人的国防部长也自愿贡献出这艘即将退役的军舰，将其撤回本土，作为压缩公共开支的一部分，帮助

---

① 1701年到1714年，因为西班牙哈布斯堡王朝绝嗣，法国的波旁王室与奥地利的哈布斯堡王室为争夺西班牙王位，引发了一场欧洲大部分国家参与的大战。最终，法国、西班牙同反法同盟国家为结束战争签订了一系列合约，即《乌得勒支条约》。——译者注

撒切尔夫人提出的以弗里德曼货币理论为基础的经济改革。此举让加尔铁里自认为捕捉到了机会。他合理地假定英国已经放弃了群岛的主权，而且认为军事行动可以很好地将阿根廷人民的注意力从国内混乱的形势上转移开来。同时，他断定后帝国时代 164
的英国军力被削减，国内经济脆弱，因此不愿意也无力保卫自己8000英里以外的海上国土。此外，他虽然完全了解撒切尔夫人和里根之间有着特殊的友谊，但仗着自己的新伙伴——里根政府——并没有对他进行严厉的批评而敢于采取行动。

1982年3月20日，加尔铁里下令一支阿根廷特种部队伪装成废旧金属交易商登陆南乔治亚岛。这是一个非常不适合人类居住的捕鲸岛，位于福克兰群岛东以南800英里处。接下来，为了取悦阿根廷人民，加尔铁里进一步虚张声势，并开始准备让军队入侵福克兰群岛。直到3月底，英国外交部才得出一个不情愿的结论——加尔铁里有意图夺取群岛。惊慌的撒切尔夫人联系了里根，表明英国不会诉诸武力解决女王殖民地的主权争端。她恳求里根立即和加尔铁里交涉，劝说他不要采取任何可能会令他后悔终生的行动。

4月1日，里根通过电报回应了撒切尔夫人："亲爱的玛格丽特，我们已经收到你3月31日发来的紧急消息——关于阿根廷对福克兰群岛实施意图明显的行动。我们理解你对阿根廷正在筹划的令人愤怒的军事行动的担忧，此外，对于化解矛盾的协商并未取得成功，我们也表示遗憾。为此，我们正在与阿根廷政府进行最高级别的谈判，敦促他们不要采取军事行动，否则只会使事态更加严重。正如你要求的，我们正在要求阿方给出承诺，保证他们会收敛，且不会主动采取军事行动。”接下来，正如撒切尔夫人所期待的，里根还附上了一段私人的鼓励：“我希望你知道我是多么珍视与你的合作，同你一起面对来自世界各地的挑战。我们将在这里竭尽所能支持你。真诚的，罗恩。”[1]

4 月 1 日，里根大部分时间都在接受泌尿道检查，却仍在下午 6 时 30 分准时致电加尔铁里。尽管他们之间这种所谓的友好关系让人信以为真，但里根很惊讶地在电话中被告知加尔铁里现
165 在“无法接听电话”。4 个小时后，加尔铁里回复了里根。里根很快便发现他喝醉了，并且之前的 4 个小时一直都在努力醒酒。

“我和加尔铁里聊了 40 分钟左右，但却没能让他改变主意，”里根回忆道，“他声称福克兰群岛——也就是他口中的马尔维纳斯群岛——因为历史、文化和距离的原因，理所当然属于阿根廷，而非欧洲殖民国家。而且收回群岛的主权，对于阿根廷的国家荣誉至关重要。”[2] 里根建议副总统乔治·布什亲自前往布宜诺斯艾利斯恳请加尔铁里不要使用武力，但遭到加尔铁里的拒绝。当他听说入侵计划也许会推迟后，才稍微安心了一些。但是加尔铁里很清楚木已成舟，阿根廷的舰队早已起航前往福克兰群岛的首府——斯坦利港（Port Stanley）。而里根对此却毫不知情。

里根继续写信给撒切尔夫人，告知她自己失败的干预：“我刚刚和加尔铁里将军就福克兰群岛的现状进行了长时间的沟通。我向他转达了我个人对阿根廷侵略行为的忧虑。我告诉他，主动对福克兰群岛发起军事行动将严重危害美阿关系。此外，我还劝他收敛进攻行为。我选出了调停人，并表示乐意派遣一名私人代表去协助解决阿根廷和英国的矛盾。”接下来的消息让撒切尔夫

人焦躁不安:“加尔铁里听完了我的建议,但他表示无法遵守承诺。事实上,他提到了最后通牒,这让我清晰地觉得他已经开始着手采取武装行动了。无论是试图避免交火,还是阿方突然发起战争后去阻止他们,我们都将会继续与你的政府合作,一起解决争端。虽然我们在主权问题上一贯采取中立的态度,但一旦阿根廷使用武力,我们决不再保持中立。最温暖的祝福,罗恩。”[3]

“我知道我们最后的希望已经落空。”[4] 撒切尔夫人回忆道。

当天晚上,距白宫不远的马萨诸塞大道上,英国大使尼古拉斯·亨德森爵士(Sir Nicholas Henderson)正在自己典雅的由埃德温·鲁琴斯(Edwin Lutyens)设计的住所里举办晚宴庆祝63岁生 *166*
日。副总统布什是当晚的贵宾。布什告诉这位寿星自己可能会提前离场,因为国家安全顾问威廉·克拉克(William Clark)已经通知他收拾好自己的行李,准备连夜飞往布宜诺斯艾利斯,完成一次紧急的和平使命。这时,亨德森因为国务院的来电而离开——电话的内容是关于里根和加尔铁里紧张的对话。随后他回到宴会,告诉副总统布什,自己的通宵行程被取消了。“现在你可以留下来品尝一点蛋糕了。”亨德森开玩笑说。

4月2日清晨,1000名阿根廷士兵登陆福克兰群岛,在两个小时之内便以压倒之势击溃了英国皇家海军——而这几名海军就是岛上微弱的防备力量。加尔铁里打赌美国不会过多理会他的非法行为,现在看来他似乎是赢了。第二天早上,国务院好像将入侵之事的重要性降级了。当时,美国驻英国大使约翰·J.路易斯(John J. Louis)正在佛罗里达休假。当他致电国务院询问自己是否应该立即回到岗位时,被告知不用担心,继续休假。

然而英国对于入侵的反应却是令人震惊的。撒切尔夫人相当果断。她回忆道："难道一个平凡的独裁者可以统治女王的臣民，通过欺骗和暴力取胜？只要我还是首相，就不可能。"[5] 她又召开了一系列紧急内阁会议，商议如何处理危机。她命令英国皇家军官准备好战舰和军事特遣部队以收回福克兰群岛，这得到大臣的立即响应。紧接着，她派遣亨德森拜访美国国务卿亚历山大·黑格，亲自向他转达一条紧急消息——请求美国为英国特遣部队争取物资援助并立即停止向阿根廷提供武器。

黑格对这一请求的反应却是极其谨慎的。他提醒亨德森，美国现行的法规限制向人权记录不佳的政权出售武器，所以他们是不可能向阿根廷出售武器的。但是，更让撒切尔夫人感到愤怒的是，黑格拒绝公开谴责阿根廷的入侵。另外，4 月 6 日黑格发表
167 言论："美国现在处于两难的境地，是因为卷入争端的双方都是美国的好朋友。"[6] 而此时，他依然假装不在乎该言论所引发的争论，这也导致了英国强烈的不满。黑格给了英国首相重重一拳。他劝说里根让他第一个去进行调停，使双方和解，同时建议在协商取得成效之前，美国应该保持中立，且避免公开谴责加尔铁里的行为。

虽然在其他重要问题上，里根与撒切尔夫人的看法完全一致，但是阿根廷入侵福克兰群岛之事第一次向英国揭示了总统和首相深刻的不同。撒切尔夫人对这次事件的快速处理，展现了她作为一个女人的行动力和对细节的关注。她要求每件事都要向她汇报，从阿根廷军舰的位置到英国远征军需要的军靴数量。而此时，她那位在白宫中的盟友却显得平静、轻松，好像完全忽略了

阿根廷入侵一事对大西洋彼岸的伙伴有多重要。显然，不久后，里根对自己掌管的政府感到非常满意，虽然这个政府充其量只是提供了既混乱又充满矛盾的外交政策。

虽然里根的批评者把他的迟钝看成犹豫不决或缺乏对复杂事件的掌控能力，但当面对两方盟友卷入军事冲突时，他没有快速采取行动却为自己带来了积极的影响。阿根廷入侵福克兰群岛后，同里根政府各部门相互矛盾的决议和国防部长卡斯帕·温伯格（Caspar Weinberger）的反应相比，美国驻联合国大使珍妮·柯克帕特里克的反应更具有指示性。就在阿根廷军队登陆福克兰群岛的当晚，柯克帕特里克——曾经以阿根廷的庇隆主义运动（Peronist movement）①为主题撰写博士论文的美国阿根廷专家——竟然毫无顾忌地参加了位于华盛顿的阿根廷大使馆为她举办的晚宴。她的举动激怒了英国人。事后她承认："当我知道他们的所作所为后，感到非常愤怒。我觉得我被他们无耻利用了。那是一种对待他人的卑劣手段。"[7] 然而，伤害已经造成。美国错误地向布宜诺斯艾利斯发出了友好的信号，这让英国人民愤怒不已。亨德森反问她："如果德黑兰发生劫持美国人质的当晚，我在伊朗大使馆用餐，美国人民会是怎样的感受？"[8]

柯克帕特里克绝不是英国的朋友。几天前，她还曾公开嘲笑 168
英国驻联合国大使安东尼·帕森斯爵士（Sir Anthony Parsons）要

---

① 庇隆主义是阿根廷正义党创始人、前总统胡安·庇隆（Juan Domingo Perón）提出的一种属于"第三位置"的政治理念，以国家复兴的民族解放为主要内容，同时主张中央集权。——译者注

求联合国安理会召开紧急会议，抗议阿根廷的侵略行为。随后，她因故缺席，还派了一名既无用处也不会阻碍英国维和工作的初级外交官代替自己。“她不认为阿根廷是侵略者，”亨德森回忆道，“这是长久以来她对于福克兰群岛最直接的公开声明。”[9] 英国是美国在北大西洋公约组织中的一位重要盟友。在面对伙伴的领土遭到威胁时，美国应该继续保持中立。这种想法引发了伦敦市民的不解和愤怒。4 月初，里根还满不在乎地将福克兰群岛形容成“海面上一小块冰冷的凸起”[10]。此外，他还告诉记者，美国对阿根廷和英国同样友好。

相反的是，温伯格对英国的态度一开始就非常明确。他所在的国防部的每一次努力都是为了帮助英国收回领土。他最明白无误的观点就是：“这是腐败的军事独裁者的蓄意攻击。他损害了我们一个最长久、最紧密的伙伴的利益。”[11]他决定尽自己所能帮助英国。不久，他的帮助就远远超越了自第二次世界大战就已形成的情报共享传统。

里根说服自己，除正常时期外，不再向英国提供帮助。《华盛顿邮报》记者卡尔·伯恩斯坦(Carl Bernstein)在该报上发表的文章说美国向英国提供后勤支援。面对此事，里根在日记里抱怨道：“他们指责我们在福克兰群岛战争中向英国海军提供援助。显然，这点燃了阿根廷人的愤怒之火。这种指控是错误的。”[12]8 年后，在回忆录中，他还是公开声明“我们绝没有向英国提供军事援助”[13]。事实上，温伯格提供了所有援助：他加快了英国所需的尖端军备物资的运送，包括最先进的响尾蛇防空导弹；他还打开了美国位于阿森松岛(Ascension Islands)的怀德威客(Widea-

wake)军事基地的即时通道——根据租赁协议,英国可以在紧急时刻使用,这对于补给特遣部队的军备也是急需的。他甚至下令"艾森豪威尔"号航空母舰前往南大西洋,供英国的军用飞机起 169
飞使用。温伯格对自己的行动速度非常骄傲。正因如此,他才能够向英国提供具体的援助。他回忆说:"甚至在第二次世界大战时我们都没有做到这样迅速地提供军事援助。"[14]正如国家安全战略小组的一名成员描述的那样,"卡普①一提议,总统就批准。"[15]

也许最不可预见的就是,美国1/3的职能机构都彰显着国务卿黑格的气质。他下定决心按自己的方法打破英阿之间的僵局。黑格是越战退伍军人,也是北约盟军总司令。里根被他的功绩折服,以致毫不犹豫就任命他为国务卿。但几个月后,里根和其他内阁成员都发现这位四星将军冷淡、古怪、偏执,而且越来越习惯于违背指令。如里根回忆:"他甚至不希望我以总统的身份制定外交政策;他认为那是他的职责。他也不愿执行总统的外交政策;他想要自己制定并执行。"尽管如此,里根还是打电话给撒切尔夫人,并以个人的名义呼吁她收手。"但是玛格丽特听完我的话后,向我解释说,钢铁般的意志是她成名的原因。她会继续坚定不移。"里根回忆道,"我无法说服她做出不侵略的承诺。"[16]里根使用了"侵略"而非"夺回",这是个很露骨的错误。

然而,一发生福克兰群岛遭入侵之事,里根就准备给黑格充足的时间来寻找外交手段以解决争端。他在日记里这样写道:

① 卡斯帕·温伯格的昵称。——译者注

“英国皇家海军正在前往福克兰群岛途中，要将它从阿根廷人手上夺回来……我们要想办法让英国人放弃。”[17]总统早就清楚，如果阿根廷因为战败受辱，加尔铁里的军政府便会岌岌可危。如果这样，阿根廷就会成为南美大陆上一个危险的真空地带，极有可能被苏联利用。亨德森第一次就此事与黑格商议时，国务卿并未理解福克兰群岛的主权对英国有多么重要，所以亨德森作了一个有力的类比：“如果美国的领土——例如波多黎各（Puerto Rico）——被古巴军队占领，美国政府将采取相同的立场。”此外，当
170 黑格说他无法想象如果阿根廷战败，加尔铁里该怎样活下去时，亨德森回复他说：“我们的目的不是帮助加尔铁里存活下去。”[18]尽管如此，黑格还是下决心做一个和平的斡旋者。大卫·贡佩尔（David Gompert），黑格调停小组的核心成员，曾担任负责政治事务的副国务卿的助手。他回忆道：“如果我们已经表现出要付出更多代价扭转阿根廷的败局，那么就会有人觉得我们处于霸权位置，尤其是在拉美国家中。”[19]

虽然美国政府的三大部门做出了截然不同的判断，但几乎没人怀疑，如果外交手段不能解决争端，总统最终会支持撒切尔夫人和英国政府。因为政府里的所有成员都很清楚，里根和撒切尔夫人有着紧密的友谊。因为个人信仰，他们相互信任，成为彼此政策上的向导。此外，他们还拥有相同的政治理念。但是，阿根廷入侵福克兰群岛和撒切尔夫人对侵略的强硬反应，迅速将两人的友谊推向紧张局面。里根总结道：“在我执政的 8 年时间里，美英之间的任何联盟都不如我们坚固。这不仅因为撒切尔夫人和我是好朋友，对于政府管理有着近似的理念，我们坚固的同盟关

系更得益于两国长久以来的特殊友谊。美英两国有着共同的民主价值观、共同的盎格鲁－撒克逊祖先，以及共同的语言。两次世界大战中，我们并肩作战，双方的友谊变得更加深厚。尽管我试图在冲突中找到折中的办法，但这种深厚的特殊关系让我们无法在 1982 年英阿福克兰群岛战争中保持中立。”[20]

带着总统的祝福，黑格开始尝试独自解决群岛争端。他的策略就是一轮又一轮忙碌的外交行程。这应该感激他的前辈尼克松总统的国务卿亨利·基辛格（Henry Kissinger）——他才是利用这种环球旅行式的外交解决问题的专家。黑格拒绝公开评论阿根廷侵略行为的是非，只有这样他才能避免在谈判过程中表现出党派意识。因此，他不得不在华盛顿、伦敦和布宜诺斯艾利斯的上空不断地进行着 21000 英里的环绕飞行。

4 月 9 日，黑格到达伦敦，在唐宁街和撒切尔夫人进行了一次尴尬的会面。当时，忧郁的英国外交大臣弗朗西斯·皮姆 171
（Francis Pym）就在她身边。黑格发现了不祥的征兆，因为在赴晚宴的路上，撒切尔夫人将两位伟大的英国战争英雄的画像指给他看。一位是阿德米拉尔·纳尔逊勋爵（Admiral Lord Nelson），他带领英国海军在特拉法尔加（Trafalgar）海战中大胜法国舰队；另一位是威灵顿公爵（Duke of Wellington），他在滑铁卢（Waterloo）击败了拿破仑（Napoleon）。黑格发现首相既不易妥协，又具有好斗的性格。当他听说英国国防部长约翰·诺特（John Nott）正在对群岛实施封锁而非侵略，而且皮姆并没有拒绝同阿根廷和解后，才感到一丝欣慰。尽管如此，他意识到撒切尔夫人已经将自己的同事牢牢掌控。除非她确信外交手段能让福克兰群岛的主权状况回到阿根廷军队入侵之前，否则他的努力都是徒劳。

于是，黑格写信给里根：

> 首相仗着国家需要统一的政治旗号、愤怒的议会和她自己在紧要关头所坚信的原则，一意孤行。尽管她也表现出愿意通过外交手段解决问题的倾向，但毫无疑问，她将采取军事行动。她坚持要让福克兰群岛的主权回归原状。事实上，她似乎已下定决心无论采取什么方法都要惩罚阿根廷。她的国防部长坚定不移地跟随着她；尽管在对事物的思考上可能跟不上她的步伐，但他对战争取得胜利充满信心。这种信心不仅来自英国海军登陆群岛的战略部署，更来自他的信念——军事封锁最终会让阿根廷军队放下武器。因此，如果阿根廷不再冒进，战争行动即将到来的信号似乎就不那么明确。但这都无法最终消除事态的重要性和紧迫性。

关于皮姆，黑格写道："而她的外交大臣皮姆却并没有和她保持着同样的立场，并且出乎意料地在她面前大肆表达相左的观点。这是否意味着他仍有扭转局势的作用，或者暗示英国政府有着不可言说的问题？"很显然，撒切尔夫人已处于临战状态。"总
172 之，从英国政府的立场来看，我们已经没有任何回旋余地了，哪怕一丝微弱的希望。除非我尽最大的努力，从皮姆那里获得大量帮助，也许会有希望。但这却是撒切尔夫人并不赞许的。"但是，黑格期待里根和撒切尔夫人坚固的友谊也许能帮助解决这个难题。"自始至终，谈判都很艰难，找不到任何迹象，除了对我们所扮演

的角色以及您对首相私人的关心和承诺的感谢。最后，撒切尔夫人总结说，谈判的坦白和率直见证了你们坚固的友谊。”[21]

里根根据自己对撒切尔夫人性格的了解，在 4 月 9 日给黑格的回信中，就在谈判中尽早取得突破给了他渺茫的希望：“从英国方面不同的立场来看，我猜测要让撒切尔夫人妥协，需花费大量时间。如果英国潜水艇正日益逼近福克兰群岛的消息是可信的，那真是更加让人头痛。关于此事，很显然，我们能否期待加尔铁里有智慧和力量来控制自己的行为是近期的核心问题。”[22]

英国核潜艇“征服者”号（HMS Conqueror）到达福克兰群岛附近海域后，便开始跟踪阿根廷军队的“贝尔格拉诺将军”号（General Belgrano）巡洋舰。此时，特遣部队正以每小时 18 海里的速度向南太平洋匀速前进。而里根正在白宫地下的战况室内，和国家安全战略小组召开常规会议讨论美国的三方外交政策。总统大部分时候都保持着审慎的沉默。他担心自己所说会泄露给新闻界，同时阻碍黑格的疯狂外交。为抵挡共产主义势力入侵，他也不想阻碍柯克帕特里克和拉丁美洲国家继续保持友好关系。虽然许多拉美国家都乐于看到加尔铁里战败，但他却怀疑后帝国时代英国的战斗性。有些国家——例如智利——极其反感阿根廷，因此它们愿意尽一切努力帮助英国。

不过对撒切尔夫人来说，最重要的是总统平淡的表现确保了温伯格和参谋长联席会议——会议成员在私人立场上支持英国——能够不受约束地帮助英国夺回群岛。就在阿根廷入侵福克兰群岛后 3 天内，温伯格成功地组建了五角大楼协调委员会，将白 173

宫、参谋长联席会议和国务院政治军事部门的力量统筹在一起。几乎没人怀疑英国已下定决心要赢回福克兰群岛。“第一次和玛格丽特·撒切尔会面前，对我们来说，唯一的问题就是英国是否真的下定决心坚持到底并使用致命的武力，”贡佩尔回忆道，“但当我们第一次和玛格丽特·撒切尔会面后，这种疑虑就消除了。”[23]

温伯格从未怀疑过里根希望帮助撒切尔夫人的意愿。虽然总统从未公开声明，但在行动上给了英国无声的支持。国防部长被授权随时拜访总统，并且可以不受任何阻碍立即为英国提供他们所需的一切帮助。国家安全战略小组的所有成员，甚至包括态度模棱两可的柯克帕特里克在内都清楚：如果外交手段失败，里根最终会支持撒切尔夫人。“从始至终，没人怀疑过里根在这个问题上的立场。”[24]柯克帕特里克回忆道。无论出于何种原因，当温伯格无法见到里根时，他还能得到威廉·克拉克（William Clark）的帮助。里根担任加州州长时，他便在里根身边服务，因此总能即刻获得总统赋予的权利。

温伯格同时也将行政系统组织在一起，这样英国发来的请求可以在最短的时间得到处理。起初，“我们有 31 个不同的公文袋。只有我把这里面的公文都处理了，才能采取行动，”他回忆道，“我希望能够将公文直接送到办公桌上。如果我们只有一个公文袋，那么就只有一个问题，我们这样做可以吗？如果不能，为什么？如果我们现在不做，那又要等到何时？”[25]

当里根可以在撒切尔夫人背后不受约束地继续给予她支持时，他觉得自己可以给首相打个电话了；撒切尔夫人也是如此。里根—撒切尔夫人联盟一直都是这样。撒切尔夫人总是很开心地向里根寻求帮助，而里根向撒切尔夫人寻求帮助作为回报时，却让撒切尔夫人深感愤怒。里根通常都是平静地接受撒切尔夫人尖锐的言语攻击，而撒切尔夫人对里根的警示总要沉思好几 174
天。她不顾一切向同事抱怨如何遭到了里根的欺骗以及里根是多么“无情”，竟然要求她妥协。

阿根廷入侵福克兰群岛没多久，撒切尔夫人就催促里根迅速对阿根廷实施经济制裁。里根很抱歉地告诉她，只有在黑格开展的和平协商无效的情况下，他才能这样做。4月15日，里根通过电话告知撒切尔夫人，他已经接到了加尔铁里的回电。加尔铁里希望不惜一切代价避免即将发生的战争。“我和阿根廷总统加尔铁里通过电话沟通了半小时。他的声音听上去有些惊慌失措，并多次表明他们愿意通过和平的方式解决争端。”[26]里根在日记里写道。他呼吁撒切尔夫人三思而后行。这确实是动摇撒切尔夫人立场的最佳时机吗？首相再次坦率地回复，并重申了他们共同的政治信念。“破坏和平的不是英国，而是阿根廷，”她训斥里根，“那些让侵略者继续占领群岛以避免冲突的建议，都是严重的本末倒置……自由世界得以存在的基本原则将因此灰飞烟灭。”[27]

用撒切尔夫人自己的话来说，两天后，当里根再次来电时，她平静下来。里根表明自己已命令黑格——如果阿根廷政府“拒不妥协，谈判就此终止，并且美国政府将明确谴责阿方”[28]。最终，阿根廷没有让步。4月17日，里根在日记里写道：“黑格正在回家的路上。阿根廷做了一些让步，但还远远不够……我认为不该再次要求玛格丽特·撒切尔让步了。”[29]

4 月 21 日，星期三，亨德森通知黑格，英国正打算收回南乔治亚岛。黑格请求亨德森向撒切尔夫人转达一个请求，即中止侵略。撒切尔夫人迅速回应了这一请求——她的决定是不可改变的。她回忆："我们是在通知他，而不是征求他的意见。"[30]黑格说在那种情况下，他觉得自己有责任告知阿根廷政府，英国将对南
175 乔治亚岛采取行动。这也引起了首相的暴怒。撒切尔夫人认为，鉴于英美的同盟关系，提前告知美国国务院是出于礼貌，但这绝不意味着他可以把英国的军事秘密泄露给敌人。亨德森最终成功地劝阻了黑格实施自认为正确的行动。

撒切尔夫人在唐宁街向媒体宣布已经夺回南乔治亚岛的消息后，她的讲话一直都在被人们误解。她对媒体的行为表示愤怒，因为他们不关心英国军事行动成功的细节，而更感兴趣接下来将会发生什么。撒切尔夫人训斥他们说："仅仅为我们的陆军和海军获胜的消息欣喜。欣喜，欣喜。"这一训词成了人们广泛批评撒切尔夫人对战争死亡麻木不仁的例证，也成了指责她冷酷无情的证据。[31]但是，撒切尔夫人的讲话绝不意味着她在为阿根廷的失败沾沾自喜，她只是下意识地引用了卫斯理宗的创立人——约翰·卫斯理（John Wesley）的话。撒切尔夫人在这种宗教的影响下长大，并在伦敦城市路的卫斯理小教堂和丹尼斯（Denis）举行了婚礼。"欣喜，欣喜"来自一首赞美诗，卫斯理曾用这首诗作为宗教仪式的结束语。依照计划，漫长军事行动的第一步已经成功，这让撒切尔夫人顿时放松下来。正因如此，这句话才突然跳进了她的头脑。

4 月 28 日，黑格的第一轮外交谈判结束了。从一开始，他个

人便支持英国。他第一次到达伦敦时,美国驻英国大使埃德·斯特里特(Ed Streator)很直接地问他:“你会支持英国吗?”美国人从来没有幻想过撒切尔夫人会主动妥协。正如斯特里特对黑格所说的那样,“她不会让步”。“她觉得自己已经为战争做好准备。没有任何协商余地。”贡佩尔回忆道,“只有阿根廷部队撤兵一件事需要解决。”[32]

尽管撒切尔夫人坚持不妥协,但在美国的敦促下,英国外交部想让特遣部队驻扎福克兰群岛,让国际维和部队登陆该群岛,以及就未来群岛主权问题开始协商。但在撒切尔夫人眼里,外交部部长皮姆这样的思路简直一无是处。皮姆在下议院胆怯地提 176
出在谈判期间也许会让特遣部队驻扎的建议后,撒切尔夫人命令他回到下议院确认谈判不会影响英国夺回群岛的行动。

里根粗线条的管理给了内阁成员酌情处理政务的空间,他们可以按照自己认为的最好的方式来执行政策。这与撒切尔夫人严密控制的方法截然不同。1975 年 10 月,她接受《观察家报》记者肯尼思·哈里斯(Kenneth Harris)的采访时声明:“作为首相,我不可能在争论上浪费时间。”[33]最终,她因为自己的管理风格,遭到了警告。她已经将一些反对自己经济政策的人清除出政府。哪怕是她身边最资深的老同事也害怕招致她的不满。为了强迫大臣服从命令,她最喜欢使用的方法之一就是令他当众受辱。贡佩尔回忆,在福克兰群岛战争期间,撒切尔夫人竟然在所有公众的视线下,“极其严酷地对待”皮姆。“晚宴上,她对皮姆相当无理。我从来没有见过任何人在晚餐时这样严厉地叱责皮姆这样的重要人物。她把皮姆赶到一边,就好像他是自己面包上的一只苍蝇一样。”斯特里特回忆。[34]

黑格继续努力寻找方法避免流血冲突，但让他受挫的是，他发现阿根廷军政府中没有一个人能够就他的提议给出确切的回应。每次经过调停与加尔铁里和他的外交部长尼卡诺尔·科斯塔·门德斯(Nicanor Costa Mendez)达成协议后，没多久又遭到他们的完全否认。作为一名陆军将军，加尔铁里似乎很害怕遭到阿根廷海军总司令的罢免。据透露，是他力劝加尔铁里入侵福克兰群岛的。“如果加尔铁里不拥有决定权，”黑格回忆道，“那么军政府也不可能有。”所有决定，军政府似乎都必须获得每一支陆军部队指挥官以及相应的海军和空军指挥官的一致赞同。每次前进一点点，又被那些从来没有参加过谈判的人完全否决。相比美国政府中的其他人，柯克帕特里克也许对阿根廷更为熟悉一些。她认为这些人“擅长所有的事情，除了管制自己”。此外，她还认
177 为“让阿根廷对福克兰群岛战争负责有点疯狂，不仅是一点疯狂……因为每次交谈，我都很确信他们真的根本不知道自己在做什么……我尝试过很多次，让他们明白自己正在犯一个可怕的错误”[35]。

4月29日，阿根廷正式拒绝了黑格展开协商的最后尝试。在给撒切尔夫人的私人信件中，里根告诉她，他觉得自己现在终于可以自由地公开声明支持英国了。他写信告诉撒切尔夫人：“我很肯定，你同意现在最重要的就是，让全世界都知道我们为了平等和平地解决问题所做的每一次努力。而阿根廷政府必须在和平和战争之间选择。”里根没有将英国已经赞同的协议的具体内容写清楚。“因为这样可能会给你带来麻烦，”里根总结道，

“我们绝不怀疑女王陛下的政府真心诚意与我们合作。英国政府别无选择，只能采取军事手段捍卫自己的权利。”[36]里根很失望自己没有成功阻止这场不可避免的流血冲突。他曾判断这场战争“爆发的主要原因是阿根廷（由于政变导致的）军人总统希望扭转自己衰败的政治命运”[37]。29 日晚，英国在福克兰群岛周围划出了 200 英里的禁区。在这个区域内，英国军队可以击沉阿根廷的军舰，或者在没有预警的情况下击落敌方的军用飞机。至此，福克兰群岛战争即将开始。①

英国采取的第一步是炸毁群岛首府斯坦利港的河床，借此阻止阿根廷增援部队登陆，同时让皇家海军核潜艇“征服者”号用鱼雷击沉阿根廷的巡洋舰贝尔格拉诺将军号，致使 321 人丧生。5 月 4 日，阿根廷空军实施反击，用一枚法国飞鱼导弹击沉了英军的“谢菲尔德”号（HMS Sheffield），致使 20 名英国海军丧生。海上日益激烈的流血冲突促使黑格利用秘鲁政府的斡旋，同阿根廷重开和平谈判。在黑格的请求下，里根向撒切尔夫人提出了私人呼吁。他呼吁撒切尔夫人为了挽救生命，重新考虑和解。但撒切尔夫人的回信相当尖锐。“我不喜欢这种持续不断的压力动摇我们的立场，我给总统写的一封私人信件表明了我有多么失望，178
虽然在寄出去之前，我把它撕毁了。”[38] 5 月 13 日，里根致电撒切尔夫人，做了最后的尝试。他劝说撒切尔夫人放弃军事行动。“虽然我说了，但我不认为自己能够说服她终止下一步计划。”[39]

---

① 早在 4 月 2 日，加尔铁里总统便下令对福克兰群岛发动进攻，作者此处说“战争即将开始”应该是指双方开始正面军事交火。——译者注

5 月 14 日晚，里根再次致电撒切尔夫人。因为此前，正在华盛顿访问的巴西总统告知他英国将要轰炸阿根廷本土。总统告诉撒切尔夫人，逐步升级的军事行动会产生相反的效果，而且将使美国的援助行动变得更困难。就像亨德森描述的，撒切尔夫人在这场争论中的确十分"尖刻"。她提醒里根，她曾尽全力帮助过他，不仅包括开展西奈多边核力量计划（Sinai Multilateral Force）和派遣人员监视萨尔瓦多（El Salvador）的选举。难道他一点也不感激吗？"玛格丽特听完我的话后，"里根回忆，"向我解释说钢铁般的意志是她成名的原因。她会继续坚定不移。我无法说服她做出不侵略的承诺。我们等着几天后某个晚上英国的飞机开始在阿根廷上空实施轰炸——但是它并没有发生。"[40]

几天后，撒切尔夫人抱怨总统的电话是多么让她"心烦意乱"。她"惊慌失措"，并且"对里根的态度表示失望"。"总统里根希望我们取消军事行动，我说就在昨天，阿根廷军队已经击沉了我们的军舰。我们不可能仅仅因为谈判耽搁军事行动。事实上，恰恰是我们的军事行动才带来了外交回应，而且是有史以来最不令人满意的外交回应。"[41]

"这是一次艰难的对话，但总的来说，是一次很有用的对话，"事后，撒切尔夫人写道，"事实上，即使是我们这样亲密的同盟——即便某人表现出是我最紧密的政治伙伴——在面对相同的事件时，我们还是出现了差异。"[42]里根和撒切尔夫人的友谊似乎到了断裂点。她要亨德森通知美国国务院，如果总统只是劝她改变计划，那么就不要再打电话给她。亨德森劝阻她不要这样，并让黑格转告总统，他的来电不仅产生了反作用，还可能会令他们深厚的私人友谊产生裂痕。里根充分了解撒切尔夫人的愤怒。179 “我不能再看着里根如此慌忙地打电话给她了。”[43]亨德森在日记中吐露了自己的心声。

里根和撒切尔夫人的关系进一步恶化了。在英国首相的官方乡间别墅——契克斯(Chequers)召开的一次会议上,亨德森暗示道,鉴于总统和首相之间严重的分歧,里根也许觉得取消他拜访温莎城堡的长期计划是非常审慎的;而这令撒切尔夫人十分愤慨。“这是女王在邀请他,”撒切尔夫人训斥亨德森,“你难道不明白,如果总统不来,对女王是多么无理吗?”[44]

5 月 21 日,英国的特遣部队到达福克兰群岛,随后在阿根廷空军连珠炮似的猛攻下,在圣卡洛斯海峡(San Carlos)附近的小村庄搭建了一个桥头堡。许多直升机在袭击中被破坏,于是战士们从这里开始了 60 英里的行军。他们要翻越危机四伏的山岭,向首府斯坦利港进军。黑格再次斡旋,希望实现和解。这一次,巴西政府成了中间方。此外,他又一次劝说里根,让他致电撒切尔夫人并敦促她回到谈判桌上来。

意识到里根之前的电话最终引发了撒切尔夫人的敌意后,黑格询问亨德森是否可以直接向撒切尔夫人提出一个卓有成效的建议。“一般情况下,我认为这些政府首脑之间的电话交谈总是会导致矛盾和恶语相向,正如里根和撒切尔夫人之前的电话交流那样。”亨德森在日记里写道,“但是,如果首相已经仔细阅读了黑格关于和解的建议,那么我认为这时打个电话也不会有什么坏处。”[45]

这真是一个严重错误的估计。这个电话将所有的关系推向了冰点。里根发现自己完全在进行一场单边且刻薄的对话。撒切尔夫人一遍又一遍责骂里根："这些提议都是在最错误的时间提出的错误的建议。"按照她的话说，这一次"是更加坚定而非友善的"。[46]她又一次刚开始交谈就断然拒绝了总统的提议。她告诉里根："从军事胜利的紧要关头攫取外交上的胜利，这本来就是一个错误。"

180 "我告诉他，如果阿根廷不撤兵，我们是不可能停火的。"撒切尔夫人回忆道。她要求里根站在她的立场思考问题。"设想一下阿拉斯加遭到侵略，"撒切尔夫人说，"你已采取行动，号召全民将其收回，但这时有人建议你们和解……你也一定不会这样做。"

里根开始为自己辩解。"不，不，"他回复道，"尽管如此，玛格丽特，但我不得不说阿拉斯加的情况与这完全不同。"

"或许吧，"她突然停顿了一下，然后继续道，"我不能放下我最棒的战舰和我最出色的士兵，不能在阿根廷还未撤兵的情况下停火，让他们就这样静悄悄地离开。"

尽管里根试图从黑格提供的和解建议里选出一些条款向撒切尔夫人解释清楚，但他几乎插不上一句话。"哦，哦，玛格丽特，这只是一部分，我的理解是这样的……"他解释说这项建议要求英方停火、阿根廷军队撤出福克兰群岛，且引入第三方维和部队。

撒切尔夫人的立场非常坚定。"罗恩，我不是在将群岛让出……我现在不是在将群岛让出，"她重复。"我不能为了和解让战士们白白失去生命，让他们的鲜血白白流淌。这是不可能的。一些年轻且出色的士兵在战争中牺牲了,罗恩,你不该再要求我和解。阿根廷撤军之前,你也不该这样说,不然我们的军队、我们的政府,岂不立刻变得毫无意义?我必须继续走下去,动员一半的国民。我必须这样。”

里根向撒切尔夫人说明,目前为止,所有的军事行动,包括通过激烈的战斗夺取古斯格林(Goose Green)附近的小村庄,都不是徒劳的。“你们取得了瞩目的战果。这也许会改变外交走向……同时,我要为你所做的和你们年轻士兵的英勇表示祝贺。你们承担了巨大的风险,并向全世界证明了故意挑衅的侵略行为最终都会得不偿失。”

“但我们还没有做到,我们仍在途中,”撒切尔夫人又立刻更正自己,“我们还未抵达中途,仅仅1/3而已。”

“是的,你是对的。”里根说。接下来他开始实施黑格的终极计划。他再次解释:“我们的想法是如何利用你们已经取得的军事胜利获取外交上的主动权。”尽管他承认阿根廷也许仍会拒绝
这一方案,但是他认为“表达我们仍有和解的意愿”这种努力是 181
值得尝试的,并且“可以削弱那些利用危机为自己攫取利益的南美洲左派分子的力量。所以,我觉得这个计划……”

撒切尔夫人打断了里根的话:“这是民主,这是我们的岛屿。如果我们现在放弃,对于民主来说,就是最糟糕的事情。”随后她又发表了激烈的长篇演说,指责那些劝英国在胜利在望之际暂停向斯坦利港进军的人。

里根结结巴巴地往外蹦词,试图打断撒切尔夫人的抨击。“是的,”他说,“玛格丽特,但我认为那只是协议的一部分……

玛格丽特，我……是的，但是……”最后他放弃说服她了。“但是，玛格丽特，”他最终总结道，“我知道我打扰你了，并且我知道如何……”

但撒切尔夫人还是不允许他慢慢把话说完，她坚持说完最后一段话。“你并没有打扰我，我很高兴你打来电话，”她说，“最关键的是，罗恩，你应该理解的。我们曾孤独地忍受着敌人最猛烈的攻击……正是因为这七周阿根廷拒绝合理协商，我们才失去了最好的战舰。”[47]

撒切尔夫人挂断了电话。她自信自己做了一件正确的事——训斥里根总统。她日后回忆：“那时的对话确实让人不快，但它却产生了真正有价值的影响。”[48]尽管里根打算继续向撒切尔夫人施压，但他很高兴自己宽容了撒切尔夫人粗鲁的言语，并在日记里坦白，也许自己一直都是错的。“首相太固执了（到目前为止），”他写道，“她认为只有赢得战争才不辜负那些目前已经牺牲了的战士。我们将会看到，也许她是对的。”[49]

但是撒切尔夫人却不满足于此。随后，她开放线路致电亨德森，整个国务院都可以听到通话内容。她很明确地表示，里根阻止她追逐战争胜利，她感到失望。“她说她很‘失望’。这个词她重复了很多遍。她对里根的态度很‘失望’，”亨德森在日记里写道，“她真的‘极其心烦意乱’，她想让我告诉总统，她现在有多不安……她再次表达了对总统来电的愤怒。她受到了‘惊吓’。她希望我向总统转达她有多么心烦。”亨德森夹在总统和首相——他们就好像一对闹矛盾的恋人——之间左右为难。他对撒切尔
182 夫人说：“我不建议你一直抱怨总统的电话。”“当他想和撒切尔

交换私人意见时,应该能够随意拿起电话致电撒切尔夫人。这才是符合我们利益的。”[50]

事实很快证明了美国人正在监听这通电话。因为撒切尔夫人刚一挂断,黑格就打电话告诉亨德森他看到英美关系“面临巨大的困难”,而且这种“观点”正在和固执己见的英国政府对抗。当亨德森问黑格这是国会还是美国新闻界的观点,黑格回答说不,他指的是总统和他自己的意见。“说真的,我们一直支持英国,请不要误解,”他告诉亨德森,“但我们不能接受英国政府的不妥协。”如果撒切尔夫人坚持自己的态度,美国将不得不重新思考自己的立场。[51]

在凡尔赛召开的七国峰会开始前,6 月 2 日,两位领导人在美国驻巴黎的大使馆进行了私人会面。他们在电话中传递出的焦虑和痛苦的坏情绪一下子都烟消云散了。但很显然,为了消除误会、澄清事实,他们首先要做的预防措施就是避开记录员或其他政界要人。只有这样,他们才能畅所欲言,表达真实的情绪。很明显,他们和解了。当两人都露出微笑时,大家知道,撒切尔夫人已经对里根在最困难的时候向她提供的所有帮助和精神支持表示过感激了。

那天晚上发生了意外。对福克兰群岛之事,里根政府核心成员之间的意见分歧第一次公之于众。在位于纽约的联合国总部,西班牙与巴拿马联合安全委员会决定通过投票的方式看哪些国家强烈谴责英国政府对福克兰群岛采取的行动,并且要求英国立刻停火。面对冲突,英国政府不得不首次使用它在联合国的否决权。得到里根的私人指示后,柯克帕特里克不情愿地联合英国政府阻止该决议。但她刚投出否决票，随后就告知媒体，她收到了黑格迟来的指示，该指示要求她支持决议。如果指示来得及时，她就不用为联合英国而后悔了。作为总统凡尔赛之行的随从人
183 员之一，黑格说过，英国肯定会使用他们的否决票，所以他可以让美国表面上支持拉美政府寻求和平。美国政府的突然转变让美国在巴黎的与会人员错愕不已。他们的两面派作风也成了峰会与会领导人眼中的笑柄。

对黑格的失礼，里根十分尴尬。第二天中午，他坐在撒切尔夫人旁边用餐，并接受了一名美国记者的提问：为什么对于支持英国这样一个简单的问题，他的政府却表现得如此混乱。面对聚集在一起的各国媒体和围坐在桌边的一些国家领导人，里根说，对此次分歧，他一无所知。为了让里根更加尴尬，这名记者转向撒切尔夫人，询问她对美国的混乱态度有何意见。撒切尔夫人巧妙地回避了这一问题，帮助了自己的朋友。她说在午餐时接受采访是不明智的行为。

回到伦敦后，撒切尔夫人接到了 6 月 14 日已经收回斯坦利港的消息。她立刻开车前往下议院，宣布胜利的消息。和一切军事行动一样，福克兰群岛战争也是一次赌博。但对撒切尔夫人来说，这次赌注是最高的。她坚决实施的经济改革，最终引发了公众的愤怒。此外，她迫切希望恢复英国在世界范围内的声誉。而战争胜负与这两点利害攸关。她毫不怀疑，如果特遣部队失败，她将面临辞职，她宏大的保守改革也将被继任者抛弃，而保守党也只能在名义上保留大量的保守派人士。抛开她与里根尴尬的异见和激烈的争论，她知道，如果没有他的帮助——尤其是温伯

格的有力援助——英国根本无法取得胜利。带着这些特殊的感触，撒切尔夫人站在了下议院的演讲席前，面对齐聚一堂的议员，在来自两边的庆贺声中发表演说：

> 我们不再是日薄西山的国家。我们重拾信心——在国内我们打了一场经济胜仗，同时又在距本土 8000 英里的地方接受了考验……我们欣喜的是，激励着世代英国人民的民族之魂被再次唤醒。今天，她变得像过去一样耀眼。英国在南太平洋上重新找回了自我，但我们绝不会沉溺于已经取得 184
> 的胜利。[52]

6 月 18 日，里根写信给撒切尔夫人，为她取得的举世瞩目的军事胜利表示祝贺。这位亲密的伙伴曾经严酷和痛苦地攻击他，而他却不再提及这些令人伤心却又难得的经历。这就是里根的优雅。"亲爱的玛格丽特，"他写道，"让我对英国军队在南太平洋上取得的军事胜利表示祝贺。你们的胜利不仅是一场漂亮的军事胜利，更捍卫了我们共同的原则，即争端不该通过侵略来处理。你们将人员损失控制在最低水平，慷慨地撤军。这都是英国最优良的传统……温暖的祝福，罗恩。"[53]

关于福克兰群岛战争，这里有一些后话。夺回斯坦利港数月后，因为柯克帕特里特希望恢复美国对南美洲的全面影响，所以里根承认美国应该通过联合国就福克兰群岛主权争端问题提供一个永久性的解决方案。撒切尔夫人强烈反对。1982 年 11 月，里根给撒切尔夫人写了一封严肃的信，提醒她，原则上讲，英国的立场也许是对的，但只有外交谈判才是提出永久和平协议的唯一途径。

“玛格丽特，”他写道，“我的国家一直都支持你，也一直反对通过武力解决福克兰群岛争端的任何尝试。你知道我们在主权问题上一贯保持中立，而且我们一直倾向通过谈判和平解决争端。我很清楚，正因为阿根廷袭击群岛，谈判才终止。但我认为这不能成为之后放弃通过谈判解决问题的理由。这让美国很难抉择。”

他继续写道：“很抱歉我们对此事产生了分歧。对我来说，我将尽一切力量确保决议不被滥用。你也许可以继续相信，美国会一直遵守我们共同的信念。正是这些信念指引着我们在福克兰群岛危机中最终走向胜利。”[54]

185 撒切尔夫人建议女王授予里根荣誉爵位——巴斯勋位大十字勋章骑士，以感谢他的援助。无论在福克兰群岛事件上他们有多少分歧，撒切尔夫人从来没有后悔过。这只是首相礼物的一部分。[55]温伯格也同样被授予了荣誉爵位。1989 年 6 月，里根来到伦敦。女王在白金汉宫举行了一个简短的仪式，授予他这项荣誉。他是第二位获得此项荣誉的美国总统。此前，英国曾经为了感激艾森豪威尔在第二次世界大战中对英国的帮助而授予他此项荣誉爵位。里根夸张的风格让他十分享受这场精心准备的、具有历史感的仪式。他不止一次张口结舌。“我无法表达自己是多么自豪”是他唯一可以流利表达的句子。里根披着白色塔夫绸做内衬的深红色缎子斗篷，头戴作为身份象征的黑色天鹅绒帽子，衣服上还有金质的厚重衣领。首相看着他笨手笨脚地摆弄着星形勋章，平静地开玩笑说：“别把它们弄掉了！”

# 第九章　冷 战 分 子 186

没有任何时候比里根和南希访问温莎城堡时更令人尴尬的了。最初开始计划时,大家都认为这是一个很好的外交策略。对美国来说,里根作为总统首次访问欧洲,是无比荣耀的时刻。对撒切尔夫人而言,她曾认为自己和里根的关系以及美英之间的关系是坚不可摧的,这次恰是一个巩固双方关系的好时机。此外,在福克兰群岛战争取得胜利前,撒切尔夫人在英国一直都不受欢迎。作为首相,她的形象是有史以来最糟糕的,因此唐宁街也视此次访问为扭转撒切尔夫人形象的一种尝试。正如大使尼古拉斯·亨德森所说:“1979 年撒切尔夫人被选为首相后,她就成了失败的象征,成了一个警示,以及不能效仿的教训。”[1]

对于里根,这次访问是他职业生涯的巅峰。访问的行程包括在具有历史意义的皇家展览馆向议会两院发表演讲,和伊丽莎白女王在温莎大公园一起骑马,以及在温莎城堡历史悠久的圣乔治大厅华丽的天花板下和女王共进晚餐,并接受女王对他的感激和敬酒。对南希来说，作为皇室家族的仰慕者，能够在城堡里过夜是她梦寐以求的。“我从没想过我的一生中还能有这样的机会。”[2] 她向自己的朋友吐露心声。但是，如果不是这一天，大家可能都不会觉得如此尴尬。

那天是1982年6月8日。女王起身正要向总统及其夫人敬
187 酒：“菲利普亲王和我都非常高兴你们来温莎城堡做客。从900年前开始，这里就一直是国王和女王的住处……”就在这时，一则消息陆续传到了撒切尔夫人和她的战时内阁成员耳中。在世界另一边，英国军队正准备在斯坦利港向阿根廷侵略者发动最后袭击，却遭遇了灾难性的失败。威尔士卫队登陆位于菲茨罗伊(Fitzroy)的小村庄的公开计划在阿根廷战斗机的空袭下开始。英军的“加拉哈德爵士”号(Sir Galahad)和“特里斯特拉姆爵士”号(Sir Tristram)登陆舰遭到轰炸，51名英国士兵丧生，多人受伤。阿根廷政府相信当天他们的空袭造成了900名英国士兵丧生，足以阻止英国军队继续前进的步伐。下议院的国防大臣约翰·诺特(John Nott)不会立即否认这一事实，因为他害怕这会让侵略者从自己严重错误的判断中清醒过来。

里根当日的行程是参观温莎城堡周围壮丽的景色。他打着领带，穿着燕尾服，陶醉在多彩的美景中，嘴角露出微笑。目前为止，这个悲惨的消息还未众所皆知。东道主并未望而却步。这场表演必须继续，可是南大西洋的战事一直萦绕在参加晚宴的撒切尔夫人和其他内阁成员心头。所有美方成员中，只有国务卿黑格似乎察觉到一丝不协调的气氛。他向尼古拉斯·亨德森表明心声，“他很担心如果中东和南大西洋发生战争，而我们却‘在这里闲逛’。”[3]

里根非常享受这一天。几周前,工作人员就开始为这次行程做准备。他们要确保一切工作稳妥就绪。这不仅为了里根,也是为了数百位摄影师能够捕捉到他兴奋的瞬间。所有一切都是为了这个最重要的场景——里根和女王一起骑马。正如亨德森回忆:“我发现,无论白宫办公厅主任迈克尔·迪弗(Michael Deaver)对这个或那个建议有多么怀疑,但是他的眼睛始终盯着里根和女王骑马,充满喜悦。‘卡特总统就不可能做到这样①,’他带着胜利的口吻说……‘思考最佳的拍摄时机。’”[4]

对里根身边的人来说,操办骑马活动超出了他们的专业范围,因为他们一生都没坐上过马鞍。因此,了解里根基本的骑马 188
能力和习惯就落到了女王自己身上。他用过哪种类型的马鞍?是传统的英式马鞍还是美式的“扶手”马鞍?(里根通常使用英式马鞍。)他喜欢哪种类型的上马方式?(他自己的方式。)因为没能从里根的保镖那里获得足够的信息,亨德森便让妻子玛丽去询问南希。南希又去询问里根。私底下,双方都很清楚这次骑马既是里根的私人表演,又是一场最明智的公共作秀。决定它成败的关键因素就是马的特性。根本不用担心71岁的里根会从马上摔落或不得不去平息一匹不熟悉的战马的情绪。他根本没有想到自己会坐在一匹温顺的野兽身上。皇家御马官约翰·米勒(John Miller)的职责就是管理温莎城堡的皇室马厩。他最终找到了最适合的马。“这匹马一定要习惯皇家军队阅兵仪式的盛大场

---

① 卡特就任总统后,遇到需要抛头露面的场合,如全国电视演说或召开记者会时,总是显得相当紧张、拘谨。——译者注

面。要看上去很强壮，但行为像只小羊羔。”[5]

6月7日晚，里根到达希斯罗机场（Heathrow Airport）。菲利普亲王代表女王前来迎接。里根下飞机走上跑道，来到了由撒切尔夫人和部分内阁部长组成的欢迎队伍中。虽然从机场开车前往温莎城堡只需15分钟，但英国却安排直升机送里根前往。城堡巨大的圆塔和壮观的平台经过一番精心改造，看上去更富历史感，像一个世纪前维多利亚女王时代的风格。女王在门外准备了简短的欢迎仪式，然后将总统和第一夫人迎入家中，再领入城堡。里根夫妇进入套房，看着窗外开阔起伏的绿地。令他惊奇的是，他的旅行箱早就被打开，衣服挂在了宽敞的衣橱里，剃须用品和化妆品也都整齐地摆在梳妆台上了。这些都是由专门指派给他的贴身男仆完成的。私人晚宴开始前，有38分钟的短暂休息时间来更衣，接下来晚宴由女王主持，其他皇室成员，包括女王的母亲、查尔斯王子和威尔士王妃，均出席了晚宴。第二天早上，里根夫妇发现皇室城堡里的生活虽然奢华，却不如在白宫那样方便。
189 仆人会将茶送到卧室。早餐的供应时间最早是8时15分。谁想要吃早点，必须穿戴整齐，到楼下的餐厅用餐。

谈到里根此次访问的最重要部分，令人期待的就是他和女王骑马。在600多名前来记录这一时刻的媒体记者前举行阅兵仪式，并未令女王感到愉快，但这却被很多人视为巨大成功。里根穿着粗花呢夹克、马裤和开领式衬衫，骑在骏马上，看上去自由自在。女王也穿着粗花呢夹克和马裤，戴着丝绸头巾，骑在里根旁边。两人交谈着，就像真正的朋友一样。此时，菲利普亲王和南希坐在敞篷的四轮马车里紧随其后。里根意想不到的是，一生都在骑马，并且只有在马上才感到快乐的女王在打马球时从未摔下来过，而她的儿子查尔斯却常常从马背上跌落。里根日后回忆：“我必须承认，女王的确是马术精湛的女骑士。”[6]

第二年，女王收到了里根的邀请——参观群山环绕的圣巴巴拉大牧场。女王夫妇结束对墨西哥的国事访问后，按照弗朗西斯·德雷克爵士(Sir Francis Drake)的路线，乘着“大不列颠”号沿海岸线继续前行。他们遭遇了可怕的暴风雨，这使女王前往大牧场的漫长风雨路或多或少有些像越野障碍训练。“我们确定女王肯定不会来了，因为路上实在太艰难了。如果当时你也在那里，就会知道四周都是雾蒙蒙的——手放在眼前都看不见，”南希回忆道，“但女王下定决心要来。他们到达时，我们为这样的天气和大雾向她表示深深的歉意。虽然什么也看不见，她却继续说：‘哦，不，不，不。这是一次冒险。’”[7]

然而，温莎之行的真实内容是里根在议会两院发表的演讲。自1960年戴高乐(Charles de Gaulle)将军在伦敦发表讲话后①，这样的演讲还是第一次。皇家展览馆的天花板高高在上，大厅里挂着两幅醒目的巨型油画——《纳尔逊之死》(*The Death of Nelson*)和《惠灵顿与布吕歇尔在滑铁卢会师》(*The Meeting of Wellington and Blucher*)。这两幅表现大英帝国战争胜利的油画均出自丹尼尔·麦克利斯(Daniel Maclise)之手。和撒切尔夫人一样，里根也被许多英国人认为是制造不和的人物。他在演讲中清楚

① 1960年戴高乐在英国伦敦发表抗纳粹宣言《告法国人民书》。——译者注

190 地表达了对共产主义的厌恶，以及在共产主义国家设置巡航导弹和潘兴导弹的愿望，引起了英国人的疑虑。他混淆了共产主义、社会主义和社会民主主义，导致 255 名工党国会议员中有 195 人联合抵制他的演讲。撒切尔夫人和里根一样，总是将所有与左派相关的词汇捆绑在一起，混为一谈。里根开始对苏联进行毁灭性的打击时，这篇花费大量精力且亲自撰写的演讲稿给人们带来的疑虑也许得到了证实。成为总统的里根在欧洲宣布了自己的首要外交政策——下决心引领世界朝着他希望的方向前进。虽然里根式的笑话令他的演讲内容不乏闪光点，但几乎没人对文字背后的意图有所怀疑。

他形容这一刻说“站在这神圣的大厅里感到很亲切，就像回家一样”，并在演讲里到处引用温斯顿·丘吉尔（Winston Churchill）的话。他要求英国的立法者打开电视加入他的“自由改革运动”。他直接针对苏联和东欧的所有极权主义政权。为了回应 1946 年丘吉尔在密苏里州（Missouri）富尔顿（Fulton）发表的“铁幕”演说①，里根说道：“从波罗的海（the Baltic）的什切青（Stettin）到黑海（the Black Sea）的瓦尔纳（Varna），极权主义者建立的政权用了超过 30 年的时间打造他们的合法性。但是目前为止，还没有一个政权敢自由选举。刺刀下的政权是不可能生根发芽的。”

“具有讽刺意味的是，卡尔·马克思（Karl Marx）是对的，”他

---

① 1946 年 3 月，丘吉尔在密苏里的富尔顿发表他对战后世界的看法。他说共产主义已在欧洲安置了一道铁幕。因此，英美有必要联合起来作为反对苏维埃共产主义威胁的和平保卫者。——译者注

继续道，

> 今天，我们正面临着巨大的改革危机。这种危机来自世界对建立经济秩序的需求和政治秩序之间的直接冲撞。但这种危机并没有发生在自由的、非马克思主义的西方，而是发生在马克思列宁主义的故乡——苏联。正是苏联逆历史潮流而动，剥夺了公民的自由权和人格尊严。同时，它也深陷经济危机。从20世纪50年代开始，苏联的国民总收入增长率就持续下跌，已经下降了至少一半。
>
> 苏联错误的程度真的令人震惊：这个国家有1/5的人口 191
> 从事农业，可它却无法养活自己的人民。如果没有苏联农业中的小型个体生产，那么整个国家也许都会处在饥荒的边缘。这些自留地只占可耕地的3%，但产量却占苏联农业产出的近1/4，同时还承担了近1/3的肉类和蔬菜生产。年复一年，过度的集权、缺乏激励甚至没有激励，让苏联将它最好的资源都浪费在了杀伤性武器的制造上。经济增长持续低迷和军工产品的增长成了苏联人民身上沉重的负担。

接下来，里根开始向苏联领导人发起挑战——不是从军事硬件方面，而是在意识形态领域。“如果勃列日涅夫（Brezhnev）主席打算给我一个机会，让我在苏联电视台向苏联人民发表讲话，那么我也会给他同样的机会。同时，我们建议双方的新闻小组定期出现在对方的电视上，就重要的议题进行讨论。”他建议使用一切和平手段全力以赴从外部向苏联发起挑战。因为里根坚信，一旦给苏联人民自由选择的机会，他们肯定会选择民主、法律和繁荣。他将目标集中在象征苏联和民主国家生活方式差异的符号上。这段不详的话暗示着接下来的内容，他说："柏林墙，一道贯穿在城市当中的可怕的灰色裂缝，已经进入它生命的第三个十年①。这道墙是建造它的政权的最恰当的签名。"他说，自己的目标是"一个长期的计划和希望——推进自由和民主，让马列主义进入历史的尘埃"。

他很清楚，演讲席下的听众都在担心福克兰群岛战争的情况。只为赢得掌声，他继续说："在遥远的南大西洋岛屿上，我们年轻的士兵正在为大不列颠而战。而且，是的，抗议他们为如此遥远且不宜居住的土地牺牲的声潮愈演愈烈。但这些年轻的士
192 兵不仅在为领土而战，更是为信仰而战，即武装侵略必将走向失败，而且人民应该支持法治政府的决议。"

撒切尔夫人对里根明确的战斗号召感到高兴。尽管当时大西洋另一侧的评论家几乎没人认可里根的讲话，但它确实是支持战争的有力宣言。撒切尔夫人坐在听众席第一排，对里根追求自由的雄辩表示骄傲和欣赏。对她来说，里根的话是一种鼓励，她决定照此行动。和里根一样，她觉得缓和政策（detente）②的努力

---

① 柏林墙始建于1961年8月13日。——译者注

② 缓和政策指的是20世纪60年代末至70年代末期间，美国与苏联两国于军备竞赛、外交立场的基本态度从紧张对立渐趋缓和的过程。之前正值冷战高潮，美苏两阵营对抗趋向白热化。20世纪60年代中期，耗费庞大的美苏间的战略核竞赛已开始渐露疲象，随后出现了一系列缓和冷战的政策。——译者注

错误地支撑着苏联，让冷战拖延得太久了。在他们的私人谈话里，她曾试着揣测里根的意图。这时，波兰发生反抗苏联的运动，而苏联经济正处在崩溃的边缘。现在也许是向共产主义国家施压的最好的时机，让它们从这个地球上彻底消失。但她突然想到一个问题，如西方国家对波兰的反应一样，不合理的经济制裁不仅会对苏联造成压力，而且很有可能伤害资本主义国家。

当里根前往唐宁街准备与撒切尔夫人及其内阁成员共进午餐时，首相重新温习了几句话。她打算用这些话来感谢自己的好朋友和政治伙伴。里根到达唐宁街见到女王后，该轮到撒切尔夫人出场了。这位英国首相开始评价总统对全世界的愿景。里根在早上的演讲迅速被人们定义为关于“历史的尘埃”的演讲。撒切尔夫人赞誉这次演讲是“一场胜利。我们非常感谢你给福克兰群岛战争加上自由的砝码”。同时，她很感激里根政府在福克兰群岛战争中，给予她的精神和物质上的帮助。

撒切尔夫人告诉所有在场的人：“无论是里根就任总统之前还是之后，我都把他当成在危难时刻可以依靠的好朋友。”当时国务卿黑格也在场，于是她小心翼翼地没有提及自己和里根围绕黑格提出的各种福克兰群岛争端的和平解决方案曾发生的激烈争论。她说：“最近这几周，我们用最具体的行动表达了我们的友谊及其意义。我希望你能了解英国的意愿——无论付出多大的代价，都要反抗阿根廷对福克兰群岛的侵略。当然我们也了解你的
用心——在牺牲了大量国家利益的情况下，依旧支持英国。”接下 193
来，为迎合里根和黑格，撒切尔夫人高度评价了两人特殊的友谊，但对两人当下的分歧则一笔带过。这些具有讽刺意味的话对在场

的大部分人并未起到什么作用。“我更欣赏我们可以自由、坦率地与你讨论在当今世界意味着一切的共同利益问题。我们没有一味赞同，而是像亲密朋友一样给予和采纳建议，没有焦虑和嫉妒……无论是总统先生，还是黑格先生都经常展示这种伟大的精神。这是我们之间最独一无二的信仰，也是我们共同享有的无价之宝。”[8]

里根一回到华盛顿，就给撒切尔夫人写了封感谢信。他肯定“这次访问英国是他欧洲之行最重要的事……感谢你给我机会让我在议会发表演讲，并在唐宁街10号为我准备了令人愉快的午餐。虽然此行带有公务性质，但正是我们之间的友好关系，才使访问变得如此轻松愉快，没有压力。谢谢你送我的精美的旅行钟，还有给南希的音乐盒。这些饱含心意的礼物，我们一定会好好保存的……谨致问候丹尼斯，希望能够与他再见。美好的祝福，罗恩。”[9]

里根和撒切尔夫人希望商定西方阵营联合抵制苏联的行动计划。讨论这一棘手问题的机会很快就来了。6月底，撒切尔夫人前往联合国在纽约的总部发表裁军演讲。因此，黑格建议她顺道访问华盛顿，共同商议一系列共有的外交政策的宗旨，包括以色列以清除巴勒斯坦恐怖分子为由入侵黎巴嫩。此外，美国以苏联支持波兰政府实施军管、监禁团结工会领袖莱赫·瓦文萨(Lech Walesa)为由，对苏联实施经济制裁，并抗议苏联迫害人权的暴行①。黑

---

① 波兰团结工会领导了大规模的罢工运动，使波兰出现了要脱离苏联集团的迹象。苏联担心波兰事态发展失控，于是在波兰举行了一次大规模的华约军事演习，向波兰民众显示威力。波兰政府为了维持社会稳定，实行了军事管制，一夜之间将团结工会领导人一网打尽。里根则以苏联支持波兰政府军管为由，对苏联实行经济制裁。——译者注

格认为这依然是非常重要的问题，值得两位领导人坐下来面对面讨论。会议开始前，国务院工作人员已经向里根提交了一份内容简报。“在东西方阵营的问题上，您就任总统后，所有联盟国家首领中，撒切尔夫人也许是您最坚定的支持者。”黑格向里根提出，“对共产主义的性质、苏联的威胁，以及西方阵营需要采取的态 194
度，她的处理都非常坚定。”这份简报还解释道，约翰布朗公司在石油管道设备上投入了2.79亿美元，但里根对苏联油气管道供应商的制裁①，损害了这家苏格兰公司的利益，令撒切尔夫人非常不满。简报上着重强调：“美国将本国的法律和法规应用到别国的审判中受到广泛批评，而英国一直都是最大张声势的批评者。”而且英国议会已通过了一项法规来反击美国的这种行为。[10]

接下来，另一幕出现了。两位领导人在华盛顿会面时，里根重申了他对苏联实施制裁的观点。然后让撒切尔夫人震惊的是，他说约翰布朗公司“对他的决定非常满意，而且他们并未因此损失一大笔”。亨德森回忆说：“撒切尔夫人眼里充满怒火。他对里根的决定发起了猛烈的攻击。她指出今年美国对苏联出口额的增长就是因为撤销了粮食禁运。”

里根开始谈论福克兰群岛的情况时，首相又像平时一样，不停打断他，发表自己的观点。令美国人震惊和恐惧的是，“她这样描述阿根廷囚犯的情况：营养不良、战壕足、痢疾。而我们的士兵

---

① 苏联是重要的产油大国，但由于当时不具备足够的生产技术和能力，无法生产输油钢管，也就无法将重要的石油资源输出并获得经济价值。美国正是看到了苏联这个弱点，决定将禁运输油管道作为遏制苏联的重要手段之一。——译者注

没有被这些状况困扰。"亨德森回忆道。里根劝她，倘若胜利，应该宽宏大量，而撒切尔夫人却故意装作没听见。亨德森在日记中写道："直到里根不得不离开赴下一个约会时，他都没有找到机会插上一句话。"[11]黑格希望两国领导人能在此次私人会谈中达成共识，但是他的希望破灭了。这是他尝试建立英美友好关系的最后一次机会，因为他辞职不久后，乔治·舒尔茨（George Shultz）——里根加州时代的好朋友——就替代了他的位置。

虽然黑格在福克兰群岛战争时的旅行外交让撒切尔夫人厌倦，但她还是写信给里根，就黑格的离开表示遗憾。她的信没有一丝讽刺意味："上周三看到你真的很愉快。我很高兴又有机会
195 和你进行友好的谈话。"她承认，"过去的3个月是非常艰难的时期。我依然很感激美国给予我们的全部支持和帮助。"但是，"我很抱歉听到黑格辞职的消息。我写信来是为了向他表示感谢，谢谢他给予我们的帮助。不管出于什么原因，这样的变化还是让人伤心。不过正如你所知，乔治·舒尔茨在这里也享有高度的赞誉。我们很高兴将与他合作。未来的几个月里，还有许多任务需要英美共同去完成。"[12]

仅此一次，撒切尔夫人准备公开反对里根。7月1日，她在下议院宣布："我有个问题，那就是一个强大的国家是否就可以不履行现行合约？我认为这样做是错误的。"她提出了新的法案以防止四家英国公司——其中包括约翰布朗公司——被迫依从美国的法律。7月2日，里根写信给撒切尔夫人，尝试用自己的魅力和发自内心的恭维让撒切尔夫人改变想法，支持自己的观点。"我知道，玛格丽特，你和我的感觉一样的强烈，那就是让苏联和

波兰政权明白,波兰的改革进程必须重新开始。你也曾提到过悲剧已经降临在波兰人民身上。当你坚定地支持这些遭受不幸的国家时,我对你投以赞赏和敬佩的目光。当然,鉴于我们共同的观点,你和我可以——事实上是必须——继续共同努力让苏联和波兰政权恢复理智。因此,我建议我们两国尽快展开一场严肃的对话,讨论我们该怎样对莫斯科和华沙施压。同时找到一个持久的共同方案,处理与苏联的长期经济关系……温暖的问候。真诚的,罗恩。”[13]但是撒切尔夫人并没有动摇。9 月,她发表评论:“现在,我因为一个朋友倍感伤心。我强烈认为,一旦你做出承诺,就必须继续履行。‘我的诺言就是我的契约’这句话就是整个伦敦市存在的根基。”[14]

乔治·舒尔茨将石油管道禁运形容成“有毒的问题”。直到1982 年 12 月这位新国务卿上任,美国才将自己从禁运中解脱出来。舒尔茨是经济学家,他一直都质疑经济制裁的功效,认为政客们开启和关闭私人交易就像开灯关灯一样随意。他相信“一个 196
国家对别国实施制裁,给本国经济带来的危害远大于给目标国家带来的危害”。[15]舒尔茨相信,当欧洲公司开始履行它们的合约,将石油输入管道,并且公然联合反抗美国的制裁时,美英与欧洲国家的关系将面临危险。美国对它们实施反击是可能的,但不同于法国、德国和意大利的公司,美国是约翰布朗公司最大的市场。对抗美国则意味着导致公司破产,大量人员失业。舒尔茨认为这样做是很鲁莽的,因此,他通过限制对石油和天然气管道生意的“限令”,首次争取“清除”对那些公然反抗美国禁令的欧洲公司的惩罚性制裁。

舒尔茨使里根相信，美国应该撤销石油管道禁运，换取与欧洲领导人达成更广泛的协议，以限制对苏联的经济援助。但在一些议题上，欧洲领导人仍然表示反对。因此，通过进一步的妥协和使用一些欺骗性手段，舒尔茨最终帮助里根免遭失败。宣布新法的头天晚上，里根给所有联盟领导人写了封请愿书。尽管他与撒切尔夫人在制裁苏联的问题上意见不同，但他还是在信的最后加了一段给撒切尔夫人的话。他暗示这件事已将欧洲大陆引向正轨。“玛格丽特，我想向你表示特别的感谢……感谢英国在达成共识的道路上扮演着具有建设意义的角色。比起许多国家一年前的想法，我认为我们已成功让我们的伙伴更加理解美英对于东西阵营经济关系的立场。”[16]

第二年，苏联政权的本质暴露无遗。1983 年 9 月初，一架苏联喷气战斗机击落了大韩航空公司的一架民用客机，致使机上 269 人全部丧生。此事发生后，里根立即写信给撒切尔夫人：“对于这样卑鄙的行为，我感到震惊，并且深恶痛绝……现在需要解决的问题是我们应该如何回应这起违反国际民航组织安全规定
197 的事件。”[17]美国和其他国家立刻下令禁止苏联民航总局使用西方国家的机场。但是为了不影响美苏削减战略核武器谈判所取得的成果，里根暗示对苏联采取的一系列抵制行动已经足够多了，而且这次悲剧激起了联盟国家的愤怒，也许可以成为组建联合战线的借口。撒切尔夫人回复道：“这次事件真实地暴露了苏联政体的本质：它冷酷无情，它对间谍活动和安全问题具有神经性敏感，它虚伪，对于理解他人表现出明显的无能，更不用说遵守国家间文明往来的正常规则。对于那些相信善意和情理就足以

确保我们的安全和世界和平的人而言,苏联的这些行为是最真实的教训……我非常欣赏和感激你的领率作用。你坚定的立场,以及坚持进行更广泛的协商,这些都是非常正确的决策。”[18]撒切尔夫人“格外”期待月末在华盛顿与里根会面,就此事发表评论。

里根清楚地知道,撒切尔夫人此次访问的象征性因素更加重要。正如美国驻英大使约翰·J. 路易斯(John J. Louis)汇报的那样,撒切尔夫人的这次访问“是为了给自己的第二届任期打造一个有力的开始。时间也是精心策划的。英国和美国的关系是她外交政策的核心,而这次访问——作为她第二届任期的开始——目的之一就是为了加强英美关系”。路易斯用钢笔在自己的总结下画了一道线,他继续强调:“这次访问本身就是一个暗示。”[19]事实证明,大使的推测是正确的。尽管在此次会面中,总统和首相能够就很多问题——抵制苏联的共同策略、以色列对黎巴嫩的持续占领、继续推进在弗吉尼亚威廉斯堡召开的经济峰会上提出的自由贸易政策,以及英国需要在中美洲的伯利兹继续保持军事存在——交换最新的意见,但是,撒切尔夫人希望通过此次访问向英国和其他国家展示,作为西方阵营中诸多优秀伙伴的领导者,她在 1983 年 6 月 9 日的大选中以绝对优势获胜将有助于继续维持联盟的紧密。国务院中的一些人认为撒切尔夫人太鲁莽了,甚至有些无礼。她有意向全世界展示自己和美国总统的领导地位,但里根并没有落入她的圈套。9 月 29 日,他在日记中写道:“我 198
认为美英关系从未好过。”[20]

1983 年 9 月,撒切尔夫人访问华盛顿。她转变了自己对苏联的态度。在华盛顿举办的温斯顿·丘吉尔基金会颁奖晚宴上,撒切尔夫人除了提到了大韩航空公司的空难之外，还意外地提到了和解，暗示她和里根可以采取新方法对待苏联。“我们生活在同一个星球上。我们需要共享这个星球，”她说，“我们已经准备好——如果周围环境允许——和苏联领导人展开对话。”两周后，她在华盛顿继续发表温和言论，希望使局势进一步缓和：“无论我们怎样看待苏联，苏联共产主义已经存在。我们需要继续共同生活在这地球上，这也是为什么我们应该抓住每一个真实的机会展开对话，并使对话朝着符合东西方阵营共同利益的方向发展。”[21] 这两位西方领导人曾经不屈不挠地反共，但是现在，这至关重要的一步可能成为他们对待苏联的新战略。

撒切尔夫人第二次竞选首相获胜，里根大为欣慰。他已经习惯了撒切尔夫人的喋喋不休。里根对于管理的细节并不太感兴趣，他的政治理念是抓大放小。因此，他的内阁成员作为忠诚的被任命者，可以在总统限定的范围内享有极大的自由，而且他们认为就里根的政治理念质询他本人并不是他们的职责所在。但是，撒切尔夫人不敬畏任何人。如果她听到或看到什么令她不满的，就会毫无保留地说出来。她可以平等地和里根对话，里根也觉得很放松，他知道，这很难得。

两位领导人对保守主义的基本原则和根植于他们信仰的政策尤其感兴趣。撒切尔夫人还有另一个特点，就是想要掌握政策应用的每个细节——这时常给她的部长带来困惑。对里根来说，如果撒切尔夫人在 1983 年 6 月的英国大选中落败，就意味着两人卓有成效的伙伴关系就此画上句号。他也担心工党胜利后的
199 局势，但是，迈克尔·富特（Michael Foot）成功接任卡拉汉（Cal-

laghan)成为工党党魁。这一选举结果无意间正中里根的下怀。这位70岁的记者兼传记作家是一名社会主义知识分子,来自康沃尔郡(Cornish)的一个大家族,家族成员都是激进的非国教信奉者。他戴着厚厚的镜片,衣着凌乱,拄着拐杖,步履蹒跚。这无疑都是工党衰落的缩影。富特是一名老派的左翼社会民主主义者,比起有力地对抗撒切尔夫人责骂政府的行为,他更满足于在汉普斯特德(Hampstead)的家里浏览自己上千卷政治史方面的书籍。富特当选工党党魁主要是因为工会领袖的感情用事和缺乏远见。他们荒谬地认为富特虚张声势的辩论风格得益于他一生在工厂门口和抗议集会上发表演讲的经历。撒切尔夫人决定削减工会的权利,这也让他们期待富特的雄辩能让他们幸免于难。然而随着大选临近,工党中的现实主义者对他们板上钉钉的失败表示深深的失望。他们甚至试图说服富特退出竞选,支持丹尼斯·希利(Denis Healey)。希利是战争英雄,他不仅智慧超群,还有着拳击家一般的搏击意识。国会中的工党成员杰拉尔德·考夫曼(Gerald Kaufman)恰如其分地描述了即将到来的溃败,他说富特的选举是“历史上最长的一封遗书”。

福克兰群岛战争的胜利激起了英国国内的爱国主义思潮。毫无疑问,这股浪潮将撒切尔夫人推向大选的胜利。她两次当选英国首相对里根也是巨大的福利。有撒切尔夫人在身旁,里根总是觉得更加安全。他的喜悦是如此溢于言表,不但给撒切尔夫人打电话,还至少写了3封信表达祝贺。大选结果一公布,他就立刻致电撒切尔夫人表达自己的喜悦之情。6月15日,他再次写信向撒切尔夫人表示祝贺:“正如我在电话里所说,我欣喜若狂。

你以绝对优势取得胜利，毫无疑问，这是给西方阵营打了一剂强心针。”[22]6月16日，他继续写信给撒切尔夫人，就英国即将召开七国峰会给予撒切尔夫人帮助。在这封信里，他又写道：“亲爱的玛格丽特，再次对你以绝对优势获胜表示祝贺。这样的胜利你当之无愧。”在6月20日的信件里他继续写道：“国防部长温伯格访问英国，我不能白白浪费这个机会。我要求他再次向你转达我个人的祝贺。祝贺你在大选中漂亮地获胜。”[23]

200 但是，里根和撒切尔夫人的相互欣赏即将面临另一项严峻的考验。加勒比海岛国格林纳达（Grenada）的突发事件让里根越来越忧虑。1983年10月19日，该国以古巴为后盾的马克思主义总理莫里斯·毕夏普（Maurice Bishop）被推翻，反马克思主义的独裁者赫德森·奥斯汀（Hudson Austin）将军开始执政。当时里根正在佐治亚过周末，和乔治·舒尔茨、财政部长唐纳德·里根以及参议员尼古拉斯·布雷迪（Nicholas Brady）一起在奥古斯塔国家高尔夫球俱乐部打高尔夫球。里根在凌晨4时醒来，被告知一些加勒比海岛国家——牙买加（Jamaica）、巴巴多斯（Barbados）、圣文森特（St. Vincent's）、圣卢西亚（St. Lucia）、安提瓜（Antigua）和多米尼加（Dominica）——的领导人已经呼吁美国尽快采取行动阻止格林纳达的事态进一步发展，因为他们害怕自己会受到古巴煽动的暴乱的威胁。

对于加勒比海岛国国家领导人而言，这次呼吁绝非危言耸听。几年前，多米尼加女总理尤金妮亚·查尔斯（Eugenia Charles）因为格林纳达实施的阴谋而政变流产。里根愈发感到事态紧急，因为他知道岛上有1000名美国医科学生正面临危险。

如果他们不被杀害，那么肯定会被当成人质，就像 1979 年 11 月，66 名美国驻伊朗大使馆工作人员在德黑兰被伊斯兰暴徒劫持一样。当里根询问军队需要多久才能进入格林纳达恢复秩序，推翻奥斯汀并拯救学生时，他被告知需要 48 小时。于是他立刻下达命令："快！"

但是，这里还有一个非常重要的外交问题。虽然该岛从 1979 年开始被马克思主义者控制，但它是在 1974 年脱离英国而独立的，因此仍然是英联邦的一员，伊丽莎白二世依然是他们的国家首领。在伦敦的撒切尔夫人也被要求镇压格林纳达的残酷暴动。不过面对眼下的形势，她做出了与里根完全不同的判定。"我当时的反应就是，同意这些海岛国家的建议是美国最不明智的决定，更别说我们了。"[24]她回忆道。她关心的是岛上 200 位英国民众和其他外国人的安危。虽然这些人还不会立刻陷入危机，但很快他们不是被捕入狱，就是卷入拯救他们的军事行动中。

撒切尔夫人同样失败地预测了解决该事件的紧迫性。事实 201
上，这里的确曾经发生过马克思主义者领导的政变。1979 年进行接管仪式后，这个岛就归马克思主义者管理。因此，她认为新的暴动不过是在"程度上的改变，性质还是一样"，而且她还认为里根的焦虑太"夸张"了。她将自己的观点告诉给了里根的国防部部长卡斯帕·温伯格。温伯格建议推迟行动，但很快他就遭到了里根的反对。格林纳达政变的头几天，当美国将一支海军舰队转移至黎巴嫩海岸随时待命时，英国外交部开始焦虑地质询美国的意图。英国要求美国必须履行"只有先协商，才能进一步采取行动"[25]的承诺。

里根决定审慎处理此事。他效仿了撒切尔夫人对福克兰群岛事件的处理，下决心将格林纳达从残酷的马克思主义政权手里解放出来。因此，他决定告诉英国首相，只有当群岛再次被马克思主义政权夺走后，美国才会入侵。因为里根很清楚撒切尔夫人会要求他不干涉，所以他说服自己，提前告诉撒切尔夫人的话可能会阻碍成功入侵。“我们甚至没有提前通知英国政府，因为我想这会增加我方失败的可性能，并且会让学生们面临更大的风险。”[26]里根事后解释道。

这并不是里根采取如此快速、大胆的行动的唯一原因。另一个原因是他希望清除美国的“越战战后综合征”，即美国任何类型的海外军事行动都会再次因为遭到战争幽灵的抑制而失败。里根很清楚，如果议员们知道了他打算解放格林纳达的计划，他们也许会把这比作第二次越南战争，试图阻止美国入侵。“我知道越南战争对美国意味着什么，但美国不能因此永远活在惊吓中。我们不能拒绝再次站起来保卫国家合法的安全利益。”[27]里根回忆道。他希望通过这次胜利的军事行动清除美国人心中对失败的痛苦记忆。

12 个小时过去了，离入侵格林纳达只剩下 36 个小时了。这
202 时里根得到消息称贝鲁特(Beirut)的美国兵营遭到袭击，一名什叶派自杀性炸弹袭击者开着一辆载满炸药的卡车驶向了兵营。当时士兵们正在睡觉，这起事故造成 241 名海军丧生。此时得到这样的消息，关于“越战战后综合征”的争论似乎就显得没什么实际意义了。他回到了白宫。这件事促使他更加坚定自己的决心——推翻格林纳达的政变领导者。他很清楚，如果撒切尔夫人

知道他没打算将行动计划告知她，一定更加生气。所以为了迎合撒切尔夫人，他写了这样一封信："我正在认真思考加勒比海岛国领导人的请求，我希望了解你对这件事情的想法。我知道你希望我随时告知你在支持这些岛国的行动中美国决定扮演的角色，所以，我会保证提前告知你，我们的军队是会加入这场集体安全的战斗，还是采取政治或外交途径解决问题。这确保我能够在这件重大的事情上得到你的建议和支持。"[28]

撒切尔夫人快速做出了严肃的回应，她愤怒地写道："这次行动被西方国家界定为干涉独立小国内政的行为。上一次和你沟通，我必须说我深感困惑。你询问我的建议，我已经表达过我的态度了。我希望即使在最后关头，你也能采取我的意见，以免事态发展到不可挽回的地步。"[29]里根在日记中写道："她很烦躁，而且反对我们采取军事行动。我不能告诉她我们已经开始行动了。"[30]不到 4 个小时，里根再次给撒切尔夫人发了一条消息。他说自己早就下定决心，无论如何都要采取军事行动。他写道："这样的地区，这样的国家，这样清晰地表达他们需要美国的援助，如果美国不采取行动，我很难向他们或是别人解释。"[31]

这则消息发出 20 分钟后，入侵格林纳达的行动即将开始时，里根接到了撒切尔夫人的电话。"我一听到她的声音，就知道她生气了，"里根回忆道，"她提醒我格林纳达是英联邦的一部分，美国没有权利干涉别国内政。"[32]面对撒切尔夫人的愤怒，里根不得不装糊涂。"我不能告诉她入侵行动已经开始，"事后他写道，"我们之间亲密的友谊困扰着我。我只能告诉她'我们的关系已 203
经回到了原点'。"[33]此外，国务卿舒尔茨对撒切尔夫人最后时刻的干涉也非常不满。“为了帮撒切尔夫人度过福克兰群岛危机，我们忙得团团转，”他回忆道，“如果现在我们对这些加勒比海人民说不，那么我们真的一文不值。”[34]

国家安全顾问罗伯特·麦克法兰(Robert McFarlane)在隔壁自己的书房监听了里根和撒切尔夫人的全部通话，他说撒切尔夫人刻薄的语言让里根气得发抖。他回忆说：“这不是一次愉快的谈话。总统非常失望，但不生气。他是如此敬重撒切尔夫人，因此他不会和撒切尔夫人生气。但他确实很失望。”[35]

10月25日一大早，一支由1900名突击队员和海军战斗人员构成的美国部队开始向格林纳达发起猛攻。在和700名古巴武装抵抗力量交锋的过程中，19名美国士兵丧生，另有100多人受伤。美军的行动取得了胜利。政变领导人很快被围捕，美国学生也毫发无损。

美国取得了胜利，但撒切尔夫人对事态的发展十分不满。“发生的一切让我感到沮丧和失望，”她回忆道，“说得好听些，是英国政府无能；说得不好听，我们就是骗子。”就在前一天下午，英国外交部部长杰弗里·豪(Geoffrey Howe)才向下议院保证他对美国的入侵计划毫不知情。而现在，他和撒切尔夫人不得不回到下议院“解释英联邦的一个成员是如何被我们最亲密的盟友侵略的。不仅如此，无论我们自己的感受如何，在面对四面八方的谴责时，我们还不得不维护美国的声誉”[36]。

相比格林纳达的领土遭到践踏，撒切尔夫人正在为一件更重要的事忧虑。人们对美国政府在英国设置巡航舰和潘兴导弹表示强烈反对。虽然她提出，在未与英国政府商议的情况下，美国

不能随意发射导弹，但对这个问题她做出了很大的让步。“10 月 204
26 日星期三晚上，里根总统打电话给我时，我正在和下议院就美国的行动展开辩论，实在是没有好心情。”[37]

尽管里根政府中的许多成员，如约翰·波因德克斯特（John Poindexter）、鲍勃·金米特（Bob Kimmitt），都对撒切尔夫人失去了耐心，但还有一些人，如国家安全委员会的罗伯特·麦克法兰，依然认为总统还是非常有必要再次致电撒切尔夫人。“我认为总统应该再给她打电话，保障两国在加勒比和欧洲地区的长期利益。”麦克法兰在备忘录上这样写道。他建议里根再次致电撒切尔夫人，平息她的怒火：“我理解总统的压力，但我相信用几分钟打个电话是非常值得的。”单边行动不仅会威胁美英关系，还会使美国和欧洲其他国家的关系疏远。此外，撒切尔夫人马上就要参加一个联邦会议，在会上，美国的利益还需要英国拥护。“所以再给撒切尔夫人打个电话吧，”麦克法兰写道，“我的意思是，我们需要总统以个人魅力去影响她。”[38]

根据通话的文字记录，我们可以发现总统是多么小心翼翼地确保撒切尔夫人的怒火不会再次爆发。一开始，总统试着来了点幽默，听上去他就像是整晚在外寻欢作乐的丈夫回到家里。

“玛格丽特，如果我在那儿，在我进去前，我肯定会让我的妻子先进去。”他说。

“完全没必要。”撒切尔夫人回复道。

这个执拗的男学生隐藏了自己的双重挫败感。

“对于给你带来的困扰，我们表示非常抱歉。我打算将故事的全部经过告诉你。”接下来，就像说谎的小孩一样，里根开始讲述一个漫长而精彩的故事。他希望那些无关紧要的细节能够分散撒切尔的注意力。因为他无法解释清楚自己为什么做了那些事。“3 时我醒来，我本来正在佐治亚州度假，打高尔夫球。国务卿舒尔茨也在。我们在套房的客厅里开会，当时我们还穿着睡衣。因为东加勒比国家组织向我们发出紧急呼吁，请求我们就格
205 林纳达事件给予他们援助……我们非常忧虑，因为那里一直有个问题——这不是你们的问题，而是那里的问题。那是一个漏洞，令我们非常不安，因为消息的来源总是不确切。同时，即时的监督也存在问题——当然他们并不知道——如果无法即时监督古巴发生的一切，那么就无法确保我们能在他们行动之前先行一步。事实上，他们正在采取一些试探性的行动，派遣了不错的指挥人员到达格林纳达。”

电话另一端的撒切尔夫人表现得非常平静，这增加了里根的挫败感。

里根继续说：“当传来你担忧的消息时——我收到你的消息时——已经过了零时，而我们的军队也已经出发了。因为时差的缘故，当你得知这个消息时，已经是第二天晚些时候了。我可以很坦白地说，就在早上 5 时半，我们的军队最终登陆了格林纳达。”他强调，无论如何，撒切尔夫人都没有任何责任，就像她完全不知情一样。“我希望你知道我们并非对英国缺乏信心，而是对我们自己缺乏信心。我想这是自从我当上总统后，我们第一次保守秘密直到事情已经发生。我们的军事行动和计划完全是同步的——我不得不说这就是几个小时之内的事情。我认为他们做了一件了不起的事。”接下来，里根继续谈了一些好消息，希望

将撒切尔夫人引入话题,而不是自己一个人独白。“你们的总督保罗·斯库恩爵士(Sir Paul Scoon)和他的妻子都很安全。我们的主要目的之一就是确保他的安全。现在他在格林纳达,在我们的保护下,非常安全。”

撒切尔夫人慢慢地缓和下来,给了里根一丝希望。“因为福克兰群岛之事,我了解了其中的敏感,”她说,“这也是我即使在我们私人的电话沟通中,也不能和你说得太多的原因。因为即便这样,消息也可能会走漏。我知道这有多敏感。”

里根感到撒切尔夫人已经平静一些了,于是开始描述古巴威胁的细节。“格林纳达岛上的几百名古巴建筑工人一定是军事人员或后备军,”他说,“他们一看就知道是古巴人,因为其他人都特别尊敬他们。他们肯定是军事指挥员,或是仍然留在岛上的反抗力量。最后我想说的是,岛上大概有三处军事据点,都被这些 206
古巴人占领着。他们是主要的战斗力,而不是格林纳达的军队。现在,我们已经逮捕了他们中的 250 人。”

撒切尔夫人并未温和下来,也没有鼓励里根,而是用她严厉的女教师般的口吻说:“好吧,让我们期待一切赶紧过去吧,罗恩,希望你能够重建民主秩序。”

里根转变话题,打算让撒切尔夫人参与岛上秩序的重建。“你的角色真的非常重要。因为我们一直试图在英国留下的宪法框架下恢复格林纳达的民主秩序,”他说,“莫里斯·毕夏普被杀害了。很显然,杀害他的人也抛弃了宪法。”

从宪法的角度阐述也没能让撒切尔夫人动容,她直截了当地说:“恐怕宪法在 1979 年就已经失效了。”现在确实没什么新话题可以谈论了。

于是，里根开始强调政变发生的原因是莫里斯·毕夏普希望和美国交好。不管怎样，和美国交好可以使格林纳达人民免遭古巴的控制。“我想毕夏普之所以被杀害，就是因为他表达了想要和美国交好的愿望，”里根说，“他再也没有回到格林纳达——他访问完我们的国务院之后，就被杀害了。杀害他的这些人，从古巴营地越走越远。对于格林纳达人民来说，事情更严重了。”

终于，撒切尔夫人参与讨论，她想让里根缓和一下。“你们有关于毕夏普的对手科尔德（Coard）的消息吗？”撒切尔夫人询问道。

里根觉得自己设下的圈套慢慢起作用了。再次谄媚撒切尔夫人之前，他闲谈了一会儿。“我知道你和这里的总督——你们一起——可以帮助格林纳达恢复宪法及其框架下的民主。”他说。

里根的魅力在最后关头展现了神奇的力量。麦克法兰所依靠的“总统的魅力”依然有效。撒切尔夫人再次平静下来，迅速回到她最喜欢的消遣上——评价每一个卷入此事件的人物的个性。她认为多米尼亚总理尤金妮亚·查尔斯是位“了不起的人物”，而巴巴多斯的总理格兰特利·亚当斯爵士（Sir Grantley Ad-
207 ams）是“非常有教养也非常聪明的人。他在政治圈已有相当长的时间”。

里根利用了撒切尔夫人的爱国主义热情和喜欢回忆英美共同传统的特点。“从女王开始接管他们那天起——尤金妮亚就开始使用‘朋友和亲属’这样的表达方式了。我不知道这是美国的表达方式，还是英国的表达方式。”

“这是英国的。”撒切尔夫人说。

“是的,我们这里也是这样。”里根说。他很自信自己又赢回了一局。“我们依然有这样的传统。她用了好多次‘朋友和亲属’来表达他们的感情。”谈话快要结束时,里根附和着撒切尔夫人,以彻底平复她的情绪。

“我们还有很多工作要做,罗恩。”她告诉里根。

“嗯,是的。”

“而且非常棘手。”她继续道。

里根回答说:“我们认为军事行动很快就会有结果。”

“这真的非常非常好,”她说,“如果我们让格林纳达恢复民主,将是非常了不起的。”

里根等的就是撒切尔夫人的这句话。

“我之前说过,我们感到非常抱歉,给你带来了困扰。但是请你理解,这只是因为我们担心自己的弱项,即保密工作。”

“非常感谢你打电话来,罗恩。”她说。

“别客气,这是我的荣幸。”

“对此我很感激。南希怎么样?”

“还好。”

“那就好,”她说,“代我向她问好。”

“我会的。”

“我必须回到议会就此事进行辩论了,”她说,“会有一点棘手。”

“好的,”里根回复道,“放手去干吧。你肯定能打败他们。”

然后撒切尔夫人向她倔强的朋友说完再见,就放下了电话。[39]

208 经过反复研究，舒尔茨发现撒切尔夫人对格林纳达入侵一事的过激回应难以理解。“英国的立场依然是个谜，”他回忆说，“无论首相撒切尔夫人以什么样的理由反对，她都没有表现出对英美‘特别关系’的在意。总统里根和我都觉得她是完全错乱了。里根在福克兰群岛战争中曾经支持她。他觉得自己对格林纳达事件的处理是完全正确的，而撒切尔夫人却完全不这样认为。因此里根非常失望。”[40]舒尔茨分析道，前殖民地发生政变，却在美国人的帮助下重新站稳脚跟，这一定有损英国的自尊心。抛开此点不谈，唯一的原因就是，撒切尔夫人一定是因为几周前下议院对她的控告而受了强烈的刺激，才又成了“里根的追随者”。

没过多久，撒切尔夫人便对美国的干预行为提出了原则性更强的反对意见。撒切尔夫人认为美国侵犯了别国主权。10 月 30 日 BBC 的一档广播节目中，撒切尔夫人为自己与里根的不同进行了激烈的辩护，她说：“在西方国家以及西方的民主制度下，我们用自己的军队捍卫我们的生活方式。我们的军队绝不会踏上别国的领土……如果你们准备颁布一条新法律，即无论在哪里，只要共产主义政权违背了人民的意愿，即使发生在共产主义国家内部，美国都可以干涉，那么英国也将在世界范围内开始可怕的战争。”[41]

↑里根一家在1916年末圣诞节时拍的全家福。里根(右二)和哥哥尼尔不久会发现,其乐融融的家庭只是表面,父亲杰克经常酗酒、不回家,母亲妮尔则忍受着这一切。

↓1928年,玛格丽特·罗伯茨3岁。照片里,开小店的父亲逗弄着心爱的女儿。父亲鼓励她阅读,鼓励她与店里的顾客辩论。

↑1951年12月13日,26岁的玛格丽特·罗伯茨身着蓝色天鹅绒连衣裙,嫁给了大她10岁的商人丹尼斯。婚礼在伦敦卫斯理教堂举行。

←当选为英国第一任女首相两天后，即 1979 年 5 月 5 日，玛格丽特·撒切尔站在唐宁街 10 号门口，向人们招手致意。

↓里根的就职仪式在 1981 年 1 月举行。撒切尔夫人决定成为里根就职后第一位进行国事访问的元首。2 月，她抵达白宫，向人们展示了两国领导人的亲密友谊。

↓外交政策方面，里根与撒切尔夫人希望两人单独达成协议，不必诉诸官员和内阁。1982 年 1 月，他们同美国国务卿黑格（右二）和英国外交大臣皮姆（右一）共进晚餐。

→照片摄于 1982 年 2 月。在白宫南草坪上举行一对一谈话式的联合声明已形成惯例，里根与撒切尔夫人就共识性保守议案在国内外的进展交换意见。

↑为夺回被阿根廷军队入侵的福克兰群岛，美国向英国提供了物资和战略援助。作为答谢，撒切尔夫人邀请里根夫妇到温莎城堡做客。里根还与伊丽莎白女王一起骑马。

←照片摄于 1986 年 11 月。里根最喜欢在戴维营款待撒切尔夫人。两人在户外散步时，常常就如何最好地解决国际问题进行长时间讨论。

↑照片摄于 1984 年 12 月。在戴维营，里根喜欢带撒切尔夫人坐在高尔夫球车里旋转。和里根单独相处时，撒切尔夫人会跟他聊一些紧迫的话题。

→照片于1985年2月在华盛顿的英国大使馆官邸拍摄。里根夫妇和撒切尔夫妇四人经常聚会，他们乐在其中，享受彼此陪伴。

←撒切尔夫人的丈夫丹尼斯在唐宁街迎接里根夫人南希的来访。

↑撒切尔夫人鼓励查尔斯王子及其夫人戴安娜与里根交好。为取悦南希，撒切尔夫人安排她参加英国皇室的婚礼。四年后的1985年11月，里根夫妇在白宫迎接了来访的皇室夫妇。

→英国军队击败了1982年占领福克兰群岛的阿根廷军队，此事改变了撒切尔夫人在世人眼里的形象。图为1986年撒切尔夫人在西德，她以战斗姿态坐在坦克上。

↑媒体喜欢暗示里根与撒切尔夫人保守同盟是两人“真爱”的结果。撒切尔夫人对此事不怎么开心，而里根却乐于将这张讽刺海报挂在他位于圣巴巴拉农场的台球室里。

→两位领袖在关于维持强大的国防来对抗苏联威胁的认真对谈后，进入放松和亲密的时刻。图为1988年11月两人在白宫国宴后跳舞。

↑退休后的里根与撒切尔夫人还是保持着亲密的友谊。照片摄于1993年2月，里根82岁的生日宴会在加州的罗纳德·里根总统图书馆举办。

↑2004年6月,里根的追悼会在华盛顿国家大教堂举行,撒切尔夫人向里根作了最后的告别,并致了悼词。

↑撒切尔夫人陪同里根的灵柩回到加州。图中,南希和女儿帕蒂·戴维斯的后面坐着州长施瓦辛格及其夫人。

# 第十章　罢工狂魔



如果1983年格林纳达遭到侵略一事最充分表现了罗纳德·里根的果敢和玛格丽特·撒切尔的谨慎，那么1984年，撒切尔夫人第二届任期开始没多久，英国爆发的矿工罢工事件则反映出，撒切尔夫人从福克兰群岛战争以及里根总统在任职早期与难对付的工会主义者的摩擦中，汲取了大量经验。撒切尔夫人之所以被推上保守党党魁的位置，部分归因于她的前任爱德华·希斯被全国矿工工会推翻。同样，她的工党前辈詹姆斯·卡拉汉(James Callaghan)的失败，也将她推向了唐宁街10号，由此结束了工党执政。

在1979年和1983年的大选中，撒切尔夫人政策之一就是抑制工会的力量。人们普遍认为工会滥用了公众、工会成员甚至领袖，以及他们所建立的政党对工会的信任。撒切尔夫人任职早期，她通过立法将工会的行为限制在民法范围内，并将罢工者对雇主的二次纠察认定为非法行为。不久，当她面对工会和政府的激战时，便不再报以任何幻想。

撒切尔夫人曾观察过 1981 年 7 月里根对美国联邦政府雇佣的空中交通指挥员自发组织的罢工事件的处理。对此，她表示钦佩。里根对工会的态度完全和撒切尔夫人不同。作为美国演员工会的主席，他对自己和工会的关系依然感到自豪。“我尊重私
210 营部门员工罢工的权利，”在为谴责空中交通指挥员罢工而召开的新闻发布会上，里根向媒体说道，“事实上，作为我所在工会的主席，我组织了该工会的第一次罢工。我猜测我也许是美国劳工联合会-产业工会联合会①的第一位终身会员。”[1]

里根在任职早期，决定抵制公共部门的罢工行为。这给工会主义者发出了一个清晰的信号，尽管里根自己也是工会领袖和协调员，但他不能容忍工会的非法行为。里根对空中交通指挥员罢工的快速处理不仅摧毁了他们的工会，也给其他美国工会发出了警告，即他不会姑息工会会员用武断的罢工代替协商。工会被剥夺了领导力。曾经，工会经常将工人的利益凌驾于国家利益之上。毫无疑问，里根结束了那个时代。正如美国汽车工人联合会主席道格拉斯·弗拉泽（Douglas Fraser）接受《华尔街日报》采访时说：“对于全美各个工会而言，这是一个非常清楚的警告。如果工会挑起纷争，并指望政府服软，那是根本不可能的。或者一旦政府官员介入，那么他们会站在工人的立场反对工会。”[2]

讽刺的是，空中交通指挥员工会，即职业空中交通管制员组织，在 1980 年曾经支持过里根的总统竞选。空中交通指挥员属

---

① 美国劳工联合会-产业工会联合会（AFL-CIO），中文简称“劳联-产联”，是美国老牌的工会组织，也是最大的工会组织。——译者注

于高技术人才，工作责任重大，薪水相对较高，因而脱离了蓝领工会。所以，他们便存有幻想，认为他们和里根之间达成了心照不宣的协议，即如果里根当选，工会可以以自己的名义继续工作。该工会的领袖甚至试图让里根的竞选团队交出一份“担保书”，确保里根选择一名他们更喜欢、能够改进工作设备且缩短工作时长的领导来替换美国联邦航空管理局现在的领导。

尽管里根之前也许不清楚以自己名义许下的这些承诺，但担保书中减少工作时长这一项意味着他——作为总统——在帮助这些工人在不削减工资的情况下减轻工作负担。不过他们却不该依靠里根来提升自己的工资。这条协议是这样的：“里根政府将立法减少空中交通指挥员的工作时长（但不削减他们的年薪）。”[3] 里根一当选总统，职业空中交通管制员组织的领袖就开始要求他们应得的权益。他们提出立刻削减每周的工作时 *211*
间——从 40 小时削减到 32 小时——并且将工资提升 40%。此外，他们要求的其他福利每年还要花掉纳税人 7 亿美元。

经过半年谈判，空中交通指挥员拒绝了交通部部长德鲁·刘易斯（Drew Lewis）的建议，即支付他们公共部门平均工资增长额的两倍。职业空中交通管制员组织的主席罗伯特·波利（Robert Poli）竟公然挑衅。尽管他的工会成员郑重声明反对罢工，因为这种行为是违法的，但他头脑里依然在策划一场罢工。作为联邦政府的雇员，这 17500 名空中交通指挥员将违反他们与政府签订的合同中的不罢工条款：“我不会参与任何反对联邦政府或其任何机构的罢工行动。”[4] 国会已经将这种罢工定为违法。一旦违反，将处以严厉的罚款或一年监禁。但是，波利相信任何一位总统都不敢采取法律手段惩罚指挥员，因为这会让美国整个空中交通瘫痪。“没有我们，整个美国的飞机都无法起飞，”他声称，“如果我们被监禁或者面临高额罚款，他们将无法让我们恢复工作。”[5]

波利并没有指望总统解决问题的决心。1981 年 8 月 3 日早晨，他和总统进行了会谈。当时 1700 名指挥员中有 1300 人参加了罢工。白宫通讯主管大卫·格根（David Gergen）记录下了里根当时的回复：“该死的，法律就是法律。法律规定他们不能罢工。已经辞职的，不再聘用……是他们自己解雇了自己。他们无视法律……面对职责，竟然逃避。”上午 11 时，总统在白宫玫瑰园召开新闻发布会声明：“我必须告诉那些今天早上没有按时报到的员工，他们违反了法律。已经离岗的员工，如果 48 小时内不回到工作岗位，将会被解雇。”事后他解释道：“你不能让罢工使政府重要的服务部门瘫痪……我同意卡尔文·柯立芝（Calvin Coolidge）的观点，他曾说：‘任何人都没有权利在任何时间、任何地点，利用罢工威胁公共安全。’”[6] 那些坚持鼓吹罢工的工会领袖已被逮捕送进监狱，戴上了手铐和脚链（这让苏联领导人默默钦佩，因为
212 他们没能控制波兰团结工会）。最终，职业空中交通管制员组织被联邦政府判以每天 100 万美元的罚款。

尽管据报道，短期内航空部门一天的损失达到了 3000 万美元，但破坏罢工的管制员同监管员以及军事管制员依然坚守在航空控制塔，并没有使航空安全受到威胁。里根对罢工的坚定立场很快得到了回应。美国劳工联合会-产业工会联合会主席莱恩·柯克兰（Lane Kirkland）将这形容为“无情的过度杀戮”。这个描述被美国公众广泛接受。里根宣布那些坚持罢工的员工是自己

解雇了自己,而且将不再被聘用。由于大量的人希望成为拥有技能且酬劳较高的空中交通指挥员,位于俄克拉荷马城的联邦航空管理局培训学校推出了 5 个月的培训课程,一时申请者无数。毕业生从 1500 人迅速上升到 5500 人。罢工停止后不到一个月,就有 45000 人申请参加培训。

罢工很快成了职业空中交通管制员组织的灾难。一夜间,它丧失了在行业内的权威。罢工结束后聘用的空中交通指挥员抛弃了职业空中交通管制员组织,建立了自己的工会——国家空中交通管制员协会。罢工的意外后果以及里根坚定的反应给所有美国的工会运动带来了灾难。同时,它给此后几十年公共部门的劳工关系定下了基调。白宫办公厅主任詹姆斯·A. 贝克三世(James A. Baker III)认为罢工刺激了美国人对劳工和对里根的态度的转变。“总统坚决抵制这种罢工行为使得美国人民不再支持他的观点。”贝克说道。里根的司法部部长埃德温·米斯(Edwin Meese)认为,罢工“使世界其他国家首都的人民,包括苏联领导人,都相信他们面对的里根是一个真实存在的人物”[7]。

里根反对工会强权的果敢行动改变了美国人民对他和他的总统职务的看法。同样,撒切尔夫人与有组织的劳工之间的斗争也改变了英国政府的管理模式以及世界对英国的看法。英国是拥有丰富多彩仪式和后果严重的罢工活动的乐土,这已经成了一 213
个标准的笑话。即使工党政府已经尝试,但仍然没有制服工会及其头目。20 世纪 60 年代,操控大师——工党首相哈罗德·威尔逊(Harold Wilson)——控制工会力量的行动陷入困境。他尝试颁布政府白皮书《代替冲突》(*In Place of Strife*)来遏制工会，却因工会领袖的威胁而流产。同时，最终将战胜威尔逊的詹姆斯·卡拉汉也积极鼓动工会对其进行威胁。但是，卡拉汉肯定后悔当日与工会合谋，因为他最终被工会罢免了。

撒切尔夫人还是希斯的内阁大臣时，就直接见证过工会的力量。20世纪70年代，希斯政府制定的价格和收益政策遭到了全国矿工工会即矿工联合组织的反对。撒切尔夫人亲眼看到他们直接反抗政府的权威。1974年2月的大选中，希斯问英国选民："谁在治理英国？是我们的政府还是矿工？"而他得到的答案是："我们也不完全确定，但肯定不是你。"

希斯作为首相的权威遭到了工会势力的诋毁，却让撒切尔夫人坐收渔翁之利。她大胆挑战工会。尽管其他人仍犹豫是否该批评这位首相，但撒切尔夫人挺身而出，宣称保守党政府绝不能再被有组织的劳工绑架了。她承诺要结束劳工这种非法行为。1975年，她被选举为保守党党魁。1979年，她在大选中获胜，成为英国首相。其间，她反复思考如何应对这实力强大的矿工组织——它已成为英国本土最具影响力的组织。为此，她特别请教了约翰·霍斯金斯爵士(Sir John Hoskyns)。霍斯金斯是退役军人，也是英国政府10号政策小组①的首脑。他建议对矿工组织进行最后的猛击。这项计划已酝酿了很多年。

1981年，这些矿工恰好给了撒切尔夫人可趁之机——他们

---

① 英国政府的一个政策制定小组，成立于1974年，是为支持哈罗德·威尔逊而成立。——译者注

选举了左翼极端分子阿瑟·斯卡吉尔(Arthur Scargill)作为领袖。214 斯卡吉尔本人缺乏魅力,无法说服全国矿工相信跟随他的好处。撤切尔夫人很清楚,不久这些矿工就会再次试图推翻政府。她确信斯卡吉尔企图利用国会无法控制的手段扩大真正的社会主义在英国的影响力。考虑到这点,她准备建立防御系统以抵抗她所说的“斯卡吉尔先生的暴动”。1981 年,她敦促能源部部长奈杰尔·劳森(Nigel Lawson),在与斯卡吉尔进行最后决斗前储备煤炭。1983 年,她也同样要求国有煤矿企业国家煤炭局主席伊恩·麦克格雷戈(Ian Macgregor)提前储备煤炭。根据霍斯金斯爵士的计划,她命令国有电力供应商中央发电局和国有钢铁公司英国钢铁公司加大煤炭储存量,为长期围困做好准备。同时还准备其他能源,比如石油和天然气,以备不时之需。

1983 年大选当月,斯卡吉尔向他的同僚表示,他无法“接受我们还要继续 4 年受这样的政府管制”[8]。这时撒切尔夫人清楚,她与斯卡吉尔的斗争即将开始。1984 年 3 月 12 日,第一轮挑战开始了。斯卡吉尔犯了一个严重的错误。他这时发起挑战,但英国恰好刚进入最温暖的月份。当下紧急的问题是关闭亏损的煤矿,但斯卡吉尔无视纳税人的利益,认为应该让这些煤矿继续运营。按照工会规定,要举行全国性罢工,必须有超过 55% 的矿工投票赞成。为了规避工会的这项规定,斯卡吉尔鼓动个人煤矿联合罢工。因为担心有人怀疑自己的真实动机,所以他在共产党中央机关日报《晨星报》(*Morning Star*)上发表了一篇文章。“全国矿工联盟卷入了一场社会和产业争斗……我们所需的是快速而全面地调动整个工会和工人运动。”[9] 因此,他还获得了苏联的赞助。不久,英国被一场持久且极其痛苦的罢工吞没。这次罢工企图关闭重要的煤矿、钢铁、铁路和能源企业,威胁着国家的经济健康。

撒切尔夫人从里根的经验中得到启发,决心用自己的首相职位赌一把。她要击垮斯卡吉尔企图击溃英国经济并让政府垮台的暴动。这场战斗旷日持久,十分残酷。几十个矿井同时展开激
215 战,这极其考验警察恢复秩序的能力。同时按照法律规定,警察还要确保那些愿意继续工作的矿工能穿过这些疯狂的纠察队到达矿井门口。直到 1984 年 5 月底,受到惊吓的英国公众才从电视上看到这次暴动的规模:某天,在位于约克郡的欧格里夫(Orgreave)煤矿上,斯卡吉尔指挥了一场激战,7000 名纠察队员和 1700 名警察激战的场面就像一场中型战斗。此次共有 69 人受伤,其中一半是警察。砖块、烟幕弹、雷声弹、石头,以及其他重型投射物在空中穿梭。斯卡吉尔将自己同撒切尔夫人政府的对抗描述成英勇的工人组织和令人不快的反动政府之间的一场具有传奇色彩和历史意义的斗争。不过撒切尔夫人的看法完全不同,她说:“我们要应对的是企图用暴徒规则取代法律规则的行为,且绝对不能让这种行为得逞。”[10]

几个月来,没有迹象表明撒切尔夫人会取得胜利。暴动的不断扩大使罢工蔓延到其他依赖煤炭的行业,如炼钢和铁路。人们需要铁路将煤炭从被围困的矿井运到关键的地方,比如发电厂和正在卸载进口煤炭的码头工人手中。这时,撒切尔夫人成为许多工人社区的眼中钉。但对于那些愿意继续工作的矿工家庭和饱受斯卡吉尔及其追随者迫害和恐吓的人们来说,撒切尔夫人则是

一位勇敢的领袖。

经历过福克兰群岛战争后，对激烈争论乐此不疲的撒切尔夫人发现自己哪怕四面受敌也毫不退缩，甚至内阁中许多重要人物的批评也不会让她胆怯。她的前辈哈罗德·麦克米伦（Harold Macmillan）在上议院发表首次演说时，明目张胆地搬出自己斯多克东伯爵头衔①表示对矿区的支持，并对政府处理罢工的方式表示惋惜。“看到今日我们的祖国发生的一切，我的心都碎了（我这把年纪也无法再干涉或者做点什么了）。他们是全世界最棒的人民。他们打败过恺撒的军队，打败过希特勒的军队。对这场罢工，他们也绝不会让步。我们无法忍受那种毫无意义又没完没了的事情。”[11]他说。虽然撒切尔夫人政府中的其他成员正在商议用一种不太粗暴的方式停止罢工，但撒切尔夫人本人坚信，只有打败斯卡吉尔和矿工才是真正的胜利，才有可能使英国的产业受益，才能让管理者放心管理他们的企业，无须再屈服于工人的罢工行为。撒切尔夫人很清楚，只有自己一个人决心继续抵制罢工。按照许多内阁成员的建议，他们肯定会去求和。 216

撒切尔夫人虽然孤军奋战，但并不孤独。根据不成文的规则，英国内政不能由别国领导人干涉，但里根不能不给予撒切尔夫人私人的支持。1984 年 7 月，结果还不明朗，里根亲自给撒切尔夫人写了一封信：“亲爱的玛格丽特：最近几周，我一直在密切

① 斯多克东伯爵创设于 1984 年 2 月 24 日，是英国历史上最后一个为非英国王室成员而创设的世袭贵族爵位。哈罗德·麦克米伦是第一代斯多克东伯爵。——译者注

关注矿工和码头工人的运动。我很了解你的心情。我知道他们将一个非常棘手的问题摆在了英国政府面前。我只想让你知道，你在处理这些事情时，我始终和你保持在同一战线。我一如既往地相信你和你的政府一定能够很好地处理此次事件。亲切的问候，罗恩。”

对于里根善意的来信，撒切尔夫人也做出了亲切的回复。

> 亲爱的罗恩：
>
> 看了你7月18日的来信，我深深地感动了。我非常感谢你如此体贴地写这封信给我。我希望能在几天之内解决码头工人的罢工，因此没能及时回复。我们已经和码头工人达成了协议。港口也再次开放了。矿工的问题还未解决，但大部分矿井已经恢复正常，且开始产煤。在罢工给我们的经济带来具体伤害之前，我们还有几个月时间。我深信在某个恰当的时机，坚持和耐心一定会取得胜利。常识和节制带给我们胜利的力量。这也是英国传统的力量来源。矿工罢工事件隐藏的危机非常严重。在处理这些危机的过程中，最开心的就是知道我们还有朋友的支持。

接下来，撒切尔夫人亲笔写下结束语和署名：“衷心祝福你，你永远的朋友，玛格丽特。”

217 撒切尔夫人和里根两人在情感上彼此支持着。几个月后，矿工的罢工终于走向了尽头。撒切尔夫人曾认为政府不该对全国矿工工会提起民事诉讼，因为她担心因此连累那些一直在工作的矿工,并会引起公众的愤怒。而当两名约克郡的矿工向约克郡工会分支提出在不投票的情况下发起罢工时,撒切尔夫人鼓起勇气发起最后的行动以结束罢工。她扣押了工会要支付给纠察员的资产。几乎没有罢工者得到补偿。这严重削弱了他们罢工的决心。一周又一周,不断有矿工回到工作岗位。这时,斯卡吉尔已经接受了利比亚穆阿迈尔·卡扎菲上校(Colonel Muammar al-Gaddafi)的资金援助,而后者还是全球恐怖分子的赞助人。同时,苏联政府已经假意地将阿富汗矿工工会(当时由苏联控制)和苏联矿工工会的资金捐助给全国矿工工会。阿富汗和苏联的矿工都受到共产主义者的控制,没权力进行罢工。当参加罢工的矿工得知这两个消息时,他们罢工的决心再次遭到打击。

截至 1985 年 2 月,全国矿工工会超过一半的员工已重返工作岗位。罢工眼看就要结束了。持续了快一年的罢工彻底失败了,但它给煤炭产业带来了毁灭性的损害。许多煤矿因为在罢工期间疏于维护而无法再度运营。那些曾逃过国家煤炭局关闭计划而得以继续运营,但处在亏损边缘的煤矿已经永久关闭。正如 20 年后撒切尔夫人回忆的:"事实已经证明,英国的煤炭行业没有能力参与全球市场的角逐。结果,现在的英国煤炭产业大幅萎缩,其程度比罢工时期我们任何一个人预想的都要糟糕。"[12]

事实证明,这场历时一年的罢工对矿工而言是场灾难。其次,新任工党党魁尼尔·基诺克(Neil Kinnock)看上去软弱无能且犹豫不决,不知道该支持哪一边。罢工对于他领导下的工党来说也是一次浩劫。最后,对全国的工会运动,罢工也带来了消极影响。面对这场史无前例的暴动时,工会举棋不定的态度引发了公众普遍的责骂，他们再也不敢强烈提议罢工了。撒切尔夫人总结道："罢工结果的意义远远超出了经济领域。从 1972 年到 1985 年，传统观点认为，没有工会的认同，谁也无法管理整个英
218 国……那一天已经到来，且成为过去……罢工的失败证明……左派法西斯不可能使英国陷入混乱无度的困境。"[13]

1984 年秋天，矿工的罢工行动渐渐进入尾声，撒切尔夫人遭受了一次沉重的打击，这使得她与里根的关系更近了一步。她成了一次暗杀行动的目标，因此失去了一些同事和部分最亲近的家人。这件事就发生在里根遇刺后不久，因此这又成了两人生命中重要的相同经历——从死亡线上逃脱的经历带给他们同样严重的心灵创伤和感到死亡随时会降临的刺痛。

不同于约翰·欣克利刺杀里根，暗杀撒切尔夫人是临时爱尔兰共和军的一个基层组织精心策划的报复行动。因为撒切尔夫人拒绝满足爱尔兰恐怖分子的要求。他们中有人在北爱尔兰首府贝尔法斯特郊外的梅兹监狱开始绝食抗议，最终因饥饿而死。①

9 月 24 日，某人用罗伊·沃尔什这个名字在布莱顿（Brighton）大酒店定了一间房。这个英国南部的海滨度假酒店刚刚被用作保守党领袖召开年度大会的总部。沃尔什，他的真名叫做

---

①　1981 年 3 月，关在贝尔法斯特梅兹监狱中的爱尔兰共和军成员宣布开始绝食，要求英国政府给予被俘的共和军成员以"政治犯"待遇，而不是恐怖分子的待遇。但他们的要求被英国政府拒绝了。最终有人因为绝食而死亡。——译者注

帕特里克·约瑟夫·马吉(Patrick Joseph Magee),35 岁,是一名被判有罪的爱尔兰恐怖分子。他定下了 629 号房。这是一间位于六楼的套房。之后 3 天,他准备了 30 磅炸药,将其藏在浴缸后面,并安装了一个定时引爆装置,准备在会议召开时引爆炸弹。3 周后,会议即将召开,警察和嗅探犬在撒切尔夫人和她的丈夫丹尼斯即将下榻的三楼套房内进行了搜查。对于安保工作来说,他们犯了致命的错误——没有同样搜查酒店内的其他房间。

10 月 12 日凌晨,撒切尔夫人还穿着前一天晚上参加正式晚宴时的长裙。她刚刚和演讲稿撰写人开完一个长会,最后一次修改了即将向保守党发表的年度演讲。2 时 50 分,她去了一趟卫生间,然后回到起居室,处理一些政府文件。几分钟后,爆炸声震 219
碎了她房间的玻璃,正如预料的那样,紧接着是第二声爆炸。丹尼斯睡在隔壁房间。他穿着睡衣跑出来看自己的妻子是否安然无恙,然后又回到房间更衣。“我立刻意识到这是炸弹爆炸,”撒切尔夫人回忆道,“起居室的窗户被震碎,碎玻璃散落在地毯上……隔壁的卫生间受损更严重。但是我受的最严重的伤也不过是些小伤口。那些想要伤害我的人把炸弹安错了房间。”[14]

撒切尔夫人在危机中不慌不忙。她带着丹尼斯、工作人员、政府文件、私人物品,以及第二天主持演讲时穿的两套裙子,在碎石、浓烟和混乱中慢慢摸索出下楼的路。当她向别人核实完受伤的情况后,被政治安保处的人员快速带到布莱顿警察局,然后又被送往刘易斯(Lewes)附近的警察学院过夜。尽管她很肯定自己表现得像平常一样自信,但事实上,她发抖得相当厉害。丹尼斯补党时，撒切尔夫人和私人助理辛西娅·克劳福德（Cynthia Crawford）“跪在床边，默默祈祷了一段时间”。

第二天早晨，撒切尔夫人恢复了镇定。她保证会议将一切照常。9时，她快速走入大厅。伴随着大家起立鼓掌，她在演讲台上就位，开始聆听当天的第一个事项。讽刺的是，第一个事项就是关于控制北爱尔兰的棘手问题。下午晚些时候，大家再次为她鼓掌，因为她对修改后的年度主旨演讲又做了改动。“我们删除
220 了演讲中大部分关于党派的段落：现在不是对工党进行抨击的时候，而是应该团结一致保卫民主的时候。”她回忆道，“作为首相，我知道事实胜于雄辩。”

在这肃静的大厅里，电视摄像机将撒切尔夫人大胆的言辞和形象传播到世界各地。她用丘吉尔似的口吻声明：“这次爆炸袭击……目的不仅是破坏和终止我们的会议，更是为了削弱女王陛下民主选举的政府……现在我们聚集在这里，感到震惊，但是更镇定并充满决心。事实上，这是一个信号，告诉我们不仅这次袭击失败了，所有恐怖分子企图破坏民主的行动都将失败。”

大家起立鼓掌，向撒切尔夫人的演讲表示敬意。掌声渐渐退去时，她快速走出大厅，去探望那些在爆炸中受伤的人。她看望了缪里尔·麦克莱恩（Muriel Maclean），后者是受伤的苏格兰保守党主席唐纳德·麦克莱恩爵士（Sir Donald Maclean）的妻子。她已经昏迷了，正在输盐水。炸弹爆炸时，麦克莱恩夫妇正好在爆炸的发生地——629号房间。缪里尔·麦克莱恩最终因伤势过重不治身亡。保守党国会议员安东尼·贝里爵士（Sir Anthony Berry）也因爆炸身亡。另外，还有两名重要的保守党成员——西

北部保守党主席埃里克·泰勒(Eric Taylor)和西部保守党主席的妻子珍妮·沙托克(Jeanne Shattock)——也在这起事件中身亡。保守党党鞭①约翰·韦克厄姆(John Wakeham)的双腿被压在废墟中。他昏迷了很多天,醒来后发现妻子罗伯塔·韦克厄姆(Roberta Wakeham)已经去世。撒切尔夫人和贸易部部长诺曼·特比特(Norman Tebbit)进行了交谈。诺曼是她最忠诚的精神支持者之一,他在碎石堆中被困了一整晚,脸浮肿得异常厉害,撒切尔夫人几乎没有认出他。他的妻子玛格丽特告诉撒切尔夫人,她脖子以下都没有知觉了。"我以前是护士,我知道这意味着什么。"撒切尔夫人说。玛格丽特·特比特(Margaret Tebbit)瘫痪了,她的余生都是在轮椅上度过的。另外还有34名受害者在医院接受治疗,最终他们都得以幸存。

尽管撒切尔夫人保持着坚定沉着,但是可以理解,她一定因为这件事受到了惊吓。在契克斯别墅放松的那个周末,她不断流泪,她清楚自己当时离死亡有多近。她知道"那天并不是我所期待的"。[15]几乎没有人可以完全理解她所经历的一切,这也是为什么10月12日下午她收到里根的来信时如此欣慰。因为他们有着相似的被暗杀的经历。里根在信中写道:

亲爱的玛格丽特:

昨天夜里晚些时候,我收到了布莱顿爆炸案的消息。最

---

① 党鞭起源于英国,指议会内的代表政党领袖和政党纪律的主管,职责是确保议员出席并按照政党立场行事。——译者注

令我欣慰的是你没有受伤。我听说了现在的伤亡状况，你的
221 同事诺曼·特比特和约翰·韦克厄姆的伤势都很严重。正如峰会期间我们在伦敦达成的共识，恐怖分子的暴行正变得越来越疯狂和残忍，就像昨天晚上的爆炸一样，都是对所有民主国家的威胁。我们必须通力合作，遏制这种违背人性的暴行。鉴于我们之间的特殊关系，我已经命令美国的专家去协助你们的同事将犯罪者绳之以法。如果你愿意，当他们下个月在伦敦集合时，我可以让他们进一步商讨合作方式。与此同时，请允许我向你和所有在这次事件中受到伤害的家庭表达全体美国人民的关切和同情。

亲切的问候，
真诚的，
罗恩。

当天傍晚，里根还是没有忍住，给撒切尔夫人打了电话。尽管里根已经给她写了一封信——信中他把昨天的事称为“畏畏缩缩的爆炸袭击”——但他觉得还是有必要亲自致电撒切尔夫人，表达对这次威胁撒切尔夫人生命的“恐怖”袭击是多么关切和悲痛。他说让他“尤其开心的是撒切尔夫人没有受到伤害”，他希望撒切尔夫人替他向所有受伤人员转达他的祝福，祝他们早日康复。“这种可悲的行为再次证明了我们必须竭力阻止恐怖分子。”他说。尽管下定决心的恐怖分子肯定会采取一切手段获得成功，但对我们来说，最重要的是让他们的成功变得难上加难。[16]

布莱顿爆炸案如此恐怖，撒切尔夫人本人深受惊吓。作为一名坚强、不妥协且镇定的领导人，这起事件更印证了她的强硬作风——个人安全受到威胁时绝不胆怯，对暴力袭击绝不退让。这也激发了撒切尔夫人打击所有类型的恐怖分子的决心。

此外她特别留意到，利比亚的卡扎菲政权就像例行公事一样
地输出恐怖主义。英国爆发矿工罢工期间，卡扎菲曾资助过矿 222
工。撒切尔夫人认为他企图推翻她的民主政府，对此怀恨在心。英国情报部门也曾报告过试图在布莱顿暗杀撒切尔夫人的爱尔兰共和军成员就是从卡扎菲的人民那里学会了制作炸药。现在，撒切尔夫人有兴趣探讨同里根合作，共同打击狂妄的阿拉伯独裁者。里根总是把他称为“的黎波里（Tripoli）①的疯子”。卡扎菲觉得沙漠就是他的堡垒，可以保证他不受美英报复行动的伤害。

里根自当上总统，对卡扎菲的厌恶之情就与日俱增。1981 年 5 月，联邦调查局告知他，利比亚同芝加哥发生的一起谋杀案有关。[17]里根的回复是责令关闭利比亚在华盛顿的大使馆。中央情报局的报告让他相信卡扎菲正和受苏联支持的伊朗毛拉密切配合，利用其搭建的恐怖组织网络将阿拉伯世界变成单一的伊斯兰教国家。

针对利比亚对西方世界的恐怖威胁，里根下令让驻地中海的第六舰队于 1981 年 8 月在锡德拉湾（Gulf of Sidra）②进行军事演习。“尼米兹”号航空母舰（USS Nimitz）就是该舰队的主力。根

---

① 的黎波里是利比亚的首都。——译者注

② 锡德拉湾位于利比亚北面。——译者注

据国际法规定，每个国家的领海宽度为距海岸线 12 英里，但是卡扎菲却违反此项规定，将所有外国船只驱逐出整片海域。里根的意图在于试探卡扎菲的耐性。“我们不会让他无视国际法的规定，逆权侵占地中海的大片海域。”[18]里根回忆道。

美国舰队一到达锡德拉湾，利比亚的喷气式飞机就开始进行扰乱。一名海军上将问里根，如果利比亚的飞机向美国军舰开火，那美国方面应该怎么办。里根回复说：“任何时间，我们派往世界上任何地方的美国士兵都不会遭到枪击，因为他们有回击的权利。”另一位内阁成员问美国飞机是否应该对恣意挑衅的利比亚飞机“穷追不舍”，里根回答道：“直到把它逼回机库。”[19]

8 月 20 日，在锡德拉湾海域距离利比亚海岸线 60 英里的地
223 方，一批利比亚飞机开始向两架美国 F-14 喷气式飞机开火。这两架飞机从“尼米兹”号上起飞，正在巡逻。按照里根的指示，美军开始自卫反击。F-14 迅速击落了两架疾速飞行的利比亚飞机。根据美国情报部门的消息，卡扎菲下令让他的小分队实施暗杀，目标很可能是美国总统里根、副总统乔治·布什、国防部部长卡斯帕·温伯格，以及国务卿亚历山大·黑格。情报员相信，为了完成暗杀计划，利比亚间谍肯定正在计划袭击海军一号（Marine One）。这是总统的直升机，机翼上有防空导弹。

那些看上去也许很勉强的暗杀警告变得愈发露骨。1981 年 10 月 6 日，就在卡扎菲和他的妻子受邀访问白宫仅仅两周后，埃及总统安瓦尔·萨达特（Anwar Sadat）被暗杀了。当天，里根观察了卡扎菲对萨达特遇刺事件的反应。他大摇大摆地、愉快地跳着舞。里根推断道：“他肯定早就知道萨达特将被暗杀。”[20]

里根对卡扎菲在全球范围内的暴行愈发不满。他暗中通知巴西当局,利比亚已经向尼加拉瓜(Nicaragua)输送了一飞机的武器,以支持桑地诺民族解放运动(Sandinista rebels)。这架飞机停在巴西加油时,机上的所有武器都被发现并没收。1985 年 12 月,卡扎菲称赞法塔赫的自杀性袭击是“高尚的行为”,后者在罗马和维也纳的机场制造了两起恐怖袭击,造成了 5 名美国公民和 15 名其他国家的公民丧生。这时里根的忍耐已到达了极点。必须立刻采取行动制止卡扎菲的非法暗杀和蓄意伤害。“我觉得我们再也不能无视这个的黎波里的疯狂小丑了。”[21]里根说道。

1986 年年初,里根签署一项决议,召回了所有在利比亚的美国公民,包括 1000 名在油田工作的专家。他切断了所有与卡扎菲政权的联系。里根希望通过断绝与利比亚的所有往来,让卡扎菲清楚美国对他在全球范围内发起的恐怖袭击相当不满。

接下来的 3 月,柏林的一家迪斯科舞厅发生爆炸。这是驻德美军最喜爱的消遣场所。一名美军中士和一名土耳其妇女因此
丧生,同时还有 50 名美国士兵受伤。虽然卡扎菲对因此受伤的 224
人士表达了同情,但美国情报局很快发现,爆炸发生之前,利比亚驻德外交官和卡扎菲所在的总部就爆炸事件已经进行过广泛的讨论。而且利比亚还策划了多起爆炸事件,准备袭击美国的军事人员。

里根决定反击卡扎菲在沙漠里的根据地。他下令起草方案,对利比亚的 5 处军事目标进行轰炸。这次突袭不仅是对利比亚的惩罚,更是希望热爱和平的利比亚人民攻击并推翻卡扎菲的领导。这时,撒切尔夫人正在唐宁街举办晚宴招待韩国总统及其夫

人。她收到了来自华盛顿的紧急消息，请求她批准美国驻扎在英国的轰炸机对利比亚实施先发制人的攻击。为了避免走漏消息，撒切尔夫人按照习惯直到第二天中午才做出决定。撒切尔夫人认为利比亚政府就是文明社会痛苦的根源。这是有原因的。就在最近，离唐宁街不到半英里的伦敦市中心，一名利比亚“外交官”毫无征兆地射杀了女警伊薇特·弗莱彻（Yvonne Fletcher）。当时，后者守卫在位于圣詹姆斯广场（St. James's Square）的利比亚大使馆。尽管撒切尔夫人立刻下令断绝了与残忍的卡扎菲政权的所有外交关系，但她不得不授予这名杀手外交豁免权，允许他离开英国。

虽然撒切尔夫人和里根能够相互体谅，但撒切尔夫人也绝非不假思索就同意里根的请求。同意美国使用英国的军事基地袭击别国，是要付出相当大的政治代价的。因为一提到侵略，她就会再次被形容为里根最亲密的同盟。此外，她很担心此次计划有可能违反国际法。同高级官员商讨并和里根进行了简短的电话沟通后，撒切尔夫人同意让 F-III 轰炸机从英国起飞，加入地中海第六舰队的袭击计划。然而里根烦恼的是，法国和西班牙拒绝了轰炸机飞越本国领空的权利。于是，轰炸机的飞行里程增加了
225 1000 英里，这对它的燃油续航力是个严格的考验。撒切尔夫人要求确保此次轰炸的目标只是军事基地，因为这样可以将平民的伤亡降到最低。除此之外，她发自内心地赞同里根的计划。

1986 年 4 月 14 日，轰炸机开始轰炸目标：卡扎菲的军事总部和的黎波里的兵营。根据美国情报部门的消息，卡扎菲正在酝酿全球范围内的恐怖袭击计划。尽管轰炸任务并没有按计划全部

实施——其中一枚导弹偏离了正轨，致使一名的黎波里平民丧生，两名美国机组成员失踪——但里根相信这次袭击是值得的。正如他所说："轰炸的黎波里后，卡扎菲的恐怖活动明显减少了。"[22]紧接着，他对撒切尔夫人在他的全球反恐战斗中给予的支持表示感谢。里根的报答非常实际。美国有一项法案意在允许英国将正在美国避难的、有嫌疑的爱尔兰恐怖分子引渡回英国的北爱尔兰进行审判。这项法案是准许美国向北爱尔兰提供援助的更广泛的条约中的一部分，但它已经被美国参议院终止。撒切尔夫人全心全意支持了美国打击利比亚恐怖分子集训营的行动后，里根利用的自己职权让国会继续讨论这项法案。正如他在电台演讲中所说："否定此项法案是对英国首相撒切尔夫人的冒犯。这位欧洲的领导人曾经冒着巨大的政治风险，和我们并肩站在一起，共同打击卡扎菲的恐怖袭击。"最后，参议院通过了这项法案。

撒切尔夫人也如愿以偿。然而许多年后，在 1995 年 6 月，布莱顿爆炸案的凶手帕特里克・约瑟夫・马吉才终于被捕归案。让撒切尔夫人欣慰的是，这个企图暗杀她的人曾在利比亚卡扎菲的恐怖分子集训营中熟练掌握了制作炸弹的技术，现在他因蓄谋暗杀被判处 8 年监禁。

# 第十一章　来自俄罗斯的爱

1984 年之前,如何应对苏联领导人的频繁更迭成了困扰罗纳德·里根和玛格丽特·撒切尔的重要问题。从他们第一次见面开始,这对政治伙伴就讨论过应该采取什么措施战胜苏联,结束冷战。他们彼此都曾表达过这样的感受:正因为他们被认为是最后两位还能回忆起第二次世界大战的残酷和侵略场面的领导人,所以他们应该试图解决 1945 年雅尔塔会议造成的欧洲分裂问题。这首先包括如何妥善处理核军备竞赛;其次,第二次世界大战即将结束的最后几个月,苏联红军攻陷了柏林,强行占领了许多东欧国家,推进这些国家的民主进程是需要解决的另一个问题。

两位领导人都深感解决雅尔塔会议的遗留问题实属不易。富兰克林·D. 罗斯福(Franklin D. Roosevelt)和温斯顿·丘吉尔(Winston Churchill)都是别无选择才同意斯大林侵占东欧,将这些国家和东柏林永久地置于苏联的管辖范围内。因为当时苏联红军已经占领了这些地区,而西方盟军不希望为了驱逐苏联部队而延长这场旷日持久的反纳粹战争。40 年后,里根和撒切尔夫人都觉得,相比永久地按照苏联模式进行社会主义建设,这些东欧国家应该得到更好的发展。但是,苏联政府的失败在于它没有更新自己的领导团队。这些领导人在去世前轮流登上一把手的位置,使苏联政府成了老人政府。里根和撒切尔夫人都希望通过与苏联领导人的私人联系来影响国际事务,但苏联领导人的频繁 227
更换让他们倍感挫败。这预示着莫斯科将要举行一连串国葬。

不过仍然有振奋人心的消息。一些东欧国家开始自救,摆脱苏联专制统治的束缚,比如匈牙利和(前)捷克斯洛伐克爆发了争取自由经济的运动。另一个更重要的信号是波兰自由团结工会的壮大。此外,苏联领导人不愿使用武力平定波兰工人的暴动,这也是一丝微弱的希望。匈牙利在 1956 年,(前)捷克斯洛伐克在 1968 年都发生过暴动,苏联领导人都是毫不犹豫地将坦克开到大街上,镇压改革政府,以最快的速度让它们屈服于苏维埃社会主义共和国联盟。对其控制下的其他国家发生的小规模暴动,苏联也是如此。但是,这次苏联对波兰的态度完全不同。这有可能是因为克里姆林宫中的马克思主义政治家觉得被工人革命弄得惊慌失措很尴尬,有可能是因为狡猾的波兰总统雅鲁泽尔斯基将军早就预料到了苏联的计划,对波兰实施军事管制,阻止了苏联的侵入,也有可能是因为掌管苏联的老人已经没有精力再进行一场意识形态的斗争了(后来被证明的确如此)。

冰雪覆盖的苏联帝国正在逐渐融化。西方国家对待它的方式就是缓和政策(Detente),包括缓解冷战高峰时期美苏白热化的对抗趋势，通过签订多项贸易合约换取释放苏联持不同政见的人，以及试图扩大来自苏联的移民数量，尤其要给那些曾希望移民以色列的人发放签证。虽然谈判很快陷入僵局，而且双方是否真的希望达成协议削减军备也毫不明朗，但缓和政策同样很重视在日内瓦召开的限制战略武器谈判。1975 年《赫尔辛基协定》签署，西方阵营最终承认了 1945 年后形成的东欧边界线的合法性，并保证受苏联控制的国家的主权完整性。与此同时，苏联要求西方尊重苏联公民的人权，包括持不同政见者和政治犯的人权，因为他们的境况和西方阵营有着巨大的关系。

228 里根认为缓和政策是西方阵营的示弱表现。他并非心甘情愿地赞成东欧国家永远处于苏联的势力范围内，还对限制战略武器谈判产生了质疑。他认为苏联领导人正在利用谈判削弱西方阵营的防御体系。此外，里根觉得对于处理潜伏在南美洲和越南的共产主义势力而言，缓和政策是不充分的。首先，苏联资助的古巴暗中破坏了尼加拉瓜和萨尔瓦多的民主政府。其次，受到苏联启发的越南人开始侵犯柬埔寨，最终爆发大屠杀。里根不满苏联向叙利亚提供武器，而叙利亚反过来用这些武器装备位于黎巴嫩和巴勒斯坦的反以色列部队。他还认为苏联正在通过支持非法的利比亚卡扎菲政权，搭建全球恐怖组织网络。里根把这些都理解为苏联势力的扩张。对此他认为应当重新思考美国对待苏联的态度。

里根的首要任务就是实现扩充美国军费的承诺。这一政策引起了西欧国家的强烈关注，他们通常将总统描述成年迈、好斗的牛仔，且出乎意料地中断了与苏联的核军备竞赛。但对里根来说，扩充军费的重要性就在于他能够在谈判过程中成为强势一方。他信守了自己的诺言。虽然里根顶着压力削减了公共事业开支以弥补巨大的公共财政赤字，但直到 1985 年他一直都怀疑 1980 年五角大楼的财政预算。里根担任好莱坞演员工会主席的经历，以及从通用电气公司总裁莱缪尔·博尔韦尔那里学会的谈判技巧，再次告诉他站在强势位置和对手进行交换的重要性。1983 年初，里根在日内瓦简要听取了削减战略武器谈判的缓慢进展后，在日记里吐露心声说："我发现我一直期望可以亲自上阵同苏联进行这场谈判。"[1]

苏联的失败在于他们没有搞清楚里根的意图。里根的意图不是军备竞赛，而是下决心加快削减战略武器谈判的进程。他一直在酝酿一个宏伟的计划，即消除全世界的核武器。遇刺事件发生后，这个愿望变得更加强烈。他认为自己就是为了这个目的而 229
生的。暗杀事件后，他在恢复的过程中给列昂尼德·勃列日涅夫（Leonid Brezhnev）写了一封信。这是封毫无防备的私人信件，信中大量提到了他的宏伟计划。这引发了国务卿黑格的不满，还招致了国务院苏联专家的嘲笑。因此，里根起草了对苏联领导人的长篇个人呼吁，请求他忘记过去的分歧，回到谈判桌上来。就像他一生中的诸多谈判一样，里根相信，只要能和对手面对面地直接谈判，他合乎情理的辩论一定会取得胜利。但是，尽管里根写出了华丽的散文——"你握着我的手，向我保证，你……将一心一意去实现这些希望和梦想"——但苏联领导人完全不搭理他的来信，反而给他回了一封严肃的谴责信。

没关系，乐观的里根永远不会退缩。他又想出另外的主意，希望通过这项计划结束核对峙僵局。受到许多年前热衷的科幻小说的启发，他要开始一项野心勃勃的科技和工程壮举。如果这项计划成功，它将在外太空给美国提供一把坚不可摧的保护伞，保护美国免受核武器的攻击。1983 年 3 月 23 日，他宣布美国将开始研究一项战略防御计划，他把这项计划称为“星球大战计划”(Star War)。在电视演讲中，他向全美人民宣布了此项战略防御计划。里根着重强调，该计划是否切实可行还不清楚，并且即便乐观估计，实现这项计划也需要很多年。

里根希望放弃核武器的强烈愿望震惊了西欧领导人，包括撒切尔夫人，他们都认为核对峙可以避免欧洲发生常规战争。此外，美国基本不可能拖垮苏联，这也让西欧领导人得到一些慰藉。撒切尔夫人一反常态地嘲笑里根的“信仰”——核武器应该在地球上消失。撒切尔夫人无法掩饰她对这个完全不切实际的理想化想法的不屑。“我应该说这是一种渴望，”她说，“不应该是一种信仰。它完全不切实际……里根会不时地再次描述他心中‘没
230 有核武器的世界’。这样的世界我无法预见，因为世界上总是存在邪恶的人。”[2] 撒切尔夫人认为，自第二次世界大战后，核武器就一直维持着世界和平，而且人类应该不惜一切代价保留核武器。通过传统的战争反击苏联的威胁不仅花费巨大，而且会带来众多伤亡，还有可能面临被这个已经拥有核武器的野蛮国家敲诈勒索的危险。而如果拥有核武器，结果将完全不同。里根完全相信，自己清除全球核武器的计划将面临北约同盟国的严肃反对。北约秘书长卡林顿勋爵(Lord Carrington)已经清楚地表达了他的忧虑。里根说：“他多少有些担心我们的战略防御计划。而且我

相信,如果没有核武器保护,苏联肯定会利用他们在传统武器上的优势威胁我们。这是很有可能的。”[3]

里根力图提供更多的动力,以加速限制战略武器谈判的进程。他将“限制”改为“削减”,表明比起阻止核武器扩散,他更希望减少核武器的数量。这时,欧洲领导人变得更加狂躁不安,他们认为美苏之间的关系越冷淡,里根就越不可能实施核裁军的激进计划。

但是,苏联却因美国的战略防御计划而遭到严重的惊吓。他们相信该项计划会将武器送往太空。他们试图拦截美国航天卫星发射的导弹,却失败了。他们担心先进的美国科技很快就会成功。破坏战略防御计划成了苏联领导人的首要任务。不久,苏联表现出渴望改变东西阵营关系的意愿。他们邀请撒切尔夫人担任构建里根和苏联领导人合作关系的关键角色。但是,与福克兰群岛战争和美国入侵格林纳达一样,撒切尔夫人很快便发现自己和里根就核裁军问题的意见严重相左。而且同以往一样,她不得不使出浑身解数,恐吓里根,防止他乐观天真的想法对西方联盟造成不可挽回的伤害。

苏联没有施行民主选举的后果之一就是这个国家最后只能由年迈的领导人掌管。斯大林的追随者勃列日涅夫掌管苏联 18 231
年后于 1982 年逝世,享年 75 岁。尤里・安德罗波夫(Yuri Andropov)接替了他,准备通过开除一些腐败官员来治理棘手的共产党官僚主义作风问题。可是安德罗波夫上任后仅 15 个月就去世了,对苏联的外交事务几乎没有带来任何影响。1983 年 9 月 1 日,大韩航空 007 号航班被苏联战斗机击落。这起事件充分表明苏联领导人不仅不称职，更缺乏基本的危机管理能力。面对美国的愤怒，苏联坚持他们毫无说服力的理由，即该航班故意进入苏联领空以测试他们的空中防御能力。苏联拒绝道歉的行为使他们无情的形象在西方国家进一步得到确认。公众曾广泛抗议美国在欧洲设置潘兴导弹和巡航导弹，由于苏联的行为，撒切尔夫人和其他西欧国家领导人更有理由忽略这些抗议。

1984 年 2 月 9 日，安德罗波夫因肾衰竭不治身亡。康斯坦丁·契尔年科(Konstantin Chernenko)成为他的继任者。里根在自 1981 年当选总统后的 3 年里，一直讽刺说他本来很想和苏联领导人协商，但除非他们不在我之前去世。果然，不出所料，契尔年科上任后仅仅 11 个月就去世了。里根很清楚自己的时间——与其说是他的生命，不如说他的总统任期——也在飞速流逝。美国总统的任期都有严格的期限，最长不超过 8 年。契尔年科登场后，里根意识到自己的总统任期即将结束，他迫不及待地希望和契尔年科交谈。“我有一种直觉，我希望和他面对面聊聊我们的问题，看看我是否能够说服他相信，如果苏联加入西方阵营的大家庭，将会给苏联带来实质性的利益。”[4] 里根在日记里写道。他甚至亲笔给契尔年科写了一封直抒胸臆、发自肺腑的信，就像他曾经给勃列日涅夫写的一样。信中，他希望唤醒年迈的苏联领导人的人道主义精神，但再次吃了闭门羹。他还不得不应付经验老到的苏联外交部部长安德烈·葛罗米柯(Andrei Gromyko)的来访。这位外交部部长从 50 年代的尼基塔·赫鲁晓夫(Nikita Khrushchev)开始，服务过历任苏联领导人，而且从来没有明显地追随过苏联任何政治路线或政治派别。

年迈的苏联领导人相继在工作岗位上去世。然而，莫斯科的一连串国葬却给西方领导人提供了一次难得的机会。撒切尔夫 232
人发现这些可怕的异教仪式给了她访问莫斯科的机会。这种访问完全没有国事访问的礼节和期待，同时，这也是和年轻一代苏联领导人接触的好机会，毕竟他们最终将接管这个岌岌可危的国家。在出发参加安德罗波夫的葬礼前，撒切尔夫人了解到有两位年轻的苏联政治家——格里戈里·罗曼诺夫（Grigory Romanov）和米哈伊尔·戈尔巴乔夫（Mikhail Gorbachev）——很有可能即将成为苏联的最高领导人。1984 年 2 月在莫斯科，撒切尔夫人获得批准同步履蹒跚、说话结巴的契尔年科进行了简短的会面，并向他表示了敬意。撒切尔夫人很快便得出结论：他实在太老了，体弱多病，很难再撑太久了。因此，她必须开始关注下一代领导人。

撒切尔夫人没有邀请契尔年科访问伦敦，而是邀请了苏联政治局的许多年轻官员，包括米哈伊尔·戈尔巴乔夫。戈尔巴乔夫很快接受了邀请。撒切尔夫人迫切希望获得关于苏联领导人的最新消息，然后转告里根。12 月 18 日，她将和里根在戴维营会面。所以，在他们会面的两天前，撒切尔夫人在契克斯热情地接待了仅 53 岁的戈尔巴乔夫和他美丽的妻子。

正如撒切尔夫人的回忆，她很清楚“从某种程度上讲，我就是里根的掩护者”。尽管戈尔巴乔夫不会说英文，撒切尔夫人也不懂俄文，但两人立刻建立了友好关系。午饭后，他们开始了漫长的讨论，谈到了苏联体制的弱点和资本主义的强大。“让我和你说说这个，”撒切尔夫人对戈尔巴乔夫说，“我不喜欢苏联的体制——共产主义。在我看来，这是不人道的，而且极少关注人的尊严。它既没有给你们带来繁荣，也没有带来自由。但有一件事情我完全认同：你们有权利捍卫自己的生活方式，就像我们也有权利延续我们的生活方式一样。同样，你们也有权利在自己的领土范围内保卫自己的安全。我们也是如此。”[5]

戈尔巴乔夫邀请撒切尔夫人回访苏联。他很乐意将撒切尔夫人介绍给“愉快的”苏联人民，但撒切尔夫人立刻反驳：如果苏联人民生活得很幸福，为什么还有那么多人申请移民呢？她说许
233 多西方国家的问题刚好相反：他们需要严格控制移民数量。戈尔巴乔夫声明，89%申请出境签证的苏联人都如愿以偿。撒切尔夫人说她并非要核查这个数字。但很显然，戈尔巴乔夫的声明和撒切尔夫人从英国犹太组织那里得到的信息相矛盾。难道戈尔巴乔夫不认为，苏联需要阻止其公民继续申请移民，这正是苏联的弱点吗？

午饭后，撒切尔夫人和戈尔巴乔夫并不稳定的友谊得到了进一步发展。他和撒切尔夫人见过的其他苏联领导人完全不同。“他的个性同大多数口齿不灵的苏联党政官员截然相反，”她回忆道，“他微笑，大笑，用各种手势强调，调节自己的声音，将一个话题争论到底。他还是一个很好的辩手。他很自信，而且当谈到富有争议的政治话题时，完全看不出他会局促不安……我对他比较有好感。”[6] 戈尔巴乔夫为了恭维撒切尔夫人，提到了她最近的演讲。显然他之前研究过。

话题转移到军备控制上来。撒切尔夫人解释说，她和里根都

觉得，作为最后经历过第二次世界大战的两位领导人，他们有责任化解东西方之间的矛盾。“我认为我们这代人对下一代人有重大责任，”她说，“那就是部署我们的防御体系，让冲突或战争不再爆发。大多数人或许都认为防御体系对那些经历过第二次世界大战的人才重要……我比你年龄稍长些，也许你已经记不起那场战争了。”戈尔巴乔夫回复道：“是的。”他说双方都不断扩充军费，毫无疑问，这总有一天会导致核灾难。他友善地引用了一句苏联谚语：“一年一次，没上膛的枪都能走火。”接下来，他们谈到了战略防御体系。撒切尔夫人说她不赞同里根的想法，不认为核武器是多余的。另外，她觉得总统希望清除全世界核武器的想法根本是“不可能实现的梦”[7]。

这时，撒切尔夫人觉得自己碰到了一个敏感话题。戈尔巴乔夫对美国的战略防御计划非常好奇，希望不惜一切代价阻止这项研究。因此，她觉得应该谨慎提及自己和里根就废除核武器问题 234
存在的分歧，因为她仍然是美国和里根最坚定的盟友。她告诉戈尔巴乔夫，不要再试图离间她和里根。“我记得自己当时对戈尔巴乔夫所说的话……‘现在你必须知道，长久以来，英美都是朋友和同盟。无论如何，我不会充当苏联和美国的中间人。我是美国的盟友。我们有相同的信仰。我们在这场意识形态斗争中共同抗争。我们将抗争到底。不要试图离间我们。总之，请不要浪费时间劝我对里根说放弃战略防御计划，没有用的。’”[8]

媒体要求了解这次会面的一些信息，于是撒切尔夫人对戈尔巴乔夫作了评价。为了改变西方阵营同苏联的关系，她向媒体说：“我很喜欢戈尔巴乔夫。我们可以共事。”邀请撒切尔夫人来戴维营的承诺一直萦绕在里根耳边。1984 年 11 月，里根以压倒性的优势赢得了第二次总统竞选。戴维营会谈是里根竞选胜利后，两人的第一次会面。为了就里根意料之中的胜利向他表示祝贺，撒切尔夫人让白金汉宫请象征英国最高领导的女王给美国的最高领导人里根发了一封祝贺信。英国首相在给里根的信中写道，她相信他们之间的距离不会宽过“横在我们之间的大西洋”。这时，女王正在加拿大访问，里根正在密歇根竞选。国务卿舒尔茨在他给里根的秘密简报中确认“撒切尔夫人希望在您竞选后尽快和您见面。她希望加强同您的紧密关系……撒切尔夫人想就一些重大的政治和经济问题和您坦率地交换意见”[9]。“坦率地交换”当然有一些潜台词。

撒切尔夫人和里根的会面定在 1984 年 12 月。两位领导人都认为他们可以先在里根的私人休息寓所——戴维营的阿斯彭旅馆——进行私人的、坦率的、面对面的沟通。除了记录员外，不能有其他官员在场。国务院在里根的提问单上列出的第一个问
235 题是：“我想了解一下你和戈尔巴乔夫会面的内容。”国家安全委员会甚至更渴望多了解一些这位不同寻常的苏联领导人。于是他们开始谈论“戈尔巴乔夫的来访”。里根说：“我知道戈尔巴乔夫容易给人留下深刻的印象……你对他的印象如何？”据官方记录，“撒切尔夫人说，他不同于一般苏联人，不那么拘束，更有魅力，也喜欢交流和辩论，不拘泥于事先准备的条条框框”。撒切尔夫人告诉里根，她对戈尔巴乔夫说里根是值得尊敬的人。里根在第一届任期开始不久后，便“推心置腹”地给戈尔巴乔夫写了封信，请求戈尔巴乔夫和自己站在同一战线，以确保世界和平。几

个月杳无音信后，他只收到了一封官方式的回复。戈尔巴乔夫似乎从来就没有收到过他的请求。

话题转移到日内瓦谈判上。双方认为苏联进行谈判的主要目的是为了宣传，而不是真正商讨削减军备。里根说，目前为止，“根据初步研究，战略防御计划还是很有希望的”。他一遍又一遍地对撒切尔夫人说，如果计划成功，他打算将这个计划推广到别的国家。他还反复向撒切尔夫人陈述这样一个事实：他的目标首先是削减，最终是完全消灭核武器。但撒切尔夫人根本不愿意听。她告诉里根，戈尔巴乔夫似乎非常关心战略防御计划，而且曾对她说：“让你的好朋友里根停止太空武器的计划吧。”

下午，当其他重要的内阁成员都加入讨论后，撒切尔夫人表达了她的忧虑。她担心战略防御计划的发展也许会废除全部核武器，继而可能导致苏联入侵，给西欧国家的防御体系带来灾难性的后果。她告诉里根，放弃战后体系是不明智的，至少在第二次世界大战后的 40 年内，它抑制了核战争和传统战争的爆发。此外，她说，如果所有的核武器都废除了，那么传统的、生物的、化学的战争会立刻变得更可能爆发，这样一来苏联将在欧洲获得压倒之势。“我们确实有些担心，尤其是战略防御计划的威慑作用。”即使该计划成功的可能性有 95%，那么还有 5% 的可能性则是——超过 6000 万的欧洲居民将死在苏联的导弹下。里根似乎既没有仔细听撒切尔夫人的讲话，也没有打算转移话题。“我们 236
必须清除战略核武器带来的威胁，”他对与会人员说，“我的目标就是清除核武器。”接下来，他说他认为促使苏联放弃核武器的关键因素将是苏联因其经济衰退而无法在军费上和美国竞赛。

撒切尔夫人按照以往的习惯，提前总结了四个要点。她认为这四点可以在商讨削减核武器，尤其是谈论里根关于清除全世界核武器的战略防御计划时，帮助她约束里根。当时，她很高兴，而且觉得自己赢得了一场外交争论。工作午餐开始前，撒切尔夫人喝了一点鸡尾酒，于是，她第一次觉得她能够和里根讨论自己的忧虑——害怕里根的战略防御计划带来潜在的危险。至于里根是否真正理解她在这件事情上的不安，她认为这很难衡量。正如记者和历史学家杰弗里·史密斯（Geoffrey Smith）分析的那样："四个要点在英国人看来已经相当多了，而且欧洲的外交词汇都比美国的多。"[10]

1985年2月14日，撒切尔夫人给里根写了一封信："我们在戴维营的讨论，使我对你的想法，尤其是对你的战略防御计划有了更清晰的理解。你系统地介绍了该计划的细节，这对我很有帮助……日内瓦新一轮谈判已经开始。英美联盟在这时展开双边讨论是非常重要的。"不过，撒切尔夫人依然很担心里根通过谈判清除美苏所有核武器的决心。"我非常期待能在下个月去华盛顿时，和你就非常重要的军备控制问题进行更加深入的讨论。"撒切尔夫人继续写道。

与此同时，里根迫切期望获得撒切尔夫人的支持。他保证美国的顶尖人才会就战略防御计划从科学、技术、可行性以及所需时间方面向她作简要汇报，这些顶尖人才包括国防部长卡斯帕·温伯格、国家安全顾问罗伯特·C.麦克法兰和美国空军中将詹
237 姆斯·A.阿伯拉罕森（James A. Abrahamson）。对撒切尔夫人来

说,他们的汇报是件喜忧参半的事:战略防御计划越快实现,就意味着里根可以越快廉价出售美国的核武器。温伯格汇报说战略防御计划已经走上正轨。“这个计划的关键之处就在于政府和企业中数以千计的人正在为之努力,”他写道,“我们的信心正在提升,因为参与这项计划的是我们最杰出的人才。”[11]关于战略防御计划,撒切尔夫人最关心的是防御体系是否会有“双重控制”。这已成为英国讨论最激烈的政治问题。阿伯拉罕森回答了这个问题。他告诉撒切尔夫人,有时间推延单一的、随机的导弹攻击,但如果是大规模导弹袭击,就完全没有时间防备了。[12]里根知道撒切尔夫人对他的计划有很多保留,他在写给撒切尔夫人的关于最近一次环境峰会的信里提道,自己正在认真对待撒切尔夫人的焦虑,并希望能让她安心。“我很高兴得知麦克法兰和阿伯拉罕森同你交流进展得很好。我们赞成协商是巩固联盟的重要因素,而且重要的是,我们不会在这方面有任何松懈。”[13]撒切尔夫人希望再次加入关于战略防御计划以及核裁军的讨论中,或者至少让她表明自己对此事的关注程度。在一次特殊的“军备控制”讨论会上,她就曾请求里根让她再次加入。但据舒尔茨、温伯格和其他人递交给里根的简报显示,对里根决定出让美国的核盾牌,撒切尔要么表现得毫不在乎,要么暗中采取行动。

撒切尔夫人 2 月访问华盛顿的计划正在加快推进。按照惯例,撒切尔夫人会在英国大使馆举办奢华的晚宴招待里根。其他国家的大使馆宴请里根总是一再遭到拒绝。为避免他们嫉妒,撒切尔夫人只能举办一场适宜的周年庆,庆祝英美建交 200 周年。200 年前,美国独立战争胜利后,约翰 · 亚当斯(John Adams)第一次向英国国王乔治三世（King George III）提交国书，美英正式建立外交关系。正如麦克法兰在给白宫办公厅副主任迈克尔·K. 迪弗（Michael K. Deaver）的信中所说："鉴于总统和撒切尔夫人亲密的私人关系，这场晚宴听上去就是总统和第一夫人愿意参
238 加的。他们的出席是给英美关系的发展释放出的积极信号……我们可以利用这次建交 200 周年庆典活动的特殊意义提出其他邀请。"[14]

12 月访问戴维营的时候，撒切尔夫人曾表达过一个强烈的愿望，她希望能在美国国会参众两院发表演讲，就像里根在伦敦访问期间在英国议会两院发表演讲那样。当听说了里根清除核武器的计划后，她头脑里的演讲主题更加清晰了。不过，是否接受她访问国会并不在里根的权限范围之内。于是，她听取了副总统布什的建议。布什的部分职责就是主持参议院辩论，他建议撒切尔夫人先通过新任驻华盛顿大使奥利弗·赖特爵士（Sir Oliver Wright）向国会发出请求。随后，里根进一步就撒切尔夫人的请求向众议院院长托马斯·P. 奥尼尔（Thomas P. O'Neill）写了封推荐信。"英国是我们最亲密和重要的战略盟友，"总统写道，"首相这次访美，是美国政治领袖和公众了解她的真实观点的一次绝佳机会……如果您能批准英国的请求，我将无限感激。"[15]

说到演讲，撒切尔夫人可谓直抒胸臆。她首先赞颂了温斯顿·丘吉尔——他曾在美国国会参众两院发表过三次演讲——的功绩。随后，撒切尔夫人强调："我们这代人不能忘记美国是战后 40 年欧洲和平的重要缔造者。正因为美国的保护，我们得以有机会追随先辈的梦想，构建整体欧洲的概念。"她指出，欧洲依

然对苏联的入侵保持警惕。“欧洲有超过300万在役军人，还有更多的储备军。我们不得不保持警惕。面对战争，我们的立场是正确的。捍卫自由的疆界超越了我们的国界线。”为了继续强调阻止核战争的必要性，撒切尔夫人引用了丘吉尔的话——这些话不仅是对她在白宫的好友说的——她说：“没有人比丘吉尔更了解抵制核武器的重要性。他在对美国发表的最后一次演讲中提到：‘一定要小心谨慎。不要轻易使用核武器，除非你非常确定其他维持和平的手段还在你的掌控之中时！’33年后，这些武器仍 239
将维持和平。”接下来的话也许是撒切尔夫人专门说给里根听的：“我们不得不抵制某些人混乱的言论。他们要求英国放弃防御体系。因为他们相信，只要英国采取行动，其他国家肯定会紧随其后。但20世纪30年代一次残酷的教训让我们明白：好的意图也会带来悲惨的结局。”[16]

第二天，当英国记者乔恩·斯诺（Jon Snow）对她提问时，话题又回到了重点。斯诺非常清楚撒切尔夫人的焦虑。于是，他提问说：“您是否像里根一样，是‘星球大战计划’的忠实粉丝呢？”撒切尔夫人回答得吞吞吐吐。她说：“我想一个问题是……人们不完全理解，清楚知道一项计划将导致的结果严重滞后于开始对该计划进行研究。这中间可能会需要好几年的时间。所以在此期间，我们必须依赖核武器抵制侵略，保卫我们的安全。”斯诺又提了下一个问题：“您是否就此计划对总统提出过异议或反对？”这是唯一一次撒切尔夫人虚伪作答：“不，我们在戴维营对此计划进行了长时间的探讨。我认为在商讨《反弹道导弹条约》之前，我们对什么可以做、什么不可以做已经达成共识。”[17]

与里根及其助理的会谈中，撒切尔夫人不停地表达她的忧虑，即如果没有美国的核保护，西欧便没有能力应对强大的苏联军队。她直率地提醒里根，他试图清除全世界核武器的梦想在她看来是相当危险的。在白宫午宴上，撒切尔夫人对里根说："如果你按照这样的逻辑得出结论，认为有必要清除全世界的核武器，那么你将严重打乱传统制约体系，你知道吗？体系一旦被打破，即使我们付出再大的代价，也可能无法恢复这种制约平衡。"为了强调她的反对，在随后一封感谢信中，撒切尔夫人又开始阐述她的论点——美国不该轻易放弃自己的核武器。"至于'星球大战计划'，"她写道，"我希望能够向你解释清楚我的担忧。美国在英国部署巡航舰和加强三叉戟导弹的更新改造，巩固了英国的防
240 御体系。但你的想法却给人一种错觉，即没有核武器的未来马上就要到来。毫无疑问，这削弱了我们曾经做出的努力。但我们必须明确，在未来几年里，我们还将继续依赖核威慑。"[18]

苏联领导人更替得实在太快了。1985 年 3 月 10 日，契尔年科去世了。正如撒切尔夫人预料的，两位年轻一代的政治精英——罗曼诺夫和戈尔巴乔夫——展开了一场争夺领导权的斗争。最终戈尔巴乔夫胜出。通过撒切尔夫人与戈尔巴乔夫的谈话，里根对后者有所了解，因此他"决定不再浪费时间去了解这位新任苏联领导人"[19]。里根迅速给戈尔巴乔夫写了一封邀请信，希望他有机会早日访问华盛顿。里根还在信中表达了自己的意愿：如果可能，他希望清除全世界的核武器。里根写道："我们在日内瓦进行的和谈为我们朝共同的最终目标——清除核武

器——迈进提供了真正的机会。”[20]两周后的3月24日,戈尔巴乔夫回信说他非常期待与里根见面,尽管也许不是在华盛顿。从戈尔巴乔夫这封充满关切的长信中可以看出,如撒切尔夫人所说,他的确是个能够共事的人。戈尔巴乔夫同样渴望看到两国关系的发展。他在信里用他那并不流畅的英文写道:“总统先生,我希望你能从这封信里感受到,包括我个人在内的苏联领导人都希望采取积极行动,找到共同方法促进两国关系。”[21]最后,戈尔巴乔夫同意11月在日内瓦与里根会面。

1985年11月19日,在位于瑞士韦尔苏瓦(Versoix)的“水之花”别墅(Villa Fleur d’Eau),美苏两国领导人进行了一次重要会晤。听到戈尔巴乔夫的豪华轿车行驶在砾石铺就的车道上发出嘎吱作响的声音,里根立刻起身,快步走到前门,甚至都没穿外套,就急忙走下台阶迎接这位苏联领导人。他迫不及待想见见这位敌对国的领导人。美苏两国领导人的首次会面引起了西方媒体和苏联人民的密切关注。很多苏联人都在电视里观看了这次会面的情况。虽然两人相差20岁,但看起来却和同龄人一样。里根身材挺拔,个子高过戈尔巴乔夫,肤色偏黑,笑容满面。戈尔巴乔夫带着似是而非的笑容,裹在抵御寒冷的厚重的外套里。从 241
形象就可以看出两国政府的差异。里根生机勃勃,加上他的乐观自信,与苏联领导人立刻产生了视觉上的冲击。这位虽然年过70但仍充满朝气的总统领导下的国家,当然与苏联截然不同。没有人对此表示怀疑,因为后者刚刚连续送走了4位年迈体弱的国家首脑。

“我们第一次握手时,”里根回忆道,“我不得不承认,像撒切尔夫人所预言的，戈尔巴乔夫身上有很多魅力。他的面容和行为举止都充满暖意，不像我见过的其他年长的苏联官员那样带着近似仇恨的冷漠。”[22]当天晚些时候，政要之间的正式会面结束后，里根和戈尔巴乔夫一起走向别墅的泳池边，开始私人交谈。[23]到泳池的路很近，所以里根试着谈论一些能活跃气氛的话题。他提到自己曾经只是一名B级片演员，并开玩笑说，事实上他还曾出演过一些相当不错的电影。戈尔巴乔夫回应说他最近看过《金石盟》(*Kings Row*)，非常喜欢这部电影。接下来，两位领导人坐在舒适的扶手椅上。面对熊熊燃烧的火堆，在只有两名口译人员在场的情况下，里根开始施展个人魅力。很有意思的是，里根告诉戈尔巴乔夫他们有许多共同点。他们出身贫寒，却都各自到达了人生的顶峰。他们是这个地球上唯一两个有能力发动第三次世界大战的人。此外，他们还是世界上唯一两个可以改变历史，让全世界变得更好、更安全的人。

接下来，两位领导人开始讨论两国的分歧：除了美国正在开展的战略防御计划，戈尔巴乔夫是否同意与美国同步消除核武器。尽管两人都不完全相信对方，但是很显然，随着谈话的深入，气氛变得更加轻松了。虽然身在第三国瑞士，但双方已经能坦诚交流了。对里根来说，他已经等了这次会面很多年。他一直期待能够和苏联领导人进行面对面的交流，解决一些全球性的问题。当戈尔巴乔夫对他的坦诚、开放和魅力毫无反应时，他感到十分困惑。而在戈尔巴乔夫看来，他不理解里根为何不明白，虽然美
242 国同意共享战略防御计划的技术，但如果苏联放弃了自己的核武器，而美国却在继续研究防御计划，且该防御体系还可以作为第

一次核打击的武器，那么这样苏联会认为受到了威胁。

面对面交流之前，里根递给戈尔巴乔夫一张纸，上面用俄文列举了提议的细节。快速浏览完这个文件后，戈尔巴乔夫说，削减50%的军备在日内瓦谈判时已经达成共识。但他指出，削减太空武器的计划“不见了”。里根重申了他在别墅时的解释：他并不认为战略防御计划是军备竞赛的一部分，该计划只是单纯的防御计划，而且所有技术都将与苏联共享。接下来，戈尔巴乔夫询问了战略防御计划的本质。他说，根据《反弹道导弹条约》中的一项解释，太空武器的研究仅限于实验室；但他知道，美国所理解的研究包括在太空“构建技术样品和模型”。他认为这是对条约的误解。里根反驳道，对于决定哪些武器是可以研究的，“仅拿出一条实验室理论是不充分的”。他说，无论如何，一旦达成协议，即任何国家都不能垄断核武器，那么所有的疑虑都会消除。

接下来，戈尔巴乔夫改变了策略。苏联领导人曾经承诺在对抗美国的第一次核打击时不使用核武器，但美国并不相信他们。于是戈尔巴乔夫争论道，如果这样的话，为什么苏联要相信一旦放弃核武器，美国就会共享战略防御计划的所有技术呢？戈尔巴乔夫情绪激动起来。如果双方真的都愿意寻找途径停止军备竞赛，开始严肃对待削减军备问题，那么部署一项至今未知且不可预知的防御计划的目的究竟是什么呢？考虑到它的可操作性和移动性，防御计划能否实现还不确定。人们现在还无法判断那些已经送进太空的东西是否会给人类带来危险，因此只能将它视为威胁。如果我们的目标是清除全世界的核武器，为什么要在太空展开军备竞赛呢？里根提醒戈尔巴乔夫，战略防御计划并不是用

243 来杀人或破坏城市，而是用来对抗核导弹。随后，戈尔巴乔夫——这位支持无神论的共产党员——说，如果战略防御计划成功实施了，那么就意味着外太空将有一层又一层的攻击性武器，但只有苏联、美国和上帝知道那究竟是什么。戈尔巴乔夫提醒里根，上帝总是保持沉默，即便说话也是有选择性的。当晚的宴会上，戈尔巴乔夫再次引用了《圣经》里的故事——人们有一次丢石头、一次捡石头的机会。而现在是把丢出去的石头捡回来的时候了。

在泳池边谈了一个多小时，两人回到别墅。分别之前，里根突然邀请戈尔巴乔夫访问华盛顿，继续进行沟通。戈尔巴乔夫毫不犹豫地答应了，并邀请里根访问莫斯科。这是两位领导人的私人关系和两个超级大国的政治关系实现突破的开始。8 个月后，这些突破促成了历史上最重要的一次核武器谈判和最大胆的合约。这次谈判既不是在华盛顿，也不在莫斯科，而是在第三国举行的，但这也许是结束冷战最理想的地方——冰岛首都雷克雅未克（Reykjavík）。

然而，里根不得不先向北约盟国汇报他与戈尔巴乔夫交谈的结果。11 月 21 日，在位于布鲁塞尔（Brussels）的北约大本营，里根向所有北约成员国首脑描述了他和苏联领导人多次谈话的细节。令撒切尔窃喜的是，里根总结说，只要美国继续进行战略防御计划，戈尔巴乔夫就不赞成削减苏联的核武器。撒切尔夫人对里根希望与戈尔巴乔夫达成的协议一直保持警惕。因为协议一旦达成，也许整个西欧都会受到苏联的传统武器的威胁。她向与会人员表示，现在大家应该共同期待苏联抵制战略防御计划，只有美国放弃战略防御计划，苏联才会允诺削减核武器。

里根回忆道，1986 年年初，“我们得到越来越多的证据表明苏联的经济正处于崩溃边缘。这让我相信，如果没有别的特殊情况，那么苏联不景气的经济将迫使戈尔巴乔夫接受军备削减计划。”[24]如果里根需要确凿的证据来证明苏联经济贫困，那么 1986 年 4 月 26 日位于乌克兰（Ukraine）普里皮亚季（Pripyat）附近的切尔诺贝利（Chernobyl）核电站发生泄漏就是最好的证据。这起事故致使 56 人丧生，放射性物质使成千上万人的生命受到癌症的威胁，欧洲上空也飘过一团放射云，还给地壳带来了永久性裂 244
口。事后戈尔巴乔夫承认，这起事故表明苏联体系正处于瓦解的边缘。这也是里根和撒切尔夫人一得到这个消息后就立刻想到的。即使对戈尔巴乔夫来说，核泄漏事故也清晰地表明了“苏联体系的弱点……存在大量潜在事故和其他坏消息，员工不负责任，工作粗心，大批人员过度饮酒”[25]。为彻底清除全国的腐败现象和改变苏联政府的低效率状态，戈尔巴乔夫提出了双向改革措施：开放和重组。里根给戈尔巴乔夫写了封信，他在信中对这起灾难性事故表示悲痛。削减军备的谈判正在日内瓦缓慢进行，里根希望能够加速谈判进程。他感叹时间的流逝，一转眼，距两人上回见面已经“整整 6 个月了”。他强烈要求不久后与戈尔巴乔夫再次会面。他相信这会是“一个充满历史意义的时刻，也许还能带来史无前例的改变”。几天后，收到回复之前，里根再次向戈尔巴乔夫施压。他声明苏联在《第二阶段限制战略武器条约》中存在欺骗行为，因此美国不能再受其束缚。7 月，他向戈尔巴乔夫提出了一个史无前例的计划：美苏双方均放弃弹道核导弹，然后美国将与苏联共享战略防御计划。

戈尔巴乔夫回应说，同意会面。1986 年 10 月 11 日和 12 日，一个寒冷的周末，两人在雷克雅未克的霍夫蒂楼（Hofdi House）进行了会面。事后来看，很难理解里根与戈尔巴乔夫希望达成的目标究竟是什么。[26]也许双方对自己的能力都很有信心，相信自己可以说服对方放弃他们最初的立场。也许戈尔巴乔夫同意以放弃所有核武器为交换条件，让美国继续战略防御计划。也许里根因为期待一个无核的世界而放弃战略防御计划。而此时，撒切尔夫人正在伦敦焦急地观望。她迫不及待想要获悉谈判中的任何一个转折。两位领导人到达冰岛开始谈判后，以上局面似乎都不
245 太可能发生。但双方都相信，36 小时内谈判就能成功，这更让人觉得不现实。

一开始，只有口译员和记录员在场的情况下，两位领导人单独会面。这时，里根询问戈尔巴乔夫是否可以改变谈判方式，请两位外交部部长乔治・舒尔茨和爱德华・谢瓦尔德纳泽（Eduard Shevardnadze）离场。里根认为这样的私人会面能让两人谈得更直接。戈尔巴乔夫立刻答应了。他相信自己不会被里根击败，而且认为自己有希望说服里根转变立场，绝不会让冰岛谈判一无所获。

里根发起了他的第一轮攻势。他声明双方的理由都是合理的，都希望看到"一个没有核导弹的世界"。戈尔巴乔夫也认同清除全世界的核武器是这次谈判的主要议题。双方就此展开协商。美国希望将双方的核导弹数量削减至 4500 枚，而苏联希望是 6800 枚。为什么不折中一下，同意 5500 枚？戈尔巴乔夫的开

局策略是提出早在 1985 年 1 月,苏联就同意谈判的目标应该是彻底废除核武器。因此,他提议"彻底清除美国和苏联在欧洲的中程核力量。在这种情况下,苏联已经让步,没有把英法的核武器计算在内"。但是,部署在亚洲的导弹才是谈判的基础。此外,进一步的谈判开始前,他建议说,射程短于 1000 公里的导弹都应该停止使用。至于戈尔巴乔夫一直提到的"太空武器",双方应该就对于太空武器的研究和测试是否仅限于实验室达成共识。另外,戈尔巴乔夫提出了一个为期 10 年的《反弹道导弹条约》,禁止反卫星武器以及核武器测试。应当建立一套现场核实体系,保证双方切实履行合约。

对戈尔巴乔夫的建议,里根立刻做出了积极的回应。他补充道,部署在亚洲的导弹依然可以发射到欧洲,因此应该削减。另外,他认为双方在欧洲的导弹数量应该控制在 100 枚,这样可以给北大西洋公约组织中的西欧国家提供核保护。他希望说服戈 246
尔巴乔夫,让他相信战略防御计划的目的是防御而非攻击。他说允许研究太空武器的《反弹道导弹条约》应该继续执行,直到战略防御计划能够在太空中试验为止,那时,"美国将会在其他国家的代表面前,继续此项试验……如果试验表明此项计划切实可行,合约可以要求美国与别国共享这项防御体系。反过来,美苏必须清除全部战略导弹"。里根说,当"像希特勒一样的疯子"控制了核武器时,战略防御计划就是最好的保障体系。如果美苏双方都拥有了战略防御计划,"我们就可以清除全世界的战略核武器了"。

戈尔巴乔夫打断了里根的讲话。他担心军备竞赛正在演变为“创造新武器的平台和中介”。里根希望给美国人民和盟国提供更安全的保障，可战略防御计划却相当危险。里根回复戈尔巴乔夫说他误解了自己的意图。如果战略防御计划成功，而美苏双方仍持有核武器，那么美国将被指控企图研究新的第一次核打击武器。不过里根也提出了另一种意见，即双方都应该先进行核裁军，然后共享战略防御计划。戈尔巴乔夫说苏联非常重视战略防御计划，因此必须把它“弄清楚”。

在下午的会议中，里根表示，现在双方的关系如此紧密，只需将事情讲清楚就可以达成共识。至于战略防御计划，确保它不会用于报复第一次核打击的最佳方式就是禁止所有弹道导弹。如果没有弹道导弹，就没有第一次核打击。里根希望签署一项合约，即废除所有弹道导弹的同时，共享战略防御计划。当戈尔巴乔夫反复询问里根是否真的支持清除所有核导弹的“零点方案”时，里根很肯定地回答说：“是的。”但是，当两位领导人准备结束一天的谈判并指派他们的谈判专家连夜提炼双方的观点时，戈尔巴乔夫做出的最后的发言将整个雷克雅未克谈判推向僵局。他
247 再次提到两人在瑞士“水之花”别墅的泳池边进行谈判之前，他对里根说过的话——他不相信里根会同意共享战略防御计划。美国不愿意向苏联出售石油钻井设备、自动化数控机床，甚至挤奶机。“美国会愿意提供可能会带来二次革命的高科技产品，”戈尔巴乔夫说，“这根本不可能。”

第二天谈判开始时，所有人立刻清楚地意识到昨天晚上的谈判没有任何进展。快要达成的协议成了泡影。里根和戈尔巴乔夫的关系看上去也不如前一天那样亲密了。在来来回回的谈判

进程中，里根无意中发表了一个评论。撒切尔夫人听说了这一评论后，深感困惑。戈尔巴乔夫提醒里根，英法——尤其是英国——是美国核力量的关键因素，但在里根的计划中，他并没有将英法的核武器列入清除的名单里，而且美国在英法设置的核武器甚至承担着攻击苏联城市的任务。里根回应说，他认为英法的核武器微不足道，他正在展望着某个时刻的到来——那时美国和苏联正在削减他各自的核武器，他可以"和苏联一起告诉其他国家，他们也必须清除自己的核武器"。里根总结道："很难想象有哪个国家会不这样做。"但是，他严重低估了撒切尔夫人强烈的独立意识，理所当然地把英国当成了同盟国。

第二天早晨，虽然事实证明，无论他们的提议——包括废除所有核武器的提议——有多么激进，多么令人吃惊，雷克雅未克谈判都无法达成任何协议。戈尔巴乔夫开始准备一些结束谈判的借口。他说他对自己的提议感到"问心无愧"。他可以看着总统的眼睛说，如果协议无法达成，没有什么大不了的。接下来，戈尔巴乔夫提出了一项折中方案：将美苏的中程核力量从欧洲清除；停止使用短程核武器；将苏联在亚洲的弹头减少至100个，同时美国在本土的弹头减少至100个；在10年内商讨清除所有弹道导弹。正如里根回忆的："乔治·舒尔茨和我都无法相信眼下 248
发生的一切。我们被这个结果震惊了。"[27]

然而，里根刚刚同意该方案，戈尔巴乔夫就要求他做一个重要的让步：里根必须将战略防御计划的研究限制在实验室内。这对里根来说太苛刻了，他立刻激动起来。里根问道："既然我们已经决定清除核武器，为什么还要在它的威胁下继续生活10年？"

同时，战略防御计划是一种保障世界和平的方式，可以“将核武器的幽灵装进瓶子里”。戈尔巴乔夫告诉里根这次该轮到他让步了，并用俗语“一个巴掌拍不响”提醒里根。戈尔巴乔夫问道：“这次不是该由总统承担责任了吗?”又进行了两轮谈判后，两人最终决定各自保留不同意见。谢瓦尔德纳泽总结道，双方距达成这项具有历史意义的合约就差一步了。阅读会议记录时，后代们肯定无法原谅他们未能达成共识。“会议结束了，”里根说，“我们走吧，乔治。”两位领导人走向自己的专车时，戈尔巴乔夫说：“我不知道我还能做些什么。”里根回复：“我知道。你本应该同意的。”[28]

对里根和戈尔巴乔夫来说，这是一次令人失望的谈判。但是对撒切尔夫人而言，却是巨大的解脱。她更加现实，而且不像永远阳光灿烂的里根那样乐观。她对放弃核武器和相互确保摧毁战略①感到恐惧，因为她认为它们维系了欧洲40年的和平。撒切尔夫人回忆道：“我第一次感觉到我们所处的政治环境正在发生剧烈震动时，就是他们即将达成清除所有核武器这一共识的时候。你知道那就像地震一样，你没有地方放脚，你也不确定你可以站在哪里。”[29]并非只有撒切尔夫人一人有这样的感觉。当舒尔茨向所有北约盟国首脑汇报了最近一次雷克雅未克谈判的细
249 节后，所有人都对里根竟然在未征得盟国赞同的情况下答应“零

① 相互确保摧毁战略指美苏双方均拥有可靠的第二次核打击能力，即在对方首先实施核打击后，己方仍能生存下来，并具备完全摧毁对方的核报复能力。只要保持这种“稳定的恐怖和平”，就可威慑双方都不敢发动战略核袭击，避免核战争。否则，美苏双方就有可能同归于尽。——译者注

点方案”表示震惊。他们要求美国日后更多地与他们进行“对等的协商”。

11月14日，撒切尔夫人到达华盛顿，在戴维营同里根进行了一次匆忙安排的会面。美国驻英大使馆准确地总结了撒切尔夫人的失望情绪——痛苦、生气和解脱。美国驻英大使发给国务院的一封电报清楚地表达了撒切尔夫人政府的忧虑：“首先，考虑到美苏谈判的范围，他们认为这是联盟协商的失效；其次，在总统欣然接受10年内清除全部弹道导弹的提议之前……英国对雷克雅未克谈判的最初反应是沉默，直到事实变得更加充分，唐宁街才发表评论。”[30]现在，撒切尔夫人在华盛顿要求里根把发生的一切说清楚。里根完全没有察觉到自己造成了盟国的担忧。事后，她这样描述和里根的尴尬会面：“这是一次非常有效的会面。我们坐下来后，一步步地对整个情况进行了仔细地梳理。我知道如果我不认识他，我不会这样做，而他也知道我基本上相信他所做的一切。”[31]但是，她还说了许多严厉的话。撒切尔夫人事后解释说：“是的，偶尔你肯定会收到一些令你生气的评论。就像每个家庭一样，你知道吗，当家庭成员的关系非常密切时，你生气时所说的话，就只是气话而已，不是别的什么。我们之间就是这样的关系。”[32]

在撒切尔夫人的一再要求下，里根郑重承诺在接下来的军备控制谈判中，在未征得北约盟国同意的情况下，苏联提出的任何条件都不会答应。他还承认，如果一开始就这样的话，在雷克雅未克谈判中可能会获得更多有利因素。撒切尔夫人鲁莽地造访了总统里根后，双方又通过信件进行了一次积极的沟通。此外，美国国防部长温伯格和英国国防部长乔治·扬格爵士（Sir George Younger）也进行了一次会面。结果，美国在一份主要涉及军备控制谈判的北约公报草案中竟然赤裸裸地使用了“英式语
250 言”。草案中声明：“我们将继续就这些问题咨询盟国的意见。”撒切尔夫人的谴责隐约暗含在草案中，外交官们把这些句子称为“撒切尔式的话语”。在削减核武器的章节中也可以看到撒切尔夫人的影子：“只有这样才能提高稳定性，并将战争的风险降至最低。”里根决心坚定不移地继续开展战略防御计划。为了表明撒切尔夫人对他的支持，草案中声明：“我们强烈支持美国对太空的探索及其防御计划。这是《反弹道导弹条约》所允许的。”

戴维营会面之后，里根本人的想法没有发生变化。“对于冰岛谈判和我们希望在军备削减过程中达成的目标，我们进行了一对一的交谈。”他在日记里写道，“她的担心是很合理的。但是我一定能够让她放心。”[33]

# 第十二章　胜　利　者



里根曾真切地希望在削减核武器方面实现历史性突破。但是,和戈尔巴乔夫在雷克雅未克的谈判陷入僵局,以及撒切尔夫人对刚刚签署的协议的厌恶反应,都让他十分伤心。他将失败的谈判形容成“自己任职期间最漫长、最令人失望且最让人愤怒的日子”[1]。然而,雷克雅未克谈判很快成了另一事件的突破口。事实证明,谈判不仅对结束冷战,更对快速拖垮苏联起了至关重要的作用。

里根表示绝不会放弃战略防御计划。这样一来,戈尔巴乔夫空手回到莫斯科,被认为是谈判中失利的一方。如果他在冰岛给里根砰然一击,也许他的政治生涯就不会结束。事实上,他不得不很快回到谈判桌上来,提出一个相似的削减核导弹的建议——和之前在雷克雅未克谈判中提出的差不多。尽管戈尔巴乔夫在西方仍然非常受欢迎,但在苏联人眼里,他没有在冰岛谈判中战胜里根是对他的致命打击。不久,他的对手便利用他的弱点包围他，逼他下台。戈尔巴乔夫退位时，苏联——在历史上存在了70年，且提供了一种不同于西方民主制度的政治模式——发生了一场不流血的政变，曾经的强家顷刻瓦解。①

对里根和撒切尔夫人来说，苏联解体是他们最大的胜利，也
252 是长久的遗产。很早以前，里根和撒切尔夫人就明确表示过要结束冷战，西方必须同苏联正面交锋，而不是妥协。但是，部分西方领导人并不认同这一观点，他们不相信西方会取得胜利。西方阵营，尤其是欧洲，普遍认为美苏双方都非常好战。在面对自己眼里的邪恶国度时，双方都希望坚定的妥协能够促使冷战结束。然而令人意想不到的是，整个苏联竟如此快地崩溃了。

时间飞速流逝，加之年事已高，里根不得不看着后来者在自己的成就之上再攀高峰。他一直等着这美好一天的到来。不过由于总统任期的限制，他无法亲自主持这个好日子了。1989年1月离开白宫时，他表现得如此优雅、高贵，甚至带着戏剧性的胜利感。此时，撒切尔夫人的首相任期也即将结束，但命运却给了她沉重的一击。从决定与前首相爱德华·希思争夺保守党党魁开始，她表现出来的坚定、果敢和无畏最终成了毁灭她的原因。与自己的伙伴里根不同，撒切尔夫人在任职末期遭到唐宁街无礼的抵制。而同事对她的欺骗，让她永远无法从这种打击中恢复过

① 1991年8月19日至21日，苏联发生了“八一九事件”，当时苏联政府的一些官员企图废除总统戈尔巴乔夫然后控制苏联。同年12月25日，独联体成立，戈尔巴乔夫辞职，苏联正式解体。——译者注

来。不过里根开心的是，当他每日在加州的圣巴巴拉大牧场骑马时，撒切尔夫人还能继续构建他们曾经共同追求的后共产主义世界，直至她任职的最后几天。

撒切尔夫人很快发现自己在里根离任后的日子里，像个快活的寡妇。里根的继任者乔治·H. W. 布什和他共享着许多特质和信仰，但与新任总统的关系却无法和与里根的关系那样紧密。她对待布什就像对待自己的第二任丈夫，而第一任丈夫留给她的金色回忆是第二任丈夫永远都无法超越的。布什也没有全力适应撒切尔夫人强硬的个性。他发现撒切尔夫人非常健谈，认为她虚张声势的作风十分讨厌。此外，每当他忽视撒切尔夫人的建议时，他不理解为何撒切尔夫人会如此愤怒。

作为里根的副总统，布什看到，当里根的权威因伊朗门事件①被严重削弱时，撒切尔夫人也被逼入了权力的真空期，尽管 253
她尽了最大的努力进行反击。因此，布什当选总统后，在处理重大国际事务时便致力于让美英的影响力恢复合理的平衡。在德国统一、欧洲一体化、北约裁军以及英国需要保留核武器等问题上，美英发生了冲突。但在海湾战争②中，他们的合作再次证明坚定果敢、协商一致的行动是战胜公然军事侵略的最有效的

① 美国向伊朗秘密出售武器一事于1986年被揭露，从而为里根政府带来了严重的政治危机，因人们把它与尼克松水门事件相比，故名伊朗门事件。——译者注

② 1991年1月17日至2月28日，以美国为首的多国联盟在联合国安理会授权下，为恢复科威特领土完整而对伊拉克进行了局部战争。——译者注

办法。

在雷克雅未克时，里根就得到了证明苏联人民正挣扎在贫困线上的有力证据。谈判初期，他询问戈尔巴乔夫苏联为何违约，即未从美国农民手中购入600万吨粮食，这位苏联领导人公开承认他们买不起。全球石油价格下跌使苏联没有足够的外汇储备购买粮食来弥补农业产量的不足。

苏联遭受贫困的消息并没有让里根惊讶，但他和撒切尔夫人以及整个美英政府多年来都严重低估了苏联经济的弊端。当莱赫·瓦文萨成功地挑战了苏联傀儡政权的权威时，他们竟然还错误地感激苏联政府没有派坦克镇压波兰的运动。大家普遍认为是波兰的铁腕统治者沃依切赫·雅鲁泽尔斯基做出了正确判断，预料到苏联的入侵计划，并实施军事管制，阻止了苏联的入侵。

但这只是故事的一半。当苏联控制的核心地区发生真正的工人运动时，苏联的领导人都很清楚自己政权的无力。循着马克思列宁主义的观点，苏联的意识形态专家认为，1956年在匈牙利和1968年在捷克爆发的独立运动是波兰工会运动的起源。促使苏联做出该判断的主要因素是他们相信波兰武装力量的可靠性。
254 苏联的阿纳托利·格里布科夫(Anatoly Gribkov)将军在提交给克里姆林宫政要的备忘录上明确写道："在捷克斯洛伐克，暴动肇始于最高权力阶层。波兰则相反，暴动是由人民发起的。他们已经拒绝相信自己的政府和波兰统一工人党了。波兰军队已整装就绪，充满爱国主义情怀。他们是不会向自己的人民开火的。"[2]

不仅是波兰的反抗威胁到了苏联老人政府的统治，他们还担心,如果苏联入侵波兰,对共产主义持强烈反对态度的里根会做出回应。苏联入侵阿富汗后,吉米·卡特对苏联实施了大规模经济制裁。苏联政府知道脆弱的苏联经济经不住西方再一次的经济孤立。尤里·安德罗波夫——这位身患重病的苏联领导人要决定如何处理这些造反的波兰人。他选择退回到斯大林提出的特殊理论——一国社会主义论①。波兰团结工会的胜利不过是让安德罗波夫无奈地耸了耸肩而已。他评价道:“就是这样……我们首先必须关注自己的国家。”[3] 即便是奉行强硬路线的思想家米哈伊尔·苏斯洛夫(Mikhail Suslov)也反对派军队进入波兰。他认为这很可能导致苏联在不久的将来发生一场“大灾难”。伴随着苏联逐步崩溃,不干涉波兰的暴动不可避免地导致了苏联解体。似乎只有自由工会主义者莱赫·瓦文萨完全理解苏联领导人此次错误行动的原因所在。他被雅鲁泽尔斯基下令逮捕了。雅鲁泽尔斯基告诉执行逮捕的人员:“这是你们的决胜时刻。这就是压倒共产主义的最后一根稻草。”[4]

苏联控制下的其他东欧国家秘密卷入到反对苏联的行动中,它们似乎都避开了苏联的监视和控制。这也给了里根和撒切尔通过有力的经济制裁和积极的外交手段再度打击苏联 8 年的信心。在雷克雅未克,戈尔巴乔夫——这位年轻的改革派领导者,也是苏联最后一位总统——意识到旧式的苏联已经成为历史,但他仍希望改革苏联的政治制度,使其更加民主化,对公民更慷慨, 255

① 一国社会主义论是斯大林于 1924 年列宁逝世后提出的特殊理论,认为社会主义可以首先在一国内建成。——译者注

并引导他们过上富足的生活。里根在冰岛谈判中坚定的言辞确保了他的胜利。他很清楚苏联打算用自己的防御体系对抗战略防御计划，但这完全超出了苏联经济的承受能力，而且将使它无法继续维持庞大的核军火库或大规模的军队。虽然里根并没料到他定义的“邪恶帝国”会如此瓦解，但他有一种直觉，那就是苏联即将终结。担任总统4个月后，里根曾非常自信地宣称：“西方阵营不会容纳共产主义。我们将战胜共产主义。我们不必费心去抨击它，它会像人类历史上的怪异章节一样消散。它命不久矣。”[5]

1986年年末，里根遭遇了一次个人危机。这起事件①让公众对他的个人信誉产生怀疑，同时使他的政府受到了严重打击。据透露，在里根并不知情的情况下，部分内阁成员偷偷向伊朗出售武器，以换取被扣押在黎巴嫩的美国人质获释。伊朗门事件威胁到了里根的总统职务。不过不同于尼克松，里根本人并没有参与不正当交易。但另一方面，这也暴露了里根的监管不力，以及政府的失控。

撒切尔夫人立刻向她的好朋友提供援助。伊朗门丑闻一经暴露，撒切尔夫人就致电里根。1986年12月4日，撒切尔夫人甚至亲笔写了封私人信件以示对里根的支持。她写道：

> 我很高兴我们在电话里进行了一次交流。我可以很直接地告诉你，在危机时刻，我是多么担心你和南希。媒体总

---

① 指伊朗门事件。——译者注

是时刻准备着批判和打击别人。我知道这种感觉。但是,你成功维护了美国的骄傲和自信,并且向西方国家的领导人证明你有充分的领导力,可以挺过任何持久的灾难。我告诉所有人,任何伤害到你的事情都会伤害到美国,而任何伤害到美国的事情都会伤害到所有自由国度。无论伊朗发生了什么,那都已经过去了,且无法改变。我深信你现在有更重要 256
的工作去完成。你将从欧洲获得巨大的支持——我相信在美国你也会得到支持。召开新闻发布会之前,如果你愿意和我聊聊这件事,可以打电话给我。丹尼斯和我向你和南希送去最美好的祝福和支持。

你永远的朋友,

玛格丽特[6]

2月底,撒切尔夫人再次从契克斯致电里根,确认伊朗门事件没有让他消沉,并安慰他无论发生什么事,他在英国和欧洲都很受欢迎。里根知道撒切尔夫人希望通过电话鼓励他,于是在便签上写道:“这是一通鼓舞士气的电话——告诉我那里的人们依然很喜欢我们。”[7]

撒切尔夫人果然言行一致。任何人问她伊朗门事件是否损害了里根的权威,或者影响了里根对事件的掌控力,她都很坚定地予以否定。1987年2月11日,她接受了美国有线新闻电视网的采访,当被问到伊朗门事件是否影响到里根领导北约的能力时,她毫不犹豫地回答:“我对总统里根和美国充满信心,因为我们是最最可靠的联盟关系。我们依然非常感谢他，感谢他领导了这个自由的世界。此外，他还和我们一起维护着英国在欧洲的自由。”

3 月，托尔委员会①发布了调查报告。虽然里根没有因伊朗门事件受到责罚，但报告指出，里根作为总统，对自己内阁成员的行为缺乏监控。这份报告发布后，里根致电撒切尔夫人就英国“自由企业先驱”号渡轮在英吉利海峡倾覆②表示哀悼。公众的舆论迅速转向托尔委员会的调查和里根的电视演讲。演讲中，里根告诉美国人民他依然无法相信自己的内阁成员所做的一切——用武器交易换取人质获释。但作为总统，他要对自己任期内发生的一切全权负责。撒切尔夫人对里根说，他的此次演讲让她非常“激动”，大西洋两岸国家的人民都听到了这次演讲。里
257 根说白宫收到了很多来电，比关于尼克松辞职后发生的任何一件重大事件的来电都多。而且“大约 90%”的来电都是积极的。撒切尔夫人表示，这是因为美国和欧洲人民都非常希望调查结果是积极的。她说，政治就是政客和人民之间的“化学反应”。撒切尔夫人用鼓励的言语对里根说：“你和你的政府终于又‘回到正轨’了。”[8]

当撒切尔夫人最主要的竞选对手尼尔·基诺克(Neil Kinnock)造访白宫时，里根决定做些什么回馈撒切尔夫人。1987 年

---

① 以美国参议员约翰·托尔(John Tower)为组长的总统特别调查委员会，专门调查伊朗门事件。——译者注

② 1987 年 3 月 6 日，英国“自由企业先驱”号渡轮在英吉利海峡倾覆，184 人丧生。——译者注

的英国大选辩论很可能在6月举行。基诺克一直都支持“单边核裁军”①,而里根的信仰就是清除全世界的核武器,因此撒切尔夫人不希望他从里根那里获得任何支持,或者促成雷克雅未克谈判最终达成清除核武器的目的。虽然里根不该介入英国大选,但白宫希望确保基诺克的访问不会为他和他的政党在竞选中创造任何正面的宣传。基诺克此行由丹尼斯·希利(Denis Healey)陪同。希利是英国前国防部部长,为人温和,现在是影子外交大臣②,他加入工党是为了确保工党在大选中胜出。白宫的战略专家知道,如果基诺克和里根的会面足够令人寒心,那么擅长问责的英国媒体一定会帮忙处理剩下的问题。

就基诺克造访一事,美国国家安全顾问弗兰克·C.卡卢奇(Frank C. Carlucci)在给总统的简报中清晰地写道:“请着重强调我们反对工党的反核政策,以及他们将改变英美之间的‘特殊关系’。”卡卢奇解释说基诺克希望从此次访问中获得选举优势。他“精心安排了自己的访问时间,令其与撒切尔夫人访问苏联的时间恰好吻合。当然,他希望与您的会面一切顺利,并向您展示,如撒切尔夫人一样,他也是国际事务的重要参与者……虽然基诺克希望强调积极的一面,但我们的目标却不相同:我们想说明工党的国防政策会对我们共同的安全利益产生负面影响,使美英关系变得紧张。我们必须处理得非常干脆,但又十分谨慎;因为如果我们表 258
现出干涉英国内政的倾向,那么这将成为对他有利的因素……此

① 指英国单边放弃自己的核威慑。——译者注

② 影子外交大臣是影子内阁中的成员。

外，他也许还会声称工党清除欧洲核武器的愿望与您在雷克雅未克谈判中的立场不谋而合。您需要挑战他们的这一策略”。

同时，国务卿舒尔茨向里根递交了另一份简报，他在简报中说，基诺克的部分目的是“表明他能够和英国最重要的同盟国友好相处，尽管双方在国防政策上存在分歧。他还要表明他和总统一样都非常痛恨核武器，而且工党对核武器的政策与我们的相似。他希望寻找或创造迹象表明美国政府可以接受工党政府和单边国防政策”。舒尔茨的建议是：“同以往的工党政府相比，这一回工党采取的国防政策对任何一届美国政府而言都非常难以接受……因为我们将直接受到影响。我们不得不解释清楚，让他们理解我们的立场……我们不认为工党的单边核裁军是保护美国和其他北约同盟国的有效方法，或者能够实现有意义的核武器削减……如果我们和苏联达成协议，这要归功于同盟国的决心和支持，以及他们允许美国在许多国家部署导弹的意愿……从我们的经验来看，苏联会在这样的形势下与我们谈判。如果他们知道不花任何代价就能清除欧洲的核武器，那么他们不会放弃重要的军事力量。”此外，舒尔茨还说：“工党要求清除欧洲核武器的意愿同雷克雅未克谈判的提议没有任何关联……削减并最终消除核武器的长期目标不可能通过单边主义军控来实现。”[9]

1987 年 3 月，基诺克抵达华盛顿时，里根严格遵循了卡卢奇和舒尔茨的建议，没有鼓舞这位撒切尔夫人对手的士气。基诺克笨拙的形象和英国大使安东尼·阿克兰爵士（Sir Antony Acland）的温和有礼形成强烈对比，这更让英国媒体找到借口对他进行妖魔化。尽管表面上看是无心的，但这个错误到了搜集素材的记者手里,便立刻成为一个绝妙的政治话题。它暗示着即便是工党最有价值的人物在世界舞台上也微不足道。如果没有里根的帮助和英国媒体的妖魔化,伦敦保守党总部的选举专家自己绝对没法 259 做得这样完美。里根对自己的努力非常满意。他在日记里写道:"我试图弄清楚,在我们与苏联的谈判中,适得其反的'工党'国防政策会起到什么样的作用。"[10]

英国首相选举最终定在6月11日。里根政府继续小心防范,支持其候选人。英国电视记者曾提出让里根和撒切尔夫人一起出现在电视上,对民意调查显示撒切尔夫人可能会在第三次大选中获胜一事向她祝贺。这个请求被美国驻英大使查尔斯·H.普赖斯二世(Charles H. Price II)迅速传回白宫。国家安全顾问彼得·R.萨默(Peter R. Sommer)给白宫的格兰特·S.格林(Grant S. Green)发了封外交备忘录,提醒他这已经是美国第二次接到这样的请求了。第一次收到这样的请求时,美国还可以拒绝,因为提前做这样的安排可能会使英国人误解美国期待撒切尔夫人在选举中获胜。"我和唐宁街都认为这不是一个好主意,"萨默写道,"这会被误解为一种狂妄自大的预测。谁会最终赢得选举还不确定。即使撒切尔夫人赢了,这种举动也会让她被人耻笑为美国的'追随者'。"随着这种想法"在伦敦再次出现",萨默提醒格林:"同样的陷阱又出现了。我们希望撒切尔夫人政府能够回避……所有的声音都反对这样的要求。但据我们的经验,普赖斯会相当坚持……假设撒切尔夫人如我们预料的一样取得了胜利,或是其他人获胜,我们会建议总统致电庆贺。"[11]

撒切尔夫人对获胜非常有信心。距开始投票还有两天时,她就要求即将离职的国家安全顾问卡卢奇及其继任者科林·鲍威尔(Colin Powell)去安排庆祝她选举获胜的活动——提前去华盛顿拜访里根。她觉得投票结束一个多月后的7月17日和18日这个周末,或者下个周末对她来说非常适合。这次,撒切尔夫人希望能够和里根进行一小时或一个半小时的私人会谈。[12]

大选当天,里根正在柏林进行正式访问。第二天,也就是6月
260 12日,里根受邀在勃兰登堡门——柏林墙上的一道城门——向群众发表露天讲话。对里根来说,这是就意识形态向戈尔巴乔夫施压的绝佳机会。没什么比这道丑陋的水泥墙更能说明苏联的计划经济和集权统治缺乏人性了。这道墙阻止东德人逃向西德去过更舒适的生活。里根后来总结说:“站在离柏林墙这么近的地方,我看了到它的实体,也看到了它象征的一切,我感到非常愤怒。”[13]

里根说的以下这番话是他任职期间最值得纪念的,也是最值得引用的。他的声音充满激情:

> 只要这道门关着,只要这堵墙带来的伤痕仍被允许存在,那么依然存在的问题就不仅是德国的问题,而是全人类的自由问题……苏联人也许将觉悟,明白自由的重要性,但这种可能性非常有限。我经常听到一些来自莫斯科的消息,这些消息涉及改革和开放的新政策……有一件事,如果苏联人民做了是不会被误解的,并且还会显著地促进人类的自由与和平事业。戈尔巴乔夫总书记,如果你真的在寻求和平,如果你真的在寻求苏联和东欧的繁荣昌盛,如果你真的在寻求自由,那么,走到这扇门前吧。戈尔巴乔夫先生,打开这道

门！戈尔巴乔夫先生，拆掉这堵墙！[14]

当天晚些时候，里根致电撒切尔夫人。他按照事先的安排，向撒切尔夫人第三次以压倒性优势赢得选举表示祝贺。他告诉撒切尔夫人这个结果非常“了不起”。他很高兴撒切尔夫人继续担任首相。撒切尔夫人回复说，她也非常“激动”，以超过对手如此多的选票获胜，完全超出了她的预期。她希望继续在唐宁街主持至少3年，或4年的工作。按照同事的指导，里根将撒切尔夫人的此次获胜称为“一次重大的成就”，因为自1832年以来，没有哪一任英国首相能够连任三届。里根告诉撒切尔夫人，竞选期间，英国媒体经常要求他说一些可能会给他带来困扰的话。有时候，他真想“踢”他们一脚，但是他不得不控制自己的情绪。撒切 261
尔夫人向他保证她会很“完美”地处理好这些问题的。

在对抗苏联的冷战中，撒切尔夫人是里根永远的战友。在他们的通话中，她紧接着提了一个引导性的问题：你在柏林还顺利吗？里根回答说是的。确实，他的柏林之行非常顺利。他刚在勃兰登堡门前发表了演讲，要求拆掉柏林墙。撒切尔夫人总是支持、宽慰并恭维自己的这位政治伙伴。她告诉里根，她刚刚收到消息称听众们听了他的演讲都“欢呼雀跃”。就这样，两位领导人再次就彼此的成绩相互祝贺。他们再次肯定了他们友好的私人关系是让这个世界变得更加美好的关键所在。里根告诉撒切尔夫人，他希望继续和撒切尔夫人保持这种紧密合作的伙伴关系。对此，撒切尔夫人表示她也非常期待和“好友罗恩”继续合作。在表达了希望不久后能去华盛顿拜访里根并和他进行一次

“长谈”的愿望后，撒切尔夫人向南希问好。[15]

里根向戈尔巴乔夫发起挑战，要求他拆除柏林墙，还“铁幕”——该词是丘吉尔在密苏里州的富尔顿（Fulton）发表演讲时提出的——以东苏联控制地区的人民以自由。里根的挑战是一种超群的政治表演。这也成了证明他对冷战的结束和苏联的瓦解起到重要作用的有力证据。那些共产主义的受害者能够从电台清晰地听到这些言论。但是，就像多数政治言论一样，比起他们，这种具有挑战性的勇敢言辞对美国国内听众更有意义。里根延续着他的传统思维，并没有意识到呼吁他的老朋友戈尔巴乔夫去做该做的事情。取消东德的旅游限制为时已晚，东欧已陷入混乱，那里的人们利用在苏联内部旅游的权利，前往匈牙利，然后越过奥地利边界，非法进入西欧国家。撒切尔夫人对苏联政治权威的瓦解也不是完全不清楚。1987 年 3 月底，在结束了为期 3 天的访问后，她从莫斯科回到伦敦，随后在下议院声明：“柏林墙是
262 将社会主义社会封闭起来的最明显的标记。那里的人民要拥有同我们这里一样的自由，还需要很久很久。”[16]

然而共产主义世界已经发生了巨大的变化。就在几个月前，他们甚至还在进行自我改革。里根在柏林向戈尔巴乔夫发起挑战的同年，苏联领导人撰写并出版了《改革与新思维》①一书。这是戈尔巴乔夫对苏联局势最坦率的概括。苏联公开承认自己的

① 是苏联领导人戈尔巴乔夫应美国一位出版商请求撰写的一部有国际影响的著作，详细介绍了当时苏联改革的根源和实质、措施和步骤、问题和前景，阐述了苏联对外政策新思维，轰动了国际社会。——译者注

势力已经开始衰弱,无力再控制加盟共和国。共产主义的势力大势已去。

戈尔巴乔夫的改革计划承认“镇压、强迫、收买,以及冲击苏联人民只能发生在那段特殊的时期内”。在国际场合,他对苏联无力控制加盟国一事的回应也是非常务实的:他决定让莫斯科放松对加盟国的控制。“让每个人做出自己的选择,并且让我们尊重每个人的选择。”戈尔巴乔夫写道。[17]在柏林墙前发表演讲时,里根也在呼吁这位犯错的苏联领导人打开城门。戈尔巴乔夫没有能力再坚持反对拆除柏林墙了,因为他已放弃了领导华约各国的权力。正如冷战专家约翰·刘易斯·加迪斯(John Lewis Gaddis)观察到的:“突然间,一切变得很明显……里根曾经要求打开城门……戈尔巴乔夫同样也明确表态,为了东欧政府和人民,现在就打开城门。”[18]

撒切尔夫人于 1987 年 7 月访问华盛顿有三个原因:一是为了庆祝自己在第三次大选中取得历史性的胜利;二是为了监控里根与苏联的军备削减谈判;最后——如果大部分媒体都相信的话——她是为了给身处困境的美国总统呐喊助威。撒切尔夫人前往华盛顿前,告诉美国驻英国的记者,自己此行的首要任务是“再次声明美国对英美关系的责任。第三届任期刚刚开始时,我觉得自己必须和总统好好谈一下这些问题”。

她承认,虽然过去她和总统存在分歧,但她已经忘了这些。263
“就算有分歧也不必担心。我们的关系就是这样牢固,我相信它绝不会破裂。”她说,“真的,这和家庭成员的关系一样。是的,你不会赞同他的每一个决定，有时还会非常强烈地表达自己的不同观点。”她承认美国没完没了的选举过程有时会让一些重大的政治决策滞后。此外，她希望确保军备削减谈判的进行一直处于她的监控下。“事情的发展总会受到一些阻碍，因此你希望推动一切向前发展。”她说。但是，对于总统在国外的声誉以及伊朗门事件后他的领导力是否值得怀疑这样接二连三的问题，撒切尔夫人拒绝回答。当她被问到是否认为在最近的威尼斯经济峰会上，里根不像以往那样“精神抖擞”且“状态有些下滑”时，她立刻反驳：“早餐时，我和总统聊了足足一个小时。我很确定我在的时候，总统的状态非常饱满。”接着，她又用她典型的口吻补充道：“之后我就离开了，因为我有其他的事情要处理。”[19]

直到她抵达华盛顿，才更加清醒地认识到某些人将她此次拜访的目的捏造成“安慰处于困境中的总统”。她下决心支持自己的朋友，批评媒体“打击一个处于失落期的人”。到达华盛顿的当天早晨，她接受了哥伦比亚广播公司的采访。记者莱斯莉·斯塔尔(Lesley Stahl)在采访中提到了奥利弗·诺思(Oliver North)上校。他参与安排了军备换人质的交易，说伊朗门事件听证会让美国成了世人眼中的“笑柄”。莱斯莉询问撒切尔夫人是否同意这一观点。“美国永远不会成为笑柄。”撒切尔夫人回答。关于释放扣押在伊朗的人质，媒体询问撒切尔夫人约翰·波因德克斯特(John Poindexter)①是否误导了英国，她坚定地回答说她绝不

---

① 约翰·波因德克斯特是美国海军中将，里根政府负责国家安全事务的总统安全顾问，同时也是伊朗门事件的关键人物。——译者注

评论美国的内政。“我不会这样做!”她说,“我认为这样做是非常不礼貌的。你们以各种各样的方式询问同一个问题,但是你们得到的答案都是一样的。”

当被问到此次访问华盛顿的目的时,撒切尔夫人回答:“我访 264
问华盛顿是为了商议一些重要事情。我认为英国应该贡献自己的力量。但我是作为美国坚定的盟友和忠诚的伙伴而来的。是的,这就是我此次华盛顿之行的目的。我要贡献自己的力量,展示我们坚定的联盟和伙伴关系。”当被问到伊朗门事件是否令其痛心时,撒切尔夫人的精神立刻振奋起来。“不,”她说,“我认为你太悲观了。为什么现在的媒体都这么悲观? 振奋起来! 美国是强大的国家,有了不起的总统、伟大的人民和光明的未来!”她坚信里根还是一如既往地坚强、坚定。“这不是某人在处理国际重大事务时因某个问题就被打倒的故事。”她说。记者又问:“总统很沮丧吗?”“不,”她回答,“总统很好! 他依然是美国总统!”[20]

1987年12月初,戈尔巴乔夫飞往华盛顿,和里根共同签署了一项减少中程核力量的协议。中途,他在位于牛津郡的布莱兹·诺顿(Brize Norton)英国皇家空军基地进行短暂的停留,并和撒切尔夫人进行了沟通。在戈尔巴乔夫眼里,撒切尔夫人和里根就是一对演出搭档。他认为这对他非常有利。虽然他和里根的谈话收效甚微,但他和撒切尔夫人的讨论却充满激情,并且富有成效。同样,里根和撒切尔夫人也非常享受他们对戈尔巴乔夫采取的这种“钳形攻势”。他们就像侦探小说里经典的红白脸搭档一样。不过，戈尔巴乔夫发现他有时可以利用他俩的合作方式达成自己的目的。他很清楚，他对撒切尔夫人所说的话，她都会原原本本转告里根，反之亦然。这意味着他可以获得两人最初的反应。经历了雷克雅未克谈判和撒切尔夫人喋喋不休的责备后，里根心软了。戈尔巴乔夫认为撒切尔夫人是试探里根意见的最佳人选。

同戈尔巴乔夫签署了削减中程核力量的协议两天后，也就是12月10日，里根致电撒切尔夫人，简短地说明了一下谈判情况。他告诉撒切尔夫人，“同她一样”，他也发现戈尔巴乔夫非常自信，对各类事件全权负责，“完全不像遭受严厉批评的总统”。但
265 是，戈尔巴乔夫仍然希望“终止或妨碍战略防御计划，而让自己的计划得以继续”。这是里根永远不可能同意的。里根认为，在戈尔巴乔夫愿意不抵制战略防御计划的情况下，推进削减战略核武器谈判是至关重要的。对于其他问题，里根说戈尔巴乔夫给自己定了一年的期限——在这个期限内，撤离驻扎在阿富汗的苏联部队。戈尔巴乔夫拒绝了里根提出的在1988年底撤离所有部队的要求。最后，里根在电话里说：“我们如此紧密的沟通向戈尔巴乔夫清楚地表明，他根本无法躲开美英联盟。”[21]在戴维营会面时，撒切尔夫人曾要求里根在军备谈判之前必须和欧洲领导人商讨，因此里根也致电了德国总理科尔（Kohl）和法国总统密特朗（Mitterrand）。

在总统任期的最后一年，里根为自己设定的目标之一就是访问莫斯科，亲眼看看苏联和苏联人民。因为里根曾在柏林发表《推倒柏林墙》的演讲，所以克里姆林宫担心他的造访会让自己

再次难堪。尽管如此，里根到访的日期还是被定在1988年5月底。5月29日，总统和第一夫人到达莫斯科。但是，这次访问对于里根来说，自始至终都伴随着失望。他曾天马行空地想象在莫斯科签订《削减战略核武器条约》，但在商讨削减空载导弹、舰载导弹和水下导弹时，谈判遇到了症结点。尽管此次莫斯科之行并未签订大量商业合同，但还是取得了巨大的成功。

里根的来访在苏联引起巨大反响。苏联人非常欣赏他开朗的性格。虽然他们有时行为冷酷，还裹着厚重的外衣，但里根愉悦和友善的面容让他们感受到这位领导人对全人类的善意。"令人惊叹的是，街道上很快就挤满了人。他们是如此热情和友善。"里根在日记中写道。然而，大规模的人群和由此给苏联特工带来的困扰也让总统有机会看到苏联独裁统治的黑暗面，尽管此时戈尔巴乔夫已经开始进行改革。"苏联国家安全委员会的人员就在现场，"里根在日记里写道，"我从来没有见过政府用这样野蛮粗暴的方式对待自己的人民，更何况这些人根本无法逃出他们的管 266
制。"[22]后来，他又评论道："访问一个共产主义国家的经历至今历历在目。无论改革与否，某些东西都是无法改变的。"[23]在乡间别墅同戈尔巴乔夫及其幕僚共进晚餐后，在午夜前往美国大使府邸的路上，里根要求司机在红场停下来。他和南希一起欣赏了圣巴西尔大教堂（St. Basil's Cathedral）的圆形拱顶和克里姆林宫高高的城墙，还有探照灯和星光下的列宁墓。他从来没有这样浪漫过。

撒切尔夫人一直在伦敦关注着里根的莫斯科之行。她最感兴趣的莫过于1988年5月31日里根在莫斯科大学向学生发表的演讲。演讲中，他鼓励学生们发扬企业家精神——正是这种精神一直引导着美国人民。“自由，”他告诉学生们，“就是没有任何人、任何当权者，或者任何政府可以垄断真理。每一个个体的生命都无限宝贵。我们每个人活在这个世界上都应该有自己的目标，并且贡献自己的价值。”里根的演讲使学生们起立鼓掌。

1988年6月，里根作为美国总统最后一次访问伦敦。他在伦敦市政厅的大会堂向皇家国际事务研究所的成员发表了演讲。里根像讲述一个浪漫的故事一样回忆了英美共同经历过的战争和重大事件，以及他这几天在伦敦的生活。他花了大量时间向自己最亲密的政治伙伴表达诚挚的敬意。这是一次告别式的演讲。演讲中，里根总结了自己的成就，设想了可能会留下的遗产。“虽然历史提醒我们，我们也会遭到质疑和批评，只有那些带来希望和力量的声音才会被铭记，”里根说，“但我想说的是，一个坚定、有说服力的声音已经被人民铭记。在过去10年经历的所有烦恼中，它宣布了西方联盟的前进目标和人类的自由。这个声音从来没有放弃过自己的反共使命和对苏联的转变做出切合实际的评估。这个声音恰好来自联盟中服务时间最长的领袖，是她第一个
267 建议我们和戈尔巴乔夫先生‘共事’……首相，莫斯科谈判以及日内瓦和华盛顿谈判之所以能取得成就，多亏您掌管的政府和英国人民。这证明了您的勇气和力量。”[24]

1988年11月中旬，里根即将卸任之际，撒切尔夫人再次访问了华盛顿。这是她和老友——也是她在白宫的伙伴——最后一次会面，多少有些伤感。为了欢迎撒切尔夫人，里根回忆了过去8年的时光，包括他们第一次站在白宫南草坪上的情景。里根

还列举了他们紧密的私人联盟所取得的众多成就。

“1981 年,当我们第一次在这里会面时,”他回忆道,“我们两国正遭受经济危机的困扰,通货膨胀和失业已达到了相当严重的程度。独裁者大大小小的侵略行径随处可见。极权统治在四大洲蔓延。恐怖主义势力正在增长。面对人类历史上杀伤力最大的武器,我们的防御变得不堪一击……所有的这些问题都解释了一个更深层次的危机——民主国家中的信仰危机、信念危机。在我们的国家,也有人问,我们的民主制度是否能够继续存在,现代社会是否会将它淘汰。

“但是,现在一切都变了……我们见证了经济领域的创新革命。我们了解到通往繁荣的途径不是政府垄断和财富再分配,而是减少政府对企业的干预,赋予它们更多自由,充分发挥个体的创造性。改革,史无前例的改革在全球蔓延开来。撒切尔夫人首相,这就是我们现在欢迎您来到这里的原因。您将有机会看到您和大不列颠国民为这些了不起的变化做出的特殊贡献。”[25]

尽管两人的关系非常密切,但是里根记忆力的逐渐衰退意味着白宫工作人员不得不为他与撒切尔夫人短短 10 分钟的私人交谈列出详细的谈话清单。这次谈话只有一名记录员和撒切尔夫人的外交顾问查尔斯·鲍威尔(Charles Powell)在场。里根拿着一组卡片,卡片最上方写着:“和玛格丽特·撒切尔首相面谈的要点。”里根越来越依赖于卡片的提示,这样他才能顺利完成会面。 268
因此,工作人员不得不小心谨慎,不能有任何纰漏,哪怕是开场白:“我们很高兴见到你再次访问华盛顿。”他的下一个谈话点是:“苏联的变化及其对西方联盟的意义,有许多值得讨论的。过去8年，我们共同努力造成了这些变化。”里根紧接着说：“但是，我们没有时间自鸣得意。戈尔巴乔夫总书记将会在12月拜访我们和副总统布什。如果我们要在东西方关系的缔造上继续发挥领导作用，那么我们创造的方法和目标依然至关重要。”提示卡的最后是一个问题：“我知道你的行程很紧，我也被安排在其中。在我邀请其他人加入之前，你还有什么要问的吗？”[26]

撒切尔夫人进入总统办公室展开谈话不需要带备忘录，也绝不会语塞。她非常了解里根和他的谈话技巧，所以她克制自己不要在乎谈话背后隐藏的诡计。她曾经观察过里根每周六向全美发表电台演讲时的情形。她惊叹里根能够熟练地在一分钟之内将稿子说完。在录音过程中，他发现进度比较快时，会故意放慢语速，这样依然能够一气呵成地完成录音。不过因为客观原因，里根最近的讲话缺乏自主性，撒切尔夫人肯定注意到了。例如，卡片上没有提示他在与撒切尔夫人的最后一次私人会谈上说赞美两人深厚友谊的话，里根便忽略了这一点。这让撒切尔夫人很不解，她也许觉得受到了伤害。

当天晚上，白宫举办了国宴。撒切尔夫人是里根的最后一位官方客人，因此他公开向这位亲密的政治伙伴表达了敬意。“首相，如果我出于私人原因和对历史因素的考虑，现在花点时间向你表达谢意，希望不会令你尴尬。在我任职期间，首相撒切尔夫人和我分享了她的经验和智慧……她是一位有远见和勇气的领
269 导者，一旦认准了方向便坚定不移直至胜利。有时，她还要额外替美国承担严厉的批评……我很幸运，在过去的8年甚至更长时间里，能够拥有玛格丽特·撒切尔这样一位亲密无间的政治盟友

和私人伙伴,能够有她这样一位真正的朋友……南希和我为有撒切尔夫人这样的朋友而自豪,就像美国为有英国这样的朋友和盟国而自豪一样。”

轮到自己发言时,撒切尔夫人提醒在场的人:她连任三届首相的时间基本上和总统 8 年的执政生涯重合①;入主唐宁街后,她想里根一定会在 1980 年的大选中获胜;而且他们在任期间配合默契,取得了卓越的成就。“我清晰地记得 8 年前你大选获胜时,我激动和愉悦的心情。我知道我们的想法有许多不谋而合之处。我们有许多共同的信仰。我们都相信在我们的共同努力下,我们的国家能够重新站起来,恢复它们的价值,并创造一个更加安全、更加美好的世界。”她说,“你绝不仅是我坚定的盟友和明智的顾问,你更是我和英国最了不起的好朋友。”[27]

晚宴后,美国海军陆战队军乐团开始演奏。里根邀请撒切尔夫人跳了一支舞。白宫中奏响的最后一曲华尔兹是他们亲密的政治和私人友谊最好的象征。这是一场既动人心扉,又带着伤感的告别晚宴。他们深厚的友谊源于两人对世界共同的期许和信仰,但里根的政治生涯马上就要结束了,这份友谊也不得不退出全球政治舞台。尽管未来他们还可以时常会面,但撒切尔夫人没有时间闲谈,而里根只有依赖奇闻逸事和老套的笑话才能实现畅快沟通,这种状况意味着这两位领导人再也无法真正交流了。

---

① 撒切尔夫人出任英国首相的时间为 1979 年至 1990 年,里根出任美国总统的时间为 1981 年至 1989 年。——译者注

华盛顿的会面本该是两人最后的官方交往，却被利比亚恐怖分子的爆炸式袭击影响了。1988 年 12 月 21 日，泛美航空 103 号航班在苏格兰洛克比（Lockerbie）上空发生爆炸，造成 270 人罹难，其中 259 人为美国人。空难发生后，撒切尔夫人迅速到达现场。在科林·鲍威尔（Colin Powell）的建议下，里根致电撒切尔夫人，对她就此事件的处理和表现出的同情心表示感谢。[28]

270 里根离开白宫的前一天，即布什就职的前一天，伊丽莎白女王给里根写了最后一封感谢信。撒切尔夫人也给里根写了最后一封亲笔信，感谢他们的友谊让她取得了如此多的成就。

> 亲爱的罗恩：
>
> 在你即将离开白宫时，我只想对你说谢谢。你是一位伟大的总统，是最了不起的总统之一，因为你代表着美国最美好的一切。你的信仰、你坚定的信念，以及你的追求都体现在你所做的每件事中。你的谦谦君子之风是一个真正的绅士最好的写照。你是我们所有人的榜样和精神支柱。我们也要感谢南希，谢谢她给予你的全部关爱和支持。同样还要感谢她为打击毒品犯罪的战争所做的特殊贡献。你已经卸下最沉重的包袱。丹尼斯和我祝你们幸福。

接下来，她又亲笔补充道："我们会非常想念你和南希的。温暖的问候，你永远的朋友，玛格丽特。"[29]

为了向撒切尔夫人致以同样的谢意，里根亲笔给他最亲密的政治伙伴写了如下这封信：

亲爱的玛格丽特：

离开白宫前，我想利用这个机会向女王的来信和你真诚的话语表达由衷的感谢。在过去8年里，我们的合作加强了西方联盟保卫自己的能力和决心，也推动了全球的自由事业。让世界变得更加和平和安全是我们共同珍视的梦想。10年前，你在伦敦就开始为之奋斗。你不仅是我最宝贵的盟友，更是我最了不起的朋友。从1981年开始与你共事，是我最大的荣幸。南希和我向你和丹尼斯送去最美好的祝福。祝你们在未来的日子里继续取得成功。

真诚的，
罗恩[30]

里根夫妇亲眼见证了乔治·H. W. 布什宣誓就职，成为美国第41任总统。他们在新总统及其夫人芭芭拉的陪同下，登上了等待他们的军事直升机。飞往安德鲁斯空军基地之前，为了向这位卸任的总统表达尊敬，飞行员在华盛顿和这里高耸的纪念碑上空环绕飞行了一周。当然，也在白宫上空盘旋了一周。伴随着军乐队演奏的《星条旗永不落》①，里根最后一次在“空军一号”上微笑、致敬。随后，里根夫妇将回到他们位于加利福尼亚牧场的家。 271

① 《星条旗永不落》是美国国歌。——译者注

# 第十三章 快乐的寡妇

里根离开白宫后,撒切尔夫人在唐宁街的日子也并不好过。她曾通过自己与里根亲密的私人友谊和紧密的政治联盟关系展现了比大多数英国首相都要强大的实力。虽然她小心翼翼地避免干涉美国内政,但当某个政策触动了英国的国家利益时,没人能够限制她私下影响美国的外交政策。里根像相信自己的直觉一样相信撒切尔夫人的直觉,所以在这方面,他一直纵容撒切尔夫人。他们就是一个小团队,像合伙经商的夫妻。

这对伙伴的紧密关系自然也引起了里根外交顾问团一定程度的不满。他们眼看着首相撒切尔夫人作为一个外来者时不时地进行干涉,夺走了他们对事件的掌控权。只要里根还在白宫,撒切尔夫人就处于特权地位。虽然两人的电话沟通并不很多,但她知道,任何时候只要想和总统通话,总统都会接听。他们经常书信往来,或者在官方文件上加一些私人注解,因为他们相信自己都能完全理解对方的意图。

当撒切尔夫人觉得只有面对面沟通才能实现自己的目的时，她会毫不胆怯地主动拜访白宫或戴维营。最后一次访问白宫期间，当她坐下来准备和总统拍照时，一位记者提问：“您是否会去 273
圣芭芭拉大牧场拜访总统夫妇呢？”撒切尔夫人回答：“我想我会等着他们先来拜访我。”里根当时笑容满面。他一定非常理解和享受撒切尔夫人这种带点讽刺意味的回答。他知道撒切尔夫人来华盛顿拜访自己，经常是不请自来。

虽然美英两国关系依然紧密，但里根时代的结束彻底改变了两国关系的本质。为了永远保护自己政治领域内的灵魂伴侣，里根一直希望撒切尔夫人的观点能够在乔治・布什的新政府中继续受到欢迎。在华盛顿的告别晚宴上，里根曾明确表达了自己的这一愿望。他希望唐宁街和白宫的关系能够一如既往地保持下去。“1 月份我即将离开白宫，”他说，“对于玛格丽特・撒切尔仍将主持唐宁街 10 号，我表示非常高兴。我在这里将撒切尔夫人的建议以及我和她的友谊与合作关系，都转交给总统布什。”

撒切尔夫人也对布什大加赞赏，希望他能成为自己的亲密伙伴。“我担任首相已将近 10 年，布什担任副总统也将近 8 年，”她说，“每次我到达华盛顿，都会和他会面……所以我对他并不陌生。他也曾去过契克斯，去过唐宁街。他还曾和我们一起住在契克斯。我们之间早已是旧相识。我了解他，并且了解他的工作方式。他行事利落，知识相当渊博。”[1] 在一次电视采访中，撒切尔夫人被问到她和布什之间是否会产生她和里根那样亲密的友谊。撒切尔夫人回答说：“我将采用同罗纳德・里根探讨问题一样的方式和布什总统商讨各项事务，因此我认为我们的关系也会很紧密。”[2]

起初，撒切尔夫人打算把新总统当成里根一样来对待。但布什另有打算。他已经在里根手下担任了8年副总统，这意味着如今无论在私人领域还是政治领域，他都要展现出自己的特色。他要向全美人民和全世界宣布他就是他自己，不同于任何人。这表明里根和撒切尔夫人的联盟已成为过去。

那些曾经亲眼见过布什和撒切尔夫人在一起的人都立刻发现了与过去的不同之处。“这两个人的关系从来就没有融洽
274 过。”小亨利·E. 卡托（Henry E. Catto, Jr.）回忆道。他是布什任命的驻伦敦圣詹姆斯宫的使节。“布什担任总统后没多久，首次作为国家最高领导人的他与撒切尔夫人在戴维营进行了会面。撒切尔夫人按照自己的习惯，不停表达自己的看法。乔治不得不忍受她的这一习惯。但我感觉他已经生气了。回到伦敦后，我尽快找到机会向撒切尔夫人的首席顾问查尔斯·鲍威尔表明，也许互谅互让式的交往才是恰当的。也许因为我的建议，或者是撒切尔夫人本人（或者是鲍威尔）也意识到了问题所在，在两人第二次会面时，她不再喋喋不休，两人相处融洽。”[3]

然而，那些了解里根与撒切尔夫人亲密友谊的人立刻便明白了，他们之间的这种关系是不可能在布什与撒切尔夫人身上复制的。布什自信的贵族风范让他对撒切尔夫人无礼的表达方式异常愤怒。但是撒切尔夫人已经习惯了这样。撒切尔夫人担任首相的第一个月，内阁中的一些保守党贵族如彼得·卡林顿（Peter Carrington）、威廉·怀特洛（William Whitelaw）、伊恩·吉尔摩（Ian Gilmour）和克里斯托弗·索姆斯（Christopher Soames），也非

常反感她的表达方式。现在,只是布什还不习惯而已。但不同于撒切尔夫人,布什需要的不是倾听。这时,两位领导人的关系发生了不可逆转的改变。

“布什和撒切尔夫人的合作关系会与里根和撒切尔夫人的合作关系截然不同。”卡托回忆道,“事实上,英国媒体非常不安。此外,我自己也经常问这样的问题,如此宝贵的‘特殊关系’是否会因为新政府上台而受到损害。这种关系并没有瓦解,但有时会有摩擦。”[4] 撒切尔夫人回想起美国政府的更替,她认为这不可避免会带来摩擦,而非个人冲突。“布什觉得自己应该和前任拉开距离。自信就是一种最好的方法。”撒切尔夫人在回忆录中写道,“他拒绝像里根政府一样给予我特殊的地位。这是可以理解的。直到任职首相的最后一年,我们的关系才变得和谐一些。那时,我才学会在交谈中倾听他的意见,不再吝惜自己的赞美。到了必须保障英国的利益和影响力的时候,我也会毫不犹豫地受点委屈。”[5]

布什更希望结束撒切尔夫人和里根之间的那种亲密关系。
他觉得伊朗门事件已经削弱了里根在北约的领导力,而且撒切尔 275
夫人已经“拉直了松弛的绳索”。根据卡托的描述,布什重新夺回了在北约的主动权,“巧妙地收紧了绳索”[6]。可是和过去相比,仍有一些实质性的差异。美国向欧洲施压,要求其加速欧洲一体化进程,撒切尔夫人对此非常敏感。她认为美国在这方面已经走得太远。在撒切尔夫人看来,欧洲一体化会削弱英国的影响力,并且使英国和美国之间的关系变得疏远。后来她解释说:“按照这样的逻辑来推论……如果积极支持欧洲防务一体化,如果英国作为欧洲的一员有义务在未来某个时候加入欧洲货币一体化政策,这无疑都会削弱英美之间的传统友谊,而且对各方而言都是悲剧。如果英国进一步推进欧洲的计划,创建一个超级国家,那么就会丧失大西洋彼岸的盟友,也许再也无法挽回彼此的盟友关系。”[7]

然而,布什却持有不同观点。他在布鲁塞尔向北约盟国首脑简要汇报完 1989 年 12 月同戈尔巴乔夫的会谈情况后,在回答媒体的问题时发表了这样的观点:鉴于政治格局的变化,欧洲应该加快实现一体化。英国记者认为布什的观点证明总统和首相之间已经产生了严重的分歧。撒切尔夫人对布什的言论大为不满。她让查尔斯·鲍威尔致电卡托,抱怨布什不负责任的评论就是对首相的谴责。卡托让布什打电话给撒切尔夫人就误解表示歉意。

次月,更多的麻烦接踵而来。总统指派副国务卿拉里·伊格尔伯格(Larry Eagleburger)到唐宁街执行一项绝密任务——让首相做好准备,美国将削减在欧洲的北约部队。这是国会强加给他的任务。布什知道削减美国部队会让撒切尔夫人惊慌,所以他决定给撒切尔夫人写一封亲笔信,让她安心。信中他写道,美国的军队人数将削减至 19.5 万人,虽然幅度比较大,但是不会削弱北约作为遏制苏联的主要力量的战斗力。

伊格尔伯格和撒切尔夫人的会面从一开始就不很顺利。卡托回忆说:“铁娘子简直会分泌毒液。”她将布什的信狠狠地丢在桌子上,然后对伊格尔伯格说:“坐下,告诉我这封信是什么意
276 思?”撒切尔夫人明确表示,尽管削减军备的谈判取得了一定进展,但她认为现在就开始削减欧洲的传统部队还为之过早。“目

前，我们并未处于和平状态。"她声明。此外，她还认为美军是欧洲和英国的关键防御力量。美国采取的单边计划对英国是一种威胁，而且美国的行动违背了北约联盟的精神。她把这形容成"自己脚下的地震"，每一次震动都损害了她对美国的信心，就像里根在雷克雅未克擅自决定清除所有核武器一样。

"我们知道自己必须忍气吞声。"她生气地说道，"很显然，我们要按照美国的要求行事。"向伊格尔伯格告别时，她问道："你会继续在这里待 6 个月吗，拉里？你这份令人反感的工作，让你不得不面对我……欢迎你再来，但是不要带着这种任务来。"[8] 撒切尔夫人觉得自己已经无力再面对美国这种既成事实的政策。她感到无助。这种感觉来自于她知道自己不可能再像里根时代一样，飞往华盛顿，坚持要求美国更改政策。

不过撒切尔夫人非常享受她和美国最后的亲密拥抱。1990 年 8 月 2 日，萨达姆·侯赛因（Saddam Hussein）在没有任何征兆的情况下突然入侵科威特。此时命运再次眷顾了她。根据亨利·卡托很久之前就做好的安排，此时首相和总统正前往科罗拉多州的阿斯彭①滑雪。在卡托的催促下，他们同意在阿斯彭研究所召开外交事务会议。科威特遭到入侵，这是布什担任总统后在战事方面遭遇的第一个考验。这时，全世界的媒体都聚集到了落基山。科威特是美国的盟国，也是重要的石油生产国。大家都在好奇这位新总统对科威特遭到萨达姆入侵一事会做出怎样的反

① 西邻落基山脉，以滑雪著称。——译者注

应。而这时，大家发现撒切尔夫人已经站在了他的身边。就如何采取进一步行动，两人已经在卡托的滑雪度假小屋中进行了长时间的商讨。两人决定一致对抗伊拉克独裁者的非法行动。

海湾战争中，英国立刻成了美国的亲密盟友。但对美国在战争中扮演的角色，总统和首相之间又起了争执。布什相信共产主
277 义的瓦解和冷战的结束势必会产生“新的世界格局”，而且认为最好由联合国斡旋建立新秩序。然而，撒切尔夫人一直不信任国际组织。联合国曾多次试图阻止她收回福克兰群岛，这让她对国际组织的不信任感进一步加深。虽然严格按照国际法的程序打击伊拉克能够保证军事行动的合法性，但撒切尔夫人不愿等待联合国的指示。她坚定地认为，安理会通过她早已支持的谴责萨达姆的决议后，她和布什有权执行，但没有作进一步商讨的余地。

虽然布什坚定不移地认为应该谴责伊拉克，但国务卿吉姆·贝克(Jim Baker)的意见却更加理性一些。为避免苏联反对军事干预，由英国的舰队先开始执行联合国对伊拉克和伊朗的禁运政策。当5艘也门油船的船长拒绝英国皇家海军士兵登船时，撒切尔夫人和贝克观点的差异更加明显。没有联合国的决议也可以拦截船只，既是撒切尔夫人的观点，也是布什的观点。但是，在等待一个特殊的新决议通过之际，贝克更加保守的观点占了上风。“我打电话给撒切尔夫人说，虽然我们都很想封锁伊拉克的航运，但我们要让一艘油船经过也门顺利驶向阿曼存储港。”布什回忆道，“她听了我的解释后，同意了这个决定。但接下来，她又给了我一些警告。在整个海湾战争中，这些话一直提醒着我，而且我此生都不会忘记，她说：‘乔治，你记住，现在没时间犹豫了。’”[9]

在我任职期间，撒切尔夫人的责骂为所有白宫工作人员所熟知。

在撒切尔夫人看来，自从里根离开白宫后，英美关系已经发生了巨大的变化。东欧事态发展的速度比她希望的要快得多。那里的人民要求民主和移民的权利，而政府在人民的压力下开始垮台。她时常担心西欧国家因为沉浸在社会主义阵营瓦解的欢 278
快中，而使防御体系产生疏漏，因此，她看上去既开心又矛盾。无论是东欧还是西欧，似乎都发生了彻底的变革。这让撒切尔夫人进一步意识到，在国际事务中，里根-撒切尔夫人掌权的时代已经结束。在英国，人们也普遍认识到一个新时代已拉开帷幕。撒切尔夫人的时代正在成为过去，不过撒切尔夫人本人可能并没有意识到。由于没有任期限制，她甚至无忧无虑地认为自己可能会连任四届。1988 年底，她在华盛顿参加里根卸任前的告别晚宴时，一名记者问她："你是否认为自己的时代也将结束呢？""我希望不会。"她坚定地回答道，"毫无疑问，有一天它会结束。我的意思是，按照自然发展的规律，它会结束，不是吗？"[10]

欧洲社会主义阵营的瓦解速度比里根和撒切尔夫人预想的要快得多，而且苏联对欧洲的影响力不可避免地出现了下滑。1989 年是非常关键的一年。2 月 15 日，占领阿富汗的最后一支苏联军队撤出，这标志着里根口中的"邪恶王朝"开始没落。3 月，匈牙利的新任总理米克洛什·纳密斯(Miklos Nemeth)访问了莫斯科，他告诉戈尔巴乔夫，早在第二次世界大战前他就打算引入多党制选举，并表示自己认为共产主义制度注定是要失败的。纳密斯坦率地问道，苏联在匈牙利驻军 8 万，是否会阻止他们引入新的选举制度。戈尔巴乔夫回答，只要他还是苏联的总统，"就绝不会下达这样的指令去阻挠新政府的建立”[11]。

纳密斯看到戈尔巴乔夫对自己的提议表现得如此冷静，于是作了另外一个决定。他要让苏联控制的整个东欧迅速瓦解。首先，他决定停止加固匈牙利和奥地利之间的栅栏、分隔墙和壕沟。接下来，他下令将作为安全防御设施的铁丝网全部拆除。他的这一举动对东德产生了巨大影响。东德的居民获得许可进入其他
279 东欧国家，包括匈牙利。不久，大批东德人通过匈牙利进入西德。数千人冲入位于匈牙利首都布达佩斯的西德大使馆，要求政治避难。从 1945 年起，极权主义就控制着东欧，它的崩溃是早晚的问题。事态迅速地发展。11 月 9 日，共产主义官僚犯了一个重大失误。东德政治局的一名官员错误地宣布东德人可以自由出境。敏锐的英国记者丹尼尔·约翰逊（Daniel Johnson）立刻提问：“柏林墙将发生怎样的变化？”这名官员粗略地浏览了一下从上层发来的文件后，耸了耸肩。夜幕降临时，东德的边防战士已经逃离了他们的岗位。大批难民抗议，要拆掉这堵没用的墙。混乱中，东西两种不同意识形态控制下的柏林人开始用自己的双手拆除这道墙。

波兰也发生了类似的革命。共产主义军事领袖雅鲁泽尔斯基将军在波兰人民强大的压力下，虽然不情愿，但也批准了自由选举。再一次，由于民主，共产党从执政位置上被赶了下来。来自瓦文萨领导的团结工会的候选人大获全胜。戈尔巴乔夫再次对民主进程和言论自由的发展束手无策。他对纳密斯建议：“这不是我的责任。这是你的责任。”民主是会传播的。1989 年 12 月初，捷克斯洛伐克也进行了自由选举，与共产主义者持不同政见的作家瓦茨拉夫·哈维尔（Vaclav Havel）被选为总统。

12 月,罗马尼亚的共产党领袖尼古拉·齐奥塞斯库(Nicolae Ceausescu)当众受到侮辱,被赶下台。圣诞节当天,他和他的妻子因为贪污被执行死刑。戈尔巴乔夫依然乐观地认为可以通过改革共产主义制度和清除不诚实的行为,让以马克思列宁主义为指导的思想重建苏联。他相信这样的政府最终会受到欢迎,而且他也愿意在新政体中引入自由选举制度。但事实证明,他的改革为时已晚。1991 年 8 月,逃过一次失败政变后的戈尔巴乔夫正在克里米亚(Crimea)度假,然而,他的对手鲍里斯·叶利钦(Boris Yeltsin)以计谋取胜,他被迫在当年的圣诞节辞职。那一刻,苏联解体了。

变革的力量并非局限在独裁统治的东欧国家。撒切尔夫人 *280*
也认为自己是变革的受害者,尽管英国的这场暴动主要是由保守党内的恐慌引起的,而非政治对手的冒失。在高压攻势下,撒切尔夫人周围的一些高官对她愈发不满。此外,恐惧心理在保守党议员中蔓延,他们担心自己会在接下来的大选中失去席位。不过,将撒切尔夫人赶出唐宁街的借口并不得人心——随后,她引入的一项用于地区公共服务的新税收政策成了她被赶下台的首要原因。以前征收地方财产税时要对个人资产进行评估,这样才能保证税率合理。为避免评估,撒切尔夫人曾建议用固定税率的社区费(Community Charge)①取代名声不好的地方财产税。作为一项新税种,人头税(poll tax)随后迅速被人们了解。事实证明,

① 社区费是对社区内成年人按照统一税率收取的人头税。——译者注

它是大批撒切尔夫人政策的反对者聚集在一起发起暴动的原因。

这是一次罕见的政治判断失误。撒切尔夫人没有意识到人头税不仅威胁着她的政府，还威胁着她的首相之位。1987 年 7 月，她曾毫无顾忌地告诉一名美国记者："作为议会议员，我一生中已经历过两次税率重估。不会再有下次了。我认为，每次税率重估都带来了太多的麻烦，但人头税绝不会有这么多麻烦。"人头税的反对者们立刻被激怒了。人头税是一种单一税，而不是根据收入调整的累进税。很显然，这种税收对穷人来说是不公平的。在英国，大批抗议者上街游行示威已司空见惯，但 1990 年 3 月底，当一大批抗议者聚集在离唐宁街不远的特拉法尔加广场(Trafalgar Square)时，却发生了暴力事件。骚乱随之而来。建筑工地被人纵火。撒切尔夫人对暴力和破坏财物的坚决反应似乎只起到火上浇油的作用。随后，考虑到个人安全，撒切尔夫人不得不采取措施避免大规模的公共暴动。她担心暴动的群众会伤害自己。

1987 年大选后，如果撒切尔夫人没有失去部分最重要的来自高级部长——包括财政大臣奈杰尔·劳森(Nigel Lawson)和外交大臣杰弗里·豪(Geoffrey Howe)——的信任，她本可以安全度过不得人心的人头税造成的危机。事实证明，劳森和豪两人是重
281 要的反对力量。因为不赞成撒切尔夫人反对欧洲货币一体化态度，他们先后从撒切尔夫人的政府中辞职；这给整个保守党带来了寒意。但他们也给一些人带去了希望，比如迈克尔·赫塞尔廷(Michael Heseltine)，他因为别的事情从政府辞职，并且觊觎着撒切尔夫人的位置。无论各自因什么样的原因离开，劳森和豪联合

普通议员①向撒切尔夫人政府给予了严厉的控告，指出她凡事都不妥协的态度会对选举造成不利影响。这种影响反应在选举结果中：1990 年 3 月，工党战胜保守党，在斯塔福德郡中部（mid-Staffordshire）的补缺选举②中获胜；同年 10 月，自由民主党在保守党通常都能安全着陆的苏塞克斯郡（Sussex）的伊斯特本（Eastbourne）取得了胜利。

保守党内的反对者计划在 1989 年 12 月的党魁选举中密谋将撒切尔夫人政府推翻，但这项密谋进展缓慢。不过以赫塞尔廷为中心的第二个挑战发展迅猛。虽然在第一轮选举中，赫塞尔廷没能赢得足够多的选票取代撒切尔夫人，但撒切尔夫人已经被团结在她周围的保守党议会成员暗算，因此她的首相之位岌岌可危。撒切尔夫人在同内阁成员进行磋商后发现，除了极个别人，他们一个个都建议她立刻辞职。撒切尔夫人用一晚上做出了决定。11 月 28 日早晨，她将自己的辞呈递交给女王。在保守党议员随后的选举中，她的继任者产生了，是一个非常平凡的人物——约翰·梅杰（John Major）。豪辞职后，撒切尔夫人曾迅速将梅杰提拔至外交大臣。

① 普通议员也称后座议员，是下议院中坐在后排的议员。按照下议院惯例，执政党领袖、在政府中任职的议员，以及反对党的影子内阁成员等重要议员坐在前排。——译者注

② 大选后，如果当选的议员死亡、退休、被封为贵族，或出任政府官员，即为出缺，要尽快进行补缺选举。补缺选举最能反映民意的变化，因为补缺选举的席位大多数都能由原议员的同党取得。如果这时各党的得票数和大选时有明显的变化，则说明各党在选民心中的地位也发生了变化。——译者注

撒切尔夫人以如此快的速度被罢免，这令她的忠诚支持者、各国领导友人，尤其是她本人震惊不已。她突然丧失了权力，就像失去亲人一样。撒切尔夫人认为自己不仅掌管英国国内事务，而且同里根合作，共同推进了国际事务的发展，因此突然丧失权力后，她难以适应。虽然她被封为终身贵族——凯斯蒂文撒切尔女爵，而且可以不时出现在上议院以支持自己最喜爱的事业，但因为缺乏有目的性的工作，去职后撒切尔夫人的经济状况一直不佳。

282 撒切尔夫人不愿意开始这种多少有些令她不满的退休生活。于是，在一些值得信任的人的帮助下，她开始撰写回忆录。其中有人形容他们就像是在"高度紧张的自我辩护的状态下写作"[12]。她成了菲利普·莫里斯烟草公司的顾问，还担任了位于弗吉尼亚威廉斯堡(Williamsburg)的威廉与玛丽学院的校长。她还经常去美国发表演讲，歌颂保守主义和她的好友罗纳德·里根。她每次演讲的出场费为5万美金。里根和撒切尔夫人不同，他享受着同南希一起在贝尔艾尔(Bel-Air)社区共度的晚年时光，还有在安静的圣巴巴拉大牧场骑马的美好生活。撒切尔夫人发现自己唯一的兴趣就是管理英国政府。她极不体面地被赶下台，但又没有完全搬离唐宁街；相比之下，里根则是带着尊严离开白宫的。这让她愈发觉得自己受到了不公正的对待，而那些迫使她下台的人恰恰是在政治领域曾经受她恩惠最多的人。

虽然撒切尔夫人和里根见面、通话的次数不多，但他们依然保持联系。1989年夏天，里根最后一次访问唐宁街。返回加利福尼亚的途中，他写道："南希和我带着此次欧洲之行的美好回忆返回美国，不过其中最难忘的还是在唐宁街 10 号与你的会面。我们很遗憾没有见到丹尼斯，但是与你和马克在一起的时光非常愉快。现在我只是普通公民，所以不会再像过去那样频繁访问欧洲了。我们希望你再次访问美国，这样我们就有机会回报你热情的款待了。玛格丽特，请让我再次告诉你，我非常高兴遇到你。南希和我向你和丹尼斯送上最真挚的关爱和最温暖的问候。"[13]

里根做得最贴心的一点是记住了撒切尔夫人的生日，反过来，撒切尔夫人也时刻关注着里根的健康。1989 年 9 月里根从马上摔下来后，她写了一封信，祝他早日康复。里根回复："让一些医生惊奇的是，我现在的感觉还不错。南希和我已经回到了加利福尼亚，恢复了正常的生活，彼此关爱。一如既往，我最开心的事就是收到你的来信。很多事情我已不再怀念，但我向你保证，我会怀念我们共同参加的经济峰会。"[14]对于里根的回信，撒切尔 283
夫人心中充满了感激，但这让她更加清晰地感受到他们对待失去权力的不同态度。

里根迅速适应了退休生活，尽管他还是习惯每天前往洛杉矶世界城的办公室。他可以在那里浏览堆积如山的来信，还可以独自一人在书桌前享用午餐。他还收到了大量的演讲邀请。1990 年 12 月，里根前往剑桥，在剑桥大学的联盟辩论协会发表演讲。两年后，他又在牛津大学的联盟辩论协会发表了演讲。撒切尔夫人很少来加利福尼亚，在一次罕见的访问期间，里根陪她参观了位于锡米谷市（Simi Valley）的里根图书馆。1991 年 3 月撒切尔夫人访问华盛顿，接受了总统乔治・H. W. 布什颁发的自由勋章。布什形容撒切尔夫人是"零售商的女儿,但用自己的意志构建了整个国家……难以约束,有时固执得不可救药,永远不屈不挠"。

同年,里根收到了一份极其难得的邀请:和女王伊丽莎白二世在英国皇家游艇"大不列颠"号上共进晚餐。当时,"大不列颠"号就停泊在圣巴巴拉。1983年,里根曾邀请女王来大牧场做客,这次女王正是为了回报他的邀请。晚餐后,女王允许英国广播公司的一个摄制组登上游艇进行拍摄。这时,全世界第一次清楚地知道里根的精神状况非常糟糕。他点了一杯无咖啡因的咖啡,这让船上的工作人员非常困惑。摄像机捕捉到这一画面时,里根紧张不安,看上去心烦意乱,不知所措。为了缓解里根的不安情绪,女王说:"没什么,我们确实可以尝试一下这样的咖啡。"南希关切地看着自己的丈夫,安抚他紧张的心情。

1994年2月,撒切尔夫人前往华盛顿参加里根的生日聚会。尽管她当时已经不是首相了,但仍然得到了首相般的待遇。她站在里根和南希身旁,看着里根吹灭蛋糕上的蜡烛。里根非常感激撒切尔夫人的到来和她在聚会上说的那些饱含深情的话语。为此,他给撒切尔夫人写了一封感谢信。

"亲爱的玛格丽特,"他写道,"我应该如何感谢你来到华盛顿,陪我和南希一起庆祝我83岁的生日呢?'谢谢'两个字似乎
284 不足以表达我满心的感激!上周你的出席无疑是我最珍贵的生日礼物。我将永远记住你当天高贵的敬意和深情的话语。正如你所知,我不常在公共场合表达自己的情感。但在你发言时,我真的哽咽了。我被你的话深深感动了。你对这份独一无二的友

谊的诠释恰到好处地表达了我的心声。”

“在我一生中，我一直相信人生的道路是由一种力量所指引，而不是被命运主宰。我觉得上帝让我们相遇有其深意。我是如此幸运能够认识你。你是我最亲密的好友之一，对此我深感荣耀。玛格丽特，能够和你一同经历人生中许多重要的时刻，我感到非常骄傲。谢谢上帝将你带入我的生命。请向丹尼斯表达我最温暖的谢意。愿上帝永远保佑你。”[15]

生日聚会后，里根有些神志不清。因为害怕南希担心，所以他没有告诉她。回到酒店后，他向南希坦白他有些精神错乱。“我必须等一分钟，”他告诉南希，“我不确定自己在哪里。”南希帮助里根回忆，她对里根说：“罗尼，你的衣服放在这个房间的那一头。你走到那里，就会找到它们。”里根的医生约翰·赫顿(John Hutton)同里根和南希一起参加完聚会后回到了酒店。南希询问他：“约翰，你明白我的意思吗？”赫顿知道，里根的阿兹海默病症已经非常明显了。[16]

里根知道自己已经神志不清。他向全世界宣布了自己的苦恼。一个月前，也就是 1994 年 10 月，他给撒切尔夫人写了最后一封信，祝她 69 岁生日快乐。这是他给撒切尔夫人的既神秘又温柔的告别。

“亲爱的玛格丽特，”他写道，“纵使相隔万里，我希望你依然能感受到我温暖的祝福。祝你生日快乐。向你和你一生取得的成就表示祝贺，并且告诉你这些年来你对我们有多重要，这是个多么好的机会。我是多么幸运能够和你一同庆祝人生中许多重要的时刻。虽然你还没有到我这个年纪，但是细数上帝给你的恩

惠，你的人生无疑是圆满的……这真是一次奇妙的旅程。玛格丽特，我祈祷未来的几年也能像这样充实和愉悦。在这个特殊的日
285 子里，祝你生日快乐。这一天因为是你的生日而变得特殊。南希和我向你和丹尼斯送上我们的关爱和最美好的祝福。”然后，里根第一次写下这样的落款：“深情的，罗恩。”[17]

1994 年 11 月 5 日，里根宣布自己正处于阿兹海默症的初期。他给全美人民写了一封公开信。

> 亲爱的同胞们：
>
> 我最近得知自己患上了阿兹海默症，成了成千上万美国患友中的一员……敞开心扉也许能够使大家对我的健康状况有更清晰的了解，也许还能让大家对遭受这种疾病困扰的个人和家庭有更深的理解。此刻，我感觉很好。我打算在这个地球上度过上帝给我的余生，继续做我正在做的事。我将继续和我挚爱的南希以及家人分享我的生命之旅。我计划享受户外生活，和我的朋友以及支持者保持联系。不幸的是，随着病情的加重，家人往往背负着沉重的负担。我只是希望能有办法让南希免于这种痛苦的经历。当那个时刻来临，我相信在大家的帮助下，她会有信心和勇气面对一切……现在，我开始了生命的日落之旅，但我知道，前方总有光明的黎明迎接美国。

里根渐渐走向人生的边缘，只留下撒切尔夫人和她的回忆。撒切尔夫人离开政坛后，英国的政治发生了不同寻常的转变。事

实证明,她是一个强大并有说服力的领袖。工党极富魅力的新领袖托尼·布莱尔(Tony Blair)为使工党在选举中获胜,甚至全盘接受了撒切尔夫人的经济政策。约翰·梅杰上台后,在管理风格和政策上尽量与撒切尔夫人保留差异。但在1997年的大选中,布莱尔领导的工党将保守党击败了。保守党在一届又一届平凡领袖的带领下徘徊不前,再也无力扭转自己的命运。虽然撒切尔夫人在大多数情况下拒绝就新闻事件给予评论,但在选举新的保守党领袖时,她却少有地错过了提出自己意见的机会,而且即便 *286*
她认可,也是件喜忧参半的事。选民们普遍认为撒切尔夫人已经实现了自己的价值,是时候离开了。但是,那些去过她位于贝尔格莱维亚区(Belgravia)切斯特广场(Chester Square)家中拜访的人都很清楚,虽然距离她被解职已经10年,但她一直陷在失去权力的悲伤中。她非常怀念唐宁街的日常生活和那些令人兴奋的事。2003年6月29日,丈夫丹尼斯离开了她,享年88岁。丹尼斯是她最忠诚的支持者和导师,陪伴了她50余年。他的离开加剧了撒切尔夫人的心理不适。此时,里根因受疾病困扰而行动不便,也很难联络,撒切尔夫人只能独自忍受着年迈的孤独。

当南希开始为丈夫即将到来的死亡做准备时,撒切尔夫人接受了在这位前总统的国葬上发表悼词的邀请。撒切尔夫人答应了这件迫在眉睫的事,这令里根的家庭相当欣慰。这是里根的愿望,他希望撒切尔夫人在自己的葬礼上说些什么。撒切尔夫人因为多次轻微中风而行动不便,这剥夺了她演讲的信心,而且医生禁止她远行和发表公共演讲。然而撒切尔夫人采取了预防措施,对发表这段给自己最亲密的政治伙伴和盟友的悼词进行了录像。她决定，无论发生什么，都要参加葬礼。“我认为他们不可能阻止撒切尔夫人，”她的前新闻秘书伯纳德·英厄姆（Bernard Ingham）说，“她与里根的关系非同寻常。”[18]

2004年6月5日，罗纳德·里根因肺炎去世，享年93岁。里根离开时，南希同他的孩子罗恩和帕蒂守在他的床边。总统布什宣布当天为全国哀悼日。一场精心准备的隆重国葬也在华盛顿拉开了序幕。里根的棺木首先被安放在里根图书馆的大厅，供10万加州人民瞻仰悼念。4天后，他的棺木由供总统乘坐的“空军一号”飞机经位于穆古角（Point Mugu）的凡图拉城（Ventura Country）海军基地送往安德鲁斯空军基地，然后再由汽车送往华盛顿。最后，灵柩放在由马匹牵引的炮架车上送往国会山。依照传统，6匹马的前面应该有一匹有人骑的头马，而在里根的葬礼上，那匹叫“约克中士”的马不仅没人骑，而且走在炮架车的后面。它的马镫上还放着里根穿过的马靴。

287 为了表明里根和加利福尼亚①的联系，他的棺木被抬到国会大厦的西侧阶梯②。他曾经在那里举行了总统就职仪式。接下来，棺木被放置在当年亚伯拉罕·林肯国葬时使用的同一张灵柩台上。在10多万前来悼念里根的哀悼者中有一位特别的来宾——玛格丽特·撒切尔。她戴着黑色的大帽子和黑色的面纱，

① 里根曾任加州州长。——译者注

② 美国总统的就职仪式一般在国会大厦的东侧门廊举行，而1981年里根的就职仪式改在了西侧阶梯。——译者注

用右手轻轻地抚摸了棺木,然后深深地行了一个屈膝礼。尽管她看上去十分脆弱和悲伤,但依然端庄典雅。她紧紧抓住美国参议院多数党领袖比尔·福斯特(Bill Frist)的手臂,靠他的指引穿梭在圆形大厅里众多尊贵的来宾之中。

丧礼于6月11日在华盛顿国家大教堂举行。撒切尔夫人坐在里根的老对手米哈伊尔·戈尔巴乔夫身边。其他前来吊唁的还有代表伊丽莎白女王前来的查尔斯王子,团结工会领袖莱赫·瓦文萨,以及撒切尔夫人的继任者托尼·布莱尔首相。

撒切尔夫人坐在那里一动不动。但她铿锵有力的悼词通过广播传入坐在大厅中的哀悼者耳中。

> 我们失去了一个伟大的总统,一个伟大的美国人,一个伟人。而我失去了一个好朋友。罗纳德·里根的一生总是充满欢乐和朝气。这使他能够轻松忘记自己肩上令人生畏的历史重担。他致力于修复美国人受伤的心灵,恢复自由世界的力量,解放共产主义的奴隶。完成这些任务需要付出艰辛的努力,承担很大的风险。但是,愉悦的精神总能帮助我们追求这些事业。因此里根身上还有另外一项重任。阿诺德·本涅特(Arnold Bennett)曾把这称为"让所有人振奋起来的伟大事业"。
>
> 有人预言西方将会衰落,但他却鼓舞美国及其盟国的士气,使大家重拾对自由使命的信念。有人只看见增长的局限,而他却把停滞不前的经济改造成创造机会的引擎。有人希望与苏联共存,哪怕这种共存并不安全。但他却赢得了冷

> 战。这胜利不费一枪一弹，还邀请敌人走出碉堡，变成朋友……作为首相，我和里根在一起紧密合作了8年。这8年
> 288 也是我们生命里最重要的8年。在他任职总统前后，我们都会定期交谈。我有时间和理由去反思，是什么让他成了一位伟大的总统。
>
> 里根很有主见。他有坚定的原则。我相信这些都是正确的原则。他把这些原则阐述得很清晰，执行得很果断……总统坚决抵制苏联的扩张。他向苏联的每个弱点施压，直至苏联在这些压力和自己的缺陷面前崩溃。当善良的人从废墟中走出时，里根总统总是向前迈进，与其握手，真诚地同他们合作。罗纳德·里根就是这样典型的胸襟开阔的美国人……[19]

里根的家庭成员希望撒切尔夫人能够陪伴总统的灵柩一起飞回洛杉矶，看到总统安葬在他最后的栖息地——位于锡米谷的总统图书馆。最后的仪式上，撒切尔夫人坐在现任加州州长——阿诺德·施瓦辛格（Arnold Schwarzenegger）和他的妻子玛丽亚·施赖弗（Maria Shriver）身边。施瓦辛格与里根一样，从电影演员转变为政客。周围坐着里根的第一任妻子简·惠曼，里根在加州从政时的同事，还有他的国务卿乔治·舒尔茨以及众多好莱坞的朋友，如查尔顿·赫斯顿（Charlton Heston）、米基·鲁尼（Mickey Rooney）、鲍勃·霍普的遗孀、多洛雷斯·霍普和弗兰克·西纳特拉（Frank Sinatra）的家庭成员。在里根遗体告别仪式上，国会大厦曾降半旗致哀。南希·里根从“罗纳德·里根”号航空母舰指挥官的手上接过了这面国旗。接下来，她把头轻轻靠在棺木上，

低声抽泣,并小声地说道:“我爱你。”

在华盛顿的仪式上,撒切尔夫人曾向她最亲密的朋友表达过私人的敬意。“在罗尼生命的最后几年里,他的心智被病魔的乌云笼罩。现在乌云散去。他又变回了自己。”[20]里根墓碑上的碑文是他自己说过的话。这些话是那样的善良和乐观:“我知道在我心里,每个人都是善良的。正义最终会取得胜利。每个生命都有其价值和意义。”

289

# 后 记

罗纳德·里根和玛格丽特·撒切尔紧密合作了8年。他们被认为是继富兰克林·罗斯福总统和温斯顿·丘吉尔首相之后，对国际政治最具影响力的一对搭档。在这8年里,他们有着共同的政治目标。在国内,他们试图修复丢失的民族自豪感,克服盛行的失败主义和悲观主义。在国际事务上,他们对共产主义采取了坚定的军事和外交政策,努力传播西方的民主思想。他们共同推广和应用了一种市场经济理论。在美国,它被叫做“里根经济学”,着重强调减税;在英国,则是“撒切尔主义”,首要任务是出售国有资产。他们共同的目标是减少国家债务以及平衡公共开支预算。然而,里根去世时,他们的共同遗产已消失殆尽。

虽然他们政策上的一些局限永远地留在了政治格局之中,例如即使最高收入者也需要降低个人所得税,但他们无法影响自己的继任者,而这意味着这些问题将无法彻底解决。由于总统任期的限制,里根必须退休。他离开白宫后,就立刻脱离了政治生活。

当共和党中许多成员都认为乔治·W. H. 布什肯定会当选时,他几乎发挥不了任何影响力。里根担任总统的8年里,布什一直是他的副总统,不过他并没有成为里根主义的追随者。布什摒弃了里根的经济政策,称其为“巫术经济学”。这位新总统对在自己的任期内延续里根的作风毫无兴趣。他让公众知道,里根经济学 290 的负面影响令他非常不适。他希望恢复老共和党时期宽厚的贵族价值观,执行“更友善、更温和的”政策。布什认为应该展现出自己的风格,而不是活在前任的阴影里。共和党保守派错误地选择了一个比基督教联盟创始人帕特·罗伯逊(Pat Robertson)①更具说服力的候选人成为里根的继任者。这也是对里根曾经进行的保守改革的一种漠视。

同样,撒切尔夫人也无法掌控自己的继任者。她不顾一切提拔了一些内阁大臣,这些人被列入她的门徒名单多年,例如塞西尔·帕金森(Cecil Parkinson)和约翰·穆尔(John Moore)。他们的政治生涯也因撒切尔夫人的辞职而渐渐枯萎。如今这些人几乎都被遗忘了,没人认为撒切尔夫人打算为他们的政治生涯再次开路。撒切尔夫人曾无意中吐露过自己希望“继续连任”的愿望,她会像个泼妇一样为了保住自己的王位而奋斗。肯尼思·克拉克(Kenneth Clarke)是撒切尔夫人最得力的大臣之一,他曾被问到如果她被赶下台,谁最有可能成为继任者。他立即开玩笑似地回答:“谁敢!”然后又继续补充:“当然只有汽车司机吧!”[1] 结

① 帕特·罗伯逊,1988年曾成为总统候选人。布什两次成为共和党候选人与基督教保守人士的大力支持密不可分。——译者注

果，来势汹汹的迈克尔·赫塞尔廷竟敢挑战撒切尔夫人的首相之位，最后却因自己的不忠被同事梅杰打败。保守党党魁和首相之位就落入了平凡的梅杰手中。梅杰是撒切尔夫人的门徒名单里最底部的人选，却快速得到了提升。这位中庸的候选人很快就让人们感觉到他对撒切尔主义持保留意见，且对其曾经采取的措施毫无兴趣。不同于布什，梅杰希望恢复战后保守主义传统的宽厚价值观，这样国家才能恢复，安然自在。他不希望继续撒切尔夫人的改革。他认为这种改革造成了国内的纷争和不团结。

担任强大政治人物的继任者不是件容易的事。布什和梅杰短暂的执政生涯有力证明了这一点。美国和英国人民已经习惯了接受个性鲜明的领导人，因为他们有清晰的目标和明确的行
291 动。两国人民对行为保守适度的继任者表现得都不友好。布什最终因为错误地追随了里根的低税收政策，没能处理好国内经济问题而未能连任。由于里根一贯绅士的作风，布什自信地认为自己不会面临前任的批评。里根在巅峰时卸任，因为伊朗门事件受损的声誉也已经恢复，所以他乐于保持这种彬彬有礼的沉默。撒切尔夫人却被自己的同事赶下台，她无法忍耐不干涉党内的事务，总是不时地表达自己对某个政策或某种个性的喜好。有时，她虚张声势的作风给选民们造成了误导性的印象。梅杰的继任者威廉·黑格(William Hague)也是撒切尔夫人忠诚的支持者和知名的内阁大臣，曾忍受过这样的屈辱：当他推举自己担任党领袖时，撒切尔夫人用手指着记者的同时艰难地拼出了他的名字，而他只能毫无价值地站在一边。“你们记住了吗?”她问，“黑——格!”在公众的印象里，黑格上台代表着撒切尔夫人强硬

政策的回归。

不可思议的是,里根和撒切尔夫人对自己对手的政策影响之深刻,就像对自己党内的政策一样。比尔·克林顿(Bill Clinton)在布什上台4年后将其击败,成为总统。他准备回归里根经济学,并采用里根的方法结束福利依赖。里根曾深刻地改变了政治争论的格局,致使民主党传统的税收和消费政策都未能赢得选举人的支持。他对民主党的政策进行了改造。而克林顿提供了一个新的民主平台,在里根的保守主义和20世纪60年代约翰逊总统高支出的伟大社会(Great Society)下形成的根深蒂固的政府干涉主义之间,寻求经济发展的中间道路。直到2000年大选,历史的轨迹又回到原点。共和党领袖乔治·W.布什(George W. Bush)入主白宫,将自己形容成"富有同情心的保守主义者"。

在英国,梅杰对经济的错误管理导致英镑贬值,大挫保守党的信心。他放弃了撒切尔夫人对英国的宏伟计划,转而支持各种平淡的小想法。相反,工党领袖托尼·布莱尔继承了撒切尔夫人的衣钵。和克林顿一样,他也认为选民不会再接受工党高税收和 292
大政府的传统治理方法。事实证明布莱尔的财政大臣和继任者戈登·布朗(Gordon Brown)比起撒切尔夫人的财政大臣,是一位更成功的财政保守主义者。他上任第一天起,就坚信控制通货膨胀的好处,赋予英国中央银行管理者调控利率的权利。撒切尔夫人知道,就连自己也无法暗中破坏工党传统的核心力量,她宣称"社会化的国民保健制度在我们的掌控下是安全的"和"工党永远不灭亡",无意中成了改革后的工党的救世主。和撒切尔夫人过去一样,布莱尔大步走在国际舞台上,利用英国的军事力量向其他国家如科索沃地区(Kosovo)的塞尔维亚(Serbia)施压。此外,他还努力和美国建立紧密而稳定的同盟关系,首先是和克林顿,然后是总让挑剔的英国沮丧的乔治·W.布什。与此同时,受到重创的保守党选举了一连串撒切尔夫人的支持者作为党魁诱导选民——从黑格到伊恩·邓肯·史密斯(Ian Duncan Smith),再到迈克尔·霍华德(Michael Howard)。但是,所有这些顽固守旧的撒切尔夫人支持者也未能扭转保守党的命运。托尼·布莱尔通过展现自己是撒切尔主义真正的继承者,三次当选工党首相,其中两次以压倒性的优势战胜对手。

里根和撒切尔夫人通过连续不断地向苏联发起挑战,改变了世界版图的面貌。他们共同拥抱了米哈伊尔·戈尔巴乔夫,劝他应立即放弃毁灭性的经济政策,并且支持民主。只有这样,社会主义极权主义才能在苏联和其他东欧国家实施比预期更有序、更少暴力的统治。两位领导人都为结束冷战而不遗余力,他们完全没有看出苏联自身正在瓦解。事态发展的迅速程度远远超过了他们的想象。里根期待一个自由而乐观的欧洲,但对撒切尔夫人来说,接受苏联解体后最有可能的产物——一个统一的德国却不是很容易。虽然里根的战略防御计划继续困扰着美国的科学家,但在东欧建立反导系统的威胁再次令弗拉基米尔·普京(Vladimir Putin)担心美国的动机。普京是继鲍里斯·叶利钦之后,经
293 过选举产生的民主俄罗斯的第二任总统。普京的威胁再次点燃了冷战之火,重新开启了同西方的军备竞赛。这意味着古老的俄罗斯民族主义在马克思列宁主义消亡后幸存下来。

事实证明撒切尔夫人是对的,西方需要自己的核军械库。里

根犯了严重的错误,因为美好的幻想一时头脑发热,丧失了逻辑思考。曾经有一次,戈尔巴乔夫拒绝里根在雷克雅未克轻率提出的双方核裁军的协议,里根在日记里表达了自己的愤怒。事实很快证明,仅此一次,里根常年的乐观将他引入歧途。撒切尔夫人把里根从雷克雅未克的混乱中解救出来时,她警告他,这个世界充满危险。如今,这个可怕的世界已经成为现实。两位领导人都没有认清全球范围内异议和暴力的兴起,因为苏联集团内的统治者如南斯拉夫的铁托(Tito)的独裁统治被压抑得太久了。他们还没有料到伊斯兰恐怖主义的兴起。此外,撒切尔夫人也没有预见到东欧摆脱苏联桎梏的速度。和新保守主义思想家弗朗西斯·福山(Francis Fukuyama)一样,里根和撒切尔夫人都认为冷战的结束也意味着"历史的终结"[2]。他们都曾期待"世界新格局"的出现。在新格局下,联合国是维护世界和平的核心力量。然而,仍有一些叛变的力量,例如伊朗的毛拉政权和斯大林共产主义最后的前哨——朝鲜。他们无视国际条约和联合国决议,购买技术和稀有材料生产远程导弹和核弹头。西方面临着新的挑战。在这种背景下,撒切尔夫人悄悄说服了里根继续维持西方的核防御。事实证明,这同她收回福克兰群岛一样重要。

当里根和撒切尔夫人出现在全球性的峰会上和世界各国领导人协商时,他们的表现就是强大的美国和强大的英国联合起来共同实现一个清晰而紧迫的目标——改变资本主义国家传统的经济思维,对抗威胁西方霸主地位的军事力量。两人强硬而坚决的风格成了大家嘲弄的对象。共和党发现里根的心里存在一个标准,他用这个标准对所有企图入主白宫的人进行审慎的考核,

294 而他的想法依然是评价共和党候选人的正统标准。里根在沟通方面的天赋无人企及。人们常拿里根之后入主白宫的布什父子与其比较。布什父子觉得他们与里根相比，确实难以望其项背。在那些亲历柏林墙被拆除以及苏联最终瓦解的西欧人眼里，里根依然是英雄。里根还是难以效仿的人物，撒切尔夫人却是激励人们的榜样。虽然她并未成为英国人的偶像，事实上她还被英国社会排斥，以致她的继任者大卫·卡梅伦（David Cameron）觉得需要和她撇清关系，但她在美国依然非常受欢迎，而且一批又一批欧洲领导人在学习她强硬的作风。德国女总理安格拉·默克尔（Angela Merkel）和法国的尼古拉斯·萨科齐（Nicolas Sarkozy）都因为拥有撒切尔夫人的特点而在选举中取得了胜利。许多国家都好奇，如果他们选举一个玛格丽特·撒切尔式的领导人，是否会使他们脱离疲软经济、高税收，以及不断蔓延的国家管制。

理查德·尼克松总统的外交顾问和缓和政策的设计者亨利·基辛格认为，里根仅仅是在“恰当的时间和地点出现的那个恰当的人”[3]。然而，他和撒切尔夫人不仅改变了历史，事实证明，他们是暗潮汹涌的政治舞台上头脑最清醒的领导人。他们恢复了各自国家人民的自信。美国从越战的失败中走了出来，英国也成功摆脱了因为失去日不落帝国称号而产生的不健康心理。两位领导人着手改变世界，成功说服别人追随自己非传统的经济和外交政策。另一方面，随着苏联的解体，一股获释的力量开始改变欧洲势力版图，有可能引发更剧烈的冲突。断言里根和撒切尔夫人结束冷战也许有些言过其实，对于那些几十年来都在勇敢地反抗马列主义压迫的共产主义受害者和那些最终取得胜利的人来说,这样的结论削弱了他们起到的作用。不过,这两位领导人所做的绝不仅是目睹事件的结果,他们和平地将这个世界送入了新的时代。

295 # 致　谢


我曾尝试尽量用里根和撒切尔夫人自己的故事来描述他们的生活和他们的关系。因此，我非常感谢那些给予我指导的人。正因为他们的帮助，我才发现了两人政治伙伴关系的实质。

我要感谢查尔斯·鲍威尔。他是撒切尔夫人的外交政策顾问，目睹里根和撒切尔夫人在一起紧密合作多年。他亲切地向我保证，我的写作思路非常正确。我还要感谢大卫·沃尔夫森（David Wolfson）。他曾多年主持撒切尔夫人政治处的工作，并慷慨告知我他对这一关系的理解。如果没有丘吉尔学院玛格丽特·撒切尔基金会档案室（Margaret Thatcher Foundation Archive）丰富的资料，我将无法准确描述这份深厚的友谊。档案室的主管克里斯·柯林斯（Chris Collins）一直都毫无怨言地帮助我。书里有许多因为自己的原因造成的错误，幸好柯林斯读了手稿，并指导我的研究和写作。没有他的帮助，这本传记将会有诸多不足和缺陷。还要感谢 K. T. 麦克法兰（K. T. McFarland），他既是尼克松也是里根政府的内阁成员。他也通读了我的手稿,对全书的结构提出了明智的建议,帮助我避免了很多错误。

伯纳德·英厄姆是撒切尔夫人的新闻秘书,他提供了自己在唐宁街多年的工作简报。如果没有这些简报,我不可能完全抓住撒切尔夫人的性格和行为特点。加利福尼亚锡米谷总统图书馆 296
和博物馆的珍妮·曼德尔(Jenny Mandel)也及时提供给我很多帮助。罗伊·阿特斯利(Roy Hattersley)向我讲述了他和里根相遇时美好而又滑稽的经历。约翰·布里斯科(John Briscoe)让我更好地理解了女王对温莎城堡的依恋。安东尼·霍华德(Anthony Howard),我的良师益友,在本书的平装版本上市前帮助我找出手稿中的错误。我非常感谢纽约公共图书馆的工作人员。撒切尔夫人肯辛顿演讲和其他版权资料的使用也得到了玛格丽特基金会的官方网站(www. margaretthatcher. org)的许可。这些资料的版权均属于撒切尔夫人。

我的代理人凯西·罗宾斯(Kathy Robbins)曾经不断给我鼓励和良好的建议。非常幸运的是哨兵(Sentinel)出版社的贝尔纳黛特·马隆·西顿(Bernadette Malone Serton)担任了本书的编辑。一开始,她就对本书表现出极大的兴趣,沉着冷静地掌控了全书的编辑过程。还要感谢企鹅(Penguin)出版社的文字编辑安·阿德尔曼(Ann Adelman),她对文字的细致阅读和对文本意义和准确性的专注,极大地提升了本书的质量。塞思·利普斯基(Seth Lipsky)在关键时刻慷慨地给了我大量的时间,让我改进文字。凯利·谢林用熟练的拍摄技巧为我提供了大量照片,并让我从中选择。我还要感谢杰拉尔德·多尔夫曼(Gerald Dorfman)、哈里·埃文斯(Harry Evans)、蒂娜·布朗(Tina Brown)、皮特·布朗(Peter Brown)、理查德·米尼特(Richard Miniter)、莫尼·贝格利(Monie Begley)、简·法诺尔(Jane Farnol)、大卫·梅勒(David Meller)、安德鲁·赖利(Andrew Riley)、理查德·科恩(Richard Cohen)、阿尔布鲁和皮特·金米兰(Elbrun and Peter Kimmelamn)、吉比和吉米·托塞尔(Zibby and Jim Tozer)、悉尼·布卢门撒尔(Sidney Blumenthal)、邦尼·舍尔茨(Bonnie Schertz),以及弗恩·赫斯特(Fern Hurst)。最后,我要感谢我的妻子路易丝·尼科尔森(Louise Nicholson),谢谢她的耐心和宽容。我还要感谢我的儿子威廉(William)和奥利弗(Oliver),我应该花更多的时间来陪伴他们。

尼古拉斯·韦普肖特

2007 年 7 月,纽约

# 注 释

## 前 言

1. 1981 年在圣母大学的演讲。
2. 1982 年在英国议会的演讲。

## 导 论

1. Ronald Reagan, *Diaries* (New York: HarperCollins, 2007), p. 32.
2. Marlin Fitzwater, *Call the Briefing* (Xlibris, 2000), p. 210.
3. Bernard Ingham, *Kill the Messenger* (New York: HarperCollins, 1991), Fontana edition, p. 257.
4. John O'Sullivan, *The President, the Pope and the Prime Minister.* (Washington, D. C.: Regnery, 2006), p. 141.

## 第一章 住在店铺楼上

1. Ronald Reagan, *An American Life* (New York: Simon & Schuster, 1990), p. 33.

2. Margaret Thatcher, *The Path to Power* (New York: HarperCollins, 1995), p. 16.
3. 同上书,第 12 页。
4. 同上书,第 13 页。
5. Reagan, *An American Life*, p. 22.
6. 同上书,第 21 页。
7. Thatcher, *The Path to Power*, p. 4.
8. Ronald Reagan with Richard G. Hubler, *Where's the Rest of Me*? (New York: Karz Publishers, 1981), p. 40.
9. Reagan, *An American Life*, p. 28.
10. 同上书,第 22 页。
11. 同上书,第 22—24 页。
12. Thatcher, *The Path to Power*, pp. 4 – 5.
13. Reagan, *An American Life*, p. 25.
14. 同上书,第 22 页。
15. 同上。
16. Edmund Morris, *Dutch: A Memoir of Ronald Reagan* (New York: Random House, 1999), p. 29.
17. Reagan, *An American Life*, p. 44.
18. Reagan with Hubler, *Where's the Rest of Me*?, pp. 28 – 29, quoted in Morris, Dutch, p. 74.
19. Reagan, *An American Life*, p. 55.
20. 引自同上书,第 30 页。
21. Thatcher, *The Path to Power*, p. 13.
22. Reagan, *An American Life*, p. 27.
23. Thatcher, *The Path to Power*, p. 13
24. 同上书,第 5 页。
25. 同上书,第 11 页。
26. 同上书,第 6 页。
27. 同上书,第 8 页。
28. 同上。

29. 同上书,第 6 页。
30. 同上书,第 14—15 页。
31. 同上书,第 8 页。
32. 同上书,第 21 页。
33. 同上书,第 24—25 页。
34. 同上书,第 11 页。
35. 同上书,第 21 页。
36. 同上书,第 25、28 页。
37. Reagan, *An American Life*, p. 20.
38. 同上书,第 22 页。
39. Reagan with Hubler, *Where's Rest of Me?*. p. 42.
40. 同上书,第 52 页。
41. 同上书,第 53 页。
42. Thatcher, *The Path to Power*, p. 41.
43. 引自 Reagan, *An American Life*, p. 70。
44. Thatcher, *The Path to Power*, pp. 36 – 38.
45. Morris, *Dutch*, p. 22.

## 第二章 职业生涯

1. Ronald Reagan, with, Richard G. Hubler, *Where's the Rest of Me?* (New York: Karz Publishers, 1981), pp. 44 – 45.
2. Ronald Reagan, *An American Life* (New York: Simon & Schuster, 1990), p. 70.
3. 同上书,第 72 页。
4. Reagan with Hubler, *Where's the Rest of Me?*, p. 59.
5. Reagan, *An American Life*, p. 79.
6. Margaret Thatcher, *The Path to Power* (New York: HarperCollins, 1995), p. 61.
7. 同上书,第 62 页。
8. 同上书,第 66 页。
9. Nicholas Wapshott and George Brock, *Thatcher* (London: Macdonald/Futura,

1983), p. 59.
10. 同上书,第 60 页。
11. Thatcher, *The Path to Power*, p. 83.
12. 对 Kenneth Harris 的采访, *The Observer*, December 1, 1974。
13. Reagan with Hubler, *Where's the Rest of Me*?, p. 76.
14. Reagan with Hubler, *Where's the Rest of Me*?, p. 102.
15. 同上书,第 84 页。
16. 同上书,第 139 页。
17. Reagan, *An American Life*, p. 120.
18. Reagan with Hubler, *Where's the Rest of Me*?, p. 186.
19. 同上书,第 191 页。
20. 同上书,第 138 页。
21. 同上书,第 141 页。
22. 同上书,第 141 页。
23. Reagan, *An American Life*, p. 107.
24. Reagan with Hubler, *Where's the Rest of Me*?, p. 178.
25. 同上书,第 141 页。
26. 同上书,第 164 页。
27. Reagan, *An American Life*, p. 115.
28. Reagan with Hubler, *Where's the Rest of Me*?, p. 201.
29. 引自 Wapshott and Brock. *Thatcher*, p. 57。
30. 引自 Kelley, *Nancy Reagan* (New York: Bantam Press, 1991), p. 60。
31. Reagan with Hubler, *Where's the Rest of Me*?, p. 201.
32. Kitty Kelley, *Nancy Reagan*, p. 61.
33. 引自互联网电影数据库, Jane Wyman 传记。
34. Kelley, *Nancy Reagan*, p. 60.

## 第三章　权力的滋味

1. Ronald Reagan with Richard G. Hubler, *Where's the Rest of Me*? (New York: Karz Publishers, 1981), p. 245.
2. 对 Lyn Nofziger 的采访, Miller Center of Public Affairs, University of Virginia,

Ronald Reagan Oral History Project, March 6, 2003。

3. Ronald Reagan, *An American Life* (New York: Simon & Schuster, 1990), p. 125.

4. 同上书,第115、119页。

5. 同上书,第129页。

6. Reagan with Hubler, *Where's the Rest of Me?*, p. 261.

7. 同上书,第269页。

8. Reagan, *An American Life*, p. 125.

9. Reagan, *Where's the Rest of Me?*, p. 296.

10. 对 Lyn Nofziger 的采访, Miller Center of Public Affairs, University of Virginia, Ronald Reagan Oral History Project, March 6, 2003。

11. Reagan, *An American Life*, p. 143.

12. 同上书,第146页。

13. 对 Lyn Nofziger 的采访, Miller Center of Public Affairs, University of Virginia, Ronald Reagan Oral History Project, March 6,2003。

14. Reagan, *An American Life*, p. 158.

15. 对 Lou Cannon 的采访, *The Washington Post*, June 8,2004。

16. Reagan, *An American Life*, p. 166.

17. 同上书,第185页。

18. 引自 Nicholas Wapshott and George Brock, *Thatcher* (London: Macdonald/Futura, 1983) p. 85。

## 第四章　通往顶端之路

1. Edmund Morris, Dutch: *A Memoir of Ronald Reagan* (New York: Random House, 1999), p. 355.

2. Richard Nixon, *The Memoirs of Richard Nixon* (New York: Grosset and Dunlap, 1978; Arrow, 1979), p. 263.

3. 同上书,第286页。

4. 引自 Lou Cannon, *Governor Reagan: His Rise to Power* (New York: Public Affairs, 2003), p. 259。

5. Lee Edwards, *Goldwater* (Chicago: Regnery, 1995), p. 337.

6. Nixon, *The Memoirs of Richard Nixon*, p. 304.
7. 同上书,第 305 页。
8. 引自 Cannon, *Governor Reagan*, p. 265。
9. Edwards, *Goldwater*, p. 337.
10. Ronald Reagan, *An American Life* (New York: Simon & Schuster, 1990), p. 178.
11. Margaret Thatcher, op-ed article, *Daily Telegraph*, January 30, 1975.
12. 1975 年 1 月 31 日给英国芬奇力选区的保守党所作的演讲。
13. Granada Television, January 31, 1975.
14. Morris, *Dutch*, p. 388.
15. Reagan, *An American Life*, p. 200.
16. 同上书,第 204 页。
17. Margaret Thatcher, *The Path to Power* (New York: HarperCollins, 1995), p. 14.
18. Ronald Reagan, "The New Noblesse Oblige," speech to Institute of Directors, London, November 6, 1969.
19. Hugo Young, *The Iron Lady* (New York: Noonday, 1989), p. 250.
20. Geoffrey Smith, *Thatcher and Reagan* (New York: W. W. Norton, 1991), p. 1.
21. Thatcher, *The Path to Power*, p. 372.
22. 对 Richard Dowden 的采访, *Catholic Herald*, December 29, 1978。
23. Reagan, *An American Life*, p. 204.
24. Cannon, *Governor Reagan*, p. 399.
25. 同上书,第 400 页。
26. Jerry Jones to Don Rumsfeld and Dick Cheney, September 9, 1975; folder "Reagan, Ronald (1)," box 25, Jerry Jones Files, Gerald R. Ford Library.
27. 备忘录, Robert Teeter to Richard Cheney, November 12, 1975, Robert Teeter Papers, Gerald R. Ford Library。
28. 同上。
29. Essay by Peggy Noonan in Robert A. Wilson, ed., *Character Above All* (Reed Business Information, 1996).

30. 备忘录, Bruce Wagner to Rogers Morton, April 4, 1976, President Ford Committee Records, Gerald R. Ford Library。
31. 引自"An Explanation of the Reagan Victories in Texas and the Caucus States," May 1976, Jerry Jones Files, Gerald R. Ford Library。
32. 1976年7月5日Goldwater致Ford的信, folder "Marsh, 1976－77 (2)," Box 30, James Connor Files, Gerald R. Ford Library。
33. Nancy Reagan, *My Turn* (New York: Random House, 1989), p. 197.
34. 同上书,第196页。
35. 引自同上书,第200页。
36. Reagan, *An American Life*, p. 203.
37. 引自Cannon, *Governor Reagan*, p. 432。

## 第五章　选举获胜

1. 1977年6月,Carter在圣母大学毕业典礼上的演讲。
2. Carter在1979年7月15日的电视演讲。虽然事实上卡特并没有使用"国家萎靡"(national malaise)这个词组,但这个词组很快就成了他描述国家状况的最简洁的方式。
3. Ronald Reagan, *An American Life* (New York: Simon & Schuster, 1990), p. 219.
4. Dean Acheson, address at West Point, December 5, 1962.
5. 引自Nicholas Wapshott and George Brock, *Thatcher* (London: Macdonald/Futura, 1983), p. 157。
6. Jimmy Carter, *Keeping Faith* (London: Collins, 1982), p. 113.
7. Margaret Thatcher, *The Path to Power* (New York: HarperCollins, 1995), p. 364.
8. 1976年1月19日在Kensington Town Hall的演讲。由玛格丽特·撒切尔基金会的官方网站www.margaretthatcher.org授权转载。版权由撒切尔夫人持有。
9. 引自Wapshott and Brock, *Thatcher*, p. 159。
10. Reagan, *An American Life*, p. 211.
11. 同上书,第213页。

12. 同上书,第 215 页。
13. Carter, *Keeping Faith*, p. 542.
14. James Callagha 于 1978 年 9 月 5 日在英国工会联盟发表演讲。Callagha 故意将这首歌的演唱者认为是 Marie Lloyd。因为他觉得 Marie 让这首歌变得更加出名,而他的听众并不了解 Vesta Victoria。
15. 对 Richard Allen 的采访, Miller Center of Public Affairs, University of Virginia, Ronald Reagan Oral History Project, May 28, 2002, p. 31。
16. David Owen, *Quarterly Journal of Medicine*, vol. 96 (2003), pp. 325 –36.
17. 对 Richard Allen 的采访, Miller Center of Public Affairs, University of Virginia, Ronald Reagan Oral History Project, May 28, 2002, p. 31。
18. 引自 Geoffrey Smith, *Reagan and Thatcher* (New York: W. W. Norton, 1991), p. 3。
19. 对 Richard Allen 的采访, Miller Center of Public Affairs, University of Virginia, Ronald Reagan Oral History Project, May 28, 2002, p. 31。
20. 同上书,第 32 页。
21. 引自 Wapshott and Brock, *Thatcher*, p. 165。
22. Sir Ronald Millar,对作者的访谈,December 8, 1999。
23. 引自 Wapshott and Brock. *Thatcher*, p. 176。
24. Edmund Morris, *Dutch: A . Memoir of Ronald Reagan* (New York: Random House, 1999), p. 408.
25. Carter, *Keeping Faith*, p. 561.
26. Lou Cannon, *Governor Reagan: His Rise to Power* (New York: Public Affairs, 2003), p. 504.
27. 同上书,第 510 页。
28. Carter, *Keeping Faith*, p. 565.
29. 同上书,第 543 页。
30. 由 Fred Emer 报道, *The Times* (London), November 6, 1980。

## 第六章　蜜月中的情侣

1. NSA Head of State File (Box 35), January 21, 1981, Reagan Library.
2. Nicholas Henderson, *Mandarin* (London: Phoenix Press, 1994), p. 385.

3. 同上书,第 386 页。
4. Geoffrey Smith, *Reagan and Thatcher* (New York: W. W. Norton, 1991), p. 45.
5. Ronald Reagan, *The Reagan Diaries*, ed. Douglas Brinkley (New York: HarperCollins, 2007), p. 5.
6. Thatcher Archive, White House transcript.
7. Henderson, *Mandarin*, p. 388.
8. 由 David Wastell 引用, *Sunday Telegraph*, June 6, 2004。
9. Reagan, *The Reagan Diaries*, p. 5.
10. Henderson, *Mandarin*, p. 390.
11. Laurence I. Barrett, "An Interview with Ronald Reagan," *Time*, January 5, 1981.
12. "Under Fire," *Time*, October 26, 1981.
13. Marguerite Johnson, "Embattled but Unbowed," *Time*, February 16, 1981.
14. Smith, *Reagan and Thatcher*, p. 44.
15. Donald T. Regan, *For the Record: From Wall Street to Washington* (New York: Harcourt Brace Jovanovich, 1988), p. 171.
16. Ronald Reagan, *An American Life* (New York: Simon & Schuster, 1990), p. 255.
17. 同上书,第 262 页。
18. Reagan, *The Reagan Diaries*, p. 12,
19. Reagan, *An American Life*, p. 263.
20. 1981 年 3 月 31 日 Hinckley 给 Foster 的信,证据在他 1982 年 5 月到 6 月的审讯中。
21. NSA Head of State File (Box 35), March 30,1981, Reagan Library.
22. NSA Head of State File (Thatcher: Cables [1] Box 34), April 27,1981, Reagan Library.

## 第七章 恋人间的摩擦

1. Margaret Thatcher, *The Downing Street Years* (New York: HarperCollins, 1993), p. 85.

2. 同上书,第 66 页。
3. 同上书,第 68 页。
4. NSA Head of State File (Thatcher: Cables [1], Box 34), May 27, 1981, Reagan Library.
5. Thatcher, *The Downing Street Years*, p. 165.
6. Charles Powell, 对作者的采访,February 15,2007。
7. Ronald Reagan, *An American Life* (New York: Simon & Schuster, 1990), p. 350.
8. 引自 Thatcher, *The Downing Street Years*, p. 165。
9. 引自 Geoffrey Smith, *Reagan and Thatcher* (New York: W. W. Norton, 1991), p. 51。
10. 引自 Iain Dale, ed., *As I Said to Denis: The Margaret Thatcher Book of Quotations* (London: Robson Books, 1997)。
11. Ronald Reagan, *The Reagan Diaries*, ed. Douglas Brinkley (New York: HarperCollins, 2007), p. 156.
12. 同上书,第 32 页。
13. Pierre Trudeau, *Memoirs* (Toronto, Ontario: McClelland & Stewart, 1993), p. 222.
14. NSA Head of State File (Thatcher: Cables [1], Box 34), August 4, 1981, Reagan Library.
15. Reagan, *An American Life*, p. 274.
16. Kitty Kelley, *Nancy Reagan* (New York: Bantam Press, 1991), p. 302.
17. NSA Head of State File (Box 35), October 1, 1981, Reagan Library.
18. NSA Head of State File (Thatcher: Cables [1]), October 1, 1981; Reagan Library.
19. NSA Head of State File (Box 35), October 19, 1981, Reagan Library.
20. NSA Head of State File (Box 35), December 22, 1981, Reagan Library.
21. Alexander M. Haig, *Caveat* (New York: Macmillan, 1984), pp. 240 – 41.
22. NSA Head of State File (Box 35), Reagan Library.
23. 同上。
24. Reagan, *The Reagan Diaries*, p. 65.

25. Thatcher, *The Downing Street Years*, p. 256.
26. NSA Head of State File (Box 35), Reagan Library.
27. 同上。
28. Hugo Young, *The Iron Lady* (New York: Noonday, 1990), p. 257.

## 第八章 岛上的流浪汉

1. NSA Head of State File (Box 34), April 1, 1982, Reagan Library.
2. Ronald Reagan, *An American Life* (New York Simon & Schuster, 1990), p. 358.
3. Liddell Hart Centre for Military Archives, King's College, London: *Woolly Al Walks the Kitty Back* (BBC TV/Brian Lapping Associates Programme Archive).
4. Margaret Thatcher, *The Downing Street Years* (New York: HarperCollins, 1993), p. 180.
5. 同上书,第 181 页。
6. 引自 Geoffrey Smith, *Reagan and Thatcher* (New York: W. W. Norton, 1991), p. 86。
7. Miller Center of Public Affairs, University of Virginia, Ronald Reagan Oral History Project, Falklands Roundtable, May 15 – 16, 2003.
8. 引自 Thatcher, *The Downing Street Years*, p. 180。
9. Nicholas Henderson, *Mandarin* (London: Phoenix Press, 1999), p. 445.
10. 对中西部编辑的午宴组的评价, The White House, April 31, 1982, 引自 *New York Times*, May 1, 1982。
11. Miller Center of Public Affairs, University of Virginia, Ronald Reagan Oral History Project, Falklands Roundtable, May 15 – 16, 2003.
12. Ronald Reagan, *Diaries*, ed. Douglas Brinkley (New York: HarperCollins, 2007), p. 79.
13. Reagan, *An American Life*, p. 359.
14. 引自 Henderson, *Mandarin*, p. 444。
15. 引自 Smith, *Reagan and Thatcher*, p. 88。
16. Reagan, *An American Life*, pp. 270, 360.
17. Reagan, *The Reagan Diaries*, p. 78.

18. Henderson, *Mandarin*, p. 445.
19. Miller Center of Public Affairs, University of Virginia, Reagan Oral History Project, Falklands Roundtable, May 15 – 16, 2003.
20. Reagan, *An American Life*, p. 357.
21. Executive Secretariat, NSC Records Country File (Falklands War), box 91365, Reagan Library.
22. 同上。
23. Miller Center of Public Affairs, University of Virginia, Ronald Reagan Oral History Project, Falklands Roundtable, May 15 – 16, 2003.
24. 同上。
25. 同上。
26. Reagan, *The Reagan Diaries*, p. 79.
27. Thatcher, *The Downing Street Years*, p. 202.
28. 同上书,第 202 页。
29. Reagan, *The Reagan Diaries*. p. 80.
30. Thatcher, *The Downing Street Years*, p. 204.
31. 听到撒切尔夫人向女王提出辞职的消息,撒切尔夫人的前任及常年的批评者 Edward Heath 向同事提到了这个声名狼藉的词汇“欣喜,欣喜”——1990 年 11 月 28 日,作者对 Heath 的助理 Robert Vaudry 的采访。
32. Miller Center of Public Affairs, University of Virginia, Reagan Oral History Project, Falklands Roundtable, May 15 – 16, 2003.
33. 对 Kenneth Harris 的采访, *The Observer*, October 5, 1975。
34. Miller Center of Public Affairs, University of Virginia, Ronald Reagan Oral History Project, Falklands Roundtable, May 15 – 16, 2003.
35. 同上。
36. 引自 Thatcher, *The Downing Street Years*, p. 211。
37. Reagan, *The Reagan Diaries*, p. 81.
38. Thatcher, *The Downing Street Years*, p. 217.
39. Reagan, *The Reagan Diaries*, p. 84.
40. Reagan, *An American Life*, p. 360.
41. Thatcher, *The Downing Street Years*, p. 221.

42. 同上。
43. Henderson, *Mandarin*, p. 463.
44. 同上。
45. 同上书,第 466 页。
46. Thatcher, *The Downing Street Years*, p. 230.
47. Ian Glover-James, *Sunday Times* (London), March 8, 1992.
48. Thatcher, *The Downing Street Years*, p. 231.
49. Reagan, *Diaries*, p. 87.
50. Henderson, *Mandarin*, pp. 466 – 67.
51. 同上书,第 467 页。
52. Thatcher, *The Downing Street Years*, p. 235.
53. Executive Secretariat, NSC Head of State File, Reagan Library.
54. NSA Head of State File (Thatcher: Cables [1], Box 34), November 2, 1982, Reagan Library.
55. 为了感谢 Caspar Weinberger 在福克兰群岛战役中对英国的帮助,他被授予大英帝国大十字勋章。这比巴斯勋位大十字勋章的级别稍微低一些。

## 第九章 冷战分子

1. Nicholas Henderson, *Mandarin* (London: Phoenix Press, 2000), p. 436.
2. 引自 Kitty Kelley, *Nancy Reagan* (New York: Bantam Press, 1991), p. 339。
3. Henderson, *Mandarin*, p. 471.
4. 同上书,第 434 页。
5. 同上书,第 435 页。
6. Ronald Reagan, *An American Life* (New York: Simon & Schuster, 1990), p. 387.
7. William Shawcross, "The Last Icon," *Vanity Fair* (June 2002).
8. 互联网近代史资料大全里的全文,http://www. fordham. edu/halsall/mod/modsbook. Html。
9. NSA Head of State File (Thatcher: Cables [1], Box 34), June 24, 1982, Reagan Library.
10. NSC Records Country File, Box 91327, June 22, 1982, Reagan Library.

11. Henderson, *Mandarin*, pp. 479 –80.
12. NSA Head of State File (Box 35), June 29, 1982, Reagan Library.
13. 同上。
14. 引自 Geoffrey Smith, *Reagan and Thatcher* (New York: W. W. Norton, 1991), p. 102。
15. George Shultz, *Turmoil and Triumph* (New York: Charles Scribner's Sons, 1993), p. 336.
16. NSA Head of State File (Thatcher: Cables [2], Box 34), Reagan Library.
17. NSA Head of State File (Thatcher: Cables [3], Box 35), Reagan Library.
18. 同上。
19. European and Soviet Directorate NSC (Thatcher Visit—Dec. 84 [4]), box 90902, Reagan Library.
20. Ronald Reagan, *The Reagan Diaries*, ed. Douglas Brinkley (New York: HarperCollins, 2007), p. 183.
21. 引自 Smith, *Reagan and Thatcher*, p. 118。
22. NSA Head of State File (Thatcher: Cables [3], Box 35), Reagan Library.
23. 同上。
24. Margaret Thatcher, *The Downing Street Years* (New York: HarperCollins, 1993), p. 328.
25. 同上书,第 330 页。
26. Reagan, *An American Life*, p. 451.
27. 同上。
28. Executive Secretariat NSC Records Country File (UK vol. V), Reagan Library.
29. Thatcher, *The Downing Street Years*, p. 331.
30. Reagan, *The Reagan Diaries*, p. 190.
31. Executive Secretariat NSC Records Country File (UK vol. V), Reagan Library.
32. Reagan, *An American Life*, p. 454.
33. 引自 Thatcher, *The Downing Street Years*, p. 331。
34. Shultz, *Turmoil and Triumph*, p. 336.
35. 引自 Smith, *Reagan and Thatcher*, p. 126。
36. Thatcher, *The Downing Street Years*, p. 332.

37. 同上。
38. NSC Records Country File, Box 91331, October 26, 1983, Reagan Library.
39. NSC Records Country File, Box 91331, Reagan Library.
40. Shultz, *Turmoil and Triumph*, p. 340.
41. 同上。

## 第十章 罢工狂魔

1. 1981 年 8 月 3 日,白宫玫瑰园的记者招待会。
2. 引自 Richard Reeves, *President Reagan* (New York: Simon & Schuster, 2005), p. 87。
3. 同上书,第 63 页。
4. 同上书,第 79 页。
5. 接下来部分基于同上,第 78—79 页。
6. Ronald Reagan, *An American Life* (New York: Simon & Schuster, 1990), p. 282.
7. CNN. com, in-depth special on the strike, 2001. www. cnn. com/SPECIALS/2001/ragan. years/whitehouse/airtraffic. html.
8. Margaret Thatcher, *The Downing Street Years* (New York: HarperCollins, 1993), p. 339.
9. 同上书,第 350 页。
10. 对 Banbury Cattle Market 的农夫的评论, May 30, 1984, Thatcher Archive transcript。
11. 1984 年 11 月 13 日在英国国会上议院的演讲。
12. Margaret Thatcher, *The Downing Street Years*, p. 376.
13. 同上书,第 377 页。
14. 接下来基于同上,第 380—382 页。
15. 引自 Hugo Young, *The Iron Lady* (New York: Noonday, 1990), p. 373。
16. NSA Head of State File (Box 36), Reagan Library.
17. Reagan, *An American Life*, p. 281.
18. 同上书,第 291 页。
19. 同上书,第 289 页。

20. 同上书，第 292 页。
21. 同上书，第 515 页。
22. 同上书，第 520 页。

## 第十一章　来自俄罗斯的爱

1. 引自 Ronald Reagan，*An American Life*（New York：HarperCollins，1990），p. 567。
2. Geoffrey Smith，*Reagan and Thatcher*（New York：W. W. Norton，1991），p. 58.
3. Ronald Reagan，*The Reagan Diaries*，ed. Douglas Brinkley（New York：HarperCollins，2007），p. 213.
4. 引自 Reagan，*An American Life*，p. 592。
5. Margaret Thatcher，对 Geoffrey Smith 的访谈，January 8，1990，Margaret Thatcher Foundation Archive，Churchill College，Cambridge，England。
6. Margaret Thatcher，*The Downing Street Years*（New York：HarperCollins，1993）p. 461.
7. Margaret Thatcher，对 Geoffrey Smith 的访谈，January 8，1990，Thatcher Archive。
8. 同上。
9. European and Soviet Directorate，NSC Records（Thatcher visit—Dec. 84[1]），Box 90902，Reagan Library.
10. Smith，*Reagan and Thatcher*，p. 157.
11. NSA Head of State File（Box 36），Reagan Library.
12. Lt. Gen. Abrahamson 致撒切尔夫人的信，January 29，1985，Reagan Library。
13. NSA Head of State File（Box 36），February 7，1985，Reagan Library.
14. NSC European and Soviet Directorate File（Box 90902），Reagan Library.
15. 里根致 O'Neill 的信，January 11，1985，Reagan Library。
16. 对国会的演讲，COI transcript，Thatcher Archive。
17. 撒切尔夫人和 Jon Snow 的访谈，February 21，1985，Thatcher Archive。
18. 撒切尔夫人给里根的信，February 22，1985，Reagan Library。
19. Reagan，*An American Life*，p. 612.

20. 里根致戈尔巴乔夫的信，March 11，1985，Reagan Library。
21. 引自 Reagan，*An American Life*，p. 614。
22. 同上书，第 635 页。
23. 接下来谈话的所有细节均出自译者的记录，November 19，1985，Matlock MSS，box 92137，Reagan Library。
24. Reagan，*An American Life*，p. 660.
25. Mikhail Gorbachev，*Memoirs*（New York：Doubleday，1995），p. 191.
26. 接下来的讨论基于 George Shultz，*Turmoil and Triumph*（New York：Charles Scribner's Sons，1993），pp. 751 – 82。
27. Reagan，*An American Life*，p. 677.
28. 同上书，第 679 页。
29. Margaret Thatcher，对 Geoffrey Smith 的采访，January 8，1990，Thatcher Archive。
30. NSC European and Soviet Directorate（Box 90902），Reagan Library；Margaret Thatcher，interview with Geoffrey Smith，January 8，1990，Thatches Archive.
31. 同上。
32. *Face the Nation*，July 17，1987，COI transcript，Thatcher Archive.
33. Reagan，*The Reagan Diaries*，p. 451.

## 第十二章　胜利者

1. Ronald Reagan，*An American Life*（New York：Simon & Schuster，1990），p. 675.
2. Timothy Garton Ash，*The Polish Revolution*：*Solidarity*（London：Granta，1991），pp. 199 – 202.
3. 同上书，第 234—235 页。
4. Lech Walesa interview with CNN. com. in *Cold War*：Episode 19，"Freeze，" www. cnn. com/SPECIALS/cold. war/episodes/19/script. html.
5. 1981 年 5 月 17 日在圣母大学的演讲。
6. Presidential Handwriting File：Presidential Telephone Calls，folder 169，December 4，1986，Reagan Library.
7. Presidential Handwriting File：Presidential Telephone Calls，folder 177，Febru-

ary 28, 1987, Reagan Library.

8. 同上。

9. March 27, 1987, WHORM Country File CO167, box 464657, Reagan Library.

10. Ronald Reagan, *The Reagan Diaries*, ed. Douglas Brinkley (New York: HarperCollins, 2007), p. 486.

11. WHORM Country File CO167, May 18, 1987, box 514986, Reagan Library.

12. WHORM Country File CO167, June 9, 1987, box 498810, Reagan Library.

13. Reagan, *An American Life*, p. 683.

14. 在西柏林的勃兰登堡门对东西方关系的评论，Reagan Library, www.reagan.utexas.edu/archives/speeches/ 1987/061287d.htm。

15. June 12, 1987, President's Daily Diary, box 24, Reagan Library.

16. Hansard, HC [113/1217 - 1231].

17. Mikhail Gorbachev, *Perestroika* (New York: Harper & Row, 1987), p. 221.

18. John Lewis Gaddis, *The Cold War* (New York: Penguin/Allen Lane, 2005), p. 236.

19. July 3, 1987, COI transcript, Thatcher Archive.

20. *Face the Nation*, July 17, 1987, COI transcript, Thatcher Archive.

21. December 10, 1987, Presidential Handwriting File: Presidential Telephone Calls, folder 193, Reagan Library.

22. Reagan, *The Reagan Diaries*, p. 613.

23. Reagan, *An American Life*, p. 709.

24. U.S. Department of State Bulletin, August 1988, p. 56 - 57.

25. 同上书,第 1989 年 3 月,第 1—2 页。

26. WHORM Country File CO167, November 15, 1988, box 606691, Reagan Library.

27. 在白宫国宴上的评论，November 16, 1988。

28. Presidential Handwriting File: Presidential Telephone Calls, folder 215, December 22, 1988, Reagan Library.

29. NSA Head of State File, January 19, 1989, Reagan Library.

30. 同上。

## 第十三章 快乐的寡妇

1. 1988 年 11 月 17 日在华盛顿的喜来登 - 卡尔顿酒店举行的记者招待会。
2. 采访 David Frost, TV-AM, December 30, 1988。
3. Henry E. Catto, Jr., *Ambassadors at Sea* (Austin: University of Texas Press, 1998), p. 3.
4. 同上书,第 255 页。
5. Margaret Thatcher, *The Downing Street Years* (New York: HarperCollins, 1993), p. 783.
6. Catto, *Ambassadors at Sea*, p. 256.
7. 在 Hoover Institution 的演讲, July 19, 2000。
8. Catto, *Ambassadors at Sea*, pp. 282 - 85.
9. George H. W. Bush, Medal of Freedom ceremony, East Room, White House, March 7, 1991, White House transcript, Thatcher Archive.
10. 采访 Nick Peters, November 17, 1988, COI transcript, Thatcher Archive。
11. 引自 CNN. com special, *The Wall Comes Down*, www. cnn. com/SPECIALS/cold. war/episodes/23/script. html。
12. Charles Powell, interview with the author, February 15, 2007.
13. June 26, 1989, Thatcher Archive.
14. September 20, 1989, Thatcher Archive.
15. February 8, 1994, Ronald Reagan Personal Correspondence, Office of Ronald Reagan.
16. 引自"Reagan's Twilight," by Lawrence K. Altman, *New York Times*, October 5, 1997。
17. October 13, 1994, Ronald Reagan Personal Correspondence, Office of Ronald Reagan.
18. Glenn Frankel, "Frail Thatcher Determined to Pay Her Respects," *Washington Post*, June 11, 2004.
19. 2004 年 6 月 11 日撒切尔夫人为里根致的颂词。全文引自 the Hoover Institution's *Hoover Digest*, 2004, no. 3. "A Providential Life"。
20. 同上。

## 后 记

1. 1989 年 2 月 14 日对作者的采访。
2. Francis Fukuyama, *The End of History and the Last Man* (New York: Free Press, 1992).
3. 2007 年 5 月 22 日对作者的采访。

# 参考文献


Ambrose, Stephen E. *Nixon: Ruin and Recovery 1973–1990.* New York: Simon and Schuster, 1991.

Anderson, Martin. *Revolution: The Reagan Legacy.* Stanford, California: Hoover Institution Press, 1990.

Blumenthal, Sidney. *Our Long National Daydream: A Political Pageant of the Reagan Era.* New York: HarperCollins, 1990.

Blumenthal, Sidney, and Thomas Byrne Edsall, eds. *The Reagan Legacy.* New York: Random House, 1988.

Boyer, Paul S., ed., *The Oxford Companion to United States History.* Oxford: Oxford University Press, 2001.

Bridges, Linda, and Coyne Jr., John R. *Strictly Right: William F. Buckley Jr. and the American Conservative Movement.* Hoboken, New Jersey: John Wiley & Sons, 2007.

Buckley, Jr., William F. *On the Firing Line: The Public Life of Our Public Figures.* New York: Random House, 1989.

Cannon, Lou. *Governor Reagan: His Rise to Power.* New York: Public-Affairs, 2003.

———. *President Reagan: The Role of a Lifetime.* New York: Public-Affairs, 2000.

———. *Ronald Reagan: The Presidential Portfolio.* New York: Public-Affairs, 2001.

Carter, Jimmy. *Keeping Faith: Memoirs of a President.* London: Collins, 1982.

Collins, Robert M. *Transforming America: Politics and Culture in the Reagan Years*. New York: Columbia University Press, 2007.

Dallek, Matthew. *The Right Moment: Ronald Reagan's First Victory and the Decisive Turning Point in American Politics*. New York: The Free Press, 2000.

Dallek, Robert. *Nixon and Kissinger: Partners in Power*. New York: HarperCollins, 2007.

Deaver, Michael K. *A Different Drummer: My Thirty Years with Ronald Reagan*. New York: HarperCollins, 2001.

Diggins, John Patrick. *Ronald Reagan: Fate, Freedom, and the Making of History*. New York: W.W. Norton, 2007.

Edwards, Lee. *Goldwater: The Man Who Made a Revolution*. Washington, D.C.: Regnery, 1995.

Evans Jr., Rowland, and Robert D. Novak. *The Reagan Revolution*. New York: Dutton, 1981.

Evans, Thomas W. *The Education of Ronald Reagan: The General Electric Years and the Untold Story of His Conversion to Conservatism*. New York: Columbia University Press, 2006.

Gaddis, John Lewis. *The Cold War: A New History*. London: Allen Lane, 2005.

Gardiner, Juliet, and Neil Wenborn, eds. *The History Today Companion to British History*. London: Collins & Brown, 1995.

Goldwater, Barry M., with Jack Casserly. *Goldwater*. New York: St. Martin's Press, 1988.

Haig Jr., Alexander M. *Caveat: Realism, Reagan and Foreign Policy*. New York: Macmillan, 1984.

Haig Jr., Alexander M., with Charles McCarry. *Inner Circles: How America Changed the World: A Memoir*. New York: Warner Books, 1992.

Harris, Robert. *Good and Faithful Servant: The Unauthorized Biography of Bernard Ingham*. London: Faber and Faber, 1990.

Hastings, Max, and Simon Jenkins. *The Battle for the Falklands*. New York: W. W. Norton, 1983.

Henderson, Nicholas. *Mandarin: The Diaries of Nicholas Henderson*. London: Phoenix Press, 2000.

Hurd, Douglas. *Memoirs*. London: Abacus, 2003.

Ingham, Bernard. *Kill the Messenger*. London: Fontana, 1991.

———. *The Wages of Spin*. London: John Murray, 2003.

Jackman, Ian., ed. *Ronald Reagan Remembered*. New York: Simon & Schuster, 2004.

Jenkins, Peter. *Mrs. Thatcher's Revolution*. Cambridge, Massachusetts: Harvard University Press, 1987.

Jones, Christopher. *The Great Palace: The Story of Parliament*. London: BBC, 1983.

Kelley, Kitty. *Nancy Reagan: The Unauthorized Biography*. London: Bantam Press, 1991.

Kuhn, Jim. *Ronald Reagan in Private: A Memoir of My Years in the White House*. New York: Sentinel, 2004.

Lee, Stephen J. *Aspects of British Political History 1914–1995*. London: Routledge, 1996.

Matlock Jr., Jack F. *Reagan and Gorbachev: How the Cold War Ended*. New York: Random House, 2004.

Medvedev, Zhores A. *Andropov: An Insider's Account of Power and Politics within the Kremlin*. London: Penguin, 1984.

Meese III, Edwin. *With Reagan: The Inside Story*. Washington, D.C.: Regnery Gateway, 1992.

McNeil, Alex: *Total Television: A Comprehensive Guide to Programming from 1948 to 1980*. New York: Penguin, 1980.

Morris, Edmund. *Dutch: A Memoir of Ronald Reagan*. New York: Random House, 1999.

*National Review*, ed. *Tear Down This Wall: The Reagan Revolution*. New York: Continuum, 2004.

Nixon, Richard. *The Memoirs of Richard Nixon*. London: Arrow, 1978.

Nofziger, Lyn. *Nofziger*. Washington, D.C.: Regnery Gateway, 1992.

Noonan, Peggy. *When Character Was King: A Story of Ronald Reagan*. New York: Penguin, 2001.

O'Sullivan, John. *The President, the Pope, and the Prime Minister: Three Who Changed the World*. Washington, D.C.: Regnery, 2006.

Pym, Francis. *The Politics of Consent*. London: Sphere, 1984.

Reagan, Michael, with Jim Denney, eds. *In the Words of Ronald Reagan: The Wit, Wisdom, and Eternal Optimism of America's 40th President*. Nashville, Tennessee: Nelson, 2004.

Reagan, Michael, with Joe Hyams. *On the Outside Looking In*. New York: Zebra, 1988.

Reagan, Nancy, with William Novak. *My Turn: The Memoirs of Nancy Reagan*. New York: Random House, 1989.

Reagan, Ronald. *An American Life*. New York: Simon and Schuster, 1990.

Reagan, Ronald, and Douglas Brinkley, ed. *The Reagan Diaries*. New York, HarperCollins, 2007.

Reagan, Ronald, with Hubler, Richard G. *Where's the Rest of Me? The Autobiography of Ronald Reagan*. New York: Karz, 1981.

Reeves, Richard. *President Reagan: The Triumph of Imagination*. New York: Simon & Schuster, 2005.

Regan, Donald T. *For the Record: From Wall Street to Washington*. Orlando, Florida: Harcourt, Brace and Jovanovich, 1988.

Remnick, David. *Resurrection: The Struggle for a New Russia*. New York: Random House, 1997.

Shultz, George P. *Turmoil and Triumph: My Years as Secretary of State*. New York: Charles Scribner's Sons, 1993.

Skinner, Kiron K., Annelise Anderson, and Martin Anderson, eds. *Reagan: A Life in Letters*. New York: Free Press, 2003.

———. *Reagan, in His Own Hand*. New York: Free Press, 2001.

Smith, Geoffrey. *Reagan and Thatcher*. New York: Norton, 1991.

Thatcher, Margaret. *In Defence of Freedom: Speeches on Britain's Relations with the World 1976–1986*. Buffalo, New York: Prometheus Books, 1987.

———. *The Downing Street Years*. New York: Harper Collins, 1993.

———. *The Path to Power*. New York: HarperCollins, 1995.

Trudeau, Pierre Elliott. *Memoirs*. Toronto, Ontario: McLelland & Stewart, 1993.

Vile, M. J. C. *Politics in the U.S.A.* London: Pelican, 1973.

Walesa, Lech. *The Struggle and the Triumph: An Autobiography*. New York: Arcade, 1992.

Wapshott, Nicholas, and George Brock. *Thatcher*. London: Futura, 1983.

Weber, Ralph E., and Ralph A Weber, eds. *Dear Americans: Letters from the Desk of Ronald Reagan*. New York: Doubleday, 2003.

Weinberger, Caspar. *Fighting for Peace: Seven Critical Years in the Pentagon*. New York: Warner Books, 1990.

Weinberger, Caspar W., with Gretchen, Roberts. *In the Arena: A Memoir of the 20th Century*. Washington, D.C.: Regnery, 2001.

Young, Hugo. *The Iron Lady*. New York: Noonday Press, 1990.

# 索 引

（索引中页码为英文原书页码，即本书页边码）

## A

ABM Treaty, 反弹道导弹条约 239, 242, 245, 246, 250
Abortion, 堕胎 89
Abrahamson, James A., 詹姆斯·A. 阿伯拉罕森（空军中将）236–37
Acheson, Dean, 迪安·艾奇逊 105
Acland, Sir Antony, 安东尼·阿克兰爵士 258
Adams, Sir Grantley, 格兰特利·亚当斯爵士 206–7
Adams, John, 约翰·亚当斯 238
Aeroflot, 苏联民用航空总局 154, 197
Afghanistan, Soviet forces in, 苏联军队入侵阿富汗 254, 265, 278
Agnew, Spiro T., 斯皮罗·T. 阿格纽（美国副总统）83
air traffic controllers'strike（U. S.）, 空中交通指挥员罢工（美国）209–12
Alexander, Grover Cleveland, 格罗弗·克利夫兰·亚历山大（第22、24任美国总统）46
Allen, Richard, 理查德·艾伦 117, 118, 133
Allyson, June, 琼·阿莉森（美国女演员）43
Altschuler, Sid, 锡德·阿尔特舒勒 24

American Revolution, 美国独立战争 237
American Veterans Committee(AVC), 美国退伍军人委员会 39
Anderson, John, 约翰・安德森 113
Andropov, Yuri, 尤里・安德罗波夫(苏联政治家) 231, 232, 254
Anglicanism, 安立甘宗 31
Annenberg, Walter, 沃尔特・安纳伯格(美国出版业巨头、慈善家、外交家) 150
Antigua, 安提瓜岛 200
Arab-Isracli war(1973), 阿以战争(1973) 101
Argentina, 阿根廷 160 – 84, 187, 192, 194
Arnow, Max, 马克斯・阿诺 26
Ascension Islands, 阿森松岛 168
Aspen Institute, 阿斯彭研究所 276
Astaire, Fred, 弗雷德・阿斯泰尔(美国著名演员) 13, 51, 134
Atlas Preservative Company, 阿特拉斯防腐剂公司 28
Attlee, Clement, 克莱门特・阿特利(英国政治家) 28, 29, 48, 63, 66
Austin, Hudson, 赫德森・奥斯汀(格林纳达人民革命军前将军) 200
Australia, 澳大利亚 85
automobile industry, 汽车产业 102
Ayres, Lew, 卢・艾尔斯(美国演员,《西线无战事》) 44

## B

Bacall, Lauren, 劳伦・巴考尔(美国女演员) 42
Baker, Howard, 霍华德・贝克 113
Baker, James A., 詹姆斯・A. 贝克 III, 212, 277
Baldwin, Stanley, 斯坦利・鲍德温 14, 119
Barbados, 巴巴多斯 200, 207
Barber, Anthony, 安东尼・巴伯 67
Barre, Raymond, 雷蒙德・巴雷 117
Barrymore, John, 约翰・巴里莫尔 35
Battaglia, Philip, 菲利普・巴塔利亚 70

Beckenham, Kent, 贝肯汉姆,位于肯特郡 32
Begin, Menachem, 梅纳赫姆·贝京(以色列政治家) 146
Beirut, Lebanon, 贝鲁特,黎巴嫩 202
Belize, 伯利兹 197
Bell, Jeffrey, 杰弗里·贝尔 93
Bennett, Arnold, 阿诺德·本涅特(英国小说家、剧作家、批评家) 287
Bergman, Ingrid, 英格丽·褒曼(美国女演员) 13
Berlin, 柏林 226
  discothèque bombing(1986), 西柏林迪斯科舞厅爆炸案(1986) 223 – 24
  Reagan's visit to(1987), 里根访问西柏林(1987) 259 – 60
Berlin, Irving, 欧文·伯林(美国作曲家) 36, 134
Berlin Wall, 柏林墙 118, 191, 260 – 62, 279, 294
Bernstein, Carl, 卡尔·伯恩斯坦(华盛顿邮报记者) 168
Berry, Sir Anthony, 安东尼·贝里爵士 220
Bishop, Maurice, 莫里斯·毕夏普 200, 206
Blair, Tony, 托尼·布莱尔 285, 287, 291 – 92
Bloomingdale, Betsy, 贝齐·布卢明代尔 150
Bogart, Humphrey, 亨弗莱·鲍嘉 34, 35, 37, 42
*Bonanza* (television series), 《大淘金》(电视剧) 52
Booth, John Wilkes, 约翰·威尔克斯·布思(美国戏剧演员) 139
Boulware, Lemuel, 莱缪尔·博尔韦尔 50, 70, 228
Bow Group, 英国保守派智囊团 81
Boyer, Charles, 查尔斯·博耶尔 87
Brady, James, 詹姆斯·布雷迪 134, 140
Brady, Nicholas, 尼古拉斯·布雷迪(美国财政部长) 200
Breen, John, 约翰·布林 113
Bremer, Arthur, 阿瑟·布雷默 140
Brent, George, 乔治·布伦特 34
Brezhnev, Leonid, 列昂尼德·勃列日涅夫(苏共中央书记) 191, 229, 231, 235
Brighton bombing(1984), 布赖顿旅馆爆炸案(1984) 218 – 21, 225

*Britannia*(royal yacht), 大不列颠号(皇家游艇) 189, 283
British Commonwealth, 英联邦 200, 202, 203
British Steel, 英国钢铁公司 214
Broderick, Helen, 海伦·布罗德里克(好莱坞喜剧女演员) 37
*Brother Rat*(movie),《军校风光》(电影)(里根与前妻合演) 42
Brown, Edmund G. "Pat.", 埃德蒙·G.(帕特)布朗(加州州长) 53, 55, 58
Brown, Gordon, 戈登·布朗 (英国前首相) 292
Brown, Jerry, 杰里·布朗 84
Buckley, William F., Jr., 小威廉·F. 巴克利 55, 150
Bush, Barbara, 芭芭拉·布什 271
Bush, George H. W., 乔治·H. W. 布什 165, 166, 223, 238, 271, 286, 294
  economic policies of, 乔治·H. W. 布什的经济政策 291
  Gulf war and, 海湾战争与乔治·H. W. 布什 253, 276 – 77
  1980 presidential campaign and election, 1980 年总统竞选 111 – 15, 139, 289,
  Reagan and, 里根与乔治·H. W. 布什 111, 289 – 91
  Thatcher and, 撒切尔夫人与乔治·H. W. 布什 252 – 53, 273 – 77, 283
Bush, George W., 乔治·W. 布什 291, 292, 294
Butler, R. A. "Rab," R. A.(拉布)巴特勒 63

## C

Cagney, James, 詹姆斯·卡格尼(美国歌舞演员) 33, 35, 38
California Bar Association, 加州律师协会 59
Callaghan, James, 詹姆斯·卡拉汉(英国工党政治家) 85, 86, 106 – 8, 111, 115 – 20, 136, 199, 209, 213
Cambodia, 柬埔寨 228
Cameron, David, 大卫·卡梅伦 294
Camp David 戴维营
  Thatcher-Reagan meeting at(1984), 撒切尔夫人 – 里根在戴维营会面(1984) 234 – 36, 239
  Thatcher-Reagan meeting at (1986), 撒切尔夫人 – 里根在戴维营会面

(1986) 249
Camp David Accords 戴维营协议
Cann, Edward du, 爱德华·杜卡恩(英国政治家) 77, 78
Cannon, Lou, 卢·坎农(里根传记作者) 59, 93
Canterbury, Kent, 坎特伯雷市,位于肯特郡 31
Cantor, Eddie, 埃迪·坎特(美国喜剧演员) 38
Carlucci, Frank C., 弗兰克·C. 卡卢奇(美国国防部长) 257, 259
Carrington, Lord, 卡林顿勋爵(英国前外交和联邦事务大臣) 127, 131, 145, 230, 274
Carter, Amy, 埃米·卡特 110
Carter, Billy, 比利·卡特 121
Carter, Jimmy, 吉米·卡特(美国第39任总统) 69, 117, 129, 140, 152-54, 162, 187, 254
Iranian hostage crisis(1979) and, 伊朗人质危机(1979) 121
"national malaise" speech by, 发表"国家问题"演说 103-4
1976 presidential campaign and election, 1976年总统竞选 110, 112
1980 presidential campaign and election, 1980年总统竞选 115, 120-25
Thatcher and, 撒切尔夫人 108, 145
*Case of the Missing Lady, The*(television drama),《失踪女士案》(电视剧)(里根参演)(阿加莎·克里斯蒂) 50
Caterpillar Tractor, 卡特彼勒公司 155
Catto, Henry E., Jr., 小亨利·E. 卡托 274-76
Ceausescu, Nicolae, 尼古拉·齐奥塞斯库 279
Central Electricity Generating Board(Britain), 中央发电局(英国) 214
Central Intelligence Agency(CIA), 美国中央情报局(CIA) 222
Centre for Policy Studies(Britain), 政策研究中心(英国) 76
Chamberlain, Neville, 内维尔·张伯伦 14, 66
Charles, Eugenia, 尤金妮亚·查尔斯 200, 206, 207
Charles, Prince of Wales, 查尔斯王子,即威尔士亲王 xi, 149-50, 188, 189, 287
Cheney, Richard, 理查德·切尼 95

Chequers, Kent, 契克斯别墅 179, 220, 273
Chernenko, Konstantin, 康斯坦丁・契尔年科 231, 240
Chernobyl nuclear power station, 切尔诺贝利核电站 244
Chicago Cubs, 芝加哥小熊队 25, 26
Chicago School, 芝加哥学派 69
Chicago White Sox, 芝加哥白袜队 25, 26
Chile, 智利 172
Chirac, Jacques, 雅克・希拉克 117
Christopher, George, 乔治・克里斯托弗 56, 57
Churchill, Sir Winston, 温斯顿・丘吉尔爵士 21, 29, 78, 105, 132, 142
addresses to U. S. Congress, 丘吉尔在美国国会的演讲 238 –39
general election(1945), 大选(1945 年) 23, 66 –67
general election(1951), 大选(1951 年) 28
"Iron Curtain" speech by, 发表"铁幕"演说 190, 261
Roosevelt and, xiv, 罗斯福 86, 91, 289
at Yalta Conference, 参加雅尔塔会议 226
Church of Christ, 基督教会 2
Church of England, 英国国教会 31
Citizens for Reagan Committee, 里根委员会公民 93
Civil Rights Bill of 1964, 1964 年民权法案 56, 74
Clark, William P., 威廉・P. 克拉克 157, 166, 173
Clarke, Kenneth, 肯尼思・克拉克 290
Cleaver, Ben H., 本・H. 克利弗 9
Cleaver, Margaret "Mugs", 玛格丽特(马格斯)・克利弗(里根高中时的恋人) 9, 91
Clinton, Bill, 比尔・克林顿 291, 292
*Code of the Secret Service*(movie), 《特工密码》(电影)(里根参演) 34
Cold War, 冷战 108, 115, 160, 226, 227, 251 –52, 261, 277, 287, 292 –294, *See also* Soviet Union 参见苏联
*Commentary*, 《评论》(美国时事评论杂志) 162
communism 共产主义 22, 37 –43, 62, 64, 70, 109, 160, 189 –90, 194, 198,

226 – 28, 232, 251 – 52, 255, 277 – 78, 294
Connally, John, 约翰 · 康纳利 83, 113
Conrad, Paul, 保罗 · 康拉德(美国著名漫画家) 57
*Conscience of a Conservative*, *The*(Goldwater) ,《一位保守派的良知》(作者戈德华特) 54
Conservative party(Britain), 保守党(英国) 20, 23, 27 – 29, 31, 66 – 69, 77. *See also* general and leadership election(Britain); Thatcher, Margaret 参见大选和党领袖选举(英国);玛格丽特 · 撒切尔
Continentals, The, 大陆美国人 49
Coolidge, Calvin, 卡尔文 · 柯立芝 211
Cooperative Party (Britain), 合作党(英国) 15
Cordiner, Ralph, 拉尔夫 · 科迪纳 52
Costa Mendez, Nicanor, 尼卡诺尔 · 科斯塔 · 门德斯(阿根廷外长) 176
Crane, Phil, 菲尔 · 克拉内(美国政治家) 113
Crawford, Cynthia, 辛西娅 · 克劳福德 219
Crawford, Joan, 琼 · 克劳福德 51
Creationism, 创世说 122
Cronkite, Walter, 沃尔特 · 克朗凯特(CBS 主持人、记者) 114
Crosby, Bing, 宾 · 克罗斯比(美国歌手、演员) 132
cruise missiles, 巡航导弹 151, 190, 203, 231, 239 – 40
Cuba, 古巴 162, 205 – 6, 228
Czechoslovakia, 捷克斯洛伐克 152, 227, 253, 254, 279

## D

*Daily Telegraph*,《每日电讯报》78 – 79
*Dark Victory* (Movie),《黑暗的胜利》(电影)(里根参演) 34
Dart, Justin, 贾斯廷 · 达特 56, 86
Dartford, Kent, 达特福德镇,位于肯特郡 28, 30
Darwin, Charles, 查尔斯 · 达尔文 122
Davenport, Iowa, 达文波特,位于爱荷华州 24
Davis, Bette, 贝蒂 · 戴维斯(美国女演员) 34, 51

Davis, Loyal, 洛亚尔·戴维斯(南希·里根的继父) 53
Davis, Nancy 南希·戴维斯
film career of, 电影演员 46
marriage to Reagan, 嫁给里根 42, 45, 46
*See also* Reagan, Nancy 参见南希·里根
Day, Doris, 多丽丝·戴(美国歌手兼电影演员) 46
D-Day, 诺曼底登陆日 18
*Death of Nelson, The* (Maclise),《纳尔逊之死》(作者丹尼尔·麦克利斯)(威斯敏斯特宫皇家美术陈列室) 189
*Death Valley Days* (television series),《死亡谷》(电视系列剧)(里根参演) 50
Deaver, Michael K., 迈克尔·K. 迪弗(白宫办公厅副主任) 84, 93, 134, 187, 237
Defense, U. S. Department of, 美国国防部 36
De Gaulle, Charles, 查尔斯·戴高乐 189
Democratic Party (U. S.) 民主党(美国) *See also* presidential campaigns and elections 参见总统大选
Dempsey, Estelle, 埃丝特尔·登普西 139
Dempsey, Jack, 杰克·登普西 139
Deng Xiao Ping, 邓小平 117
détente, 缓和政策 108 –9, 227, 228
Diana, Princess of Wales, 戴安娜王妃,即威尔士王妃 xi, 149, 188
"Dictatorship and Double Standards" (Kirkpatrick),《独裁和双重标准》(柯克帕特里克)162
Disciples of Christ Church, Dixon, Illinois, 伊利诺斯州迪克森第一基督教会 8, 10
Disraeli, Benjamin, 本杰明·迪斯雷利 78
Dixon, Illinois, 伊利诺伊州迪克森 1, 8, 10, 17 –18, 23, 53
Dole, Bob, 鲍勃·多尔(美国知名政治家) 98 –99, 113
Dominica, 多米尼加共和国 200, 206
Donat, Robert, 罗伯特·多纳特 86
Douglas-Home, Sir Alec, 亚历克·道格拉斯 –霍姆爵士 20, 63, 80, 81

Dowden, Richard, 理查德·道登 89
Drake, Sir Francis, 弗朗西斯·德雷克爵士 189
Dryden, John, 约翰·德赖登 100

## E

Eagleburger, Larry, 拉里·伊格尔伯格 275 – 76
East Germany, 东德 278 – 79
Eden, Sir Anthony, 安东尼·艾登爵士 20, 105, 161
Edwards, Lee, 李·爱德华兹 73
Egypt, 埃及 67, 146, 152, 223
Eisenhower, Dwight, 德怀特·艾森豪威尔 51, 105, 120, 161, 185
Eleventh Commandment, 第十一诫 57, 69
Elizabeth, queen mother, 伊丽莎白皇太后（英国女王伊丽莎白二世的母亲）188
Elizabeth II, Queen, 英国女王伊丽莎白二世 98, 149, 158, 185, 186 – 89, 192, 200, 234, 270, 281, 283, 287
El Salvador, 萨尔瓦多 152, 178, 228
Eureka College, 尤里卡学院 9 – 10, 24, 60
European Council, 欧洲理事会 143 – 44
European Economic Community, 欧洲经济共同体 78, 115, 142 – 44
European Union, 欧盟 105, 275

## F

Fahd, crown prince of Saudi Arabia, 法赫德,沙特阿拉伯王储 146
Falklands War, 福克兰群岛战争 xiv, 159 – 61, 163 – 87, 191 – 94, 199, 203, 205, 208, 215, 221, 230, 277, 293
Federal Aviation Administration, 美国联邦航空管理局 210, 212
Federal Bureau of Investigation, 美国联邦调查局 41, 222
Federal Election Commission, 美国联邦选举委员会 113
Finchley, North London, 芬奇利,北伦敦 32 – 33, 80
Fireston, Leonard, 莱昂纳德·费尔斯通 56

Fitzgerald, Geraldine, 杰拉尔丁・菲茨杰拉德(美国女星) 34
Fitzroy, Falkland Islands, 菲茨罗伊,位于福克兰群岛 187
Fitzwater, Marlin, 马林・费茨沃特(白宫发言人) xii
Fletcher, Yvonne, 伊薇特・弗莱彻 224
Flynn, Errol, 埃罗尔・弗林(美国演员) 34, 44
Foot, Michael, 迈克尔・富特 199
Forbes, Malcolm, 马尔科姆・福布斯 150
Forbes, Roberta, 罗伯塔・福布斯 150
Ford, Gerald R., 杰拉尔德・R. 福特(美国第38任总统) 69, 103, 108, 110, 114－5, 120
  1976 presidential campaign and election, 1976年总统竞选 92－99
  pardon of Nixon by, 赦免尼克松 84, 95, 110
Ford's Theatre, Washington, 华盛顿的福特剧院 139
Foster, Jodie, 朱迪・福斯特(美国女演员) 139－40
Francis of Assisi, St., 圣法兰西斯 120
Franco, Francisco, 弗朗西斯科・佛朗哥(西班牙内战期间推翻民主共和国的民族主义军队领袖) 14
Fraser, Douglas, 道格拉斯・弗拉泽 210
free market principles, 自由市场原则 67, 68, 76, 93, 101, 125
Freidman, Milton, 米尔顿・弗里德曼(经济学家) 69, 77, 136, 137, 163
Friends of Ronald Reagan, 罗纳德・里根的朋友 55－56
Frist, Bill, 比尔・弗里斯特 287
Fukuyama, Francis, 弗朗西斯・福山(日裔美籍学者) 293

## G

G7 summits 七国峰会
  Ottawa(1981), 渥太华 146－50
  Tokyo(1979), 东京 144, 145
  Versailles(1982), 凡尔赛 157, 182
  Williamsburg(1983), 威廉斯堡 148, 197
Gaddafi, Muammar al－, 穆阿迈尔・卡扎非 121, 217, 221－25, 228

Gaddis, John Lewis, 约翰·刘易斯·加迪斯(《冷战》作者) 262
Gallipoli, 加利波利 66
Galtieri, Leopold, 利奥波德·加尔铁里(阿根廷总统) 160 – 67, 169, 170, 172, 174, 176
Gandhi, Indira, 英迪拉·甘地 146
general and leadership election (Britain) 党领袖选举和大选(英国)
1945, 23, 29, 66 – 67
1950, 30
1951, 30
1964, 63
1966, 63
1970, 66, 67
1974, 76, 78
1979, 115 – 20
1983, 197 – 99
1987, 257,259 – 61
*General Belgrano* (troopship), "贝尔格兰诺将军号"(部队运输船)(阿根廷海军一艘巡洋舰) 172, 177
General Electric, 通用电气公司 155, 228
*General Electric Theater*(CBS),《通用电气剧场》(哥伦比亚广播公司)(里根) 50 – 52, 93, 104
George III, King, 乔治三世国王 237
George V, King, 乔治五世国王 158
Gergen, David, 大卫·格根 211
German reunification, 两德统一 253, 292
Gillies, Dorothy, 多萝西·吉利斯(撒切尔曾经的校长) 18
Gilmour, Sir Ian, 伊恩·吉尔摩爵士 136, 274
Gipp, George "The Gipper", 乔治·吉普("吉佩尔")(里根饰演的足球运动员) 36
Giscard d'Estaing, Valéry, 瓦勒里·季斯卡·德斯坦 116, 143
*glasnost*, [俄]戈尔巴乔夫的经济和政治改革计划 244

Goldwater, Barry, 巴里 · 戈德华特 54 - 56, 69, 70, 72, 73, 75, 94, 98, 111
Gompert, David, 大卫 · 贡佩尔 170, 173, 175, 176
Goodrich, Margaret, 玛格丽特 · 古德里奇 18, 19
Goose Green, Falkland Islands, 古斯格林,位于福克兰群岛 180
Gorbachev, Mikhail, 米哈伊尔 · 戈尔巴乔夫 xiv, 278, 292
  Berlin Wall, Reagan's challenge concerning, 柏林墙,里根建议推到柏林墙 260 - 62
  fall of, 柏林墙的倒塌 251, 279
  George H. W. Bush's meeting with(1989), 与乔治 · H. W. 布什会面 275
  *glasnost and perestroika* of, 戈尔巴乔夫的改革和开放政策 244, 262
  at Reagan's funeral, 参加里根的葬礼 287
  Reagan's meeting with, 与里根会面 240 - 48, 264, 65, 293
  Thatcher's meeting with, 与撒切尔夫人会面 232 - 35
Gorbachev, Raisa, 赖莎 · 戈尔巴乔夫(妻子) 232, 266
Graham, Katharine, 凯瑟琳 · 格雷厄姆 127
Grant, Cary, 卡里 · 格兰特 26, 38, 150
Grant, John, 约翰 · 格兰特 27, 28
Grantham, England, 格兰瑟姆,位于英格兰林肯郡 1 - 3, 5, 11 - 15, 20
Great Depression, 大萧条 16 - 18, 123
Great Society, 伟大社会(美国前总统约翰逊提出的社会福利计划) 291
Green, Grant S. , 格兰特 · S. 格林 259
Grenada, 格林纳达 xii, 200 - 9, 230
Gribkov, Anatoly, 阿纳托利 · 格里布科夫 254
Griffin, Merv, 梅夫 · 格里芬(美国主持人) 288
Gromyko, Andrei, 安德烈 · 葛罗米柯 231
gubernatorial elections (U. S. ) 州长选举(美国)
  1962, 53
  1966, 55 - 58
  1970, 60
Gulf of Sidra, 锡德拉湾 222
Gulf War, 海湾战争 253, 276 - 77

## H

Hague, William, 威廉·黑格 291, 292
Haig, Alexander, 亚历山大·黑格 131, 154 – 57, 166 – 67, 169 – 72, 174 – 80, 182 – 83, 187, 192 – 95, 223, 229
Hannaford, Peter, 彼得·汉纳福德 93
Hare, John, 约翰·黑尔 32
Harlem Ballet, 哈莱姆剧院芭蕾舞团 132
Harris, Kenneth, 肯尼思·哈里斯 176
*Hasty Heart*, *The* (movie)《浮生梦痕》(电影)(里根)
Hattersley, Roy, 罗伊·哈特斯利 85 – 86
Havel, Vaclav, 瓦茨拉夫·哈维尔(捷克总统) 279
Healey, Denis, 丹尼斯·希利(英国政治家) 118, 199, 257
Heath, Edward, 爱德华·希思 65, 76, 77, 106, 120, 252
  economic policies of, 经济政策 67 – 68, 101, 115
  1975 leadership election, 1975 年党领袖选举 78, 80, 81
  Thatcher and, 和撒切尔夫人 63 – 64, 66, 77 – 81, 93
  trade unions and 工会 68, 69, 102, 209, 213
Helsinki Agreement, 赫尔辛基协定 108, 115, 227
Hemel Hempstead, Kent, 赫默尔亨普斯特德,位于肯特郡 32
Henderson, Mary, 玛丽·亨德森 188
Henderson, Sir Nicholas, 尼古拉斯·亨德森爵士(英国外交官和作家) 126 – 28, 133 – 35, 158, 165 – 67, 169 – 70, 174, 175, 178, 179, 181 – 82, 186 – 88, 194
Hepburn, Audrey, 奥黛丽·赫本 150
Heseltine, Michael, 迈克尔·赫塞尔廷 281, 290
Heston, Charlton, 查尔顿·赫斯顿 288
Hinckley, John, 约翰·欣克利 139 – 40, 218
Hitler, Adolf, 阿道夫·希特勒 14, 38, 135, 152
HMS *Conqueror*, “征服者”号 172, 177
HMS *Endurance*, “坚持”号 163

HMS *Sheffield*, “谢菲尔德”号 177
Hodges, Joy, 乔伊 · 霍奇斯 26
Hogg, Quintin, 昆汀 · 霍格 20
Holden, Brenda, 布伦达 · 霍尔登(威廉姆 · 霍尔登前妻) 43, 45
Holden, William, 威廉 · 霍尔登 43, 45, 46, 49
*Holiday* (Barry), 《休假日》(编剧菲利普 · 巴里) 26
Hollywood independent Citizens Committee of the arts, Sciences and Professions (HICCASP), 好莱坞独立公民委员会 39 – 40
*Hollywood Opening Night*, 《好莱坞首演之夜》(爱德华 · 阿诺德电影) 49
Hoover, Herbert, 赫伯特 · 胡佛 16
Hope, Bob, 鲍勃 · 霍普 133
Hope, Dolores, 多洛雷斯 · 霍普(鲍勃 · 霍普的妻子) 288
Hoskyns, Sir John, 约翰 · 霍斯金斯爵士 213, 214
Houses of Parliament, Reagan's speech to (1982), 里根在英国议会大厦发表演讲 189 – 92
House Un-American Activities Committee (HUAC), (美国众议院的)非美活动调查委员会 41 – 42, 43
Howard, Leslie, 莱斯利 · 霍华德 25
Howard, Michael, 迈克尔 · 霍华德 292
Howe, Geoffrey, 杰弗里 · 豪 81, 136, 203, 280 – 81
Hume, Jaquelin, 杰奎琳 · 休谟 55
Hungary, 匈牙利 152, 227, 253, 278 – 79
Hussein, King of Jordan, 约旦国王侯赛因 146
Hussein, Saddam, 萨达姆 · 侯赛因 276
Hutton, John, 约翰 · 赫顿 284

## I

India, 印度 146
inflation, 通货膨胀 101, 102
  in Britain, 英国 67, 68, 106, 136, 292
  in United States, 美国 69, 84, 121

Ingham, Bernard, 伯纳德 · 英厄姆 xiii, 286
Ink Spots, 墨水点乐队 132
Institute of Directors (Britain), 企业董事协会(英国) 87
Intermediate-range Nuclear Forces (INF),《中程核力量条约》(INF) 247, 264
International Monetary Fund (IMF), 国际货币基金组织(IMF) 136
Iran, 伊朗 293
  hostage crisis(1979), 人质危机 121, 167, 200
  Iran-contra scandal, 伊朗门事件 253, 255 – 57, 263 – 64, 274 – 75, 291
Iraq, 伊拉克 276, 277
Irish Republican Army(IRA), 爱尔兰共和军 218, 222
"Iron Curtain" speech by, 发表"铁幕"演说 190, 261
Islamist terrorism, 伊斯兰恐怖主义 293
Israel, 以色列 68, 69, 101, 152, 193, 197, 228

## J

Jamaica, 牙买加 200
Japan, 日本 85, 102
Jaruzelski, Wojciech, 沃依切赫 · 雅鲁泽尔斯基 153, 154, 227, 253, 254, 279
Jay, Peter, 彼得 · 杰伊 119
John Brown Company, 约翰布朗公司 155, 194 – 96
*Johnny Belinda* (movie),《心声泪影》(电影)(简 · 惠曼) 44
Johnson, Daniel, 丹尼尔 · 约翰逊 279
Johnson, Lyndon B., 林登 · B. 约翰逊 56, 82, 83, 102
  Great Society programs of, 伟大社会计划 291
  1964 presidential campaign and election, 1964 年总统竞选 54, 70
  1968 presidential campaign and election, 1968 年总统竞选 73 – 74
Joint Chiefs of Staff (U. S.), 参谋长联席会议(美国) 172, 173
Joseph, Keith, 基思 · 约瑟夫 76 – 78

## K

Kahn, Sammy, 萨米 · 卡恩 150

Kaufman, Gerald, 杰拉尔德・考夫曼 199
Kelly, Gene, 吉恩・凯利 40
Kempson, Margaret, 玛格丽特・肯普森(丹尼斯・撒切尔的第一任妻子) 42
Kennedy, Edward M. , 爱德华・M. 肯尼迪 121
Kennedy, John F. , 约翰・F. 肯尼迪 71, 82, 83, 103
Keynesianism, 凯恩斯主义 102, 136
Khrushchev, Nikita, 尼基塔・赫鲁晓夫 231
Kimmitt, Bob, 鲍勃・金米特(美财政部) 204
King, Martin Luther, Jr. , 马丁・路德・金 103
*Kings Row* (movie), 《金石盟》(电影)(里根) 34, 36, 43, 53, 117, 241
Kinnock, Neil, 尼尔・基诺克 217, 257 – 58
Kirkland, Lane, 莱恩・柯克兰 212
Kirkpatrick, Jeane, 珍妮・柯克帕特里克 162, 167 – 68, 172, 173, 176 – 77, 182, 184
Kissinger, Henry, 亨利・基辛格 96, 170, 294
*Knute Rockne: All American* (movie), 《克努特・罗克尼》(电影) 35 – 36
Kohl, Helmut, 赫尔穆特・科尔 65, 118, 149
Korda, Alexander, 亚历山大・科达 13
Korean Airlines Flight 007, 大韩航空 007 号班机 196, 198, 231
Kosovo, 科索沃 292
Kosygin, Alexei, 阿克塞・柯西金 144 – 45
Kuchel, Tom, 汤姆・基克尔 55
Ku Klux Klan, 三 K 党 122
Kuwait, 科威特 276, 277

## L

Labour Party (Britain), 劳工党(英国) 15, 23, 27 – 29, 48, 64, 81, 106, 198 – 99, 209, 213, 217, 257 – 59, 291 – 92, *See also* general and leadership elections 参见大选和党领导选举
Ladd, Alan, 艾伦・拉德 51
Laffer curve, 拉弗曲线 136

Last Frontier, The (casino theater),《最后的前线》(赌场剧院)(餐馆酒吧助兴表演)49
*Law and Order* (movie),《法律与秩序》(电影) 46
Lawson, Nigel, 奈杰尔·劳森 xiii, 214, 280 – 81
Leadership election (Britain) 1975, 1975 年党领袖选举(英国) 77 – 78, 80 – 82, 105
Lebanon, 黎巴嫩 193, 197, 200, 202, 228
LeRoy, Mervyn, 默文·勒罗伊 44
Lewis, Drew, 德鲁·刘易斯 211
Liberal Party (Britain), 自由党(英国) 14, 27
Libya, 利比亚 121, 217, 221 – 25, 228, 269
Lincoln, Abraham, 亚伯拉罕·林肯 139
Little Brown Church, Los Angeles, 小布朗教堂,位于洛杉矶 45
Lloyd, Marie, 玛丽·劳埃德 116
Lockerbie, Scotland 洛克比,位于苏格兰
*Los Angeles Times*,《洛杉矶时报》57
Louis, John J., 约翰·J. 路易斯 166
*Love Is on the Air* (movie),《爱在空中飘荡》(电影)(里根主演) 33, 47
Lusaka Conference of Commonwealth Leaders, 卢萨卡英联邦首脑会议 146
*Lux Video Theater*, 勒克斯无线电剧场 49

## M

MacArthur, Peter, 彼得·麦克阿瑟 24
Macaulay, Lord, 麦考利勋爵 87
McCann-Erickson, 麦肯 – 埃里克森广告公司 54
McCarthy, Eugene, 尤金·麦卡锡 73
McCarthy, Joseph, 约瑟夫·麦卡锡 42
McFarlane, Robert C. “Bud”, 罗伯特·C.(巴德)麦克法兰(里根总统的国家安全顾问)203, 204, 206, 236, 237
Macgregor, Ian, 伊恩·麦克格雷戈 214
Maclean, Sir Donald, 唐纳德·麦克莱恩爵士(农业部长) 220

Maclean, Muriel, 缪里尔 · 麦克莱恩 220
Macleod, Iain, 伊恩 · 麦克劳德 64, 67
Maclise, Daniel, 丹尼尔 · 麦克利斯(画家) 189
Macmillan, Harold, 哈罗德 · 麦克米伦 61 –63, 78, 81, 115, 215
McPherson, Sister Aimee Semple, 麦艾美 25
Magee, Patrick Joseph, 帕特里克 · 约瑟夫 · 马吉 218, 225
Maidstone, Kent, 梅德斯通,位于肯特郡 32
Major, John 约翰 · 梅杰 281, 285, 290, 291
Malvinas. See Falkland's War 马尔维纳斯群岛,参见福克兰群岛战争
*Marie Walewska* (movie),《玛丽 · 瓦莱夫斯卡》(电影) 87
Marx, Harpo, 哈勃 · 马克斯 38
Marx, Karl, 卡尔 · 马克思 190
Marx Brothers, 马克斯兄弟(美国喜剧团体) 51
Maudling, Reginald, 雷金纳德 · 莫德林 63, 109
Medicare, 联邦医疗保险(美国) 123, 124
Meese, Edwin, 埃德温 · 米斯 127, 133, 212
*Meeting of Wellington and Blücher, The* (Maclise),《惠灵顿与布吕歇尔在滑铁卢会师》(作者丹尼尔 · 麦克利斯)(威斯敏斯特宫皇家美术陈列室) 189
Meiklejohn, Bill, 比尔 · 米克尔约翰 26, 27, 33
Mellon, Paul, 保罗 · 梅隆 150
Merkel, Angela, 安格拉 · 默克尔(德国女总理) 294
Methodist Church, 卫理公会 2, 8, 11 –12, 30 –31, 175
Metro-Goldwyn-Mayer, 米高梅电影公司 39, 40, 46
Mill, John Stuart, 约翰 · 斯图亚特 · 密尔 14
Millar, Ronnie, 龙尼 · 米勒 120, 121
Miller, John, 约翰 · 米勒 28, 188
Mills, Ed, 埃德 · 米尔斯 70
miner's strike of 1984(Britain), 1984 年矿工罢工(英国) 213 –18
Ministry of Pensions and National Insurance (Britain), 年金和国民保险部(英国) 62 –63
*Mr. Smith Goes to Washington* (movie),《史密斯先生到华盛顿》(电影) 86

Mitterrand, Francois, 弗朗索瓦·密特朗 148, 149, 157, 158
Moore, John, 约翰·穆尔 290
Morris, Edmund, 埃德蒙·莫里斯 9, 21, 121
Mussolini, Benito, 贝尼托·墨索里尼 14
mutually assured destruction(MAD), 相互确保摧毁战略 248

## N

Napoleon, Emperor, 拿破仑皇帝 171
*Nash Airflyte Theater*,《纳什艾尔福莱特剧场》(美国电视系列剧)(里根参演第一季第十二集失踪女士案) 50
*Nashua Telegraph*,《纳舒厄电报》113
Nasser, Gamal Abdel, 贾迈勒·阿卜杜－纳赛尔(叙利亚) 105, 161
National Air Traffic Controllers Association(U. S.), 国家空中交通管制员协会(美国) 212
National Coal Board (Britain), 国家煤炭局(英国) 214, 217
National Guard (U. S.), 国民警卫队(美国) 60
National Health Service (Britain), 国民保健制度(英国) 63, 67, 292
"national malaise" speech (Carter),《国家问题》演讲(卡特) 103－4
*National Review*,《国家评论》55
National Security Council (U. S.), 国家安全委员会(美国) 204, 235
National Security Planning Group (U. S.), 国家安全战略小组(美国) 172, 173
National Theatre (Britain), 国家剧院(英国) 88
National Union of Conservatives (Britain), 全国保守派联盟(英国) 80, 81
National Union of Mineworkers (NUM) (Britain), 全国矿工工会(NUM)(英国) 68, 209, 213－15, 217
Neave, Airey, 艾雷·尼夫 80, 81, 133－34
Nelson, Admiral Lord, 阿德米拉尔·纳尔逊勋爵 171
Nemeth, Miklos, 米克洛斯·内梅特 279, 279
New Deal, 新政 18, 22
New World Order, 国际新秩序 277, 293
Nicaragua, 尼加拉瓜 223, 228

*Night unto Night* (movie),《私枭夜渡》(电影) 41
Nixon, Richard M., 理查德·M. 尼克松 65, 85, 225, 257
economic policies of, 经济政策 69, 84, 93, 101
impeachment hearings and, 弹劾听证会 84, 102
1962 gubernatorial election, 1962 年州长选举 53
1968 presidential campaign and election, 1986 年总统竞选 71 -76
1972 presidential campaign and election, 1972 年总统竞选 93
pardon of, 赦免 84, 95, 110
Vietnam War and, 越南战争 82
Watergate scandal and, 水门事件 82 -83
Nofziger, Lyn, 林恩·诺夫齐格(里根顾问) 46, 55, 57, 70, 93
North, Oliver, 奥利弗·诺思 263
North Atlantic Treaty Organization (NATO), 北大西洋公约组织 (NATO) 109, 126, 152 -54, 157, 169, 243, 249, 253, 258, 275, 276
Northern Ireland, 北爱尔兰 218, 219, 225
North Korea, 朝鲜 293
Nott, John, 约翰·诺特(英保守党) 187
nuclear disarmament, 核裁军 xiv, 226, 228 -30, 233 -40, 242 -43, 247 -50, 257 -58, 293

## O

O'Brien, Pat, 帕特·奥布莱恩(演员) 35
*Observer, The*,《观察家报》176
Oil prices, 石油价格 67 -69, 101, 105,106, 115, 136, 145, 151, 253
O'Neill, Thomas P. "Tip", 托马斯·P. (蒂普)奥尼尔(白宫发言人) 238
"On Liberty" (Mill),《论自由》(密尔) 14
Organization of East Caribbean States, 东加勒比国家组织 204
Organization of Petroleum Exporting Countries (OPEC), 石油输出国组织 (OPEC) 69, 101, 115, 151
Orpington, Kent, 奥平顿,位于肯特郡(英国国会选区) 32
Owen, David, 大卫·欧文 117

Oxford University, 牛津大学 xiii, 18, 19
Oxford University Conservative Association, 牛津大学保守党协会 19, 20

## P

Pakistan, 巴基斯坦 146
Palestinians, 巴勒斯坦人 193, 228
Panama Canal, 巴拿马运河 96
Pan Am Flight, 洛克比空难 103, 267
Paramount Pictures, 派拉蒙电影公司 26
Parkinson, Cecil, 塞西尔 · 帕金森 290
Parkinson, Gaylord, 盖洛德 · 帕金森(加州共和党主席) 57
Parliament, Reagan's speech to (1982), 里根在国会发表演说(1982) 189 – 92
Parsons, Sir Anthony, 安东尼 · 帕森斯爵士 167
Parsons, Louella, 卢埃拉 · 帕森斯(美国第一位电影专栏作家) 35
Pauling, Linus, 莱纳斯 · 波林 39 – 40
Pearl Harbor, 珍珠港 36
Peck, Gregory, 格雷戈里 · 佩克(演员) 43
*Pegasus* (college paper), 珀加索斯(大学论文) 25
*perestroika*, [俄]改革(戈尔巴乔夫在苏联的改革方案);经济重建 244, 262
Pershing missiles, 潘兴导弹 151, 190, 203, 231
Peyton, John, 约翰 · 佩顿(美国商人、政治家) 81
*Philadelphia Story*, The (Barry), 《费城故事》(编剧菲利普 · 巴里) 26
*Philco Television Playhouse*, 《飞歌电视剧场》 50
Philip, Duke of Edinburgh, 爱丁堡公爵,即菲利普亲王 158, 186, 188, 189
Philippines, 菲律宾 85
Pidgeon, Walter, 沃尔特 · 皮金(演员) 40
Pilgrims' Society (Britain), 清教徒社会(英国) 85
Placentia Bay, Newfoundland, 布雷森莎湾,位于纽芬兰 86
Platters, The , 五黑宝合唱团 134
Poindexter, John, 约翰 · 波因德克斯特 204, 263
Poland, 波兰 152 – 57, 193, 195, 212, 227, 253 – 54, 279

Poli, Robert, 罗伯特 · 波利 211
Port Stanley, Falkland Islands, 斯坦利港,福克兰群岛的首府 165, 177, 179, 183, 184, 187
Powell, Charles, 查尔斯 · 鲍威尔 147, 268, 269, 274, 275
Powell, Colin, 科林 · 鲍威尔 259
Powell, Dick, 迪克 · 鲍威尔(演员) 35, 40
Power, Tyrone, 蒂龙 · 鲍尔(演员) 37
Prague Spring (1968), 布拉格之春(1968) 152
presidential campaigns and elections 总统竞选
  1960, 71
  1964, 54 –56, 70, 72
  1968, 70 –76
  1972, 93
  1976, 84, 92 –100, 110,112,
  1980, 104, 111 –15, 120 –25, 139
  1984, 234
  2000, 291
Price, Charles H. II, 查尔斯 · H. 普赖斯二世 259
Prior, Jim, 吉姆 · 普廖尔 81
Professional Air Traffic Controllers Organization (PATCO), 职业空中交通管制员组织 210 –12
Putin, Vladimir, 弗拉基米尔 · 普京 292 –93
Pym, Francis, 弗朗西斯 · 皮姆(外交大臣) 171 –72, 175 –76

## Q

Quinn, William 威廉 · 奎因 75

## R

radio station WOC, Davenport, Iowa, 爱荷华州达文波特 WOC 广播电台 24, 25
Reagan, John Edward "Jack", 约翰 · 爱德华(杰克) · 里根(里根父亲) xi, 1 –8, 10, 11, 15 –18, 20, 22, 30, 35, 60

Reagan, Maureen, 莫琳·里根(孩子) 43-45, 150
Reagan, Michael, 迈克尔·里根(收养的孩子) 43-45
Reagan, Nancy, 南希·里根 42, 55, 85, 92, 95, 99, 118, 124, 134, 138, 140, 207, 261, 269, 270, 282-85
death of Reagan and, 里根去世 286
Elizabeth II's visit to ranch and, 伊丽莎白二世参观大牧场 189
Goldwater and, 戈德华特 75
at Reagan's burial, 里根的葬礼 288
relationship with Reagan, 和里根的关系 xi, xii, 42, 135
at royal wedding, 参加皇室婚礼 xi, 149, 150
Thatcher and, 撒切尔夫人 149, 150
visit to London(1982), 访问伦敦 158, 186-89, 193
visit to Moscow(1988), 访问莫斯科 265, 266
Reagan, Neil, 尼尔·里根 2, 10, 11, 17, 45, 54, 55
Reagan, Nelle Wilson, 妮尔·威尔逊·里根(母亲) 1, 2, 4-8, 10-11, 35, 45, 72, 91
Reagan, Patricia Ann (Patti), 帕特里夏·安(帕蒂)·里根(孩子) 46, 286
Reagan, Ron, 罗恩·里根(孩子) 286
Reagan, Ronald, 罗纳德·里根
acting career of, 演艺生涯 4, 22, 23, 26-27, 33-37, 43, 46-50, 52-53, 117, 241
air traffic controllers'strike and, 空中交通管制员罢工 209-12
Alzheimer's disease and, 阿尔兹海默病 284, 285
assassination attempt on, 暗杀里根的企图 139-41, 146-47, 218, 229
autobiography by, 自传 53
backers of, 支持者 55-57
Berlin Wall and, 柏林墙 118, 191, 260-62
birth of, 出生 4
on Brighton bombing, 布莱顿旅馆爆炸案 220-21
burial of, 葬礼 288
Camp David meeting with Thatcher (1984), 与撒切尔夫人在戴维营会面

(1984) 234 – 36, 239
Camp David meeting with Thatcher (1986), 与撒切尔夫人在戴维营会面 (1986) 249
childhood of, 童年时代 1 – 8, 10 – 11, 20
children of, 里根的孩子 43 – 45, 46, 53, 286
communism and, 共产主义 22, 37 – 43, 70, 189, 90, 251 – 52, 255
correspondence with Thatcher, 与撒切尔夫人的通信 xiv, 92, 125, 126, 138, 140 – 41, 146, 149 – 52, 154, 158, 165, 177 – 78, 184,193 – 97, 199, 216,220 – 21, 236, 239 – 40, 255 – 56, 270
death of, 去世 286
departure from White House, 卸任 252, 270 – 71, 273
differences with Thatcher, 与撒切尔夫人不同的观点 xiv-xv, 91, 130 – 31, 155 – 61, 167, 169, 170, 173 – 74, 177 – 85, 192 – 95, 200 – 209, 229, 230, 235, 237, 239, 249, 263
early politics of, 早期政见 21, 22 – 23
economic policies of, 经济政策 111, 127, 130, 135, 137 – 38, 289 – 91
education of, 教育 9 – 10
eighty-third birthday celebration, 83 岁生日宴会 283 – 84
Elizabeth II's visit to ranch and, 伊丽莎白二世参观大牧场 189
"evil empire" remark by 形容苏联为"邪恶帝国" 108, 255, 278
eyesight of, 视力 xi, 7, 26, 36
failing memory of, 记忆力衰退 267 – 68, 284, 285
Falklands War and, 福克兰群岛战争 160 – 61, 164 – 74, 176 – 85, 191 – 94, 205, 208, 230
father of, 里根的父亲 xi, 1, 3 – 8, 15 – 18, 30, 35
fear of flying of, 害怕坐飞机 267 – 68, 284, 285
finances of, 里根的收入 25, 27, 36, 46 – 50, 93
first meeting with Nancy, 第一次和南希见面 44 – 45
first meeting with Thatcher (1975), 第一次和撒切尔夫人会面 xii, 65, 84, 86 – 92
Ford and, 福特和里根 83 – 84, 92 – 98

foreign affairs experience of, 外交事务经验 84 – 86, 116 – 18, 142
funeral of, 葬礼 286 – 88
at G7 summits, 参加七国峰会 141, 142, 146 – 51, 182, 183
Gaddafi and, 卡扎菲 222 – 25
Galtieri and, 加尔铁里 162 – 66
GCB awarded to, 被授予巴斯勋位大十字勋章骑士 185
as General Electric spokesman, 通用电气发言人 50 – 52, 93, 104
George H. W. Bush and, 乔治 · H. W. 布什 111, 289 – 91
Goldwater and, 戈德华特 69, 73, 75, 98
Gorbachev, meeting with, 与戈尔巴乔夫会面 240 – 48, 251, 253 – 55, 264 – 65
on government size and power, 政府的规模和影响 62, 87, 89, 93 – 94, 132
as governor of California, 担任加州州长 58 – 60, 65, 70, 85
Great Depression and, 大萧条 16 – 18
Grenada and, 格林纳达 xiv, 200 – 209, 230
health care policies of, 医疗保健政策 123 – 24
health of 健康状况 57 – 58, 282, 284, 285
homes of, 家庭 46
horseback ride with Elizabeth II, 和伊丽莎白二世骑马 187 – 88, 189
House Un-American Activities Committee (HUAC) and, 非美活动调查委员会（HUAC）41 – 42, 43
Iran-contra scandal and, 伊朗门事件 253, 255 – 57, 263, 274 – 75, 291
isolation of, 孤立主义 xi, 7, 9
Kinnock visit and, 金诺克来访 257 – 59
kitchen cabinet of, 私人顾问团 55, 56, 70 – 72
"Let the People Rule" speech by, 发表《人民管制》的演讲 93 – 94
liberalism and, 自由主义 39 – 40, 42, 48
as lifeguard, 救生员 23 – 24
marriage to Jane Wyman, 和简 · 惠曼结婚 42 – 44, 47
marriage to Nancy Davis, 和南希 · 戴维斯结婚 42, 45, 46
military, modernization of, 军事现代化 151 – 52

military spending and, 军费 228
mother of, 里根的母亲 4, 8, 10 – 11, 72, 91
as negotiator, 谈判者 142 – 43
nickname of, 昵称 5
1964 presidential campaign and election, 1964 年总统竞选 54, 70
1966 presidential campaign and election, 1966 年总统竞选 55 – 58
1968 presidential campaign and election, 1968 年总统竞选 70 – 76
1970 presidential campaign and election, 1970 年总统竞选 60
1976 presidential campaign and election, 1976 年总统竞选 84, 92 – 100, 112
1980 presidential campaign and election, 1980 年总统竞选 104, 111 – 15, 120 – 25
1984 presidential campaign and election, 1984 年总统竞选 234
Nixon's economic policies and, 尼克松的经济政策 69, 84, 93
nuclear disarmament, 核裁军 xiv, 226, 228 – 30, 233 – 40, 242 – 43, 247 – 50, 257 – 58, 293
optimism of, 乐观主义 xiii, 99, 104, 292
personality of, 个性 xiii, 4, 8, 22, 25, 34 – 35, 90 – 91, 142
physical appearance of, 体态外貌 xii, 26, 33, 88, 99, 241
Poland and, 波兰 152 – 55, 193, 195
political blunders by, 所犯的政治错误 56 – 57, 122
political philosophy of, 里根的政治哲学 22 – 23, 81, 198
as public speaker, 公共演讲者 10, 24 – 25
racism accusations against, 遭到种族歧视的指控 56 – 57
as radio broadcaster, 担任电台主持人 22, 24 – 25
relationship with Nancy, 和南希的关系 xi, xiii, 42, 135
religious faith and, 宗教信仰 2, 8, 10 – 11, 16
retail trade and, 零售业 3, 5 – 6
retirement of, 退休 282 – 83
Screen Actors Guild (SAG) and, 美国演员工会 xii, 38, 40, 43 – 45, 52, 142, 209, 210, 228
second meeting with Thatcher (1978), 与撒切尔夫人第二次会面 116 – 18

social issues and, 社会问题 89
Soviet Union and, 苏联 42, 108, 114, 151, 153 – 57, 190 – 98, 226 – 31, 235, 236, 240 – 48, 251 – 52, 254 – 55, 260, 261, 278, 292, 294
"The Speech" by, 里根发表的"演说" 51 – 53
speech to Houses of Parliament (1982), 在英国国会的演讲(1982) 189 – 92
speech to Institute of Directors (1969), 在董事协会发表演讲(1969) 87
speech to Royal Institute of International Affairs (1988), 在皇家国际事务协会发表演讲(1988) 266 – 67
sports and, 运动 9
Strategic Defense Initiative (SDI) 战略防御计划(SDI)
"Star War" and, "星球大战计划" 229, 233 – 37, 239, 241 – 48, 250, 251, 255, 265, 292
student unrest and, 学生动乱 60
successors to, 继任者 289 – 91, 293 – 94
taxes and, 税收政策 47 – 48, 59, 87, 93, 114
teenage sweetheart of, 学生时代的恋人 9, 91
Thatcher's election (1983) and, 撒切尔夫人的选举(1983) 198, 199
Thatcher's election (1987) and, 撒切尔夫人的选举(1987) 259 – 61
Thatcher's visit to Washington (1981), 撒切尔夫人访问华盛顿(1981) 126 – 32, 138
Thatcher's visit to Washington (1982), 撒切尔夫人访问华盛顿(1982) 193 – 94
Thatcher's visit to Washington (1983), 撒切尔夫人访问华盛顿(1983) 197 – 98
Thatcher's visit to Washington (1985), 撒切尔夫人访问华盛顿(1985) 237 – 39
Thatcher's visit to Washington (1987), 撒切尔夫人访问华盛顿(1987) 259, 262 – 64
Thatcher's visit to Washington (1988), 撒切尔夫人访问华盛顿(1988) 267 – 69, 272 – 73
"A Time for Choosing" Speech by, 发表《抉择的时刻》演说 54

trade union and, 工会 209 – 12
at Venice Economic Summit, 参加威尼斯经济峰会 263
Vietnam War and, 越南战争 82
visit to London (1982), 访问伦敦(1982) 158, 179, 186 – 93
visit to London (1988), 访问伦敦(1988) 266 – 67
visit to London (1989), 访问伦敦(1989) 282
visit to Moscow (1988), 访问莫斯科(1988) 265 – 66
"voodoo economics" charge against, "巫术经济学"指控 111, 289
Weinberger and, 温伯格(1981 年任里根总统的国防部长) 58
welfare policies and, 福利政策 60 – 61, 291
in World War II, 在第二次世界大战中 36 – 37
as writer, 作家 25
Reaganomics, (以减税和赤字开支为特点的)里根经济政策 111, 127, 130, 135, 137 – 38, 289 – 91
Reagan Presidential Library, Simi Valley, California, 里根总统图书馆,位于加利福尼亚州西米谷 283, 286, 288
Red Army, 红军 226
Reed, Tom, 汤姆 · 里德 70
Regan, Donald, 唐纳德 · 里根 xii, 137, 138, 200
Republican National Convention 共和党全国代表大会
1968, 71, 74 – 76
1976, 97 – 100
1980, 114
Republican Party (U.S.) 共和党(美国), *See* 参见
Gubernatorial elections 州长选举
Presidential campaigns and elections 总统竞选
*Revlon Mirror Theater*, 《露华浓镜子剧场》49
Reykjavík, Iceland, Reagan – Gorbachev meeting in, 里根与戈尔巴乔夫在冰岛首都雷克雅未克会晤 243, 244 – 49, 251, 254 – 55, 258, 264, 293
Rhodesia, 罗德西亚 142, 145 – 46
*Richard III* (Shakespeare), 《查理二世》(莎士比亚) 118

Roach Studios, 罗西工作室 36 – 37
Robbins, Kenneth, 罗宾斯 · 肯尼思 53
Roberts, Alfred, 阿尔弗雷德 · 罗伯茨(撒切尔夫人的父亲) 1 – 8, 11 – 15, 18 – 19, 20, 23, 28, 30, 82, 91
Roberts, Beatrice, 比阿特丽斯 · 罗伯茨(撒切尔夫人的母亲) 4, 8, 11 – 13
Roberts, Margaret. *See* Thatcher Margaret 玛格丽特 · 罗伯茨,见玛格丽特 · 撒切尔
Roberts, Muriel, 缪里尔 · 罗伯茨(撒切尔夫人的姐姐) 5, 30
Robertson, Pat, 帕特 · 罗伯逊 290
Rockefeller, Nelson, 纳尔逊 · 洛克菲勒 56, 71, 75, 83, 84
Rogers, Ginger, 金格尔 · 罗杰斯(美国女演员) 13
Rolls-Royce, 劳斯莱斯 68
Roman Catholic Church, 罗马天主教会 2, 10
Romania, 罗马尼亚 279
Romanov, Grigory, 格里戈里 · 罗曼诺夫 232, 240
Romney, George, 乔治 · 罗姆尼 71
Rooney, Mickey, 米基 · 鲁尼 288
Roosevelt, Franklin D. , 富兰克林 · D. 罗斯福 21, 60
  Churchill and, 和丘吉尔 xiv, 86, 91, 289
  New Deal of, 罗斯福新政 16 – 18
  at Yalta Conference, 参加雅尔塔会议 226
Roosevelt, Jimmy, 吉米 · 罗斯福 40
Royal Institute of International Affairs (Britain), 皇家国际事务协会(英国) 266 – 67
Rubel, A. C. "Cy", A. C. (赛伊)鲁贝尔(前联合石油公司经理) 55

## S

Sadat, Anwar, 安瓦尔 · 萨达特 146, 223
St. Lucia, 圣卢西亚 200
St. Vincent's, 圣文森特 200
Salvatori, Henry, 亨利 · 萨尔瓦托里 55

San Carlos, Falkland Islands, 圣卡洛斯海峡,位于福克兰群岛 179
Sandinista rebels, 桑地诺民族解放运动 223
Sarkozy, Nicolas, 尼古拉斯·萨科齐 294
Scargill, Arthur, 阿瑟·斯卡吉尔 213 –15, 217
Schary, Dore, 多尔·沙里(美国编剧) 39
*Schlitz Playhouse of Stars*,《施利茨剧院之星》(里根参演的电视剧) 49
Schmidt, Helmut, 赫尔穆特·施密特 118, 148, 156
Schrader, Paul, 保罗·施拉德(美国编导) 140
Schwarzenegger, Arnold, 阿诺德·施瓦辛格 288
Scoon, Sir Paul, 保罗·斯库恩爵士 205
Scorsese, Martin, 马丁·斯科塞斯(美国导演) 138
Screen Actors Guild (SAG), 美国演员工会(SAG) xii, 38, 40, 43 –45, 52, 142, 209, 210, 228
Sears, John, 约翰·西尔斯 96
Serbia, 塞尔维亚 292
Shakespeare, William, 威廉·莎士比亚 118, 133
Shattock, Jeanne, 珍妮·沙托克 220
Sherman, Alfred, 阿尔弗雷德·舍曼(作家、记者,后成为撒切尔的顾问) 76
Sherman, William Tecumseh, 威廉·特库姆塞·舍曼 73
Shevardnadze, Eduard, 爱德华·谢瓦尔德纳泽 245, 248
Shriver, Maria, 玛丽亚·施赖弗(施瓦辛格的妻子) 288
Shultz, George, 乔治·舒尔茨(黑格辞职后,继任国务卿) 194 –96, 200, 203, 204, 207 –8, 234, 237, 245, 248, 258, 288
Sidewinder missiles, 响尾蛇导弹 168
Sinai, 西奈半岛 150, 152, 178
Smith, Geoffrey, 杰弗里·史密斯 89, 236
Smith, H. Allen, 艾伦·H. 史密斯 53
Smith, Ian Duncan, 伊恩·邓肯·史密斯 292
Snow, Jon, 乔恩·斯诺 239
Soames, Christopher, 克里斯托弗·索姆斯 274
socialism, 社会主义 64, 66, 79, 214

Solidarity (trade union), 团结工会(工会) 152 - 54, 193, 212, 227, 254, 279
Solzhenitsyn, Alexander, 亚历山大·索尔仁尼琴 85
Sommer, Peter R., 彼得·R. 萨默 259
South Georgia Island, 南乔治亚岛 163, 164, 174, 175
Soviet Union, 苏联 160, 162, 169, 217
Afghanistan and, 阿富汗 254, 265, 278
Chernobyl accident and, 切尔诺贝利核电站事故 243 - 44
collapse of, 苏联解体 251, 254, 261, 278, 279, 294
economy of, 苏联经济 253 - 54
Korean Airlines Flight 007 shot down by, 大韩航空 007 号班机被苏联击落 196, 198, 231
Poland and 波兰和苏联 152 - 53, 253 - 54
Reagan and, 里根和苏联 42, 108, 114, 151, 153 - 57, 190 - 98, 226 - 31, 235, 236, 240 - 48, 251 - 52, 254 - 55, 260, 261, 278, 292, 294
Thatcher and, 撒切尔夫人和苏联 108 - 9, 125, 151, 155 - 57, 192 - 98, 226, 230 - 36, 243, 251 - 52, 254, 257, 261, 292, 294
Springfield, Illinois, 斯普林菲尔德,伊利诺伊州首府 10
SS-4, 5, and 20 missiles, SS-4,SS-5 和 SS-20 导弹(苏联) 151
Stahl, Lesley, 莱斯莉·斯塔尔 263
Stalin, Joseph, 约瑟夫·斯大林 152, 226, 231
START nuclear arms reduction talks, 1982 年美苏"削减战略核武器谈判"(简称 START) 197, 265
Star Wars. *See* Strategic Defense Initiative 星球大战计划,参见战略防御计划
State, U. S. Department of, 美国国务院 131 - 34, 162, 166, 173, 178, 181, 197, 229, 235, 249
*State of the Union* (movie), 《美利坚》(电影)(赫本) 113
Stephenson, Phoebe, 菲比·斯蒂芬斯 4
Stewart, James, 詹姆斯·斯图尔特 26, 37, 51, 86
Stockman, David A., 大卫·A. 斯托克曼 137
stock market crash(1929), 股市崩盘 16
Strategic Arms Limitation Talks (SALT), 限制战略武器谈判(SALT) 227, 228,

230, 235, 240, 242
SALT II Treaty,《第二阶段限制战略武器条约》244
Strategic Defense Initiative (SDI) ("Star Wars"), 战略防御计划(SDI)("星球大战计划") 229, 230, 233 – 35, 239 – 48, 250, 251, 255, 265, 292
Strauss, Franz Josef, 弗朗兹·约瑟夫·施特劳斯 118
Streator, Ed, 埃德·斯特里特 175, 176
Suez Canal, 苏伊士运河 105, 161
supply-side economics, 供给学派经济学 69, 137
Suslov, Mikhail, 米哈伊尔·苏斯洛夫 254
Syria, 叙利亚共和国 67, 228

## T

Tampico, Illinois, 坦皮科,位于伊利诺伊州(里根的出生地) 4, 5, 53
*Taxi Driver* (movie),《出租车司机》(电影) 138, 140
Taylor, Eric, 埃里克·泰勒 220
Taylor, Sir John, 约翰·泰勒爵士 80, 81
Taylor, Robert, 罗伯特·泰勒 (美国电影明星) 26, 37, 40, 42
Tebbit, Margaret, 玛格丽特·特比特(诺曼的妻子) 220
Tebbit, Norman, 诺曼·特比特(英国保守党) 220, 221
Tennessee Valley Authority (TVA), 田纳西河流域管理局(TVA) 52
Thatcher, Carol, 卡罗尔·撒切尔(撒切尔夫人的女儿) 31, 127
Thatcher, Denis, 丹尼斯·撒切尔(撒切尔夫人的丈夫) 32 – 33, 86, 89, 127, 133, 134, 193, 218, 219, 270, 282
　in British Army, 参军 28, 42
　death of, 去世 286
　first marriage of, 第一次婚姻 42
　first meeting with Margaret, 和玛格丽特第一次见面 28 – 29
　marriage to Margaret, 和玛格丽特结婚 30 – 31, 42, 91, 135, 175
Thatcher, Margaret 玛格丽特·撒切尔
　assassination attempt on, 暗杀撒切尔夫人的企图 218 – 21
　assassination attempt on Reagan and, 暗杀里根和撒切尔夫人的企图 140 – 41,

147
bar exams taken by, 参加律师资格考试 31 – 32
becomes prime minister, 成为英国首相 120
birth of, 出生 4, 5
birth of twins, 诞下一对孪生兄妹 31
Camp David meeting with Reagan (1984), 在戴维营与里根会面(1984) 234 – 36, 239
Camp David meeting with Reagan (1986), 在戴维营与里根会面(1986) 249
Carter and, 卡特 108, 145
childhood of, 童年时代 1 – 8, 11 – 15, 20
combative style of, 好斗的性格 142 – 46, 148, 171, 178, 194, 252, 275 – 76
communism and, 共产主义 190, 194, 198, 232, 251 – 52
Conservative opponents of, 保守派反对者 107 – 9, 125, 129 – 30, 136, 280 – 81
correspondence with Reagan, 与里根的通信 xiv, 92, 125, 126, 138, 140 – 41, 146, 149 – 52, 154, 158, 165, 177 – 78, 184, 193 – 97, 199, 216, 220 – 21, 236, 239 – 40, 255 – 56, 270, 282 – 85
death of Denis, 丹尼斯去世 286
détente speech of, 撒切尔夫人的缓和对话 108 – 9
differences with Reagan 与里根不同的观点 xiv-xv, 91, 130 – 31, 155 – 61, 167, 169, 170, 173 – 74, 177 – 85, 192 – 95, 200 – 209, 229, 230, 235, 237, 239, 249, 263
early jobs of, 早期的工作 27, 29
early politics of, 早期的政治观点 14 – 15, 19 – 21, 23, 27 – 28, 30 – 33
economic policies of, 经济政策 127, 129 – 30, 135 – 38, 183, 289
education of, 教育背景 18 – 20, 29, 64
as education secretary, 担任教育部部长 65, 76
eulogy for Reagan by, 致里根总统的悼词 286, 287 – 88
European Community and, 欧洲共同市场 142, 143 – 44, 275
Falklands War and, 福克兰群岛战争和撒切尔夫人 xiv, 159, 160 – 61, 164 – 67, 169 – 87, 192 – 94, 199, 203, 208, 215, 221, 230, 277, 293
father of, 父亲 1 – 5, 7 – 8, 11 – 15, 18, 23, 30, 91

finances of, 撒切尔夫人的收入 27 - 28
first government post of, 撒切尔夫人的第一个政府职位 62 - 63
first meeting with Denis, 和丹尼斯的第一次见面 28 - 29
first meeting with Reagan (1975), 和里根的第一次会面(1975) xii, 65, 84, 86 - 92
foreign affairs experience of, 外交事务经验 108
at G7 summits, 参加七国峰会 141, 144 - 51, 182, 183
Gaddafi and, 卡扎菲 221 - 22, 224 - 25
gender issue and, 性别问题 xiii, 27, 29, 31, 32, 61, 77, 119 - 20
George H. W. Bush and, 乔治 · H. W. 布什 252 - 53, 273 - 77, 283
Gorbachev and, 戈尔巴乔夫 232 - 35, 264
on government size and power, 政府的规模和影响 62, 87, 89, 117 - 18, 132
Grenada and, 格林纳达 xiv, 200 - 209, 230
Gulf War and, 海湾战争 276
on Haig's resignation, 黑格的辞职 194 - 95
health of, 撒切尔夫人的健康状况 286
Heath and, 希思 63 - 64, 66, 77 - 81, 93
Iran-contra scandal and, 伊朗门事件 253, 255 - 57, 263 - 64
"Iron Lady" moniker, "铁娘子"称号 109, 144
Labour opponents and, 工党反对者 63, 115 - 16
legal education of, 攻读法律 29, 64
maiden speech in Commons by, 在下议院发表首次演说 61 - 62
marriage of, 婚姻 30 - 31, 42, 91, 135, 175
Medal of Freedom awarded to, 被授予自由勋章 283
memoirs of, 撒切尔夫人的回忆录 282
mother of, 母亲 4
movies seen by, 登上大荧幕 13, 87
Nancy Reagan and, 南希 · 里根和撒切尔夫人 149, 150
as negotiator, 谈判者 142 - 46
1975 leadership election, 1975 年党领袖选举 77 - 78, 80 - 82, 105
1979 general election, 1979 年大选 119 - 20

1983 general election, 1983 年大选 197 – 99
1987 general election, 1987 年大选 257, 259 – 61
nuclear disarmament and, 核裁军 xiv, 229 – 30, 233 – 40, 243, 247 – 50, 251, 263, 276, 293
as outsider, 作为局外人 xii-xiii, 21, 61
overthrow of, 推翻撒切尔夫人 252, 280 – 81
Pan Am Flight 103 bombing and, 洛克比空难 269
peerage awarded to, 授予贵族爵位 281
personality of, 个性 xiii, 27, 108, 142 – 46, 148, 171, 178, 194, 252, 275 – 76
physical appearance of, 体态外貌 88
Poland and, 波兰 152, 154 – 55, 193, 195
political philosophy of, 撒切尔夫人的政治哲学 79 – 82, 107
protégés of, 撒切尔夫人的门徒 290
as public speaker, 公共演讲者 88, 106, 107
Reagan's departure from office and, 里根卸任 270, 272 – 73
at Reagan's eighty-third birthday celebration, 参加里根 83 岁生日宴会 283 – 84
at Reagan's funeral, 参加里根的葬礼 287 – 88
as "Reagan's poodle", "里根的追随者" 161, 208, 259
Reagan's visit to Britain (1982), 里根访问英国(1982) 186 – 88, 192, 193
Reagan's visit to Britain (1989), 里根访问英国(1989) 282
religious faith and, 宗教信仰 2, 11 – 12, 31
retail trade and, 零售业 3, 5 – 7
retirement of, 退休 282, 285 – 86, 291
Rhodesia and, 罗德西亚 142, 145 – 46
second meeting with Reagan (1978), 和里根第二次会面(1978) 116 – 18
Shadow Cabinet of, 影子内阁 107
social issues and, 社会问题 89 – 90
Soviet Union and, 苏联 108 – 9, 125, 151, 155 – 57, 192 – 98, 226, 230 – 36, 243, 251 – 52, 254, 257, 261, 292, 294
speech to U. S. Congress, 在美国国会发表演讲 238 – 39

speechwriter for, 撒切尔夫人的演讲稿撰写人 119, 120
successors to, 继任者 290 – 92, 294
taxes and, 税收政策 64 – 65, 78, 136 – 37, 280
trade unions and, 工会 209, 212 – 18
at Treasury, 在财政部 64 – 65
treatment of ministers by, 对待各部门部长的方法 176
United Nations and, 美国 276 – 77
unpopularity figures of, 不受欢迎的人物 186
at Venice Economic Summit, 参加威尼斯经济峰会 263
visit to Washington (1975), 访问华盛顿(1975) 108
visit to Washington (1981), 访问华盛顿(1981) 126 – 32, 138
visit to Washington (1982), 访问华盛顿(1982) 193 – 94
visit to Washington (1983), 访问华盛顿(1983) 197 – 98
visit to Washington (1985), 访问华盛顿(1985) 237 – 39
visit to Washington (1987), 访问华盛顿(1987) 259, 262 – 64
visit to Washington (1988), 访问华盛顿(1988) 267 – 69, 272 – 73
welfare policies and, 福利政策 79
World War II and, 第二次世界大战 18
Thatcher, Mark, 马克·撒切尔(撒切尔夫人的儿子) 31, 282
*This Is the Army* (training film),《从军乐》(训练用影片) 36
Thurmond, Storm, 斯托姆·瑟蒙德 74
"Time for Choosing, A" (speech by Reagan),《抉择的时刻》(里根发表的演说) 54
*Time* magazine,《时代周刊》136, 137
Tito, Marshal, 马歇尔·蒂托 293
Tower Commission, 国会特别委员会(调查伊朗门事件的特别委员会) 256 – 57
Tracy, Spencer, 斯宾塞·屈赛(美国电影演员) 113
Trade Union Congress (Britain), 职工大会(英国) 116
Trade unions 工会
in Argentina, 阿根廷工会 162
in Britain, 英国工会 68, 69, 102, 106, 115, 116, 118, 119, 199, 209,

212 - 18
in Poland, 波兰工会 152 - 54, 193, 212, 227, 254, 279
in United States, 美国工会 209 - 12
Trident missiles, 三叉戟导弹 240
*Tropic Zone* (movie), 《热带》(电影)(里根参演) 46
Trudeau, Pierre, 皮埃尔·特鲁多 148, 149
Truman, Harry, 哈里·杜鲁门 xi, 21, 47, 105
Trumbo, Dalton, 多尔顿·特朗博 40
Tucker, Sophie, 苏菲·塔克 45
Turner, Lana, 拉纳·特纳 35
Tuttle, Holmes P., 霍姆斯·P. 塔特尔 55, 70

## U

United Nations, 美国 182, 184, 193, 276 - 77, 293
Universal Pictures, 环球影业 46, 47
University of California, Berkeley, 加州大学伯克利分校 60
Unruh, Jesse, 杰西·昂鲁(加州民主党领袖) 60
U. S. Army Air Forces, 美国陆军航空队 36, 38
U. S. Marine barracks bombing, Beirut, 美国海军陆战队驻贝鲁特军营爆炸案 202
USS *Augusta*, "奥古斯塔"号军舰 86
USS *Eisenhower*, "艾森豪威尔"号航空母舰 168 - 69
USS *Nimitz*, "尼米兹"号航空母舰 222, 223
USS *Ronald Reagan*, "罗纳德·里根"号航空母舰 288
Utrecht, Treaty of (1713), 乌得勒支和约(1713) 163

## V

Veterans of Foreign Wars, 海外战争退伍军人协会 122
Victoria, Queen, 维多利亚女王 92, 188
Vietnamese boat people, 越南船民 144 - 45
Vietnam War, 越南战争 60, 71, 73, 82, 83, 96, 102 - 3, 109, 121, 122, 201,

294
Villa Fleur d'Eau, Versoix, Switzerland,"水之花"别墅,位于瑞士韦尔苏瓦(里根-戈尔巴乔夫会晤) 240–43, 247
Volcker, Paul A., 保罗·A. 沃尔克 138
Vreeland, Diana, 戴安娜·弗里兰(时尚教主) 150

## W

Wakeham, John, 约翰·韦克厄姆 220, 221
Wakeham, Roberta, 罗伯塔·韦克厄姆 220
Walesa, Lech, 莱赫·瓦文萨(波兰总统) 152–53, 193, 253, 254, 279, 287
Walker, Bob, 鲍勃·沃克 57
Wallace, George, 乔治·华莱士 140
*Wall Street Journal, The*,《华尔街日报》210
Warner, Jack, 杰克·华纳 35
Warner Brothers, 华纳兄弟 26, 27, 33, 35, 36, 40, 41, 46
*Washington Post, The*,《华盛顿邮报》93, 168
Watergate scandal, 水门事件 82–83, 104, 110
Weinberger, Caspar, 卡斯帕·温伯格(美国国防部长) 58, 59, 167–69, 172–73, 183, 199, 201, 223, 236
Welfare system 福利体系
  In Britain, 英国 63, 67, 136
  In United States, 美国 60–61, 291
Wellington, Duke of, 威灵顿公爵 171
Wesley, John, 约翰·卫斯理 30, 175
West Germany, 西德 279
*Where's the Rest of Me?* (Reagan),《其余的我在哪里?》(里根自传) 53
White, E. Clinton, E. 克林顿·怀特 70
Whitelaw, William, 威廉·怀特洛 81, 82, 274
Wideawake military base, 怀德威克军事基地 168
Wilson, Harold, 哈罗德·威尔逊 63, 66, 68, 78, 85, 89, 106, 107, 116, 213
Wilson, Woodrow, 伍德罗·威尔逊 158

Winchell, Walter, 沃尔特·温切尔 50
*Winning Team, The* (movie),《百胜雄心》(电影)(里根参演) 46
Wordsworth, William, 威廉·华兹华斯 133
Works Progress Administration (WPA), 公共事业振兴署(WPA) 16
World War I, 第一次世界大战 1, 14, 66
World War II, 第二次世界大战 13, 14, 18, 36 –37, 38, 42, 47, 66, 91, 135, 226
Wright, Sir Oliver, 奥利弗·赖特爵士 238
Wyman, Jane, 简·惠曼 42 –44, 47, 288

## Y

Yalta Conference of 1945, 1945 年雅尔塔会议 152, 226, 252
Yeltsin, Boris, 鲍里斯·叶利钦 279, 293
Yom Kippur War (1973), 赎罪日战争(1973) 67, 69, 101
Young, Hugo, 雨果·扬(撒切尔夫人的传记作家) 88, 158
Younger, Sir George, 乔治·扬格爵士 249
*Young Mr. Pitt, The* (movie),《小皮特先生》(传记电影) 87
Yugoslavia, 南斯拉夫 293

## Z

Zimbabwe, 津巴布韦 145
Zurich, Switzerland, 苏黎世,瑞士 85

**图书在版编目（CIP）数据**

里根与撒切尔夫人：政治姻缘 /（美）韦普肖特著；陈冰译.
—上海：上海社会科学院出版社，2015
书名原文: Ronald Reagan and Margaret Thatcher: a political marriage
ISBN 978-7-5520-0785-5

Ⅰ. ①里… Ⅱ. ①韦… ②陈… Ⅲ. ①里根，R.（1911～2004）—生平事迹 ②撒切尔，M.（1925～2013）—生平事迹 Ⅳ. ①K837.127=6 ②K835.617=6

中国版本图书馆 CIP 数据核字 (2015) 第 031413 号

---

Nicholas Wapshott
**Ronald Reagan and Margaret Thatcher: A Political Marriage**

Published by arrangement with Bardon Chinese Media and The Robbins Office, Inc.
**上海市版权局著作权合同登记号：图字 09-2014-789**

**里根与撒切尔夫人：政治姻缘**

---

著　　者：〔美〕尼古拉斯 · 韦普肖特
译　　者：陈　冰
责任编辑：唐云松 李　慧
出 版 人：缪宏才
出版发行：上海社会科学院出版社
　　　　　上海淮海中路622弄7号 电话63875741 邮编200020
　　　　　http://www. sassp.org.cn Email: sassp@sass.org.cn
印　　刷：山东鸿君杰文化发展有限公司
开　　本：890 × 1240 毫米 1/32 开
印　　张：13.5
插　　页：5
字　　数：300 千字
版　　次：2015 年 5 月第 1 版　2015 年 5 月第 1 次印刷

---

ISBN 978-7-5520-0785-5/K · 269　定价：48.00 元

---

# 读者联谊表

姓名：　　　大约年龄：　　　性别：　　　宗教或政治信仰：

学历：　　　专业：　　　职业：　　　所在市或县：

通信地址：　　　　　　　　　　　　　邮编：

联系方式：邮箱__________________QQ____________手机____________

所购书名：__________________________在网店还是实体店购买：______

本书内容：满意　一般　不满意　　本书美观：满意　一般　不满意

本书文本有哪些差错：

装帧、设计与纸张的改进之处：

建议我们出版哪类书籍：

平时购书途径：实体店　　网店　　其他（请具体写明）

每年大约购书金额：　　　藏书量：　　　本书定价：贵　　不贵

您对纸质图书和电子图书区别与前景的认识：

是否愿意从事编校或翻译工作：　　　　愿意专职还是兼职：

是否愿意与启蒙编译所交流：　　　　是否愿意撰写书评：

此表平邮至启蒙编译所，即可享受68折免邮费购买背页所列书籍。

最好发电邮索取读者联谊表的电子文档，填写后发电邮给我们，优惠更多。

本表内容均可另页撰写。本表信息不作其他用途。

来信地址：上海市淮海中路622弄7号出版社转齐蒙老师收（邮编：200020）

电子邮箱：2955192619@qq.com

## 启蒙文库近期书目

里根与撒切尔夫人：政治姻缘 / 尼古拉斯 · 韦普肖特

德克勒克与曼德拉：用妥协和宽容重建南非 / 戴维 · 奥塔韦

德克勒克回忆录 / 弗雷德里克 · 威廉 · 德克勒克

俾斯麦与德意志帝国 / 埃里克 · 埃克

甘地自传：我追求真理的历程 / 莫 · 卡 · 甘地

米塞斯回忆录 / 路德维希 · 冯 · 米塞斯

土地所有制变迁史 / 安德罗 · 林克雷特

苏格兰：现代世界文明的起点 / 亚瑟 · 赫尔曼

发明污染：工业革命以来的煤、烟和文化 / 彼得 · 索尔谢姆

大雾霾：中世纪以来的伦敦空气污染史 / 彼得 · 布林布尔科姆

甘地与丘吉尔：对抗与妥协的壮丽史诗 / 亚瑟 · 赫尔曼

妥协：政治与哲学的历史 / 阿林 · 弗莫雷斯科

市场是公正的 / 约翰 · 托马西

如何治理国家——献给当代领袖的政治智慧 / 西塞罗

麦克阿瑟回忆录（全本）/ 道格拉斯 · 麦克阿瑟